杨雍哲（1931—），河南鲁山人，1948年参加革命工作，曾任共青团区委书记、团县委书记、团省委部长、团中央处长，国家农牧渔业部政策研究室副主任、办公厅副主任，国务院"三西"地区农业建设领导小组办公室主任，国务院扶贫开发领导小组副组长、办公室主任，国务院研究室副主任。长期从事农村、农业、农民方面的实践工作和研究工作，出版著作有《改革源头新跃起——中国农村问题研究》《改革源头新发展——中国农村问题研究》。

历史的足音——改革开放 40 年研究文库

大变革中的中国三农问题研究

杨雍哲◎著

中国言实出版社

图书在版编目（CIP）数据

大变革中的中国三农问题研究 / 杨雍哲著. -- 北京:
中国言实出版社, 2017.9（2018.4 重印）

ISBN 978-7-5171-2554-9

Ⅰ. ①大… Ⅱ. ①杨… Ⅲ. ①三农问题－中国－文集
Ⅳ. ①F32-53

中国版本图书馆 CIP 数据核字（2017）第 215145 号

出 版 人：王昕朋
总 监 制：朱艳华
责任编辑：肖　彭
文字编辑：张　强
出版统筹：冯素丽
责任印制：佟贵兆
封面设计：徐　晴

出版发行　**中国言实出版社**
　　　　　地　　址：北京市朝阳区北苑路 180 号加利大厦 5 号楼 105 室
　　　　　邮　　编：100101
　　　　　编辑部：北京市海淀区北太平庄路甲 1 号
　　　　　邮　　编：100088
　　　　　电　　话：64924853（总编室）　64924716（发行部）
　　　　　网　　址：www.zgyscbs.cn
　　　　　E-mail：zgyscbs@263.net
经　　销　新华书店
印　　刷　北京京华虎彩印刷有限公司
版　　次　2018 年 1 月第 1 版　　2018 年 4 月第 2 次印刷
规　　格　710 毫米×1000 毫米　1/16　33.25 印张
字　　数　482 千字
定　　价　188.00 元　　ISBN 978-7-5171-2554-9

目　录

1

产与多种经营的关系　○规模经营的条件　○效益是规模经营的生命力　○最重要的三条政策措施

○为推动农业发展进入新阶段做出巨大贡献的农民，理应得到应有的回报　○关键在于以最大精力抓农民的增收减负　○调整农业结构和推进城镇化对解决农民收入问题是相辅相成，并行不悖的　○调整农业结构既要保证国家粮食安全，又要使农民增加收入　○以小城镇为重点，大中小城市兼容并蓄，多途径转移农村人口

○高度重视粮食主产区和纯农户收入减少问题　○农业组织创新必须坚持稳定家庭承包经营的基础　○要重视依托农村能人兴办农业产业化龙头企业　○扩大农产品出口贸易，获取国际分工的利益

○市场经济就是竞争经济，转变观念是提高竞争力的先导　○不论出口产品还是内销产品都在国际竞争之列，要树立全方位的竞争观念　○发挥中华民族特色产品的比较优势，开辟无竞争对手的领域　○充分认识加强生态环境的保护和建设与提高农产品国际竞争力的关系，树立新的竞争观念　○冲破出口农产品的绿色壁垒，需要农民和政府共同努力，政府的努力更为重要　○完善农业经营体制，改革农业管理体制，以利增强农产品国际竞争力

○城乡统筹发展是深化改革的应时之举　○城乡统筹发展要从实际出发，不搞一刀切　○对于关系到增加农民收入、缩小城乡差距的共性重大问题，应举全社会之力予以解决

粮 食 篇

是发达地区提高种粮效益的重要选择　○掌握条件，尊重农民意见　○解决好三个问题

农业产业化篇

生态建设篇

扶贫开发篇

综 合 篇

新农村建设：关键在于正确引领*

（2006 年）

建设社会主义新农村，已经在全国各地普遍启动。由于中央对新农村建设的方针、内涵和重点讲得十分明确，所以从总体上看，开局良好。当然，它同任何事物一样，不可避免地在发展中会出现一些新情况和新问题，需要及时引导，保障新农村建设沿着正确轨道前进。

据有关部门的观察和研究，当前值得注意的苗头性问题，一是偏，二是急。所谓偏，是认识不全面，把新农村建设等同于村庄建设、新房建设。所谓急，是把新农村建设作为短期工作目标来要求和部署。

解决这两个苗头性问题，涉及方方面面，这里仅从指导思想角度谈几点看法。

一是引领基层干部和农民把建设新农村的热情与积极性集中于发展农村经济、增加农民收入上来。建设新农村的总体要求，即"生产发展、生活宽裕、乡风文明、村容整洁、管理民主"，是全面而丰富的。其中的中心任务是发展农村经济、增加农民收入，这既是为新农村建设创造物质条件，又是支撑新农村建设向前推进的动力，应当始终牢牢把握住这个主题。

强调建设新农村要以发展农村经济、增加农民收入为中心，这与以往人们通常理解的新农村建设只是改变村容村貌的村庄建设，是一个鲜明的区别。这样做，使建设新农村一开始，就给人们一个正确的导向，也是对认识上的片面性的一个端正。因为建设新农村几乎样样都是要花钱的，钱从哪里来？固然有国家的扶持、工业的反哺、城市的带动、全社会的援助，但毕竟农村和农户自身要具备一定的经济实力。不然的话，

---

* 本文原载《求是》2006 年第 24 期。

就会出现以往我们所看到的一些情况：国家把柏油路、水泥路铺到村口，由于村里没有钱，村内依然是泥泞土路；国家把电拉到村头、水引到村头，由于农民没有钱，还是入不了户；还有修房盖屋等改善人居环境的建设工程，都主要靠农户自己花钱。因为这些进村入户的硬件建设，不可能完全依赖国家。即使是发展农村合作医疗、社保等社会公共事业，也要农户自己拿一些钱，国家会大力支持，但不是全包起来。

就全国现实情况来看，沿海经济发达地区和大中城市郊区的农村，产业发达，比较富裕，有一定的经济实力，是具备进行新农村建设的硬件条件的，也有能力发展其他社会事业。但是，大多数中西部农村，产业落后，人们的生活还不宽裕，多数农户还处于"吃饱饭，没钱花"的状态。这些地方，没有钱，就不能急急忙忙去干那些花钱的事，当务之急是生财，是把着力点放在发展农村经济、增加农民收入上，以积蓄实力，创造条件。因此，目前在建设新农村的活动中，应当明确而坚定地提出：把基层干部和农民建设新农村的热情与积极性引导到发展农村经济、增加农民收入上来。

二是引领第一线的干部深刻理解建设新农村是长期艰巨的历史任务。讲新农村建设的长期性，究竟长到什么程度？这个问题，党的十六届五中全会已经做出了回答。全会指出，建设社会主义新农村是我国现代化进程中的重大历史任务。这句话说明：新农村建设是贯穿在整个国家现代化进程之中的，而且是其中的"重大历史任务"，可以说这项任务是与国家现代化建设同步发展、相伴而行、共始共终的。

我国发展的战略目标是：在本世纪头20年，集中力量，全面建设更高水平的小康社会，再用30年，即到本世纪中叶基本实现现代化。从这个目标来看，可以说，全国新农村建设是近半个世纪当中的重大历史任务。还有，我们常讲，没有农业、农村的现代化，就不可能有整个国家的现代化。它说明，农业、农村现代化是整个国家现代化的重要组成部分。

从以上意义来讲，新农村建设实质上又是农村的现代化建设。这可以从三个方面来理解：一是建设新农村要依靠现代科学技术，来引领农业和农村经济发展，以建设现代农业和农民致富为追求目标；二是建设新农村要以现代生活水准，来引领农村宜居环境的改善，以建设优良的乡村风貌和生态环境为追求目标；三是建设新农村要用现代社会文明成果，来引领农村文化、教育、卫生、社保等社会事业发展和民主法制的完备，以培植高素质的农民队伍和完善农村长治久安的社会体制为追求目标。这三个引领，逐步把农村引上现代化。新农村的新字，实质上就是新在现代化，即把贫困落后的传统农村建设成现代化的新农村。所以，新农村建设是农村现代化建设的具体体现。

如果把大家的认识统一到这样的角度上来，人们就不会脱离实际、急于求成了。回想新中国成立半个多世纪以来，多数农村还没有从根本上改变贫困落后的面貌，现在的新农村建设，虽然有工业的反哺、城市的支援，也绝非是短期内可以实现的目标。

处在建设新农村第一线的县、乡领导干部，一个任期只有 5 年，实际上有些人还未干到 5 年就变动了。在有限的任期内，大家都想在建设新农村上有所作为，这是可以理解的，但也容易产生急于求成的倾向，急于干出点看得见、摸得着的有形政绩，这就极易出现不量力而行，甚至强迫命令、大拆大建、脱离群众的情况。这就需要经常反复地教育、引导大家实践中央提出的坚持从各地实际出发，尊重农民意愿，扎实稳步推进新农村建设的要求。

三是引领各地在建设新农村的规划布局上要有重点地向前推进。各地在建设新农村中普遍重视规划先行，这是对的。做规划时，值得关注的一个问题是，要有前瞻性，在布局上应当以那些有发展前景、有利于农户聚居、有可能长久存在的村子为重点，不可不看条件，遍地开花，齐头并进。

因为随着工业化、城市化的推进，农村人口向非农产业和城镇转移，相当一批村庄会逐渐地自然衰败消失，这是必然的趋势。从一个省看，山东"十五"期间减少 6162 个村，平均每天消失 3 个村。从一个县来看，内蒙古自治区凉城县一位县委老书记对 17 个行政村的调查报告称，原有自然村 120 个，现在有 30 个（占 25%）已经消失，另有 37 个（约占 30%）即将消失（每个村的住户已减少到 10 户以下，其中 17 个村在 5 户以下），就是说，约有 55% 的自然村已经消失或即将消失。农村人口减少、城镇化率上升，是社会进步的表现。这就要求我们在规划建设新农村时，要充分考虑到这个变动着的情况。

有的学者提出，以自然村为基础进行新农村建设。这样做，恐怕过于宽泛了。如果全国300多万个自然村全面铺开，硬件建设要花很多钱，将来随着形势的发展变化，那些自然衰败消失的村庄必然成为一片废墟，造成一定的浪费。

为此，在做新农村建设规划时，应当选择重点村子。对那些没有发展前景的自然村、偏远小村、散居的山区农户，随着人口向城镇转移，随着他们自愿地向中心村迁居，随着那些不愿离家的老人的逐渐过世，让它自然消失，其旧址可以复耕，扩大耕地面积。但要严格禁止强制性地撤村迁户，影响社会稳定。正确的做法是，坚持在政策引导下，贯彻使村庄自然集中、自然消失的原则。只有这样，才能使新农村建设既能避免在硬件建设上不必要的浪费，又能保持农村经济社会稳定发展。

有重点地推进新农村建设，并不是说那些非重点村在建设新农村上按兵不动，而是新农村的软件建设应当照干不误，硬件建设讲究适度。

四是引领新农村建设要充分展现农村的文化特色和地区特色、民族特色。长时间以来，流传着这么一个提法，叫"农村城市化"。这是一个不确切的概念，很容易使人们比照城市的样子去建设农村。农村如果都建设得和城市一个模样，就没有农村了。农村所追求的应该是现代化，而不是"城市化"。农村追求的应该是享受像城市那样的现代文明成果，而不是城市那样的具体形象。

德国巴伐利亚州与我国山东省有一个合作项目，即巴州在10年前开始帮助山东青州市南张楼村进行土地整理与村庄革新，他们倡导城乡生活"等值化"理念，坚持农村不以城市为发展标杆，要求建设与城市不同但同样美好的农村生活。这是值得借鉴的。我国江浙发达地区，小城镇建设和农村建设发展很快，但有些地方缺乏规划和引导，时至今日，他们自己感到建设得"城镇不像城镇，农村不像农村"。江苏省无锡市提出要改变这种"两不像"的状况，做到"城镇要更像城镇，农村要更像农村"。这种改变是必要的，要使城镇、农村都追求现代化，而又各具特色，不是谁像谁的问题。

即使是农村的文化特色，也不是千篇一律、千村一面，不同地区、不同民族应有其不同的特点。应当肯定，建设丰富多彩的文化特色和生态环境优美的新农村，不仅是为农民打造一个良好的宜居环境，也是为城市居民打造一个休闲度假的农家乐园，更为重要的是为农村衍生出一个新的旅游产业，增加一条富民之道。

五是引领动员全社会的力量参与新农村建设。新农村建设是全党全社会的共同任务，要广泛动员全社会的力量参与，包括人力、财力、物力的支持。

从目前的宣传动员工作来看，对于新农村建设惠及农业、农村、农民方面讲得比较充分，足以调动亿万农民的积极性。但是，对于新农村建设与开拓广阔的农村市场，实现中央扩大内需的决策，拉动工业、促进国民经济发展，惠及各行各业方面，讲得不够，还不足以调动全社会的积极性。

世上的一切事物都是相互联系的。工业反哺农业、城市带动农村，而农业和农村的发展，又会反作用于工业和城市，二者之间是相互依存、相互制约的辩证统一关系。我国 60 多万个行政村，300 多万个自然村，建设起来所需要的钢材、水泥等基本建设材料的数量是巨大的，这是以积极手段解决部分行业产能过剩问题的一条重要出路。同时，新农村通了水、电、路、通讯以后，家用电器、日用工业品、信息产品等的销量会大幅飙升。农民收入提高以后，我国物美价廉的服装、鞋袜恐怕首先得满足我们自己的国民享用了，这方面的外贸摩擦就会减少，他国所谓"反倾销"的戏就很难唱起来了。

事实说明，建设新农村，既可以解决工业的产能过剩，又可以改善农村消费环境，进而扩大内需，推动国民经济发展，反过来又可以发挥以农促工、以乡促城的作用。

这是就国内来讲的。再从国家的外部来看，在全球化的条件下，国内市场也是国际市场。中国市场大、潜力大，大就大在农村。全国 13 亿人口，7.5 亿在农村，是一个潜力巨大的消费群体，相当于一个半欧盟、两个半美国、五个半日本。中国通过建设新农村，使 7 亿多农村人口富裕起来，消费水平提高起来，将会提供一个巨大的国际市场空间，这将是对全球发展的贡献。同时，这也是以生动的事实向世界表明，中国的发展对其他国家是机遇，而不是威胁。

全面发展和繁荣农村经济[*]

（1991 年 12 月）

　　80 年代的中国农业取得了举世瞩目的发展，一举解决了 11 亿多人口的温饱问题，开始向小康目标迈进。尤其令人高兴的是，近几年连续丰收，市场食品琳琅满目，人民生活丰富多彩，经济、社会繁荣稳定。这个重大的实践使我们深刻地认识到：第一，我国农业的潜力是很大的，亿万农民中蕴藏着极大的社会主义生产积极性，只要加强领导，政策对头，依靠科技，增加投入，不断改善生产条件，提高综合生产能力，解决全国人民的食品供应，实现丰衣足食的小康目标是大有希望的，没有什么可以悲观的；第二，农业的成就来自于党的十一届三中全会以后农村实行的一系列改革，形成的以家庭联产承包为主的责任制等一整套农村基本政策，体现了社会主义制度在新的历史条件下，经过自我完善和发展所焕发出的强劲活力和优越性；第三，改革从农业开始，由农村到城市，农业改革的成果支持整个改革的顺利进行，是我国改革的特点和成功之道。这一点，是有普遍意义的。如果改革的结果，人民连面包和肉都吃不上，还谈何改革。社会主义国家的改革，必须给人民带来实惠。那样，改革的结果，人民会更加热爱社会主义，而不会抛弃社会主义。

　　最近召开的党的十三届八中全会，充分肯定了 80 年代我国农业的伟大成就，提出了 90 年代农业和农村工作的主要任务和总的目标，以及完成任务必须遵循的基本原则和一系列重要政策措施。这是振兴农业和建设社会主义新农村的宏伟纲领。那么，如何贯彻执行八中全会决策，使 90 年代农村经济取得新的突破，使农业登上新的台阶，我认为，应当把握好以下几个关键性问题。

---

　　[*] 本文原载《管理世界》1992 年第 1 期，成文于 1991 年 12 月。

一、在稳定农村基本政策的基础上深化改革

90 年代农业发展的前提是稳定党在农村的基本政策。我们党在 80 年代的农村改革实践中，坚持发展社会主义集体经济，引导农民走共同富裕的道路，逐步形成一系列基本政策，使我国农村经济取得史无前例的迅猛发展。在国际风云变幻中，我国之所以能站稳脚跟，是同包括农村在内的改革开放的伟大成果分不开的。今年全国遭受如此严重的洪涝灾害，而能取得如此辉煌的抗灾救灾的成果，并赢得历史上第二个高产年，除了四面八方支援外，最主要的，是党在农村的基本政策所显示的巨大力量。90 年代的中国农村，当然会面临一些新的情况和新的问题，但农村经济要持续稳定发展，还必须把改革开放以来我们创造的、被实践证明是成功的、得人心的基本政策稳定地继承下来，这是深化改革，继续前进的基础。

稳定政策的重点是，要稳定以家庭联产承包为主的责任制。这是广大农民最为关心的一件事。以家庭联产承包为主的责任制，对调动亿万农民的积极性和促进农业生产发展起了重大作用，至今仍然适合绝大多数农村的生产力发展水平，具有旺盛的生命力，为广大群众所欢迎。我们党反复申明要稳定以家庭联产承包为主的责任制，为什么农民仍然怕变，产生不稳定感呢？主要是有的地方在发展集体经济，或搞规模经营中，采取了一些不恰当的做法，如违背农民意愿收回承包土地，或增加提留加重农民负担，以及"赎买"私人企业等，必然引起人心不安，危及党的政策的稳定性。从根本上消除这些不稳定因素，关键在于用党的政策武装干部。第一，要使大家弄清楚家庭联产承包责任制的社会主义属性。家庭联产承包责任制包的耕地是集体所有的，它是集体经济统分结合双层经营体制中的一个层次，是集体经济的一个组成部分，不是分田单干，不是个体经济，更不是私人经济。我们讲完善集体经济的双层经营体制，是包括稳定和完善家庭联产承包责任制在内的，而决不能去削弱它或取消它。第二，在弄清楚这一点以后，就不要再把发展集体经济同家庭联产承包责任制对立起来了。我们通常讲的发展集体经济，一般是指发展集体统一经营这个层次的实力。其现实意义是，多数地方统

一经营层次的经济力量薄弱,甚至没有什么积累,人们称之为"空壳村",很难为家庭分散经营提供必要的服务。从这个意义上讲,发展集体经济是兴办集体统一经营的乡镇企业,开发新的农业资源,开辟新的生财之路,也包括按承包合同合理收取提留或承包金。绝不是要收回农民的承包地,不是削弱家庭联产承包责任制。第三,正确认识和对待土地的规模经营。中央历次有关会议和文件都一再指出,只能在有条件的地区,根据农民自愿,可以因地制宜,采取不同形式实行适度规模经营。那些大多数经济不太发达的地区,乡镇企业、第三产业等非农产业还没有很好发展起来,农村大批劳动力还滞留在种植业中,就不具备搞土地规模经营的条件。这些地区,现阶段应当积极发展农业社会化服务,把千百万分散的家庭经营联结起来,成片发展专业化、社会化的商品生产,并形成一定规模的商品生产基地,这同样是一种有效益的规模经营。至于土地相对集中的规模经营,只能在非农产业有很大发展,农村绝大多数劳动力从种植业中分离出来,转入新的产业之后,才能瓜熟蒂落,水到渠成,这需要一个相当长的发展阶段。

在稳定政策的基础上坚持深化改革,重点是加强农业社会化服务体系建设,包括解决卖难,搞活流通的农产品销售服务。搞好农业社会化服务,对于解决家庭分散经营的困难,完善统分结合的双层经营体制,壮大集体经济,发展商品生产,密切干群关系,增加对农民的凝聚力,这些方面大家都看得比较清楚,是具有共识的。我觉得,还有三点需要进一步加以揭示。第一,通过加强服务,促进家庭生产面向市场逐步趋于专业化、区域化,产、供、销各大生产环节社会化,在不改变分散经营的情况下,达到整体的规模经济,提高生产力水平和现代化程度。第二,通过向农户提供统一的高质量的社会化服务,可以实现大面积均衡增产增收,消除农户之间因素质不同、条件不同而产生的经营效果的差别,使低素质农户也可以获得高产高效,发挥生产潜力,创造出一种有利于社会公平分配和共同富裕的机制。第三,发展社会化服务,可以加速农村专业化分工,促进第三产业发展。据有关资料介绍,在农业发达的美国,一个农业生产者,为其提供产前服务的有 3 人,产后服务的有 9 人。恰恰相反,我国的情况是,生产者大大剩余,为生产提供服务者严重不足。我们应当运用各种形式组织和引导农民进入服务领域。商品经济的基础是社会分工。随着农村商品经济的发展，直接从事农业生产的劳动力所占的比重将会逐步减少，转入服务和其他非农产业的劳动力会越来越多，逐步改变目前大批劳动力困守在狭窄耕地上的畸形结构，这是必然的发展趋势。农村商品经济的发展牵动劳动力向服务领域转移，劳动力的转移又将促进经济的进一步发展，这是相辅相成、互为推动的关系。我们应当因势利导，积极采取相应的政策措施，引导劳动力的合理转移，促进新型产业的创立，推动国民经济的全面发展，这对增加农民收入，实现小康目标，进而逐步实现农业现代化，具有重要意义。

加强农业社会化服务体系建设的基本原则，应当是鼓励各地在实践中勇于探索创造，努力建设一个适合不同地区生产力发展水平的、多样化的服务体系。各地在这方面都有不少成功的有效的做法，积累了一定的经验。特别值得重视的是，目前涌现的以县乡有关经济技术部门和各类加工企业牵头，发展起来的不同形式的产供销一条龙、贸工农一体化的经营组织，为农民提供产前、产中、产后全过程系列化服务，是农村商品经济发展中的新生事物，发挥了很好作用。尤其是那些村级经济力量薄弱，人才、技术缺乏，服务困难较多的地方，这种做法可以充分发挥县乡特别是县级人才、技术的优势，有力地带动乡村集体经济组织的服务体系建设和商品经济的发展，作用非常明显。从各地的经验来看，一般是有两种做法，第一种做法是，有些地方县乡两级政府的有关经济技术部门转变职能，独立地或联合地为农业提供多种多样的社会化服务，逐步办成经济实体，自给自足，减少财政负担，待条件成熟时再从行政机构序列中分离出来，向企业化转变，做到"小政府，大服务"，为县乡政府机构改革闯出新路。第二种做法是，更多的地方，现阶段则是提倡县乡政府的农工商等多种部门和多种企业，组织商品生产的"大合唱"。就是说，突破隶属关系的界限，突破不同所有制的界限，突破行政区划的界限，农工商贸各行各业有机地联合起来，为农民提供产供销系列服务，实行贸工农一体化经营。这也是一个改革性的突破。这个突破，谁也不代替谁，谁也不吃掉谁，妙在联合。这样，参与联合的各个单位的上级领导机关都能接受，而且又解决了现实条块分割，产销脱节，制约商品经济发展的困难，使多种部门、多种服务功能、多种服务手段集结一体，优势互补，形成商品经济发展的合力，为农民提供产前、产中、产后系列化服务，不再是过去那种"铁路警察，各管一段"的局面了。这种做法是适合我国国情的。因为我们国家大，财力有限，如果大家都各自为战，样样从头搞起，项项自己拿钱，也没有那么多的资金，又重复建设，事倍功半。所以要提倡"大合唱"的经验。这类经验，不仅解决了当前商品经济发展中的难题，而且经过一个阶段的实践之后，将为县乡体制改革打下基础，为向第一种做法过渡创造条件。为了结成散不了、垮不掉的"合唱队"，必须坚持互惠互利的原则。产供销、贸工农一体化的多部门结合，就有一个利益调节问题。如果有的有利，有的没利，没利的就会甩手不干，合唱队就唱不下去了。一般是加工企业利润比较高，其他环节的利比较薄，有的甚至没利，相互之间需要有个调节。有些地方联合体的联合不持久，有的半途而散，生产不能稳定地发展，就是利益调节没有解决好。要结合得持久稳定，结合得富有活力，就得有"黏合剂"。这个"黏合剂"就是调节利益关系，就是"合唱队"成员之间要搞互利互惠，共同发展。同时，县乡政府还要改变领导方法，解决适合领导大合唱的指挥问题。过去是分管生产的就是管生产，分管资金的就是管资金，分管物资的就是管物资，分管销售的就是管销售，大家各管一段。现在有些县在领导方法上有所改革，就是根据经济发展的需要，按产业、按产品组织实施商品经济的领导，形成了一种新的领导方法。譬如有的县建立了粮食、棉花、蔬菜、畜牧、果品专业领导小组，分别由一名县级负责人任组长，有关部门负责人任成员，各围绕一项产业专抓专管。既抓生产，又抓流通，实施全面领导和全程服务。专业领导小组的建立，不仅形成了适应商品生产要求的领导体系，强化了指挥服务功能，而且较好地避免了部门间的摩擦，理顺了条块关系，推进了贸工农一体化经营。为了推动这方面工作的开展，最近国务院决定，国营商业、外贸企业、供销合作社、农产品加工企业、农业（畜牧、水产）科技推广部门、乡镇企业等部门和单位，凡有条件的都可以不受行政区划的限制，牵头或参与产销一体化经营活动。国家统一经营和国家定购部分以外的农产品，可以通过产销一体化经营组织，使产区与销区挂钩，以销定产，签订合同，建立稳定的供求关系，形成合理的区域分工。总之，县乡有关经济技术部门为龙头，带动乡村集体经济组织和其他服务实体，发展产销一体化的服务体系，为农民提供系列化服务，是服务体系建设的一大趋势。

二、农业向深度和广度进军，走高产高效的路子

90 年代为了提高农业的综合生产能力，登上新的台阶，国家要较大幅度增加农业投入。要继续坚持兴修大中型水利工程，治理大江大河大湖，开展大规模的农田水利基本建设和群众性的植树造林活动，积极改善农业生产条件，提高抗灾能力；对现在已利用的农业资源，增加现代科学技术和物质投入，实行集约经营，进一步提高产出率；有计划地实现农业综合开发规划，改造中低产田，开发利用宜农、宜林、宜牧、宜渔的新资源，扩大生产。资金短缺而劳动力众多，是我国的基本国情。在中央和地方必要投入的支持下，以我国丰富的劳动力资源为替代资本（即有效的劳动积累），从以上几个方面向生产的深度广度进军，是我们发展农业应当长期坚持的一条重要方针。80 年代我们正是这样做的，已经取得了巨大的成功，使农林牧副渔各业产量均达到历史新水平。但是，由于我国人口多，每年还要新增 1600 万左右的人口，土地却减少几百万亩，而人民生活水平不断提高，对农产品的需要量越来越大。因此，90 年代必须继续提高农业综合生产能力，仍然要把提高农产品的产量放在重要地位，这一点丝毫不能放松。

但是，我们要清醒地意识到，现在是发展商品经济，一方面是，生产必须适应流通的要求，做到商品适销对路，符合市场和消费者的需要。从某种意义上讲，就是要求把卖难解决在产前。这是农业由自给经济和产品经济过渡到商品经济必然要实现的一个重要转变。农民过去是为了吃而生产，现在是为了卖而生产，这就要求干部和农民都要树立商品经济观念。另一方面是，既讲高产，又讲高效，既讲增产，又讲增收，树立经营效益的观念。有了商品经济观念和经营效益观念，就能够自觉地面向市场需求搞种植，在种植的基础上搞转化，发展饲养业，再以种、

养业为原料发展加工业，实行一种二养三加工，这是农业向商品化、高产高效发展的基本途径。我国人民的生活水平正在由温饱向小康过渡，不是"瓜菜代"的时期了，人们在吃饱的基础上要求吃好，对农产品的品种、质量的选择余地增大了，要求提高了。比如：粮食的直接食用量逐步减少，粮食的转化品——肉禽蛋奶鱼等需求量逐步增加；白菜、萝卜等大路菜的食用量逐步减少，鲜菜、细菜、反季节菜和外地瓜果的需求量逐步增加；优质农产品即使价格高一点也有人要，劣质产品即使价格低也很难销。还要看到，现在的家庭结构日趋小型化，夫妻双职工的多，生活节奏加快，对净菜、净米、各种熟食制品、分割肉和小包装等加工品的需求越来越旺，又有利于减少城镇污染，缓解运输紧张状况。这些消费需求的变化说明，农业生产必须把生产优质产品、粮食转化产品和各种加工产品放在重要地位，这样可以打开市场销路，有利于搞活流通，有利于提高经营效益。当前的卖难问题，流通滞后固然是主要原因，但农产品不完全适合市场需求也是原因之一。解决流通问题，解决效益问题，要从生产抓起。生产要跟着市场需求转，改变种什么、卖什么的传统做法，不能只讲产量，不讲品种，不讲质量，不讲效益了。农业不仅仅是生产粮食的，不仅仅是"吃饭产业"，还是发展商品经济，使广大农民富裕起来，奔向小康的基础产业。如果让一些农民年复一年"粮仓是满的，钱袋是扁的"，就必然要影响农民的积极性，影响农业的发展后劲，最终生产是稳不住的。根据各地经验，农业走高产高效的路子，应当"种养加"一条龙发展。这样，不仅有利于开拓市场，而且可以多层次增加农产品的附加值，使农民增产增收。种植业和养殖业相结合，秸秆"过腹还田"，有机肥增加，化肥使用量减少，耕地肥力提高，生产成本下降，农业可以实现良性循环。由原料生产向加工工业延伸，可以拓宽和加深生产领域，为农民创造新的就业机会，为乡镇企业发展开辟道路，为地方财政开辟财源，从根本上改变"高产穷县"的面貌，增加农业发展后劲。

"种养加"适合我国绝大多数地区的情况，应当把它作为起步产业、基本产业来抓。但是现在不少地方，特别是一些贫困地区，办工业的热度超过"种养加"的情况到处可见；同时工业项目的效益低于种养业项目的情况也到处可见。贫困地区民穷县也穷，地、县领导同志为解决地方财政困难，总想多办点工业，是可以理解的。但是，这些地方没有工业基础，办工业缺乏人才，缺乏技术，缺乏管理经验，跨度太大，很难搞好，往往是，不仅得不到利，反而背了包袱。我们国家穷，资金有限，办工业占用资金多、周期长、风险大，在条件比较差的情况下，不可盲目上工业项目，主要应当发展"种养加"。当然，不是说一点工业不能办。从长远讲，根本上脱贫致富，不发展工业是不行的。但在现阶段，主要是兴办那些能带动千家万户发展种养业的农副产品加工企业，以及其他适合贫困地区发展的资源型、劳动密集型工业。

"种养加"必须以科学技术为先导，生产出品种好，质量高，投入少，产出高的产品，才能达到适销高效的目的。原联邦德国，人均只有粮食 435 公斤，自给有余，食品消费达到世界高水平。其中人均年消费肉类 104.2 公斤，肉类中猪肉占 73 公斤。他们的一条重要经验是，粮食作物与饲料作物并重，猪的肉料比 1∶2.1。我国的人均占有粮食目标也是 400 公斤，肉类消费中猪肉也是占较大比重（81%），他们的做法对研究制定我国食品发展战略提供了有益启示。相比之下，我们的差距是，饲料转化率低，猪的肉料比为 1∶4.5 以上；种植业结构仍然停留在粮食和经济作物的二元结构。据专家研究，如果把二元结构逐步转变为粮食—经济作物—饲料作物三元结构，实行人畜分粮，改变饲料长期依附于粮食，造成饲料报酬低、饲料大调大运等损失浪费状况，逐步形成专用饲料基地，农业的经营效益将有一个较大的提高，再加上依靠科学技术提高饲料报酬率，我们也可以做到，人均占有粮食 400 公斤，使人民生活过得很好。

发展"种养加"和其他产业时，除了要以市场为导向、以效益为目标之外，还要注意从当地的资源优势出发，重点发展那些能够带动群众脱贫致富，有广阔市场前景的拳头产品，能够形成县乡财政收入来源的支柱产业。各个地方，可开发的资源是不少的，"种养加"的面是很宽的，可以上的项目也是多种多样的，如果什么都想干，搞得零星分散，很难形成气候，也不利于推广科学技术，不利于开展社会化服务，这不是发展商品经济的做法。应当抓住主要的、有市场竞争力的商品，统一规划，成片开发，分户种、管，集中加工，产销成龙，形成一定规模的商品基地。这是值得重视的经验。

三、继续大力发展异军突起的乡镇企业

乡镇企业是实现小康目标和农业现代化的台柱子，90 年代仍是我国乡镇企业大展宏图的年代。我国是农业人口众多的大国，要提高农业综合生产能力，实现农业的现代化，首先遇到的难题是：钱从哪里来，人往哪里去？也就是，实现农业现代化的巨额资金由谁出？农村的剩余劳动力往哪里转移？这是不可回避的难题。由于我们国家大，底子薄，财力有限，不可能为实现农业现代化提供所需的巨额资金，城市和大工业也无法容纳农村大量的剩余劳动力。因此，提高农业综合生产能力，.实现农业现代化完全依赖国家是不现实的。

80 年代，乡镇企业异军突起，与家庭联产承包责任制一起，成为我国农村改革的两大最突出的成果。乡镇企业以其巨大的发展潜力成为我国农村走向富裕，农民奔向小康的必由之路，展示了实现具有中国特色的农业现代化的希望之路。乡镇企业的发展，一方面吸收了农村大量剩余劳动力就业，另一方面，乡镇企业通过各种形式为农业发展提供了大量资金，使困扰我们多年的难题找到了出路。据不完全统计，在1978—1990 年间乡镇企业吸收了 6400 多万农村剩余劳动力就业；直接提供了 300 多亿元的支农建农资金，相当于同期国家预算内对农林水气总投资的 1/3；乡镇企业用于农村各项事业建设投资近 1000 亿元；农民从乡镇企业中得到收入 7000 多亿元，"七五"期间农民净增收入的一半以上来自乡镇企业，其中相当大的比例转化为农业投入；还为国家创造1/3 的工业总产值，1/4 的创汇额和 1/8 的税金。

90 年代，我国农村依然面临资金短缺和劳动力剩余两大难题。与80 年代相比，问题或许更加严峻。据估算，要实现 2000 年农业发展目标，需要数百亿元资金，还得安置 2 亿多农村剩余劳动力就业。因此，90 年代必须坚定不移地积极支持和正确引导乡镇企业持续、稳定、健康发展，不可有丝毫的犹豫或动摇。当前在搞活国营大中型企业的同时，

要帮助乡镇企业更好发展，而不是把它卡紧搞死。许多乡镇企业是同国营大中型企业配套的，你中有我，我中有你，你活我也活，你死我也死，已经结成了利益相关、生死与共的联合体，应当以大中型企业为龙头，带动乡镇企业紧密配合、协调发展。

发展乡镇企业的基本方针仍然是"积极扶持，合理规划，正确引导，加强管理"，不同地区应区别对待，分类指导。

沿海、大城市郊区和其他乡镇企业发展较快的地区，从整体上看已经走过了铺摊子起步的阶段，形成了较为发达的企业群落。这类地区的乡镇企业，要调整产业结构，依靠技术进步，强化内部管理，提高企业整体素质，逐步实现由外延式的发展向内涵式发展转变，由重产值增长转向重经济、社会和生态效益的提高；由依托国内市场转向国内和国际市场同时开拓；由小而分散的经营向专业化、企业集团化和为国营大企业配套联合方向发展，更上一个新水平，真正成为经得起各方面检验的、健康发展的新生经济力量。

中西部地区和其他乡镇企业薄弱的地方，总体上仍处于一个起步阶段。发展依然是首要问题。但这些地方的发展应吸取发达地区发展乡镇企业的经验教训，不能乱铺摊子，草率上马。企业要相对集中，办在水、电、路等条件具备的县城和小集镇，不能不顾条件"村村办工厂"。由于缺少技术和市场优势，在发展与发达地区相同的产业和企业时更应慎重。这些地方，应立足于自然资源和劳动力资源丰富的优势，重点发展种植业、养殖业和以种养业为原料的加工业，以及矿产开发、手工编织等资源型和劳动密集型的产业。在与沿海和其他发达地区的先进技术、市场挂钩的情况下，搞一些大跨度的横向联合，发达地区在人才、技术、管理等方面给予支持，双方互惠互利，共同发展。这是90年代发展的一个大趋势。

今后，国家在产业政策、科技进步、人才培养、金融信贷等方面会更多地考虑到乡镇企业的发展。可以预见，90年代仍是我国乡镇企业大展宏图的年代。今日中国，离开了乡镇企业已无法认识农村经济，更无法认识农村的集体经济。乡镇企业已成为我国农村集体经济的新主体。这是一个真正的新的生长点，发展下去前途不可估量。

四、大举科教兴农，提高亿万农民科技文化素质

我国在世界上属于农业自然资源的人均占有量水平偏低的国家，而且 90 年代仍然处于人口增长高峰期，人均自然资源占有量将会继续呈现减少的趋势。这个基本国情，决定了我国农业必须把科教兴农作为一项基本对策，紧紧依靠科技进步，提高种植业和养殖业的单位面积产量，形成一个高产、优质、低耗、高效的农业生产体系。

近几年，在科教兴农方面，各地都创造了许多好的经验。最引人注目的是，实行"农科教三结合"，推动农业发展。这就是说，在政府的统筹规划和组织协调下，围绕振兴农业这个中心，充分发挥农业、科技、教育部门的整体作用，做到通力合作，分工负责，各尽其力，各记其功。农业部门处于"三结合"的主导地位，应率先制订当地农业发展规划，向科技、教育部门提出配合行动，共同执行规划的要求；科学技术部门根据当地农业发展的需要，制订技术开发和技术推广的计划和项目；教育部门根据科技推广规划，编写技术教材，开展人才培训。这样，真正做到农业依靠科教，科教面向农业；农民干什么，学什么，学以致用；解决了长期以来部门分割，学用脱节的问题，找到了科教兴农的良好形式。

在科教兴农中，还要重视解决有关政策问题，调动各方面的积极性。比如提高单产的关键，在于培育和推广优良品种，而要使优良品种在农业生产中更好地发挥作用，必须调动优良品种的培育、经营、推广三个方面的积极性，建立优良品种培育、经营和推广的利益机制。现在我国种子经营部门有利益，培训和推广两头没有利益，这就影响了他们的积极性和正常工作的发展。而如果不能及时培育出高品质的良种，或者不能使良种得到大范围的推广，对科技兴农事业是不利的，同时对种子经营部门也是不利的。因此，可以考虑像提取技术改进费一样，从种子经营利润中提取一定比例，按工作成绩分配给良种培育和推广部门，把三个环节的利益紧密地联结在一起，推动我国良种工作的更好开展。有了高产良种，还要有配套的高产栽培技术。针对农业区域性强的特点，应当科学总结在不同条件下取得的高产经验，经过组装配套，形成区域性

的模式化栽培技术，通过科技人员的技术承包和对农民的技术培训，进行大面积推广。技术承包可以把科技人员智力投入与他们应得的报酬结合起来，把技术承包和技术推广的成绩与评职称、提职务、升工资结合起来，这对调动科技人员积极性和保证增产效益都有好处。还有，过去我们搞农业项目，通常只重视给钱给物，不注意科学技术和科学管理的输入，硬投入与软投入不配套，往往收不到预期的投资效益。近几年我国扶贫开发的一条重要经验，就是从开发项目的投资中提出5%作为培训费，对项目区的管理者和劳动者进行培训，保证开发项目的成功。对于项目建成后的管理和提高都是极为有利的。这种做法，应当作为投资立项制度的一项重要内容，加以提倡。为了调动农民特别是在乡知识青年学习科学技术的积极性，可以考虑对凡是经过农业技术教育并达到相应水平的，给予评定职称，或者试行农业发达国家已实行的"绿色证书"制度。对获得职称和证书的知识青年，在种养业承包和信贷、物资扶持方面实行优先，鼓励他们成为农村脱贫致富、发展社会主义商品经济的带头人。

五、加强农村基层组织建设

我们从事的是伟大的社会主义建设事业，必须用社会主义的思想来统一人民的观念和意志，迸发出无比强大的力量和坚韧不拔的毅力，加强农村物质文明和精神文明建设，巩固农村社会主义阵地。

基层组织是社会主义大厦的基础。无论是思想建设还是经济建设，都得依靠广大基层干部去组织执行，具体落实。所以下功夫抓好以党支部为核心的基层组织建设，是我们事业成功的一个关键。像北京市的窦店、河南的刘庄等先进村，之所以经济发展快，精神面貌好，社会主义新农村已经展现在人们面前，主要是有一个能够贯彻执行党的政策、坚持建设社会主义、密切联系群众的好支部、好支书、好的领导班子。相反，那些经济发展慢、政策不落实、社会治安差、丑恶现象比较多的地方，究其原因，主要是基层组织松散、瘫痪。没有一个坚强的、能够领导群众脱贫致富的领导班子，你的政策再好，你的文件写得再好，会议开得再好，都是不能取得成果的。这就叫"基层没人干，一切都等于空谈"。所以抓基层班子建设，发挥党支部的战斗堡垒作用，党员的模范带头作用，这一条极为重要。不少地方改变贫困地区面貌，就有这么一条重要的经验："给钱、给物，更要建设一个好支部。"没有一个好支部，你给他钱，给他物，他也不会花，也花不好，当然也改变不了贫困面貌。所以加强基层领导班子建设，是做好农村工作的重要前提。

加强基层组织建设，最重要的是选准一个好头，配好一个好班子，并不断地加强培训，提高领导水平。对基层干部重在教育。可是现在很多地方的基层干部，他们除了开会，很少读书看报，出去的机会又不多，见识不广，所以精神食粮严重不足。有些新上来的干部连党的优良传统、群众路线等基本知识也知之甚少，这是工作做不好的重要原因。为此，要舍得花一点钱，办短训班，培训基层主要领导干部。办培训班不是关门读书，不只是请人讲讲课，重要的是把他们带到那些经济发展快、工作做得好的先进村，进行现场教学，开放式培训。学习先进村是如何由穷变富的，碰到过一些什么问题，是如何解决的？使大家看个清楚，问个明白，学到奥妙。这是培训基层干部的有效形式。只要坚持不懈地做下去，就可以把先进支部经验普及开来，逐步改变后进支部面貌，把所有支部都办成带领群众脱贫致富的"火车头"，建设社会主义新农村就大有希望。

农业发展新阶段与农业结构调整[*]

（1999 年 10 月）

调整农业结构是在农业发展和人民生活水平提高的基础上出现的,是前进中、发展中的新问题。经过结构调整,我国农业将攀上一个新的高峰。

一、怎样理解结构调整

我觉得应当从思想上明确四点认识。

认识之一：调整农业结构,增加农民收入,是我国农业发展进入新阶段后的一项重要任务。经过 20 年的改革开放,我国农业已经进入一个新的发展阶段。新阶段的主要标志是：农业的综合生产能力已经基本满足了现阶段人民对农产品的需求,为全国改革、发展、稳定做出了历史性贡献。新阶段也出现了新问题,主要是粮棉等多数产品出现了阶段性供过于求,品质不完全适销对路,农民增产不能相应增收。解决新问题的出路,在于调整农业结构,提高质量效益,增加农民收入。这是一项具有战略意义的任务。只有大力调整结构,才能缓和目前农产品卖难、价格下跌的矛盾,提高农业自身的效益;只有大力调整结构,才能发挥我国农业的比较优势,从容应对农业全球化的挑战;只有大力调整结构,才能扩展农民的就业增收领域。农民收入增加了,才能使农村 9 亿人口这个巨大的消费群体爆发出对工业强劲的拉力,通过扩大内需实现国民经济持续、快速、健康发展。

认识之二：调整农业结构,应深谋远虑,广开思路,以深化改革的精神广辟增效增收门路。对调整农业结构,应当看得宽一点,想得远一

---

* 本文原载《求是》2000 年第 2 期,成文于 1999 年 10 月。

点。这次调整，不仅是调整农产品的品种、品质结构，而且要因地制宜，调整区域种植结构，发挥不同地区的比较优势；不仅是调整农业内部结构，还要调整乡镇企业结构，发展农村二、三产业，加快小城镇建设，实际上涉及调整整个农村经济结构；为了调整好农业和农村经济结构，又必须相应地调整农业经营方式、农村劳动力结构、教育结构、金融资本使用结构。还应面向国际市场，调整农产品进出口结构。以这样的思路调整农业结构，才能突破实际工作中存在的各种局限性，为农业增效、农民增收、农村小康开辟广阔天地。

认识之三：调整农业结构所要达到的目标，是一个综合性目标，而非单一目标。调整农业结构，将全面提高农业整体素质，促进农业现代化。那么，通过结构调整，使农业出现什么局面，达到什么目标？可否将其定位为三点：一是使农产品总量供求基本平衡，品质适销对路，并在国际市场上具有一定竞争力；二是使我国农业全面转上优质、高产、高效的轨道，使务农劳动力的收入逐步接近社会平均水平；三是使农业形成合理的区域分工和布局，不同地区发展各具特色的专业化生产。实现上述三个目标，实际就是使农业在现代化道路上迈出新的步伐。

认识之四：调整农业结构需要有一定的过程，既要抓紧，又不能简单从事，应积极稳妥推进。调整农业结构，增加农民收入，是当务之急，理应抓紧进行，但考虑到情况比较复杂，需要很好地调查研究，周密策划，防止调整中出现新的结构趋同、"重复建设"，欲速不达。现在，面临的情况是减收因素多，增收因素少，工作有一定难度；调整结构、抓增收，涉及调整农业发展思路，改进工作方式等深层次问题；看准的一些增收门路，如提高农产品质量，发展二、三产业，加快小城镇建设等，见成效都要有一个过程，急不得；调整结构既要吃透市场需求，又要从本地资源优势出发，讲究实效，谨防盲目从事，徒劳无益；调整结构还要有国家宏观政策的支持和有关部门各项服务的配合。凡此种种，说明调整结构需要发挥综合功效，需要有一定的过程，应坚持积极进行，稳妥推进的方针。

当然，农业结构调整是一个动态过程，今后随着国内外农产品市场的变化，农业科技的不断进步，结构还会不断调整优化。

二、如何进行结构调整

就目前情况而言，调整结构应当从以下八个方面着手：

（一）调整粮食及其他农产品的区域种植结构，主要是使不同地区各展所长，充分发挥区域比较优势。过去，由于农产品普遍短缺，各个地区为了保障本地区的供给，同结构地发展农业生产，是符合当时情况的。现在，农产品充裕了，有条件也有必要调整区域种植结构，使各地扬长避短，发挥自身比较优势。棉花的重点产区由内地转移到新疆就是成功之例。

结构调整以粮为首，以粮的调整带动其他调整。粮食区域种植结构调整的方向应是：

沿海经济发达地区和大中城市郊区，应面向国内外市场需求，适当减少粮食种植面积，积极发展高价值经济作物，以及水产品、畜产品，发展出口创汇农业。因为这些地方人多地更少，种粮成本高，在当前粮价较低的情况下，有的地方已经出现种粮亏本的情况；相反，国内外市场需要的高价值经济作物又没有更多的耕地去种植，难以满足消费者需求，这是造成沿海经济发达地区和大中城市郊区农民收入增幅减缓的一个重要原因。

西部山区，特别是长江、黄河上中游，以及部分湖区、牧区，按照中央既定方针，坚决把不宜种粮的土地退耕还林、还草、还湖，转而发展高价值的林果业、畜牧业、水产业。因为长期以来，在人口压力不断增大的背景下，一些不适宜耕作的山坡、水面、草场被开垦种了粮食。这虽然对缓解当时的粮食供应紧张局面起到了一定作用，但也带来生态破坏、水土流失的严重后果，得不偿失。如果说过去是以林地、草场、水面换粮食，现在则必须以粮食换林果、换畜禽、换水产品，这些是比粮食价值更高的食物。同时，对宜粮的耕地加强农田水利建设，实现稳产高产。

相反，中部和东北粮食主产区，应放手发展粮食生产，让他们多增产粮食。因为沿海经济发达地区和大中城市郊区适当减少粮食种植面积后，他们成了国内粮食主销市场，扩大了粮食销售容量，使中部和东北的粮食有了出路，必将调动地方和粮农积极性，进一步增产粮食，建立我国粮食的内循环。

这样，东部沿海发达地区和西部的部分山区适当减少粮食种植面积，有利于缓解当前供过于求的矛盾；中部和东北地区增加粮食生产，又可以保持全国供求大体平衡。同时，不同地区各展所长，互为市场、优势互补，提高整体经济效益，又可取得生态效益，还形成合理的生产布局，调活全盘。

为了促进粮食区域种植结构调整，应制定相应的政策措施：对沿海经济发达地区和大中城市郊区，一是不必再强调他们粮食自给自足或提高粮食自给率；二是他们可以不再每年层层下达粮食种植计划和必须增产粮食的指标；三是国家减免沿海经济发达地区和大中城市郊区的粮食定购任务，可以从主产区增加市场收购。

对中部、东北粮食主产区，一是国家实行粮食保护价制度，当市场粮价低于保护价时，按保护价敞开收购，让主产区农民放心大胆地发展粮食生产；二是增加以水利建设为重点的基础设施投资，逐步做到旱涝保收、优质高产；三是鉴于单一发展粮食生产难以支撑农民收入持续增长，要大力支持主产区发展以粮食和秸秆为饲料的畜牧业，和以农畜产品为原料的加工业，使他们走出一条粮、畜、工连环发展的高效增收路子。

对西部山区和部分湖区退耕还林、还草、还湖问题，中央已有明确政策。在结构调整中，应强调不能把农业用地转为非农业用地，以保存粮食生产能力，将来一旦需要可以应变。

（二）调整农产品的品种、品质结构，主要是依靠科技，提高农产品优质率和优质农产品产出率。我国现阶段农产品供给数量不足的矛盾基本解决，农产品中优质产品比例低、优质产品产出率低与人们生活水平提高的矛盾日益突出。

依靠科技解决农产品优质率低和优质农产品产出率低的"两低"问题，是农业发展到新阶段的重要任务。具体要求是，以优质品种替换劣质品种，提高农产品优质率；在保持优质品种的品质不变的前提下，提高单产，降低成本，从而提高投入产出比率。在这方面，增加投入，加强科研，增加技术储备固然是一个重要问题，但更重要的是应采取得力措施解决现有大量科技成果转化率太低的问题。

加快科技成果转化的关键，在于改革农业技术推广体制，使技术推广人员与农民结成利益共同体。

一是改革现有的农业技术推广模式。县、乡技术推广机构，长期以来经费少、收入低、工作困难。地方财政又无力增加投入，看来只有走建立激励机制、从技术服务中创收的路子。本着国家扶持与自我发展相结合的原则，在保持财政对农业技术推广事业投入不变的前提下，支持农技推广机构对农民开展技术承包，有偿服务，即"超产提成，减产赔偿"。这样，可以调动农技推广人员的积极性，使其尽心尽责，靠真本领吃饭，有利于技术推广队伍的优胜劣汰，提高素质；从增产中提成，农民得大头，又不增加负担；还可以弥补技术推广经费的不足，改善工作条件。

二是发展新型技术推广模式。这就是党中央、国务院最近发出的《关于加强科技创新发展高科技实现产业化的决定》中指出的：要打破行政地域界限，积极发展龙头企业、中介服务机构与农户紧密结合的新型农业技术推广模式。龙头企业为农民提供良种、技术、购销服务，实践证明是成功的，是受农民欢迎的，也是今后吸纳农业大专院校毕业生就业的重要基础。

（三）调整农民收入结构，主要是以发展合作制的龙头企业为重点来推进农业产业化经营，使农民分享农产品加工、流通环节的利润。我国农村人多地少，家庭承包经营规模小，劳动生产率低，农民只靠初级产品很难富起来。现阶段农民收入增长缓慢，一个重要原因是农民收益的产业链条太短。仅靠农产品生产环节创造的利润，农民收入增长空间有限。只有让农民分享农产品加工、流通环节的利润，收入才能实现持续增长。所以，传统农业使生产与加工、流通分割的格局，人为地打断"从田头到餐桌"农产品流转过程，初级产品的附加值不能回归农民，这种状况必须改变，这就要实行农业产业化经营。

农业产业化经营的实质在于使农民得利，得利的表现就是分享农产品加工、流通环节的利润，实现的主要途径就是发展合作制龙头企业。

合作制企业的宗旨是，对合作成员不以营利为目的，企业创造的利润扣除成本和扩大经营所需费用外，其余的要返还合作成员。国外的经验也是这样，由若干生产同样产品的农民入股组成合作社，兴办加工、流通企业，合作成员不仅在提交初级产品时可以得到一笔收入，而且在年终可以按提交产品的多少分红。所以，只有合作制的龙头企业才能真正同农民结成利益共同体，才能真正体现农业产业化经营的实质和标志。今后家庭搞种、养，合作搞加工、销售，是农业的基本经营模式。同时，提倡农民自己办合作制龙头企业，大家不等不靠了，可以加快产业化经营的进程。

当然，发展合作制的龙头企业，并不排斥非合作制龙头企业。非合作制龙头企业与农民之间一般是产品买断关系，虽然农民不享受加工、流通环节的利润，但在产品销路、良种、技术服务等方面还是可从龙头企业得到一定好处。对这种企业应一如既往地继续支持发展，形成以合作制龙头企业为主体、多种龙头企业共同发展的格局。

（四）调整农村劳动力就业结构，主要是推动从事种植业的劳动力向农业的服务业和非农产业分流，扩大农民就业增收的空间。劳动生产率是劳动者收入的基础。农业劳动力收入水平之所以低于其他产业劳动者，根本原因在于农业生产率太低。大量劳动力和人口滞留农村，聚集在种植业这个狭小天地里，而农村人口对农产品的消费水平又大大低于城镇人口，这是目前全国人均农产品占有水平不太高的情况下出现农产品过剩的一个重要原因。因此，无论从提高农民收入水平的角度来看，还是从提高全社会对农产品消费水平的角度来看，都要调整农村劳动力的就业结构。

一是在农业内部挖掘就业潜力。随着现代农业的发展，农业所能提供的就业机会，越来越表现在产前、产后环节使用的劳动力上。发达国家农业产前、产后环节的就业人数，大大超过直接从事农业生产的人数。我国农业产前、产后环节目前吸纳的劳动力还很少，大部分产中环节的劳动力势必向产前、产后环节转移。怎样实现这种转移？一个好的办法是，明确提出：建立以农民为主体的国家、集体、农民及其合作组织相结合的农业社会化服务体系。这既可以有力地推动农业社会化服务体系的发展，又可以为农民提供大量就业机会。

二是扩展农外就业增收空间。主要是依靠积极发展非农产业，加快小城镇建设，以及劳务输出等。目前已有相当数量的农业剩余劳动力流向大中城市和沿海经济发达地区就业，为流入地区的经济发展做出了重要贡献。劳动力的这种流动是符合经济规律的，今后还会保持这种趋势，但空间会越来越小。大规模转移农业剩余劳动力，还是要靠发展乡镇企业、加强以农产品批发市场为龙头的市场体系建设、加快小城镇建设，在国内市场发生重大转变的新形势下，进一步发展乡镇企业，应当在体制创新和结构调整方面狠下功夫。加快小城镇建设，既是客观需要，又具备了条件。中央已有明确的方针政策，现在需要的是，以县城和中心镇为重点扎扎实实地推进。

一大批农民进入农业服务业，进入非农产业，进入小城镇以后，又为留下来的农民扩大农业经营规模、提高农业劳动生产率、增加收入创造了条件。

（五）调整农业经营方针，主要是通过发展"合同农业""订单农业"，逐步做到以销定产，减少盲目性，提高经营效益。过去农产品供不应求，处于卖方市场，农业基本上以产定销，农民是生产什么，卖什么，生产多少，卖多少。现在多数农产品供过于求，转为买方市场。在这种情况下，究竟如何发展生产，农民茫然不知。靠直观感觉，看到什么赚钱就种什么，大家都种，一种就多；靠政府号召什么种什么，仍然一种就多，多了又无人负责；甚至有的地方强制农民种什么不种什么，其结果更糟。暴露了原有的农业经营方式的局限性，亟待由过去的以产定销向以销定产转变。

决定农业生产结构的是最终消费者的消费结构，也就是最终消费市场。但农业生产往往并不直接面对最终消费者，而是面对加工、流通者，是加工、流通者为买方的收购市场决定生产者的生产决策。因此，农民要真正做到以销定产，必须通过加工、流通的龙头企业和其他中介组织。全国很多地方从当地的实际出发，积极探索新的经营方式，已经有所突破，即通过农业产业化的龙头企业和专业合作社及各种中介组织，调查市场，吃透行情，找到商品销路和客户以后，再给农民下订单、签订合同，把产销衔接起来。这种新的农业经营方式，对企业和农户都有好处，对企业来说，保证了符合质量标准的商品的稳定供应；对农民来说，生产什么、生产多少，都根据合同进行。这样，减少了生产和经营的盲目性，增加了效益，又提高了农民进入市场的组织化程度。国务院今年在完善粮食流通体制改革中提出，允许粮食加工、饲料、饲养、酿造、医药等用粮大中型企业，经省级政府批准，可以和农民签订自用粮的产销合同，按合同直接收购农民粮食。这对发展"合同农业""订单农业"将产生重大的导向作用。最近在山东安丘市看到，农民"种合同菜""养合同鸡"已经成为时尚，该市种植的经济作物62%都是按订单进行生产的。他们说："合同农业"使农民种得放心、卖得顺心，企业买得称心。这种新型的农业经营方式，对农业和农村经济的发展具有重要作用，具有强大的生命力和良好的发展前景。为此，要大力支持发展农业产业化龙头企业，使其具有较强的市场开拓能力和为农民服务的能力。如果没有龙头企业的发展壮大、衔接产销，只是空喊"市场需要什么就种什么，什么赚钱多就种什么"，农民仍然摸不着方向，难以实现以销定产的转变，调整发展新的农业经营方式是不可能的。

在"合同农业""订单农业"的发展中，龙头企业直接与千家万户签合同、下订单有一定的困难，结果，各种形式的专业合作社应运而生，成为龙头企业和农户之间的中介服务组织。龙头企业与专业合作社签合同，专业合作社再把合同任务落实到户，到了收获季节再把农户的产品集结起来，交给龙头企业。今年在河北丰宁县大滩镇看到一个土豆专业合作社，拥有千户成员，为北京麦当劳快餐店生产专用土豆，中介服务搞得很好，受到农民欢迎。看来，龙头企业与农户之间加一个专业合作社是必要的，形成龙头企业+专业合作社+农户的产销联结链条，应积极总结推广这些好的做法，加快专业合作社的发展。

（六）调整农村教育结构，重点是发展成人职业教育，提高青年农民的科技素质。目前，农村青年多数有文化，但科技素质较低，接受和消化能力弱，影响先进农业科技成果的转化和成效。主要原因是目前初中和高中是普通教育，是为升学服务的，课程的设置以文化知识为主，没有或很少有科技方面的内容，毕业生缺乏现代农业科技知识和技能，回乡后搞农业既不懂传统技术，也不懂现代技术。由于农村学生大部分要回乡从事农业和农村经济方面的生产经营，因此，农村教育要努力为农业和农村经济发展服务，以提高青年农民科技素质为重点，调整教育结构，进行人力资源的深度开发。

一是农村在继续搞好普通教育的同时，积极发展成人职业教育。可以考虑在县城办农业中专，在中心镇办职业高中，初中毕业升不上普通高中的进职高，普高毕业升不上大学的进中专。这些学校要根据当地农村经济发展的需要设置专业和课程，使今后回乡就业的青年成为有用人才。

二是对过去已经回乡的高初中毕业生，要利用现有的各种农业技术学校、函授学校分期分批地进行专业技术培训，力争使他们掌握一两门专业技能。

三是采取多种方式，解决农村成人职业教育的师资问题。大力发展农村职业技术教育，最缺的就是教师。解决师资，一要利用地方机构改革、人员分流的机会，有计划地把有专业技术的人员分配到农业职高、中专的教学岗位，发挥其特长。二要鼓励农业大中专学校毕业生到农村职高、中专任教。三要鼓励农业院校、科研单位的教学、科研人员，包括离退休技术人员，定期或不定期到农村职高、中专授课。

为了促进农民学习科技知识的积极性，可以研究制定一些鼓励性的措施。比如可否规定农业职高、中专毕业生有承包开发农业资源的优先权，有向金融机构申请使用贷款的优先权等。

（七）调整农村金融资本结构，主要是增加农村放贷额度，加强对农民个人、合作经济组织、私人企业贷款的支持。经过20年改革开放，农村有一定专长、善于经营的"能人"到处涌现。他们有的从事种养业，有的搞农产品运销业，有的从事农产品加工业，有的从事生产和生活服务业，是发展农村经济的带头人，是农村重要的"人力资本"，发挥他们的聪明才智和潜力，是促进农村经济发展的重要方面。这些"能人"多数是先富起来的农民，扶持他们发展生产经营，可以启动民间资本，可以带动大批农民就业。

现在农村这些"能人"在扩大生产经营中遇到的最大困难，就是资金不足。农村金融发展比较薄弱，合作基金会正在清理整顿，信用社改革进展缓慢，农业银行的基层机构在收缩，农民贷款很难，有些地方高利贷盛行。不少农村"能人"由于缺乏一定的资金难显身手，制约了他们生产经营的发展。而目前国家银行存款大量增加，有钱贷不出去。在这种情况下，开通把资金提供给农村"能人"的渠道，一举两得，既促进了农村经济的发展，也解决了国家银行资金的出路，于国于民都是有利的。为此，应当采取以下措施：

一是鉴于农村信贷资金长期不足的状况，建议国家增加农村使用贷款的额度。对中西部资金不足的农业银行和信用社，中央银行给予再贷款支持。

二是当前农村使用贷款的方向主要是支持农民调整结构，放贷的主要对象应为农民个人、合作经济组织和私人企业。银行面向农民贷款，确实工作量大，成本高。但要从大局出发，克服困难，创造农村信贷工作的新经验。在这方面，可以借鉴国外金融机构给农民发放小额贷款的经验，制订切实可行的借款还款管理办法。

三是加快农村信用合作社改革，使之真正办成农民自己的合作金融组织，充分发挥其引导农民调整结构、增产增收的作用。

（八）调整农产品进出口结构，主要是利用国内国际两个市场、两种资源，为国家创汇，为农民创收。随着我国对外开放领域和范围的扩大，我国农业与国际市场的联系日益密切。我国农业和农村经济结构的调整，不能关起门来进行，必须利用国内和国际两个市场、两种资源，充分发挥我国的比较优势，扩大农产品的对外贸易。只有这样，才能使农业结构在较大的范围内、较高的层次上得到调整和优化。

一是应明确农产品出口方针。从我国劳动力丰富、土地资源相对稀缺的基本国情出发，出口土地密集型的产品（如谷物、油籽、棉花、烟草）不是优势，出口劳动密集型的高价值产品（如畜产品、水产品、蔬菜、水果和农产品加工品）是优势。从长远看，我国粮食保持基本自给，不求出口，大量出口的应是劳动密集型的高价值农产品，并通过这些产品的出口换回土地密集型农产品的进口。实际上，出口劳动密集型产品，等于出口劳务，增加就业；进口土地密集型产品，等于进口我国紧缺的水土资源。这应是我国农业对外贸易的方向。

二是应明确农产品出口的重点地区。农产品出口贸易的重点应放在沿海地区和其他有条件的地区。沿海地区农业生产水平比较高，在参与国际农产品贸易竞争中，具有信息、技术、人才和区位优势。因此，应明确提出：沿海地区主要发展出口创汇农业。提出这样的要求，有利于促使沿海地区率先实现农业现代化；又可腾出一块国内市场，为其他地区发展商品生产扩展空间。

与此同时，还应采取措施，推动"进口替代"。现在农产品的国际竞争不仅在国外，也在国内激烈进行，外国的不少农产品涌入我国，挤占了一部分农产品市场，加剧了一些农产品的卖难问题。因此，通过发展高品质、低成本的农产品，收复进口产品占领的部分市场，也相当于扩大了出口。对土地密集型农产品也应进行技术改造，提高其竞争能力，顶住国外产品的冲击。

为了推动农产品的出口和"进口替代"，应采取综合措施：一是在国家的支持下，加快引进国外优良品种和先进技术，使出口产品达到优质、高产、低成本，提高竞争力；二是搞好出口产品的产后商品化处理，主要是采取国际统一农产品的分类、包装和卫生检疫标准，突破绿色壁垒，以适应国际竞争的需要；三是授予有条件的国有企业、合作企业、民营企业进出口权，共同开拓国际市场，扩大营销；四是对农产品出口企业在信贷、税收等方面给予支持；五是改革现行农业生产与出口贸易分割管理、生产与市场脱节的体制，由农业部门承担起上述综合职能，统一农业生产与对外贸易政策，使过去长期分割的农业生产与农业外贸有机地结合起来。

启用乡土人才，发展商品经济[*]

（1985 年 10 月）

人才，是农村发展商品经济因素中的决定因素。实行家庭联产承包责任制以后，农民成为独立的商品生产者。随着城乡经济改革的深入展开，市场机制和价值规律的作用日趋扩大，使农村企业和农户家庭都处于适度竞争的环境中。经济竞争，实际上就是人才竞争。邓小平曾经讲过，善于发现人才，使用人才，是领导者成熟的标志之一。农村各级领导机关要总揽农村商品经济全局，必须善于组织发挥能人的作用。

现在，有那么一种看法：一说人才，就是大学、中专毕业生，不把民间能人看作人才。解决人才不足的问题，往往还是过去的老办法、老框框，即伸手向上要。面对农村当前迫切需要大量人才的现实情况，单纯依靠伸手向上要，或者等待办学培养，是远水不解近渴的。相反，眼睛向下，就地找，到处都有。问题在于能不能及时发现他们，使用他们。新中国成立 30 多年来，文化教育的发展，培养了许多有知识的新农民。仅在乡高中毕业生就有 1000 万人，还有大批的复员转业军人，构成了生产能人的雄厚基础。穷地方也不例外。特别值得注意的是，农村能人中相当一部分是过去在"左"的政策影响下被批判为"弃农经商"的那些人，现在如果还用过去那种"左"的眼光看待他们，当然是眼中无能人了。相反，丢掉错误观点，能人就在面前。当前，各地都有不少用能人的招数，很值得重视和研究。

　＊ 本文原载《农业经济问题》1986 年第 4 期，成文于 1985 年 10 月。

一、总结推广能人致富的经验

在解决了对能人的认识问题以后，不少地方的领导同志，深入农村调查研究，拜访能人，同他们谈心、交朋友，使我们领导机关和干部获得很大教益。第一，可以向能人学到搞商品生产和商品流通的知识和经验。在调查的基础上，把不同行业，不同能人的朴素的零散的经验，经过研究加工，集中和概括为系统的带有规律性的共同经验，写成报告、文章，编成小册子、教材，通过各种形式向群众扩散，使一家一户的知识、技能变为千家万户的共同财富。第二，从研究能人从事商品生产活动中碰到的一系列困难和问题中，可以悟出领导机关在推动商品生产发展中应该做的工作。就是说，要采取各种切实的措施，为能人排忧解难，扫除障碍，给他们提供一个充分施展才华和释放能量的环境和条件，使更多的能人涌现出来。第三，通过同能人接触、交朋友，同专业户、专业村定点联系，可以密切党群关系，把大批搞商品生产的积极分子团结在领导机关的周围，可以随时了解和掌握生产、流通的信息，取得领导商品生产的发言权和主动权。

二、把能量大的人用到最能发挥其作用的位置上

在接触和熟悉了大批能人的基础上，从中物色一些思想境界高、本领比较大、有组织管理经验的大能人，把他们从一家一户的小天地里请出来，让他们到一个更大范围、更广阔的领域里去，充分发挥其能量，为社会创造更多的财富。广东省和平县物色一批能人，启用到乡镇企业和新组建的公司中，担任经理或业务骨干，成效显著。1984 年仅县里七个公司就为县财政增加计划外收入 700 万元，而这个县的财政预算内收入只有 500 万元，使当年财政收入激增到 1200 万元，大大增强了地方机动财力，干了许多过去想干而没有力量干的建设项目。

和平县这样大胆启用能人的做法，是具有远见卓识的举动。其重要意义在于他们开阔视野，跳出现有干部队伍的小圈子，面向全县数十万群众，选贤任能，谁能干就启用谁，其结果必然是人才辈出，源源不断，

这是组织建设上的一个新突破。同时，还说明发展商品生产，不仅要重视开发利用自然资源，更重要的是开发利用社会资源。没有社会资源的开发，自然资源也不能得到很好地开发和利用。当然，在启用能人时，应当对他们进行教育和引导，鼓励他们不仅做勤劳、合法致富的带头人，还要做精神文明的带头人。在发展商品生产和商品流通中，重视经营信誉，保证商品质量，遵守国家的法规和政策，树立诚实地为人民服务的风尚。领导机关和有关部门，对能人和其他农民一视同仁地提供劳动条件和发展机会，不要单给能人"吃偏饭"，不可人为地"垒大户"，不能使能人成为脱离群众的特殊人物。对于有这样那样毛病的能人，根据不拘一格选人才的精神，敢于启用和支持他们是对的，但也要敢于教育，敢于管理，不能迁就，不能放纵，不能任其走歪门邪道。对极少数搞投机诈骗和违法乱纪的人，要提高警惕，切不可把他们当成"能人"去盲目支持。

随着商品生产的发展，有些能耐大的人，不会老停留在单枪匹马的小规模经营上，他们为了增强竞争能力，提高经济效益，必然扩大经营规模。但是，有些人因资金、劳动力解决不了，憋在那里发展不起来；对这部分人，如果能因势利导，适时地鼓励和支持他们带头走联合的路子，有钱出钱，有人出人，办合作企业，开股份公司，不仅可以使能人得到更大的用武之地，而且可以带动更多的人就业致富，发展合作经济。现在，农村出现的以能人为核心组织起来的各种经济联合体，就是合作经济的雏形。走联合的道路，也是能人中的共产党员以及许多思想境界比较高的能人的意愿，但是，引导联合绝不是用行政手段去捏合，而是顺乎自然，坚持自愿，同时还要保障各种经济联合体的经营自主权。

三、组织能人领导的专业生产协会

为了使各行各业得到更好的发展，按行业组织专业生产协会，由参加协会的农民推选那些水平最高的能人当领导，运用他们集体的智慧，对整个行业从市场需求到生产、加工、储藏、运输、销售等进行全面的研究规划，指导发展，可以使整个行业的生产达到当地最高的水平。近几年各地发展起来的奶牛协会、茶叶协会、养蜂协会等，都发挥了很好的作用。根据各地的经验，有以下几个方面的作用。

第一，它可以使能人的指导作用从一家一户、一个企业的范围扩大到一个行业、一个专业生产领域。千家万户在协会能人的指导下，学技术、学经营，使他们的专业知识、管理经验、生产收益逐步赶上能人的水平，更上一层楼。

第二，专业生产协会是一个既研究生产，又研究产品的市场、加工、运输、销售等全能性的综合机构，它可以把具有各方面专长的能人集于一体，共同致力于整个行业的发展，大大提高产品的商品化程度。浙江省金华市的奶牛协会，从奶牛的良种引进、繁殖、供应，到解决饲草、饲料和饲养技术指导、防疫，以及牛奶的收购、加工、推销，全部管起来，六年时间，使奶牛由 1978 年的 541 头发展到 1984 年的 7759 头，日产鲜奶由 548 吨增加到 13000 吨，除满足本市需要外，大批奶制品销往外地，全市 5000 多家养牛户走上了富裕之路。目前，不少地方组织起来的生产协会，多数只是搞生产技术指导，面太窄，有很大的局限性。现在是搞商品经济，必须把市场放在第一位，按照市场的需求去研究解决品种、质量、加工、运销等一系列问题，走"贸工农"的道路。

第三，建立能人领导的专业协会，有利于领导机关对经济工作实行专业化、知识化的领导。一个领导机关的领导成员就那么几个人、十几个人，一般来说每个人也就是懂得一个方面的专业知识，整个领导班子也不可能行行都通。对自己领导的各行各业都能实行专业化、知识化的指导，恐怕是很难做到的。但是，行行都有能人，如果把各行各业的能人组织起来，通过行业协会去指导各行各业的发展，那么行行业业都可以得到专业化、知识化的领导。领导机关把这项组织工作做好了，使各行各业都置于能人的指导之下了。过去把专业化、知识化仅仅理解为领导成员本身的专业和知识，看来这是不完整的。现在应当加上善于组织和运用具有各种专业知识的能人，去指导各行各业的发展，这样更为完整。

四、农村能人要与城市能人相结合

农业现代化的根本措施之一，是用先进的科学技术武装农民。农村能人具有吸收、消化先进科学技术的能力，可以通过他们的中间实验和示范作用，把科学技术推广到广大群众中去。从这一点上讲，农村能人就是先进的科学技术同广大农民群众相结合的"二传手"。

实践证明，农村能人同城市能人挂钩结合，一是可以使农村能人从城市吸收科技知识和研究成果，不断注入新的能量，逐步成长为具有现代科技水平的农村建设人才；二是城乡之间有能人这个阶梯，可以扩大向8亿农民输送科技知识的流量，加快流动速度，更好地开发建设农村；三是一些城市科技人员可以不调动、不搬家、不迁户口，在农村找到用武之地，有利于解决农村人才不足的问题。对此，应大力提倡，采取积极措施推动城市科技人员同农村能人结合，同农民结合。

五、制定有关培养和使用农村能人的政策

为了开辟从农村就地培养建设农村的人才，需要解决以下几个政策性的问题。

第一，为农村能人提供进修深造的机会。农村能人的优势是有丰富的实践经验，弱点是科学技术知识不足，这是阻碍他们发展的制约因素，因而不少人迫切要求学习。有关部门和大中专院校，可以考虑为农村能人开办短期的专科进修班，对那些年纪轻、有一定文化基础、有发展前途的能人，进行必要的培训，或系统深造，弥补他们知识的不足，那将是如虎添翼。各地应将培养人才的计划列入农村发展规划，经过若干年的努力，争取培养出大批学以致用的初级技术人才。

第二，要为农村能人评定技术职称。这样做，一是可以使那些对农村发展有能力有贡献的能人得到社会承认，增强荣誉感、责任心，调动积极性，二是可以激发广大农民特别是青年热爱学习、努力建设新农村的热情和上进心，进而出更多的人才。现在有的地方通过考核，评定了一些农民技术员、农艺师，已经显示了它的作用。我们应当着手研究制

订这方面的政策和办法，进行试点，积累经验。

第三，改革人事制度，把农村能人作为吸收干部的一个源泉。县、乡、村干部，特别是乡、村干部，现阶段相当一部分应从符合干部"四化"标准的能人中选拔。这些人熟悉当地情况，热爱家乡，有实践经验，同群众有天然联系，在基层或到接近基层的单位工作，是很适合、很得力的。用人办法，可以根据不同的工作情况和需要，采取灵活多样的形式，可以吸收为国家干部，也可以实行选举制、聘任制。现在应当总结经验，制定相应的政策，打开这条用人之道，尽快改变县以下干部年龄大、文化低、专业知识少的状况。

实行农科教结合推动农村经济发展[*]

（1992 年 1 月）

一

　　农科教结合是近几年科教兴农中出现的新经验，是实现党的十三届八中全会关于科教兴农发展战略的一个好形式。农科教结合，就是在政府统筹规划和统一领导下，农业、科技、教育等各方面，围绕发展农业和农村经济这个共同目标，既分工负责，又通力合作，协调一致地开展工作，使农业更好地依靠科技、教育，科技、教育更好地为农业服务。就一个地方来说，首先根据当地国民经济、社会发展总规划，制定当地农业和农村经济发展计划，再根据实现这个计划的需要制定技术开发和技术推广的计划，再根据技术开发和技术推广计划实施的需要，制定人才培养和农民培训计划，这样，农业、科技、教育三者你连着我，我连着你，形成一个受内在规律支配的有机结合的整体。有些地方形象地称之为"几个独奏曲变成了一个合唱队"，"几条绳扭成了一股劲"，"单兵种作战变成了多兵种联合作战"，"修教育渠，引科技水，灌农业田，结丰收果"。

　　农科教结合，首先是农业、科技、教育事业的结合，工作的结合，不只是部门之间的结合。这要从两个方面来理解：一方面是，农业和农村经济的发展，包括任何一项经济任务、任何一个开发项目，要取得良好成果，都离不开与科技、教育的结合，都离不开科学技术、科学管理、人才的培养和农民的培训。从这个意义上讲，农村任何部门在工作中都

　　* 本文系 1992 年 1 月在部分省农科教结合工作座谈会上向国务院领导同志的汇报提纲。

38

有一个结合的问题。另一方面，科技的开发和推广，劳动者和管理者的培训，都不是哪一个部门可以包打天下的，是需要各个部门各行各业大家来办的，官方、民间一起来办的。全国9亿农民，4亿农村劳动力，大家都来办，一时也难以满足需要，不必担心谁挤掉谁的问题。

农科教结合，各地已经创造了许多好经验，尽管具体做法不同，形式多种多样，但有一点是共同的，即农科教三方面，在隶属关系不变，部门职能不变，经费渠道和投向不变的原则下，大家共同在科教兴农大合唱中，统筹合作，分工负责，各尽其力，各记其功。谁也不代替谁，谁也不侵犯谁，谁也不吃掉谁，妙在结合。统筹就是协调，结合不是"归大堆"。有的地方把统筹结合解释为"政府统筹，部门协作，实行农科教结合，为农业和农村经济发展服务"，有一定道理。这样，大家没有顾虑，谁都敢于结合，又愿意坚持结合，使结合富于生命力，而且在结合的实践中，逐步建立起新型的部门工作关系，形成相互促进，协调发展的运行机制，为农村深化改革创造条件。

二

农科教结合的实现，是近几年农业、科技、教育以及计划、财政、金融、商业、供销社等部门，认真贯彻邓小平同志关于科技是第一生产力，农业最终要靠科学解决问题的指示和中央、国务院关于科教兴农方针的结果，是实践经验的总结。我国农村缺的是钱，多的是人。发展农业靠资金的高投入是困难的，只能在必要的投入下，一方面靠政策调动人的积极性，另一方面靠科技提高人的素质，开发人力资源，发挥人多的优势。人的智力开发是经济开发的先导。花点小钱提高人的素质，可以保证大批建设资金花得好，花出效益。这个理，这个账，越来越被大家所接受。黑龙江省每年从财政预算中拿出1000万元支持农科教结合的发展，这是有远见有气魄的做法。

这几年，农业部门在依靠科技兴农、提高农民素质方面，做了大量工作；科技部门在科技兴农、科技扶贫方面，做了大量工作；教育部门在教育兴农，开展农村成人职业教育方面，做了大量工作。农科教三方面先后推出"丰收计划""星火计划""燎原计划",在农业生产中,联合发展科技集团承包、农科教中心、科技服务实体,等等,计划、财政、金融、商业、供销等各部门以及科协、青年团、妇联等群众团体和民主党派,都积极参与,大力支持。这一系列措施和大量实践,是农科教结合产生的基础。大家从实际工作中走在一起了,结合起来了。

三

从各地的经验看,农科教结合对农业和农村经济发展具有重大的作用和意义。凡实行农科教结合的地方,都有这样的切身体会:结合出效益,结合出成果。主要有这么几点共识:

——农科教结合,改变了就农业抓农业,就科技抓科技,就教育抓教育的工作方法,使农科教多方面优势互补形成强大合力,产生科教兴农的整体效益、最佳效益。湖南农科教结合发展优质高效农业,培植的优质稻比常规稻提高效益 30%,优质烟比普通烟提高效益 50%。

——农科教结合更好地实现了农业依靠科教,科教面向农业的方针,解决了相互脱节、两张皮的问题。多年来,一方面农村缺乏技术,一方面农业科研大量成果推广运用不出去;一方面农村缺乏人才,一方面大量的中小学毕业生回乡不会科学种田,农民说"需要的没有学,学了的用不上"。类似这些问题,都可以在"结合"中得到解决。黑龙江讷河县中学,在农科教结合中,提出"不求人人升学,但求个个成才"的办学宗旨。湖北省把"为每个农户培养一名科技致富带头人"作为农科教结合的目标。农民高兴地说:"你们做到了,真是积功积德啊!"

——农科教结合可以充分利用农村场、站、所、校等研究、实验、示范、推广基地,统筹规划和合理布局推广网络的建设,有利于充分发挥人力、财力、物力的作用,减少重复建设和浪费,做到少花钱,多办事。

——农科教的强大合力,必然加快农村科技普及和提高农民素质的进程,对 90 年代农村经济发展取得新的突破,农业再登新台阶,将产生重要影响。

——农村科技的普及和农民素质的普遍提高,对农村精神文明建设，改变愚昧落后，促进社会发展，具有深远意义。

总之，农科教结合的出现，不是偶然的，它是"农业发展靠科技，科技推广靠人才，人才培训靠教育"这个现代农业发展的规律所决定的，是农业向商品化、社会化、现代化发展必然出现的趋势。

四

实行农科教结合需要进一步解决的主要问题。

——农科教结合在多数地方处于起步阶段，需要进一步提高各级领导和各有关部门的认识。

——农科教结合主要是为发展农业和农村经济服务，不要把内容打得过宽，包罗万象。

——农科教结合的重点放在县、乡，结合的形式，因地制宜，灵活多样，鼓励各地勇于探索、创新，发展适应不同地区社会、经济、自然条件的农科教结合形式，不一刀切。

——发展农科教结合，需要在政策上、资金上给点支持。

——加强各级政府对农科教结合工作的统筹和领导。

保护农民利益　调动农民积极性[*]

（1993 年 2 月）

　　党的十一届三中全会以来，我国改革开放和经济发展之所以能够取得举世瞩目的重大成就，原因是多方面的，其中一个极为重要的基本因素就是，农村改革和农业发展率先取得了成功，有力地发挥了在国民经济中的基础作用。90 年代国民经济和社会发展再登新台阶，必须继续加强农业的基础地位，坚持一贯地把农业置于国民经济的首位，促进农业持续稳定发展。

一、保护农民利益才能充分调动农民生产积极性

　　农村改革十多年来，农林牧副渔各业取得了全面巨大的发展。粮食的综合生产能力已经稳定地提高到 8500 亿斤以上。在 1991 年的特大洪涝灾害面前，我国粮食仍然取得了 8700 亿斤的好收成。1992 年虽然遭受大面积的旱灾，粮食总产量达到 8850 亿斤，是仅次于 1990 年的第二个高产年，林业、畜牧业、水产业和乡镇企业都有较大幅度的增长。现在，主要农产品供给充裕，市场食品琳琅满目，人民生活丰富多彩，是建国以来的最好时期。农业所取得的巨大成就，支持着十几年来全国改革开放和经济发展的顺利进行，对丰富市场、稳定大局起到了重要作用，使我们党和政府有条件作出把"八五"计划国民经济增长速度由原定平均每年 6% 调高到 8%—9% 的重大战略决策。

　　农业之所以能够得到较快发展，主要是靠政策、靠科技、靠投入，特别是与农民的积极性分不开的。在过去十几年的改革中，我们党在农

---

* 本文系 1993 年 2 月为机关干部学习的辅导报告。

村形成了一整套行之有效的基本政策,包括普遍实行以家庭联产承包为主的责任制,建立统分结合的双层经营体制,较大幅度地提高农产品的收购价格,逐步放开农产品市场,鼓励和引导农民进入流通,发展农业社会化服务体系,等等。正是由于我们党和政府为农民的利益着想,使农民的利益在改革中得到实现,极大地调动了农民的积极性,使我国农业发展连续登上了几个台阶,出现了一次大的飞跃,创造了为世人赞许的以世界 7%的耕地养育世界 22%人口的奇迹,使 11 亿多人口的中国基本结束了不得温饱的历史,开始奔向小康。

在形势大好的同时,我们也要清醒地看到,出现了一些伤害农民利益,不利于农业持续发展的问题。主要是在农业连年丰收的情况下,农民增产多增收少,有的增产不增收,甚至减收。本来已经缩小的城乡居民收入差距和工农业产品价格剪刀差,都再次拉大。在这种情况下,许多地方粮食卖出难,国家收购粮、棉等农产品付现率低,不少地方打"白条",农民拿不到钱。与此同时,生产资料价格不断上涨,各种集资、摊派不断加重。"谷贱伤农""摊派坑农",已经引起农民的强烈不满,个别地区甚至发生了令人痛心的殃及人命的事件。损害农民利益就会挫伤农民的积极性,目前已经出现了农民生产积极性下降的明显迹象。不少地方陆续出现大幅度减少粮田面积、耕地撂荒、退责任田、减少投入、粗放经营等情况。这是一个值得高度重视的问题。

对农民失去积极性的问题,如果我们不重视,不研究,不采取断然措施从根本上加以解决,那么农业的好形势要不了很久,就要出现波折。历史的教训大家都记忆犹新。在人民公社化时期,搞平均主义,吃"大锅饭",农民失去积极性,农业生产长期发展滞缓。党的十一届三中全会以来所采取的一系列政策调动了农民的积极性,使农业发展的面貌大变,至今活力不衰。现在面临的问题如得不到及时解决,就有把农民积极性打下去的危险。一旦农业出现大的闪失,几年翻不过身来,整个经济形势就会发生逆转,改革开放的好势头也难以保持,党的十四大所确定的奋斗目标就难以实现。所以,保护农民积极性、保持农业稳定发展,是当前紧迫而又重大的全局性问题。

二、农业的基础地位任何时候都不能动摇不能改变

当前农业面临的问题，主要是相当一部分地方和相当一部分同志，在改革开放的新形势下，在农业连年丰收、食品供给充足的情况下，对农业不同程度地忽视了、放松了。主要的表现就是：有些领导干部的精力转移了，大家都扑到二、三产业上去了。许多地方出现加工业热、开发区房地产热和盖楼堂馆所热，由此，又带来了占地圈地热，用于粮食、蔬菜等农产品生产的耕地被大量占用。这对我们这个人多地少的国家来说，不能不说是一个大问题。随之而来的是农业资金大量外流，为了增加工业、开发区和房地产开发的投入，不少地方放松了对农业的投入，甚至挤占和挪用支农资金、农产品收购资金。有的地方提出"三二一"为序的经济发展规划，把发展第三产业放在第一位，把第一产业（农业）放在第三位。第三产业是国民经济中的薄弱环节，应当加快发展，但是不能与农业倒换位置。以上这些情况说明，在扩大改革开放、加快经济发展的新形势下，需要重新强调农业的基础地位不能动摇，农业是国民经济的首位不能改变。即使随着经济的发展，农业产值的比重会相对缩小，但是它的重要性永远不会变。

总结历史上的经验教训，什么时候农业出了问题，粮食出了问题，就要出现影响国民经济全局和社会发展的大问题。无农不稳，无粮则乱，是经过历史检验的真理。远的不说，就以改革开放十几年来的实践为例，也充分证明了这一点。

1979年到1984年是我国农业大发展、农民收入大提高的时期，也是国民经济顺利发展的时期。这期间，粮食总产量增加了1亿吨，棉花增加了2倍，油料增加了1倍多，其他农产品也都有大幅度增长，农民人均纯收入每年递增15%。农村消费品市场扩大了12个百分点，轻工业总产值翻了一番，零售物价指数每年上升不到3%。农业的稳定发展和农民收入的不断增加，为加快工业发展奠定了良好的物质基础。

1985年粮食生产大幅度下滑，接着连续四年陷入徘徊局面。1988年拟定的价格改革闯关，可以说主要是由于农业问题而未能如期出台。当时的粮食库存已经降到警戒点，物价大幅度上涨，各方面都承受不了，

使整个改革和发展都难以顺利进行。

1989 年以后的几年，我们能够较为顺利地渡过重重困难，迎来了加快改革开放和经济发展的历史转机，究其原因，是党中央、国务院采取了一系列加强农业的措施，使我国农业从 1989 年起走出了徘徊局面，1990 年粮食总产量再度创造了历史最高纪录，农林牧副渔各业全面发展，满足了人民生活和经济发展的需要。在国际风云急剧变幻的环境中，我国之所以能站得住，立得稳，经济、政治和社会能够出现今天这样好的形势，在相当大程度上是得益于农业的较快发展。对于这一点，我们应当有明确而深刻的认识。

国内如此，国际上也不例外。纵观世界各国，所有发达国家的经济，无一不是建立在发达的农业这一基础上的，大多是农产品出口国，都是花了很多钱补贴农业和建设农业的。

90 年代我国经济和社会的发展，仍然寄希望于农业，同时担心的也主要是农业。农业发展了，农民收入增加了，购买力提高了，市场扩大了，工业和整个国民经济才能得到更快的发展。这一点，国外人士是看得很清楚的。改革开放以来，外商投资如此踊跃，主要是看中了我国的大市场，而大市场的潜力又主要在农村。只要农业不发生大的波折，城市就不会出大的问题，国民经济就不会出大的问题。因此，农业问题事关大局，不能有丝毫的忽视和放松。解决农业存在的问题总的来讲，是要认真贯彻党的十三届八中全会关于农业和农村工作的决定。在工作部署上，既要有长远规划，又要有应急的得力措施。对农业存在的紧迫问题，党中央、国务院非常重视。江泽民同志亲赴湖北调查研究，召开了六省农业和农村工作座谈会，特别提醒全党要重视农业问题。李鹏同志召开全国农业工作电视电话会议，宣布了十条政策措施，受到广大农民热烈欢迎。刚刚结束的八届人大一次会议的政府工作报告进一步提出了加强农业基础地位的明确要求。现在的问题是，对加强农业的各项政策要认真贯彻，逐项落实。

农业特殊的生产条件，要求国家对农业要有相应的保护政策，世界各国都是这么做的。这种保护，包括五个方面：一是价格保护。国务院决定，粮食实行保护价，以保护生产者的利益；粮棉"三挂钩"政策不变，把挂钩化肥、柴油的平议差价作为出售粮棉的价外加价，好处直接给农民；对农业生产资料实行最高限价。二是逐年减少对粮食的财政补贴，中央和地方减下来的补贴建立粮食风险调节基金。三是采取多种措施，扶持粮棉主产区发展生产，为国家培育充足的粮源棉源。四是对关系国计民生的粮棉等主要农产品建立储备制度。五是增加农业投入，提高综合生产能力。我国农业基础设施还很脆弱，中央和地方政府在安排建设资金时首先要满足农业投入的需要。同时，鼓励农民增加农业投入。

三、农业和农村经济工作的主要任务

当前以至整个 90 年代，我国农村面临的基本形势和任务，就是加快改革发展的步伐，实现由温饱到小康的跨越。这一基本形势和任务，对农业和农村经济工作提出了一些新的问题和新的要求：

一是不仅要为社会提供足够数量的农产品，而且提供的农产品必须优质化、多样化，满足人们生活水平不断提高的需要。没有数量，不能满足社会需要。没有质量，不能满足消费者的需求。从目前市场需求的变化看，解决温饱之后，人民生活消费中，生存性食物比重下降，享受性食物比重上升。面临这样一个新的形势，农业一方面要为社会提供足够数量的农产品，另一方面要求提供的农产品必须优质化、多样化。现在一些农产品积压卖难，流通不畅固然是一个重要制约因素，但农产品不适销对路也是一个重要问题。因此，促进农产品的优质化、多样化，也是解决卖难的关键之一。

二是不仅农村经济要大发展，农民收入也要大提高。要把不断增加农民收入作为当前以至今后着重解决的一个重要问题。道理很明白，没有农村的小康就没有整个国家的小康。农民小康要求农民要有相当高的收入水平。近几年存在的一个问题，就是农业和农村经济发展比较快，但农民的收入增长不多，有的地方甚至增产不增收。这样发展下去，如期实现小康目标是难以达到的。

三是不仅农业要大发展，农村第二、第三产业也要大发展，为农村庞大的农业剩余劳动力提供新的就业门路，为农业现代化聚集资金。我国农村经济发展的困难和问题,简单地说,也就是两句话:缺的是钱,多的是人。实现小康,实现农业现代化,就要解决"钱从哪里来,人往哪里去"的问题。只有为大批农民提供新的就业门路,不断增加农民收入,实现小康,实现农业现代化才有可能。一方面,农业本身要向深度广度进军,尽可能扩大就业容量,同时要发展第二、第三产业,才能做到这一点。农村发展第三产业,当前应把发展流通放在第一位。一个国家没有一个发达的流通,经济是不活跃的,不活跃的经济,不可能有大发展。商品经济时代,生产是为了卖,除了产品适销对路外,还必须有发达的流通,做到货畅其流。

为适应新形势下对农业和农村经济工作提出的新要求,促进农业和农村经济的健康发展,要求做好以下几项工作:

(一)农业要走高产优质高效的路子。农业,包括农林牧副渔各业,在高产的基础上,向优质高效发展,这是中国农业的历史性重要转变。多少年来,我们为了解决人民的温饱问题,一直把农产品数量增加放在重要的地位,这是完全正确的,而且取得了很大的成绩,已经解决了11 亿多人口的温饱问题。现在,在继续保持农产品总量稳定增加的基础上,向优质高效转变,这不是对过去做法的否定,而是历史的前进和发展。从我国国情看,从国家全局讲,之所以把高产放在前面,是考虑到我国是人口大国,每年还要新增一千多万人,土地又减少几百万亩,农产品的数量问题任何时候都不能忽视或放松。但不同地区可以有不同的提法,如有些农产品主产区、商品经济发达地区,把优质放在前面,也是可以的。一切为卖而生产的商品,都应当优质。农业要达到优质高效的目标,也不是一年二年就可以转变的,而是逐步转变的。而且优质高效也是相对的,今天是优良品种,产量是高的,效益是好的,也可能过几年又出现了新的品种,情况就发生变化了。优质高效是不断更新,不断发展,从低层次向高层次演进的过程。

农产品在高产的基础上向优质高效转化,这是我国农业商品经济发展到今天自身产生的革命,也是我们国家由传统农业向现代农业发展所必然要经历的过程。

(二)要加快中西部乡镇企业发展。大力发展乡镇企业,特别要积极扶持中西部地区和少数民族地区乡镇企业的发展,包括东部地区一些乡镇企业薄弱的地方,是今后农村经济工作的一个重点。从我国农村经济发展的历史经验来看,穷与富的差别,发达地区与不发达地区的差别,原因是很多的,但最主要的差别就在于有没有乡镇企业,乡镇企业是发展得多了还是少了,快了还是慢了,这是一个最重要的差别。所以,穷的地方,经济不发达的地方,一个重要的原因,就是乡镇企业的基础薄弱,发展比较慢,发展比较少。很多有经验的农业领导者都深刻体会到,抓农业,必须抓乡镇企业。如果不重视,不下功夫抓乡镇企业,就不是明智的领导者。我国农业的发展依靠国家投入,这是一个重要的方面,但数量是有限的。而乡镇企业的发展,可以较快增加农民收入,可以为农业提供大批的补农、支农、建农资金,这是推动农业发展,实现农业现代化的一大支柱。

中西部地区自然资源丰富,劳动力充裕,市场广阔,发展乡镇企业的潜力是很大的。目前国家正在实施沿边沿江地区和内陆省会城市对外开放战略,这是继我国沿海发展战略之后,扩大对外开放的又一重大措施,对中西部乡镇企业的发展,也是一个大好时机。中西部地区要抓住这个历史性机遇,加快乡镇企业的发展。

加快中西部地区乡镇企业的发展,绝不是要抑东扬西,而是同时也要求东部地区在提高中更快更好地发展。东部地区要发展高新产业、外向型经济,参与国际市场竞争,腾出一部分商品市场、一些资源加工型和劳动密集型产业,向中西部地区梯度转移。这就是以东部发展带动中西部发展,中西部发展又有利于东部提高,从而实现全国乡镇企业的大发展。

乡镇企业的发展,要改变遍地开花的方式,走相对集中、连片发展的新路子,这不仅可以发挥二、三产业的聚集效应,而且更重要的是,可以带动一批农村小城镇的崛起,使大批转入非农产业的农民在新兴的小城镇中获得稳定的职业、稳定的收入、稳定的生活设施,为农民改变自己身份、成为新兴城镇的居民创造条件。随着大批农民转变为新兴城镇的居民,又可以为农业承包经营规模的扩大、实现农业机械化、提高劳动生产率创造条件,必然带动农业出现新的飞跃。新中国成立40多年来，我国经济有了巨大发展，工业总产值已占工农业总产值的 70%，而农村人口仍占总人口 80% 的一头沉格局没有改变。我国城市化率只有 28%，大大低于 42% 的世界平均水平。由于滞留在农村、农业上的劳动力过多，每年都有几百万农民工"南征北战""东奔西走"，寻求就业机会。现在，有些人已经在小城镇中有了稳定的职业、收入和生活条件，但仍然不敢与土地脱钩，担心有朝一日被清理回去没有落脚之地，再加上这几年种田比较效益低，耕地转包困难，有些地方就出现了撂荒、粗放经营等浪费资源的现象，不利于农业的稳定发展。这些情况说明，大力发展非农产业，加快农村小城镇建设，推进我国工业化和农村城镇化进程，是历史的必然，寄希望于乡镇企业。

（三）引导农民走向市场。党的十四大确定了我国经济体制改革的目标是建立社会主义市场经济体制，农业和农村经济工作面临如何适应这一转变的问题。随着农产品逐步全部放开，如何使长期生活在统购派购制度下的亿万家庭承包的农户，成为以市场为导向的经济主体，还需要做大量的工作。目前已经全部放开的农产品，有些农民一下子摸不准市场需求，无所适从，不知道生产什么才好。这里就有一个如何引导农民走上市场的问题。既不能沿用过去计划经济条件下"管紧、统死"的老办法，又不能撒手不管、放任自流，而是要加强宏观指导和调控，创建新的领导方式。根据各地的初步经验，这种新的领导方式的基本要求是：由过去单纯依靠下达计划转向主要依靠准确的市场信息来引导；由催种催收转向搞好农业社会化服务；由行政系统下达交售任务转向通过工商贸企业等经济组织与农民签订产销合同；由乡村干部直接组织经济活动转向主要依靠产供销一条龙、贸工农一体化的龙头经济实体组织经济活动；由单纯依靠国合商业转向同时引导农民直接参与流通；由零星分散的商品生产转向发展一村一品、一乡一业的适度规模的商品基地；由重生产轻流通转向建设市场、发展交通、促进货畅其流；由主要依靠行政命令对农业实施领导转向运用经济杠杆和经济政策进行宏观调控。把这些方面的工作做好了，就可能带领农民走向市场，在农村逐步建立起社会主义市场经济体制，把农业发展推向新阶段。

（四）结合县级体制改革，动员大批有才华的干部走向农村经济主战场。县一级是农业和农村经济工作的前沿阵地，是农业和农村经济发展的关键层次。县级体制改革的一个很重要的实质性问题，就是要动员县级领导机关和经济管理部门中的大批有才华的干部走向经济战线，走向以经济建设为中心的主战场。要加快经济发展速度，力争几年上一个新台阶，如果没有大批有才华的干部走向经济发展的主战场，要实现这个目标就没有可靠的组织保证。从一些试点县的改革情况看，县级经济管理部门转变职能，办经济实体，大批管理干部和科技人员到农村去，为加快农村经济发展提供服务，作用十分明显。

多少年来，我们共产党人把大批有才华的干部陆续地集中在党政机关，包括农口各个行政管理部门，积蓄了大批有知识、有才华、有能力的人才。大家在治党治国、经济管理等方面做了大量工作，做出了重要贡献。但发展到今天，总的情况是机构庞大，人浮于事，好多人才窝在机关，不能发挥作用。历次机构改革，改来改去，往往是机构减不了多少，人员却越来越多。一个重要原因就是减下来的人员没有找到新的用武之地。而经济主战场、生产第一线，人才缺乏，力量薄弱，亟待加强。这是时代的呼声，人民的呼声。现在我们如果不能把积蓄在党政机关、行政事业单位的各种人才，有计划地分离出一批，开赴新的战线，直接从事经济工作，我们要实现新时期加快经济发展的历史任务，是不可能的。所以，要把县级体制改革同实现我们党的新时期任务联系起来，动员一大批有才华的干部自觉自愿地从行政事业机关中分离出来，走上经济建设主战场，积极地为加快经济发展战略贡献力量。

四、密切党和政府与农民的关系是加强农业的保证

当明确了农业和农村经济发展的主要任务以后，就要动员农民带领农民为实现这个历史任务而努力奋斗。我们党是中国各族人民利益的忠实代表，是中国社会主义事业的领导核心。党能不能起到这个作用，关键在于能不能把群众团结在自己的周围，为他们的根本利益而奋斗。政权能不能稳固，也要看这个政权是不是为人民谋福利，能不能维护群众的利益。

毛泽东同志生前一再提醒全党要十分重视农民问题。我国是一个农业人口占绝大多数的国家，农民问题始终是关系到革命和建设事业成败的根本问题。我们党在民主革命中为什么能够带领千军万马，最终夺取了政权，正是因为我们党代表了人民群众的根本利益，得到了亿万人民群众尤其是广大农民的拥护和支持。我们党执政 40 多年来，始终坚持把人民群众的利益放在第一位。特别是在改革开放以来的 14 年间，实现了国民经济的迅速发展，给全国人民群众带来了许多看得见、摸得着的实惠，人民群众拥护我们的党和政府，中华人民共和国巍然屹立在世界东方，生机勃勃，蒸蒸日上。

从我们党的发展历史来看，要巩固政权，必须坚持以经济建设为中心，把人民群众的利益放在首位。特别是我们这个 11 亿多人口、9 亿多农民的国家，必须把农民的利益放在重要地位。抓住这一点，就能赢得群众，密切党和政府与人民群众的关系。丢掉这一点，就会脱离群众，一事无成。邓小平同志提出，各项工作都要把有利于发展生产力，有利于提高我们的综合国力，有利于提高人民的生活水平，作为总的出发点和检验标准。这个"提高人民生活水平"相当重要，有了这一条才能调动亿万群众的积极性，发展生产，增强国力。而发展生产力和提高综合国力的最终目的，又是为了提高人民的生活水平，它们是辩证的，相辅相成的。

保护农民群众的利益，是党的建设的一项非常重要的任务。近几年来，为什么一些地区农业连年丰收而农民收入未能相应增长，卖粮难持续了好几年而不得解决，收购农副产品"打白条"屡戒不绝，农民负担重有增无减，社会治安得不到根本好转，这一切固然有多方面的原因，有工作上的问题，但归根到底恐怕还是思想上的问题，也就是说在思想深处对维护人民利益的观念淡薄了，对密切联系群众仍然是执政党的生命的观念淡薄了，所以对那些农民关心的、反映强烈的问题，司空见惯，解决不力。这不仅严重影响农业稳定发展，而且使我们党和政府有脱离农民群众的危险。

保护农民利益，密切党和政府与群众的关系，就要坚定不移地领导广大农民发展经济，增加收入，实现小康目标。农村经济工作要把提高效益、增加农民收入放在重要地位，尽快改变增产不增收的状况。到本世纪末实现小康目标，每年农民人均纯收入必须保持增长 5%以上。这就要求树立大农业的观念，坚持农林牧副渔全面发展，同时大力发展乡镇企业，特别是要扶持中西部地区和少数民族地区乡镇企业的发展。只有发展生产力，农民收入才能增加，生活水平才能提高，农民群众也才会真心拥护党和政府，拥护我们的社会主义制度。在我国农村经济发达的地方，像珠江三角洲、苏南地区等，党和政府与人民群众的关系一般都比较好。

在经济建设和社会发展中，办任何事情都要量力而行，一切都要从实际出发，不能超越农民的承受能力。不切实际地贪多求快，不适当地向农民集资摊派，就会损害农民的利益，挫伤农民的积极性，往往使事物走向反面。这方面的历史教训是不少的。国务院关于农民负担不超过上年人均纯收入 5%的规定，应当严格执行，不能随意突破。各个部门和各行各业都应当大力支持农业，不要挤农业、挖农业。各有关部门都应当相应制定保护农业、加强农业的政策和措施。

牢固树立全心全意为人民服务的思想，任何时候都要坚持与损害农民利益的行为作斗争。有些地方有些干部忘记了党的根本宗旨，滋长了不正之风，农民办什么事情都得请客送礼。公路上到处设关卡，对农产品流通车辆乱收费乱罚款。有些地方，伪劣种子和假冒化肥、农药泛滥成灾，坑害农民。有些地方治安不好，哄抢、偷盗不断发生。有的地方农民负担不堪忍受，殃及人命。这些都严重地损害了农民的利益。各种侵犯农民利益、挫伤农民积极性的错误行为，必须坚决制止。对违法乱纪，逼死人命的，要绳之以法，严肃处理。对保护农民利益，爱护农民积极性，农业和农村工作做得好的地方，要表扬，要总结交流他们的经验。要大力提倡深入实际调查研究，提倡实事求是，对工作浮夸、报喜不报忧、铺张浪费、强迫命令等脱离群众的作风及时发现，及时纠正。

总之，保护农民利益，保护农民积极性，事关农业持续稳定发展的大问题，事关扩大改革开放、加快国民经济发展的大问题，事关密切党群关系、加强党的建设的大问题。再不能重复过去那种一吃饱饭就放松农业、忘掉农业的教训了。只要全党重视，各方面大力支持，实实在在地把工作做好，农业发展大有希望，国民经济再登上新台阶大有希望，实现党的十四大所确定的目标大有希望。

引导农民走向市场[*]

（1993 年 5 月）

在党中央、国务院加强农业的方针指引下，我国农业正在不断升温和发展，出现了一些值得重视的新趋势。如何因势利导，给予政策支持，对促进农业持续稳定发展是十分有益的。

一、使农民增产又增收已经成为
当前形势下农业发展的主题

当前，我国的农业形势，简言之，可以说是"喜中有忧"。

喜在哪里呢？喜在农村改革十多年来，农林牧副渔各业取得了巨大发展，市场食品供应琳琅满目，人民生活丰富多彩，国家粮食专项储备充裕，农业为全国改革开放、经济发展、社会安定作出了重要贡献，充分发挥了国民经济的基础作用；同时，农村改革和农业发展的成功，使党中央、国务院有条件作出：抓住机遇，加快改革开放和现代化建设步伐，把"八五"计划国民经济增长速度由原定平均每年 6% 调高到 8%—9% 的重大决策，农业将支持国民经济再上一个新台阶。事实表明，改革开放以来我国农业取得了举世瞩目的成就，这一点应充分肯定。

忧在哪里呢？

一"忧"农民利益受到伤害，生产积极性下降。在连年丰收的情况下，农产品主要是粮食卖出难，市场价格跌落，收购打白条，造成农民要卖的东西有些卖不掉、卖不上好价钱，卖了又拿不到现款；农民要买

---

* 本文系在《农民日报》驻省记者工作会议上的讲话，原载《农民日报》1993 年 5 月 21 日头版。

的东西，如化肥、农药、农膜、柴油等生产资料，价格不断上涨，而且随着石油、煤炭、天然气等上游产品的价格逐步放开，这种上涨趋势还会持续下去；在农民收入增长缓慢、生产生活开支不断增大的同时，不少地方农民负担过重，难以承受。结果，使前些年已经缩小了的工农产品价格剪刀差和城乡居民收入差又重新拉大，伤害了农民的利益，严重挫伤了农民的生产积极性。一些地方出现了粮田过度减少、耕地抛荒、退责任田、减少投入、耕作粗放等一系列不利于农业持续稳定发展的迹象。

二"忧"11亿多人口赖以生存的耕地被大量占用。我国人均耕地不及世界人均的一半，而后备资源又不足，它预示着历史上依靠扩大作物种植面积来增加农产品数量的情况今后将趋于停止。因此，十分珍惜和合理利用每寸土地，切实保护耕地，是我国的一项基本国策。前些年由于加强管理，每年占用耕地有所减少。而近年来出现的开发区热、房地产热带来的占地圈地热，以及有些地方农民建房和发展乡镇企业缺乏规划和管理，使耕地净减量重新剧增。这对我们这个人多地少的国家来说，是一个严重的问题。

三"忧"农业资金本来就不多，现在又大量外流。农业，由于利润率大大低于其他产业，本身就缺乏吸纳资金的力量。而国家决定用于农业的资金，甚至包括农副产品收购资金，以及农业综合开发、扶贫开发等专项资金，往往通过拆借、挪用等形式，由西向东流，由农业向非农业流，由乡村向城市流。包括农民自己的钱，也出现了不愿意向比较效益低的农业投入的苗头。

以上三个方面，劳动者、耕地、资金，三大生产要素都程度不同的发生了问题，构成对农业持续稳定发展的现实威胁。

问题产生的原因，有农业内部的，也有外部的，主要是外部的。

内部原因，主要是在过去计划经济、产品经济条件下，长期形成的以解决人民温饱为目标、以增加农产品数量为主的产业结构，越来越不适应人民由温饱向小康过渡时期的消费需求了，以市场为导向调整结构成为农业自身发展要解决的突出问题。

外部原因，主要有两个：一是我国已经由传统的农业国步入工业化时代，工业产值已占工农业总产值的70%，第三产业处于加快发展阶段，乡镇企业基本上遍布大多数农村。在这个形势下，把劳力、土地、资金投向二、三产业要比投向农业得利多得多。农业是社会效益大、经济效益低的弱质产业，与二、三产业相比，在吸引劳力、土地、资金方面是难以匹敌的。所以上面讲的非农产业占地大量增加、农业资金大量外流等问题，是平均利润率规律在起作用，有其时代的客观必然性。为什么世界各国政府都对农业采取保护、补贴和支持政策，道理就在这里。二是我国正处于加快改革开放和现代化建设步伐的经济高速发展时期，需要大量的资金和一定的土地，而我们的财力和土地资源又很有限，稍有不慎，对农村和农民的经济实力缺乏实事求是的估计，就会超越量力而行的范围。目前农村发生的各种集资、摊派、达标等加重农民负担问题，圈占耕地问题，就是主要表现。如果任其发展，必将陷入牺牲农业去加快二、三产业发展的歧途，必将削弱农业的基础地位，到头来二、三产业也很难顺利发展，国民经济想快也快不了，即使暂时上去了，最后还得退下来。只有加强农业的基础地位，国民经济高速持久发展才有保证。

农业有喜有忧，更有希望。希望在哪里？希望在于中央提出的，全党尤其是各级主要领导同志摆正农业在国民经济中的地位，摆正农业与其他各行各业的关系，牢固树立以农业为基础的思想，坚持一贯地把农业置于国民经济的首位，任何时候都不要动摇、不要改变。特别要警惕和杜绝的是：千万不要农业形势一好，一吃饱饭，就放松农业，就轻率地改变农业的优惠政策；千万不要一说发展二、三产业，加快经济建设步伐，就去挤农业、挖农民。新中国成立以来，农业发展出现的几次波折，多是在这种情况下发生的。去年下半年以来，针对各地出现的不利于农业发展的兆头，党中央和国务院抓住不放，连续出台了一系列政策措施，力求把问题解决在农业可能滑坡之前，这是历史性的进步。现在的任务是：一方面要认真贯彻落实中央加强农业的各项政策，刹住转移挪用农业资金、随意集资摊派、滥占耕地、农业生产资料乱涨价等歪风，保护农民利益，保护农民的积极性；另一方面，大力发展农村经济，提高农业效益，增加农民收入，这已经成为当前形势下农业发展的主题。只有增加农民收入才能调动农民积极性，才有农业的扩大再生产，才有兴旺发达的农村工业品市场，才有整个经济社会的不断发展。从沿海和其他经济较为发达的地区来看，农民收入高，购买力高，农业自我发展能力强，那里听不到农民负担过重的呼声。因此，解决农业问题，农民问题，根本出路在于落实政策，发展经济，提高效益，增加收入，这是治本措施。

我国虽然人多地少，但农业发展的潜力仍然是很大的，耕地的 2/3 是中低产田，还有大量的水面、草山、草原、滩涂有待开发和利用，九亿农民中蕴藏着极大的生产积极性，只要加强领导，政策对头，依靠科技，增加投入，不断改善生产条件，提高综合生产能力，解决 11 亿多人口的食品供应，做到丰衣足食，是大有希望的。

二、以粮为主、食物生产多样化，成为调整农业结构、发展高产优质高效农业的一项重要内容

我国是一个人口多耕地少的国家，有三个情况在短时间内是不会改变的：一个是一年净增一千多万人口的情况不会改变，一个是人均占有耕地面积继续减少的趋势不会改变，一个是即使 2000 年粮食总产量达到 5 亿多吨，人均占有粮食 400 公斤左右的状况不会改变。这个"三不变"的国情，决定了我们必须实行决不放松粮食生产，大力发展多样化食物的方针。

粮食是极为重要的，第一位的，它关系人民生存和国家安全之大计，必须下功夫提高单产，不断增加总产，满足民用国需。同时，大力发展粮食以外的多种食用品，满足 11 亿人口对食物的需求。再一点，实现小康的目标，不断改善人们的生活，也必须实行食物生产多样化。人民生活要改善、提高，光吃粮食是不行的，肉、禽、蛋、奶、瓜、果、蔬菜、水产品、林产品，多种多样的食物必须大发展，改善食物营养结构，使人民生活过得更好。食物生产多样化，带动农林牧副渔全面发展，还可以为农村剩余劳动力开辟新的就业门路，增加农民收入。农村的一大社会问题就是劳动力富余了一亿多，通过发展乡镇企业来消化是一个主要方面，但一下子又消化不了，实行食物生产多样化，把山、水、滩涂、

草原全面开发利用起来，就可以开辟一个乡镇企业以外的、又一个容纳大量劳动力的新天地。

近几年我国人均占有粮食没有增加，比 1984 年历史最高纪录还有些减少，为什么市场食物供应比较丰富呢？其中一个重要原因，是这些年来发展经济作物、建设"菜篮子"工程等多种措施，粮食以外的食用农产品大量增加，食物来源更广了。比如说，种植业中的油、糖、瓜、果、菜、木本粮油，养殖业中的牛、羊、鹅、兔等草食动物，以及用粮较少的禽、蛋等都比以往大大增加了。据国务院研究室有关专家测算，1991 年与 1983 年比较，增加的粮食以外的食物，相当于 400 亿—500 亿公斤粮食。由于粮食之外的食物大幅度增加，城乡居民人均直接消费的粮食在 1985 年达到 251.7 公斤的历史最高点以后，逐年下降，1991 年比 1985 年减少 17.2 公斤。这就说明了解决 11 亿多人口的食物消费，粮食产量多少仍然是今后农业生产的重要指标，但同时必须树立大农业的观念，农林牧渔全面发展，实现食物生产多样化。

要实现食物生产多样化，必须从思想观念上到具体工作上进行改革：第一，在消费方面，要改变过去单一的粮食观念为现代食物观念。过去一说吃饭就是靠粮食，这个观念是有局限性的。食品是多种多样的，人们不仅要吃粮食，还要吃肉、蛋、瓜、果、菜、水产品、林产品等。凡是有营养价值的食物都可以用来满足人体的需求。第二，在生产方面，要跳出现有耕地的圈子，着眼于利用整个国土，全方位开发农业资源。不仅要改造中低产田，对现有耕地实行集约经营，还要开发利用荒地、荒水、荒坡、滩涂，还要开发林区、山区、草原，发展立体农业、庭院经济等，充分利用整个国土资源广辟食物源、营养源。第三，在种植业结构方面，要由过去的二元结构向三元结构发展。过去二元结构，就是粮食作物和经济作物，现在改变一下，把粮食作物和饲料作物分开，使饲料作物独立出来，形成粮食作物、经济作物、饲料作物的三元结构。很多专家提出，粮食作物除了人们直接消费的口粮之外，如果把那些用于饲料的粮食，从种的时候就把它作为饲料作物种下去，按饲料作物管理，按饲料作物收获，这个效益比二元结构大大提高。比如说玉米，把它当作饲料作物种下去，在蜡黄期就把它收割掉，连秸秆带棒子全部粉碎青贮，全部用于饲料，这比种玉米、打下玉米粒再去变成饲料，效益要高得多。第四，在农业的经营方面，还要逐步改变只生产和出售初级产品的状况，要大抓加工、转化，实行"种养加"结合，贸工农一体化经营，发展高产优质高效农业。

三、乡镇企业连片发展和农村小城镇建设相结合，将成为农业新飞跃的希望

在全国加快改革开放和现代化建设步伐的新形势下，大家都希望农业出现一个新的飞跃。那么这个新的飞跃所寄托的希望在哪里呢？实践告诉我们，在于大力发展乡镇企业，在于乡镇企业相对集中、连片发展与农村小城镇建设相结合。这是一个带有全局性的发展战略。去年国务院召开的加快中西部地区乡镇企业发展会议和会后国务院发的《决定》中就提出了这个问题。

乡镇企业或者叫作农村的非农产业，主要依托现有 2000 多个县城和 4 万多个农村集镇，相对集中、连片发展，是它本身的需要。就是说非农产业的相对集中会产生一种聚合效应，可以节省资源、节省耕地、节省基础设施投资，有利于信息交流、商品流通、技术传播等有许多好处。同时，工业集中发展，可以带动为它服务的第三产业发展，二、三产业的集中发展，又逐步形成小城镇，取得经济发展和社会发展的双重成果，使一大批农民不仅进入乡镇企业就业，而且成为新城镇的居民。这批在新城镇有了稳定职业、稳定收入、稳定生活设施的农民，就有条件与原来承包的耕地脱钩，农村就有条件水到渠成、瓜熟蒂落地形成耕地的规模经营，有条件使用现代化的生产工具，就有可能提高农业劳动生产率，就会出现农业新飞跃。这里的关键是要研究户籍政策的改革。可否考虑承认在新城镇有了稳定职业、稳定收入、稳定生活条件的农民为新城镇的居民，这样他就可以放心大胆地和承包耕地脱钩。没有这个条件，他还不敢丢掉耕地，害怕有朝一日被清理回去，没有落脚之地。我们国家工业发展的比重已经占到工农业总产值的 70%，可是我们的城市化率只有 28%，而发展中国家平均为 40%左右，发达国家 80%—

90%。我国工业化有相当大的发展，而城市化的发展是滞后的，结果农业难以出现新的飞跃。农业出现新的飞跃就是要规模经营、集约化经营，用现代生产手段提高劳动生产率。但不是走过去的老路，硬捏合、归大堆，而是要靠乡镇企业的大发展，带来农村劳动力向非农产业的大转移。乡镇企业的大发展又不能走过去村村建厂、处处冒烟、遍地开花的老路，那样只能是工业发展，社会得不到发展，小城镇不能星罗棋布地出现，大批农民虽然进了乡镇企业，农民身份难以改变，不能和土地脱钩，农业新的飞跃也难以出现。所以现在提出这样一个乡镇企业发展战略，带动经济发展，又可以起到改造农村社会面貌的作用，真正消灭城乡差别。这个问题，在沿海发达地区，在大城市郊区已经看得很清楚了，在全国也已经到了非解决不可的时候了。为什么去年某些地方卖非农业户口一呼百应，一度席卷不少地区；近几年的"民工潮"规模越来越大，而且由季节性向常年化发展；大批在小城镇乡镇企业常年务工的人仍然叫农民，既不利于工业发展，又不利于农业的发展；这些信号都说明了加快农村城镇化进程已迫在眉睫了。

　　乡镇企业发展与小城镇建设如何结合？首先要使我们农村经济战线上的同志在指导思想上对这个结合要有非常明确、自觉的认识，才能到工作中去很好的引导、发展，实现这个战略。浙江省温州市的龙港镇，就是在小渔村的基础上，用 8 年时间发展成为 13 万人口、6.7 亿元产值、初具规模的小城镇。在珠江三角洲、长江三角洲等乡镇企业发达的地方，小城镇正在成批崛起。我国农村经济已经自发地向这个方向发展，我们应当因势利导，引导其发展，促进其发展。第二，制定若干政策推动这一战略方针的实现。如号召和鼓励农民自理口粮，自带资金，到现有的小城镇，到新的乡镇企业发展小区，去创办二、三产业，建设农民城。这对祖祖辈辈向往城市文明的农民来说，具有巨大的吸引力。对缺乏办乡镇企业条件的乡村到有条件的地方异地办企业，在税收上、财政收入上、产值统计上，也需要有一定的鼓励政策。第三，就是户口政策。如农民到小城镇、到工业小区去，自理口粮、自带资金发展二、三产业，有了稳定的职业、稳定的收入、稳定的生活条件之后，可不可以承认他是新城镇的居民，解决当地有效的户口，都需要很好研究。

第四，是城市建设的政策。比如说，集体、个人自理口粮、自带资金，到小城镇，到工业小区发展二、三产业，他占用的土地是不是可以收土地占用费，用这个费用去搞城镇的基础设施，发展与城镇配套的学校、医院等社会公益事业。这样，新兴城镇一开始就按新办法建设，新办法管理。

四、政府转变职能，引导农民走向市场，成为农村建立社会主义市场经济体制的重要任务

党的十四大和八届人大一次会议提出，要加快建立社会主义市场经济体制的步伐。在农村来讲，一个侧重点就是要转变政府职能，引导农民走向市场。这已经成为广大农村工作者的共识和行动。现在大量的农产品已经放开，将来农产品基本上都放开了，在这样一个新形势下，农民怎样面向市场，发展生产？政府怎样转变职能，引导农民走向市场？是我们面临的新问题。不少地方反映，在农产品放开以后，农民在市场经济的环境下，茫然不知所措，不知道种什么才好，种什么才能卖得出去，才能卖上好价钱。我们各级政府在计划经济体制下，组织发展生产有一个强有力的系统，也有一套强有力的办法，现在要建立社会主义市场经济体制，政府怎样发挥作用？如果还是沿用过去的老办法，不仅无助于社会主义市场经济体制的建立，而且对市场经济的建立还会起到阻碍的作用。如果把这个强有力的系统、强有力的力量，转变到发展市场经济方面来，就大大有利于社会主义市场经济体制的建立。因此，在新的形势下，一是沿用过去的老办法不行，二是撒手不管放任自流也不行。两种倾向都要防止。

新的办法是什么呢？就是政府转变职能，形成一套引导农民走向市场的新的工作方式。国务院今年年初召开的全国粮食产销政策发布及订货会，就是农业领导方式的一种改革。在年初的时候，就把全国粮食的保护价，化肥、柴油的价外加价，生产资料的最高限价，农林特产税税率的降低，对粮食主产区的优惠支持，这一套政策措施全部公之于天下，通过经济信息、经济政策、经济办法来指导农业发展。在发布政策的基

础上，把过去省与省之间计划调拨的粮食，通过产销双方直接见面，签订购销合同，把这一部分粮食转入了市场调节，这是一大改革，一大进步。然后主产区把签订的合同带回去，再同农民签订购销合同，并随合同发放预购定金，指导和支持农民发展粮食生产。这种让农民和产区一年早知道的做法，就是政府引导农民走向市场的新行动。

政府要转变职能，必须把过去领导计划经济的职能清理一下，看看哪些是应该停用的，哪些是继续坚持的，哪些是需要改造的，哪些是应该重新创立的，很好地研究一下，使我们各级政府、各级农业部门明确在发展社会主义市场经济条件下应该干什么，不应该干什么。从各地情况看，很多地方政府在职能转变上已经做了不少工作，探讨和创立了一些新的领导方式。比如，由过去单纯依靠下达种植计划安排生产，现在转向主要依靠准确的市场信息来引导生产；由过去催种、催收转向搞好农业社会化服务；由过去行政系统下达生产任务转向通过商、贸企业与农民签订产销合同；由过去乡村干部直接组织活动转向主要依靠产供销一条龙、贸工农一体化的龙头经济组织去组织经济活动；由过去零星分散的商品生产转向发展一村一品、一乡一业的适度规模的商品基地；由过去重生产轻流通转向建设市场、发展交通，促使货畅其流；由过去主要靠行政命令对农业实施领导转向用经济杠杆和经济政策进行宏观调控。如此等等的新做法、新经验，应当认真研究，按毛泽东同志说的从群众中来，到群众中去的办法，好好总结推广。

农业生产是在特殊生产条件下的生产，面对着市场和自然灾害两种风险。因此，国家对农业还要有必要的保护政策，要有强有力的宏观调控。一是价格保护。现在对粮食和棉花实行保护价，就是保护生产者利益；二是建立粮食风险调节基金，稳定市场价格，既保护生产者利益，又保护消费者利益；三是采取多种形式，扶持粮棉主产区生产的发展，培育充足的粮源、棉源；四是对关系国计民生的粮食棉花等重要农产品实行储备制度；五是增加对农业的投入，提高综合生产能力。

五、迎接"复关",参与国际市场竞争,成为农业发展面临的新课题

恢复我国在关贸总协定缔约国的地位,对我国的农业发展前景如何,是理论界和实际工作者都很关心的问题,召开了不少讨论会,报刊上也发表了不少文章。许多同志认为,"复关"既是机遇,又是挑战。关贸总协定的主要目标是通过多边贸易谈判,达成互惠互利协议,导致大幅度削减关税和其他贸易障碍,取消国际贸易中的歧视待遇,扩大世界资源的充分利用,扩大商品的生产和交换。我国重返关贸总协定,从"机遇"方面说,我们可以获得诸如减让关税、减少和取消包括数量限制在内的非关税措施与壁垒等优惠条件。此外,关贸总协定的第八轮谈判,即"乌拉圭回合"多边贸易谈判结束后,在世界范围内将实现农产品贸易的更大自由化,这将刺激我国农产品及其加工品出口贸易的增长。从"挑战"方面来看,重返关贸总协定之后,我们也要承担相应的义务,同样也要减让我国关税、减少或取消、调整一些贸易限制措施等,这样,其他关贸总协定成员国的一些成本低、数量多、质量有相对优势的农产品必定会进入我国市场,同我农产品形成较强的竞争,必将对我国某些农产品带来一定冲击。

面对"机遇"和"挑战",大家都在研究如何抓住"机遇",迎接"挑战"。从以往的实践看,至少要做好以下几项工作:

一是要从国际资源转换、互补的角度来看待"机遇"和"挑战",把农业推上世界大市场。农副产品及其加工品,历来是我国对外贸易中的重要产品,出口值占到我国出口商品总值的 40%以上。农产品的国际贸易不仅在我国经济建设中占有重要地位,在国际市场上也占有相当的比重。据联合国粮农组织统计,1990 年中国农产品出口值在世界排名第 8 位,农产品进口值排名第 10 位。只要充分发挥我国的资源优势,着力发展用地少、用劳动力多、高科技、高产出的特种产业,农产品的出口换汇潜力还是很大的。要解决一个思想问题,就是过去总觉得我们国家人口多、资源少,不可能有很多可以出口的东西。实际上从国际资源转换、互补来说,我们还是有很多优势,有很多劳动密集型的产品、

名特优产品可以打出去。而且世界上也有我们需要、价格又比较合适的农产品，可以进口。农产品打出去，发展外向型经济，实行国内、国外两个市场的资源的互补和转换，可以提高我国农业经济的整体效益，增加农民收入。另外，相互补充、交流，吸引外部资金技术，也有利于我国农业的现代化。

二是要确立国际市场、国内市场是一个市场的观念。恢复关贸总协定缔约国地位之前，国际市场、国内市场是两个市场，交易规则、产品质量等也不尽相同。而且长期以来国内农产品短缺，部分产品质次价高也有销路。"入关"之后，面对的是贸易自由化和市场的开放，国际、国内将是一个市场，交易规则、产品质量等也只能是一套标准。因此，从商品农业的生产开始，就要确立国际市场、国内市场是一个市场的观念，逐步做到按照国际标准进行生产、进行质量检测、进行交易等。如果缺乏这种观念，很可能不但国际市场进不去，国内市场也要被外来产品所占领。

三是要确立农产品的优质、高效观念，依靠科学技术生产出质量优、产量高、成本低的农产品。随着消费水平的提高和科技进步，消费者对农产品的质量要求越来越高，质量监测也越来越严。现在，一些发达国家提高检疫标准，产品的质量稍差一点，就压低价格以至拒绝进口。所以，只有高质量的出口产品才有竞争力。国际社会最近又提出了"食物安全"的概念，把食物的质量要求同环保结合起来，在市场上，"绿色食品"与一般食品的差价也拉开了，这些都对我国的农业科技发展提出了新要求，要求培育出更多的高质品种，而且对生产、加工、检验、分级、包装、贮藏、运输、销售等整个过程都提出了更高的要求。

四是总结经验。改革开放以来，我国农业的外向型经济有了新发展，也积累了一些经验，对这些经验的总结，可以帮助更多人、更多的农产品进入国际市场。实际上我们现在有不少农村企业打出去了，有的打得很漂亮，在国际市场上，形成了拳头产品，搞得好的占领了一定市场。要总结他们的经验，比如，他们是怎样在国际市场上站住脚，形成拳头产品的？碰到过什么问题，是怎么突破的？等等。把这样一批企业、一批能人的经验，进行综合吸收整理，形成一套规律性的东西，拿来规范指导工作，培训人才。政府和有关部门要提供必要的支持，对有条件的农产品贸工农一条龙的外向型企业，依照有关规定给予外贸经营权，使他们成为活跃在国际市场上的"孙悟空"，更好地去开辟国际市场。

六、保护农业和农民利益要国家保护
与农民自我保护相结合

怎样保护农业持续、稳定发展，保护农民的利益和积极性，当然要有国家对农业、农民的保护和支持政策，使农业能够得到应有的利润，对农民有吸引力。此外，一个重要的方面，还要和农民的自我保护相结合。

多年来，不少同志提出，工人有工会，学生有学生会，商人有商会，个体劳动者还有个体协会，几乎各行各业都有自己的组织，9亿农民也应当有自己的组织。从国际上看，日本有农协、西欧有合作社、美国有大豆协会、小麦协会、玉米协会等各种专业协会。当然这些协会是有经济内容的组织，与我国历史上的农协不同。现在需要的是有利于社会主义市场经济体制的建立，有利于不断增加农民收入的组织，这种组织对农民才会有吸引力。通过这样的组织，把农民组织起来发展生产，组织起来走向市场，组织起来保护农民自己的利益，组织起来与政府和社会各方面对话交流，要起这么几个作用，但组织形式可以多种多样。例如，现在各地出现贸工农一体化、产供销一条龙的组织，以及各种龙头加工企业带农户和各种群众性的专业协会等，把一大批农民团结在自己周围，形成了带动千家万户联合发展商品生产的经济组织，为农民提供信息、技术指导，资金扶持，产品收购、加工、销售等系列化社会服务，就是颇受农民欢迎的组织形式。千家万户商品生产，零星分散，怎样和大市场衔接，就得通过这种经济组织把零星分散的商品生产变成有一定规模的、专业化、大批量的、远程交易的商品生产，才有希望走向市场。这些经济组织内部各个经营环节之间的利益还可以相互调整，比如山东诸城的畜、禽一条龙企业，哪个环节赚钱多就可以取出一点补给那个不赚钱或赚钱少的环节，形成紧密联合。像江西遂川县板鸭协会，做羽绒服这个环节赚钱，从这里提出一些钱补贴养鸭户，形成一个利益相连、命运相关的共同体。

　　看来，发展商品经济，农民组织起来是很重要的，不但可以解决自己生产中的困难，维护自身的经济利益，而且有什么要求也可以和政府及各有关方面对话、交流，沟通信息，对发展生产、社会稳定都有好处。现在需要把已经出现的各种经济组织进行调查研究，总结经验，探讨在社会主义市场经济环境下，建立引导农民发展商品生产，维护农民利益的农民经济组织的问题。

运用市场机制促进我国农业发展[*]

（1993 年 5 月）

党的十四大指出：我国经济体制改革的目标是建立社会主义市场经济体制，以利于进一步解放和发展生产力。实践证明，市场作用发挥比较充分的地方，经济活力就比较强，发展态势也比较好。我国经济要优化结构，提高效益，加快发展，参与国际竞争，就必须继续强化市场机制的作用。这个论断是完全正确的。农村改革 10 多年来，市场力量的释放促进了农村经济的高速发展。90 年代要调整农业生产结构，促进农业再登新台阶，必须继续增强市场的作用，培育和完善社会主义市场经济运行机制。以下就这个问题谈几点认识：

一、引进市场机制使农村改革取得重大成就

党的十一届三中全会以来，改革首先从农村兴起，带来了农业和农村经济的全面发展，开辟了我国农业史上的高速增长期，是国民经济发展中最值得夸耀的产业。

这可以从两方面来看：

一方面是从国内看，也就是自己跟自己做比较：1952—1978 年的 26 年间，每年平均增长粮食 542 万吨、棉花 3.3 万吨、油料 4 万吨、猪牛羊肉 20 万吨、水产品 11.5 万吨；而 1978—1991 年的 13 年间，每年平均增长粮食 1004 万吨、棉花 27 万吨、油料 86 万吨、猪牛羊肉 144 万吨、水产品 68 万吨。后 13 年的平均增长量是前 26 年的 0.85 倍到 20.5 倍。我国粮食产量由 1 亿吨增长到 2 亿吨花了 8 年，由 2 亿吨到 3 亿吨

＊ 本文原载《管理世界》1993 年第 6 期。

花了 20 年，由 3 亿吨到 4 亿吨只花了 6 年。在 1991 年的特大洪涝灾害面前仍然取得了 4.35 亿吨的好收成，没有大起大落，没有出现马鞍形，它标志着我国农业综合生产能力有了明显稳定的提高。更引人注目的是，从 1989 年到 1992 年，已经连续 4 年出现农产品卖难，卖难给我们带来了困扰，但更重要的是说明我国农产品破天荒地出现了意料不到的供大于求的局面；城镇市场食品供应琳琅满目，应有尽有，几乎是想买什么有什么，人民生活不断改善；为国民经济发展、民族团结、社会安定创造了从来未有的雄厚物质基础和良好的局面。中国农业所取得的史无前例的巨大成就，使我们这个 11 亿多人口的大国结束了不得温饱的历史，迈向小康的大道。

另一方面，把中国农业放在世界农业中做比较：中国农业不仅在发展速度上名列前茅，而且近些年在世界主要农产品增长总量中，一半左右是由中国取得的。从 1980—1991 年，中国粮食、棉花、猪牛羊肉的增长量分别是世界增长总量的 40%、48.6%，69.8%，中国成为世界农产品增长的主要推动力量。1978 年前，中国农产品在世界上总量第一的仅有烟叶，今天居世界第一的有粮食、棉花、油菜籽、肉类、水产品，这几种农产品分别占世界总量的 21.0%、28.3%，27.0%、26.0%，与我国人口占世界的 22% 旗鼓相当。我国人均占有粮食 378 公斤、棉花 4.9 公斤、肉类 33.6 公斤、蛋 8 公斤，达到和超过世界平均水平。

我国农业之所以取得如此辉煌的成就，归根到底是改革了高度集中的计划经济体制，一马当先跨入社会主义市场经济，解放了生产力。主要表现在五个方面：

一是，废除人民公社制度，实行以家庭联产承包为主、统分结合的双层经营体制，先于国营企业 10 多年，把亿万承包农户推向市场，成为自主经营、自负盈亏的商品生产者和经营者。这一改革把权、责、利直接结合起来，极大地调动了广大农民的积极性、创造性，使我国农业一泻千里，至今活力不衰，创造了为世人所赞许的占世界 7% 的耕地养育了 22% 人口的奇迹。

二是，取消农产品统购派购制度，放开绝大多数农产品的购销价格，推动农业向生产商品化、经营市场化转变。过去计划管理的一百多种农产品，现在只剩下粮、棉、烟、茧等几种了。而且粮食除国家定购部分，其余的也已放开，自由流通。这就是说，当今中国农产品市场调节已占主导地位。凡是放开了的农产品，如水果、水产、畜禽、蛋奶、蔬菜等，生产与市场需求直接结合，产量大幅度上升，优质高效品种不断扩大，生产效益明显提高。实践证明，把农产品放开，推向市场，是发展高产优质高效农业的基本动力。国务院最近决定，对迄今未放开的农产品，都要积极创造条件逐步放开。这一重大改革举措，必将推动农业再登新台阶。

三是，异军突起的乡镇企业，是我国社会主义条件下最先出现的一块市场经济。乡镇企业从诞生的那一天起，就是生产原料从市场上买，制造的产品到市场上卖，所需要的人才、技术、资金、劳动力，都是从社会上找，都是来自市场，没有哪一样是接受国家的计划分配。虽然在计划经济体制占统治地位的情况下，市场经济成长经历了重重困难，但是乡镇企业凭着它富有强大活力的机制，顽强地发展起来了，10 多年间居然在全国农村社会总产值中占领半壁河山，在全国工业总产值中夺得三分天下，为近一亿农民创造了就业岗位。我国全民所有制企业职工从建国到现在也就是一亿零几百万人。全国社会总产值从 1000 亿元发展到 1.1 万亿元用了 31 年，乡镇企业总产值从 1000 亿元发展到 1.1 万亿元仅用了 8 年时间。正由于它本身是市场经济，又具有廉价劳动力的优势，与国际市场对接最快，近年来乡镇企业外向型经济以 50%左右的速度迅猛发展，是我国进入国际市场的一支有竞争力的力量。

四是，随着农产品购销体制的改革，农村市场体系正在形成。去年农产品批发市场和各类专业市场达到 9000 多个。粮食方面有郑州的中央级批发市场，7 个区域性批发市场，还有众多的初级市场，正在构成多层次的全国性市场网络。随着市场的发育，全国从事流通的农民 1000多万人。粮食主产区的安徽凤阳县 10 万农户，就有万户粮商。据有关方面 1990 年统计，在社会农副产品消费量中，集贸市场提供了水产品的 89.1%，干鲜果品的 80.3%，干鲜菜的 75.8%，肉禽蛋的 68.2%，商品粮的 50%左右。南方的蔬菜、水产、香蕉大量北运，北方的苹果、梨子等大量南运，利用幅员辽阔的地区差、季节差，相互交换，优势互补，全国统一市场开始形成，人民生活丰富多彩。

五是，各级政府和有关部门，改革管理体制，转变工作职能，从过去单纯依靠计划、催收催种中解放出来，把工作重点转向构筑市场，加强市场动态分析、预测和信息指导，组织农民参与流通，建立产供销一条龙、贸工农一体化的服务体系，发展农产品加工、保鲜、贮藏、运输等新兴产业。农民开始以市场为导向安排生产，依靠社会化服务搞好生产，一个"生产靠市场，不靠县长"的新习惯在农村诞生了，这是农民跨入市场经济门槛的标志。

农村市场经济取向的改革所取得的成就，使我们得到三点重要的启示：第一，我国农业的潜力是很大的，亿万农民中蕴藏着极大的社会主义生产积极性，只要加强领导，政策对头，依靠科技，增加投入，不断改善生产条件，提高综合生产能力，解决全国人民的食品供应，实现丰衣足食的小康目标是大有希望的，没有什么可以悲观的；第二，农业成就来自于党的十一届三中全会以后农村实行一系列改革所形成的一整套农村基本政策，体现了社会主义制度在新的历史条件下，经过自我完善和发展所焕发出的强劲活力和优越性；第三，改革从农业开始，由农村到城市，农业改革的成果支持整个改革的顺利进行，是我国改革的特点和成功之道，具有普遍意义。

二、培育完善市场运行机制是
当前深化农村改革的重要任务

当前农村经济中突出的问题是,农产品主要是粮食卖难,市价跌落,农民收入减少。1979—1984 年是改革以来农民收入的高速增长期，人均纯收入剔除物价因素年均增长 15%，创历史最高水平；1985—1988 年增长幅度下降，年均增长 5%；1989—1991 年再度下降，这几年虽然农业和农村经济发展比较快，但农民的收入增长不多，有的地方甚至增产不增收。1989 年农业大丰收，全国农民人均纯收入不但没有增加，反而负增长 1.6%,1990 年增长 1.8%,1991 年增长 2%，三年平均下来，每年增长 0.7%。由于农民收入增长缓慢，城乡居民的收入差距又在拉

大，改革以来已经缩小的工农产品价格剪刀差又在扩大。农民收入减少直接涉及三个重要问题：一是影响农民生活的继续提高和农民对农业的投入，不利于生产的发展；二是农民收入减少，购买力下降，工业品在农村市场发生疲软，影响到工业以及整个国民经济的正常发展；三是不利于实现小康目标。道理很明白，没有农村的小康就没有整个国家的小康。根据一些专家、学者分析，要实现国民经济和社会发展第二步战略目标，农民人均纯收入，扣除物价因素，要求平均每年增长 5%，而现在只有 0.7%，差距是很大的。这样一个缓慢的增长速度，发展下去，如期实现小康目标是难以达到的。

农民收入减少与农产品卖难有关，而卖难的根本原因，是在计划经济、产品经济条件下长期形成的产品结构和质量水平，越来越不适应人民由温饱向小康过渡时期市场的需求了，也就是说生产与消费脱节了。解决这个问题，单靠计划调节的能力是十分有限的，根本出路在于把农产品全部推向市场，把农村经济调整到社会主义市场经济的运行轨道上来。对少数几个专营的农产品应当逐步放开，双轨制的应当并轨，已经放开的加强宏观指导，完善市场运行机制。在这个条件下，使亿万实行家庭承包的农户成为以市场为导向的经济主体，靠市场决定生产，靠市场评价效益，靠市场优胜劣汰，这就取得了加快农村经济发展、增加农民收入的动力，使农村经济尽快进入良性循环。当前，主要是做好三个方面的工作：

（一）以市场为动力推动农林牧副渔全面发展，走高产优质高效的路子。从目前市场需求的变化看，解决温饱之后，人民生活消费中，生存性食物所占的比重下降，享受性食物比重上升，比如粮食的直接消费量在减少，粮食转化品——肉蛋奶等的消费量不断增加；白菜、萝卜等大路菜的食用量逐步减少，鲜菜、水果、细菜、反季节菜、异地瓜果的需求量逐步增加；优质农产品价格高一些也有人要，低质产品价格低也很难销。而且，随着科学技术和社会进步，人们的生活节奏加快，对净米、净菜、分割肉、各种熟食制品等农产品加工品的需求也在增加。出口创汇农产品还要适应国际市场的要求。市场对商品的选择性越来越强。面临这样一个新的形势，农业一方面要为社会提供足够数量的农产品，另一方面要求提供的农产品必须优质化、多样化。现在许多农产品积压卖难，一方面是流通不畅，另一方面是农产品不适销对路。多少年来，我们为解决人民的温饱问题，一直把农产品数量增加放在重要的地位，这是完全正确的，而且取得了很大的成绩，已经解决了 11 亿多人口的温饱问题。现在，在继续保持农产品总量稳定增加的基础上，向优质高效转变，这不是对过去做法的否定，而是历史的前进和发展，也是我国农业商品经济发展到今天自身产生的革命，由传统农业向现代农业发展所必然要经历的过程。经验证明，把农产品推向市场，才能实现商品化，才能实现优质优价，才能实现高产优质高效这个历史性的重大转变。现在粮食定购，由于价格不能完全反映价值，农民交的定购粮，多半是低质高产品种，国家收购以后，销售也比较困难。今年国务院批准广东省取消粮食定购，价格放开，农民非常高兴。他们说，这是继土地改革、家庭承包之后，第三次生产力大解放。全省早稻的优质品种，去年是 190 万亩，放开以后，今年一下子增加到 400 多万亩，增加了一倍。放开才能商品化，商品化带动优质化。因为他的产品要上市场，上市场就得有竞争力，竞争力来自于高品质的新品种。农民为使自己的产品能在市场上卖得快，卖上好价值，千方百计改良品种，使用先进技术，提高质量，增加收益。现在珠江三角洲出现了第二次农业科技热，农民到处寻求农业先进技术，寻求优良品种。而且放开了以后，到市场上作为商品出售，不仅吸引农产品向高产优质发展，而且自然而然地，农产品拉开了档次，优质优价也出来了。生动的事实说明，市场竞争可以驱动农民热心学习利用科技成果，加快高产优质高效农业发展。当然，放开了也不是不管，对关系国计民生的少数重要农产品，必须收购一定数量实行储备，解决年际之间的丰歉调剂问题，以保证市场、价格、人民生活和社会稳定的需要。同时，继续扶持商品粮基地建设，培育充足的粮源。

（二）加快发展乡镇企业，重点是向中西部和少数民族地区进军。我国乡镇企业的出现和发展，一方面是为农村庞大的农业剩余劳动力队伍开辟了新的就业门路，为农民增加了收入，为农业和农村现代化创造了条件；另一方面，它又是农村出现比较早和发展比较成熟的市场经济力量，近一亿农民在乡镇企业中增强了商品经济意识，学习了市场竞争的本领，造就了大批农民企业家。可以说，乡镇企业是发展社会主义市场经济的大学校，它将为加快我国经济发展培养越来越多的新型人才。

加快中西部乡镇企业的发展，包括东部地区一些乡镇企业薄弱的地方，是今后农村经济工作的一个重点。从我国农村经济发展的历史经验来看，穷与富的差别，发达地区与不发达地区的差别，原因是很多的，但是考察的结果，其最主要的差别在于有没有乡镇企业，在于乡镇企业是发展得多了还是少了、快了还是慢了。穷的地方，经济不发达的地方，一个重要的原因，就是乡镇企业的基础薄弱，发展比较慢，发展比较少。要想缩小东西部地区差距，改变少数民族地区贫穷落后面貌，培养发展市场经济人才，中西部地区在已经基本解决温饱的基础上，应当不失时机地把农村经济工作重点由侧重抓农业转变到农业和乡镇企业两手抓，使两者互补互助，协调发展，增加农民收入，实现小康目标。

加快中西部乡镇企业的发展，除了国家提供必要的信贷资金和优惠政策外，最重要的是放活人才。中西部由于人才、技术、管理经验缺乏，这几年也办了一些企业，但不少项目效益差，有的不仅没有得利，而且背了一个大包袱。所以，中西部乡镇企业的发展，既要有资金投入，又要有好的人才政策。这里，除了实行城乡联合，东西结合，吸引东部人才、城市人才帮助和领办乡镇企业外，最基本的是大胆大量启用这几年农村发展商品经济中崭露头角的能人。具有商品意识、经营才能的能人，包括有这方面才能的党员干部，是发展商品经济时代的积极分子，带领群众脱贫致富的火车头。用好一个能人，办好一个厂，富起一大片。我们的县乡干部，应深入基层，深入群众去发现一批发展商品经济的积极分子。干什么事情都得有积极分子，都得有带头人。刚解放的时候，搞土地改革，那时的工作队，深入群众，访贫问苦，把苦大仇深的贫雇农作为土地改革的积极分子，动员和组织他们带领群众，起来斗地主恶霸，分田地，取得新民主主义革命的胜利。现在发展商品经济，我们应该找发展商品经济的积极分子，找那些有商品知识，有经营才能的农民做带头人。我们的干部要敢于同他们接触，同他们交朋友，支持他们以个体、私营、联户、承包、租赁、股份制等各种形式带头发展商品生产，带头领办企业，解决他们在发展商品经济中的困难。经过一定时期的发展，从中选择那些素质好、能量大的经营人才，通过动员集体参股、农民入股的办法重点支持，在自愿的基础上引导其向股份合作制方面发展，为能人构筑更大的舞台，更好地释放其能量，带动更多的农民脱贫致富。这些人中，有的在过去"割资本主义尾巴"时期，可能是打击对象，今天要接触他们，启用他们，必须首先从思想上清除"左"的影响，丢掉陈旧的老观念，只要他们基本素质是好的，就应大胆接触、支持。丢掉错误观念，人才就在面前。这是放活农村人才政策的关键。

在发展的方式上，不能沿袭乡镇企业发展初期某些地区"乡乡办厂，村村冒烟"、遍地开花的做法，而是要相对集中，建立乡镇企业发展小区，同小城镇建设结合起来，使工业化、城市化相辅前进，收到经济、社会发展双重成果。由于中西部地区人才技术缺乏，交通也相对落后，必须选择有水有电，交通沿线，开发资源丰富的地方，设立发展小区；依托现有的城镇，或者乡镇企业较为集中的地方，重点发展。可以考虑在工业小区内实行优惠政策，欢迎农民自理口粮，自带资金，进开发区创办二、三产业，建设小城镇，将来承认其在当地有效的新城镇居民身份。鼓励没有条件办工业的乡村，到开发区兴办乡镇企业，劳动力在开发区就业，产值统计在原地，利税返还。开发小区收取土地占用费，用于区内基础设施建设，兴办为新城镇配套的教育、卫生等社会公益事业。这样就突破了"进厂不进城""离土不离乡"的老框子，使一部分农民脱离土地，另一部分种田能手有条件扩大经营规模，为农业机械化、现代化，进一步发展生产力，实现农业新的飞跃创造条件。

（三）着力发展农村第三产业，建设以流通为重点的农业社会化服务体系。现在农产品流通滞后于生产，社会化服务跟不上。世界上发达国家第三产业占国民生产总值和就业总人数的比重均在 60%以上，而我国仅分别为 27.2%和 18.6%。农村第三产业更为落后，其产值和从业人员只占农村社会总产值与劳动力总数的 13.6%和 8.7%，必须有一个长足的发展。据有关资料介绍，发达国家第三产业发展的第一阶段，是商业和交通、通讯领先发展。看来这是合乎一般规律的。我们当前第一产业产品积压，第二产业产品也积压，解决这个问题除了产品要适销对路以外，搞活流通、服务是特别重要的。服务业具有协调产业关系，改善产业结构的特殊功能，抓住服务业可以带动农业、工业发展，实现经济良性循环。当前和今后一个相当长时期，农村应加强以流通为重点的社会化服务体系建设。这是建立完善社会主义市场运行机制的一个重要方面。主要是做好三方面的服务：

1. 培育农产品批发市场。商品生产以商品流通为前提。农产品转入市场调节为主以后，如何做到产销衔接，货畅其流，关键在于培育市场体系，尤其是发展期货市场，运用合同的方式稳定产销之间的关系。因此，要有计划地在农产品主产区、传统的集散地、交通枢纽、大中城市，逐步建设适量的农产品批发市场。我们现在面临的问题，一方面是市场发育程度较低，产销双方接触少，流通阻塞；另一方面，对市场缺乏有效的干预手段，如预测需求、提供信息、组织和引导产销衔接等方面的服务跟不上。农产品基本上停留在现货交易上，农民往往凭着感觉走，看见生产什么赚钱就一拥而上。有些地方对市场需求缺乏准确预测，盲目号召生产什么，不生产什么，常常出现引导失误。更有甚者，有的地方的内、外贸经营单位，东西少时抬价、提级、加奖抢购，生产刺激起来以后，市场一旦发生变化，则又撒手不管，甚至签了合同也不算数，风险全压在农民身上。以上种种，常常造成生产的大起大落，供求关系动荡不定，损害生产者和消费者利益。解决这个问题的关键在于尽可能准确预测市场需求，力争做到以销定产。主要办法是，提倡产区和销区之间、城乡之间，通过批发市场，签订期货合同。产区按合同安排生产，定期供货，销区按合同接收商品，定期进货，产区与销区建立稳定的产销关系。

2. 发展沟通产销的中介组织。农村实行以家庭联产承包为主的责任制以后，商品生产的主体分散化，产生了小规模生产与社会化大市场的矛盾。农民自产自销，只适宜那些零星分散、就地消费的商品。大批量、跨地区的商品销售，必须有专门从事经营性的经济实体来承担，为农民提供市场信息、生产资料、优良品种、技术指导、产品收购、加工储藏、组织运销等一条龙服务。大家叫它"贸工农一体化经营实体"。贸字当头，体现了把市场导向放在第一位，即根据市场需求搞加工，根据加工需要搞生产,形成商品经济的良性循环。贸工农一体化经营实体是商品经济发展必然出现的社会分工。通过发展这种中介组织,使生产过程中滞留的大批过剩劳动力向流通领域、服务领域转移,改变目前农村畸形的劳动力结构,全面发展商品生产;可以把分散的千家万户的商品生产联结成一定规模的专业化的商品生产基地,直通社会化的批发市场,为实现"购、产、销三统一"创造条件;有利于国家实施对农业商品生产的指导,使计划与市场有机结合起来;可以为农民了解市场、进入市场,同政府对话、反映生产要求,建筑起正常的渠道。目前,这种中介组织,有县乡经济、技术、商业、供销、外贸等部门牵头办的,有各种以农产品为原料的龙头加工企业牵头办的,也有农民自己组织起来的,形式多样,不拘一格。要调动多方面的积极性,多形式发展,谁有能力牵头办,就允许谁办,支持谁办。现在的问题是,这些中介组织的数量和工作远远满足不了农民的需要,服务功能还不够健全,能为农民提供产前、产中、产后一条龙服务的为数不多。特别是农民自我服务的实体还比较薄弱,而这是转移农业剩余劳动力,加快农村第三产业发展,实行社会分工的关键。这些,都需要在农村深化改革中逐步发展、充实和加强。

3.建立生产要素市场。要加快农村经济发展,除了建立和发展产品市场,搞活流通以外,还要建立和发育资金、技术和劳动力等要素市场,实现资源的有效配置。这样,可以使家庭承包者和乡镇企业从过去千辛万苦地在社会上到处跑,到处找,寻求资金、技术、人才、原材料的困境中解脱出来,逐步转向日益完善和公平竞争的市场去满足自己的需要。可以使有人才找不到用武之地、有技术或成果找不到转让企业、有生产资料找不到买主的单位和个人,通过要素市场和用户直接见面,实现要素优化组合,把资源配置提高到新的水平,更好地为农村经济发展服务。

三、转变政府职能,加强宏观调控

随着社会主义市场经济在农村不断发展和完善,政府职能已经逐步地从过去直接计划生产和组织生产转向间接指导和宏观调控,避免市场调节的盲目性。根据改革以来的实践,在保证农产品供求平衡和完善市场运行机制方面,应当做好以下几项工作:

(一)建立农业商品生产的风险保障机制。农业由产品经济转向商品经济以后,市场风险增加了,由于国内外市场的波动而影响到农业再生产的实现,这是一方面。另一方面,农业本身是露天产业,常常因气候的变化,以及水、旱、病、虫等灾害的发生,造成生产的波动,从而影响市场的稳定。如何消除这两种风险,是保证生产不断发展,保持市场供应稳定,从而保护生产者和消费者利益的大事。根据国内外的经验,可以考虑从五个方面建立风险保障机制。一是创造良好的生态环境和农业基础设施,减少生产方面的风险。国家和地方要有计划地治理江河,兴修水利,开展水土保持,建设防护林带,为农业兴利除害,这是长远大计。二是建立农产品储备制度。丰年适当多购一点,保持一定的储备量,用于灾年平抑市场,以丰补歉。现在中央政府已建立专项粮食储备制度,地方政府、经营企业也应建立,大丰收之年还应提倡藏粮于民,从上到下建立多级储备制度,并且从粮食开始,逐步发展到其他必要产品的储备。三是采取有力措施支持农业商品基地特别是粮食主产区发展生产,为国家培养充足的粮源和食品源。四是建立风险基金制度,用于补偿因市场波动给生产者带来的损失。五是发动农民积极参加农业保险,分散农业生产过程的风险。

(二)备足收购资金,实现农产品的顺利交换。多年来,我国农产品不断出现流通不畅,卖难买难交替重演,生产发展和市场供应难以稳定。原因是多方面的,其中之一就是农产品收购资金短缺,"打白条"屡戒不绝。商品流通以货币流通为前提。因为货币是流通的手段和媒介,如果没有与商品价格总额相适应的执行流通手段职能的货币量,商品就难以全部出售,流通必然中断。农民的商品变不成货币,必然降低购买力,导致工业品在农村市场上销售疲软,不仅影响农民扩大再生产和生活的改善,而且影响工业乃至整个国民经济的发展。为了筹集收购资金,农产品主产区几乎把方方面面的钱都用来收购,挤了第二产业、第三产业,影响当地经济和社会的发展。根除用"白条子"交换农民商品的做法,应当根据每年农业形势预测出农产品进入流通领域的数量及其价格总额,再根据供求关系预测出货币在流通中的运动速度,计算出收购资金需要量,据此备足收购资金,并严格防止随意挪用,保证农产品交换的顺利实现。

(三)加快储藏设施建设,增强对流通的调控能力。没有商品储备,就没有商品流通。保有一定量的商品储备,才能在一定时期内满足市场的需求量。由于我国过去基本上是吃当年粮,储藏设施不足,又年久失修,一遇丰年,往往出现储粮难,从而影响收购,影响调控生产和调控市场的能力。近几年连续丰收,全国收购粮食增多,大量粮食露天存放,不仅久存将会变质,而且一旦遭受火灾、水灾、虫灾,还将造成更大损失。因此,需要下决心增加投资,加快建设必要的储藏设施,发展农产品加工业、保鲜业。同时,还应放开政策,允许集体和个人投资建设储藏设施,经营储藏业务。

(四)疏通商品运输,发展全国统一市场。商品的运输,是商品生产过程在流通过程内的继续。我们国家大,可以充分利用地区差、季节差的优势,在全国范围内扬长补短,进行品种调节,互通有无,发展统一市场,使人民生活丰富多彩。要做到这一点,必须依靠发达的交通运输。现在某些农产品卖难,有些属区域性过剩,"产地卖不掉,销地买不到"。铁路是主要运输线,同时还要大力发展公路运输、水路运输。要推广沿海地区"集资修路,过车收费,收了再修"的经验。提倡国家、集体、个人一齐办运输。农产品产销旺季,其他货物运输要适当让路,对主产区要重点照顾。撤除一切阻碍商品运输的关卡,纠正地区封锁、分割市场的行为,取消非法的罚款、收费,保障正常的农产品运输秩序。要支持偏远地区、山区发展农产品加工,减少运量。

(五)充分发挥国内外市场的互补作用,促进农业现代化。我国人口多,耕地资源有限,农产品的生产主要是满足我们自己的需要,但同时应积极发展国际贸易,扩大农业对外开放。目前,同整个国民经济相比,农业的开放度还比较小。扩大农业对外开放,一方面是面向国际市场,出口一些劳动密集型的优质农产品和我国的优势产品,进口一些价格优惠、我国需要的产品,实行国际资源转换,提高农业的整体效益;

另一方面，通过参与国际竞争、国际交流，引进资金、技术、人才，促进我国的农业现代化。为了发挥国内外市场的互补作用，进口农产品，要根据国内生产和供求情况来决定，缺什么，进什么，缺多少，进多少，做到以产定进，产进协调，使进口真正成为对国内某些时候某些产品供不应求的补充，不能过量进口，抑制国内生产发展。出口农产品，要根据对国际市场的预测，决定出口计划，并同产区和农民签订合同，做到以出定产，产出协调。要进一步深化改革，实行农贸结合，内外贸结合，为重要出口企业创造直接跻身于国际市场的条件。

积极引导乡镇企业发展与小城镇建设相结合[*]

（1993 年 5 月）

引导乡镇企业发展与小城镇建设相结合，是农村社会经济发展的战略问题，需要尽早给予政策指导。对此我谈一点初步看法，供研究这个问题的同志参考。

一、矛盾

从城市与乡村、经济与社会协调发展的高度来观察我国的情况，总的来说，发展是好的。但也有不协调的地方。其中的一个突出表现就是，我国工业化的发展程度现在是比较可观的，经过几十年的努力，已经建立起了一个较为完整的工业体系，工农业总产值中工业产值已达到80%，但是另一方面，我国农村人口占80%的一头沉格局，几十年来没有什么大的变化。8 亿多农民，3.4 亿多劳动力，绝大多数仍然滞留在一亿公顷耕地的狭小天地里。这个情况表明，我国工业有了相当大的发展，而农村人口没有相应地向非农产业转移，出现了城镇化滞后的现象。从有关资料来看，我国城市化水平只有 28%，发展中国家平均 40%左右，发达国家 80%—90%。这是应当引起我们重视的一个大问题。

由于农村人口多，富余劳动力和富余时间多，就业门路不足，所以不可避免地会出现这样那样的社会问题。

一个是民工潮。近几年，每年都有数百万、上千万的农民结队外出，到沿海地区、到大城市、到其他缺劳动力的地方找活干，而且规模越来越大，由季节性发展到常年化。

---

* 本文系在小城镇建设研讨会上的发言，原载《经济日报》1993 年 6 月 20 日第三版。

还有一个问题，是社会治安不好，久治而不能根本解决，农民反映强烈。原因是多方面的，但也与农村人口太多，就业岗位不足有直接关系。因为那么多人闲暇无事，无事生非，什么歪门邪道都出来了。要综合治理，与经济社会发展联系起来看这个问题。

还有去年某些地方为集资出现的卖非农业户口，几乎是一呼百应，席卷半个中国。这都说明农村劳动力太多，农民向往城市，向往非农产业，寻求新的就业门路。

再一种情况是，大批在小城镇乡镇企业常年务工的人仍然叫农民，顾了做工，顾不了种地。在目前种地的比较效益过低的情况下，又很难把承包地转包出去，结果出现耕地抛荒、耕作粗放的现象。但他们又不敢丢掉承包地，担心有朝一日被清理回去，没有退路。

种种迹象说明，大力发展乡镇企业，特别是支持中西部地区乡镇企业的发展，加快农村小城镇建设步伐，已是当务之急，是关系城乡协调发展、经济与社会协调发展的重要问题。我们提了多少年要实现农村和农业现代化，消灭城乡差别，那么如何实现呢？就是要引导大批农民向非农产业转移，使大批小城镇在农村崛起，而且又能使进城镇常年务工经商的农民成为小城镇的居民，取得这样一个身份，使其有条件与农村承包的土地脱钩。这样，农村人少了，地多了，承包规模自然就可以扩大了，就可以使用现代化的先进生产手段，大大提高劳动生产率。而不是走过去"归大堆"的老路。新中国成立几十年了，我们多少农民在劳作时还是拿着锄头和镰刀，几千年前的生产工具现在还在使用，原因就是人多地少嘛，形不成规模，无法使用先进的现代化生产工具，这样劳动生产率就不可能提高。由于农村人口太多，大部分农产品被农民自己吃掉了，商品率低。像美国、澳大利亚等农业发达国家，一个农民养活几十个人，我们只能养活几个人。不是我们没有这个本事，而是没有条件。创造这个条件的方法，就在于大力发展乡镇企业，在于乡镇企业相对集中、连片发展，与农村小城镇建设相结合。只有走这个路子，才能加快农村和农业的现代化速度，才能大幅度提高农民收入、实现小康目标，才能使国民经济的发展建立在稳定的基础上。农业是国民经济的基础。我们十几年来整个改革和建设事业有如此快的发展，取得如此辉煌的成就，根本的问题就是农业形势好。现在市场食品供应丰富，国家粮食储备充裕，没有这样一个局面，整个改革开放，以及国民经济就不可能较快发展。要想把现在国民经济的发展持续下去，仍寄希望于大力发展乡镇企业，与农村小城镇建设相结合，带动农业出现新的飞跃。我们要从城市和乡村、经济和社会协调发展的高度来研究和促进农业和农村的现代化，来保持国民经济持续稳定的发展。这样，把研究的问题与我国当今经济较快发展的问题联系起来，与经济、社会发展所面临的当务之急联系起来，就可以看到这项工作具有很强的现实意义和深远的历史意义。

二、出路

那么出路何在呢？出路不是要大批农民涌进大城市，也不是要靠国家拿钱给农民建设新城市，而是主要依靠农民自己兴办乡镇企业，相对集中、连片发展，自己给自己建设"农民城"。我们国家的农民不可能大量涌进大城市，虽然它能够吸纳一部分农村劳动力，但这是有限的，绝大多数还是要在农村就地消化。我们国家大，事情多，财力有限，国家也不可能拿出多少钱去建设若干个城市，安排农民进城就业。那么，让我们到乡镇企业比较发达的沿海地区和大城市郊区去看一看，却是另一幅情景：一批星罗棋布的新兴城镇在这里出现，一批由农民转变过来的产业大军在这里出现，一个农业扩大承包规模而产生的新飞跃在这里出现。这些地方，农民就业充分，收入高，购买力强，工业品市场兴旺，没有民工潮，也很少听到农民负担重的呼声。他们的实践使我们找到了问题的答案，那就是大力发展乡镇企业，与农村小城镇建设相结合，取得经济发展和社会发展的双重成果。像珠江三角洲、长江三角洲，都是如此，经验在于通过发展乡镇企业带动小城镇建设，小城镇建设又促进乡镇企业的更好发展。关键是把二者结合起来，一举两得。不是分离开来，各干各的。妙在结合。各有关部门都应同心协力，大做结合的文章。

乡镇企业发展与小城镇建设的结合点，在于乡镇企业实行相对集中、连片发展的战略。这也是经济社会发展的必然趋势。因为农村，尤其是中西部地区，条件千差万别，不是所有的地方都可以办工业，相当一部分地方缺水、缺电，交通不便，有的地方还没有很好地开发资源，怎么能遍地办工业呢？遍地办就很难都有效益，特别是条件困难的山区。你给那些分散的小山村扯上电要花多少钱，开条路要花多少钱？中、西部农村不同的区位条件，就决定了乡镇企业的发展必须相对集中，首先在条件比较好的地方突破。

另外，工业发展也要求相对集中，集中才能产生聚合效应。相对集中可以节省资源、节省土地、节省基础设施投资，有利于信息交流、商品流通、技术传播、产业管理、污染治理，等等，好处很多。

工业相对集中发展，又对为它服务的第三产业产生一种强大的需求和拉力，带动第三产业发展。光空喊加快第三产业发展不行，没有客观的需求来拉动，你想快也快不起来。

二、三产业都相对集中发展，星罗棋布的小城镇就有条件较快地出现了，形成农村经济、政治、文化中心。这样，城乡差别才有可能逐步消灭，农民才有可能享受城市文明的生活，农村社会发展就会出现一个新的飞跃。

小城镇出现以后，在小城镇常年务工经商的农民，有了稳定的职业、稳定的收入、稳定的生活条件，就具备了改变农民身份、成为新城镇居民的条件，就有可能跟他承包的农村土地彻底脱钩。这样，农村就会瓜熟蒂落、水到渠成地形成承包土地的规模经营，才能谈得上使用现代化生产手段，提高劳动生产率。这样，就必然又带来一个巨大的、现在很多人还没有看得到的效益，即农业将出现一个新的飞跃。农村实行家庭承包为主的责任制以后，农民责任心加强了，积极性提高了，精耕细作，增加投入，农业有了很大发展。现在国民经济再登新台阶，对农业提出了更高的要求，要求农业应有一个新的发展、新的飞跃。寄希望于哪里呢？寄希望于农业向深度广度进军，走高产优质高效的路子；寄希望于乡镇企业的连片发展与农村小城镇建设相结合。只有农民大批转向非农产业，成为新城镇的居民，才能为农业新的飞跃创造条件。

现在农业面临的问题是，农民收入增长缓慢，粮食等农产品价格偏低。但又不能完全靠提价，我们有些农产品与国际市场价格几乎相当，有的还高于国际市场价格，你再提价，就没有竞争力了。主要依靠大批农业劳动力向非农产业、向小城镇转移，带动农业扩大承包经营的规模来解决。现在沿海和其他乡镇发达的地区，绝大部分农民转入非农产业，农业已经出现了大户承包、专业承包，提高了经济效益。当然这是有条件的，又是一个逐步发展的过程，不能不讲条件，不能拔苗助长。

经济和社会发展是相辅相成的，以经济发展带动小城镇建设，小城镇建设又为经济发展创造更有利的条件和环境。现在全国有两千多个县城，一万多个建制镇，四万多个集镇，这就是乡镇企业相对集中连片发展的主要依托点。在这些地方发展就比较容易，比较快。当然在那些有水、有电、交通方便、又有开发资源的地方，也可以开辟新的乡镇企业发展小区，也可以在沿边开放口岸结合发展边贸，设乡镇企业集中发展区。总之，小城镇建设必须以乡镇企业集中发展为前提，这样做，一是速度快，二是不另外多花钱，又省又好。

三、政　策

要有得力的政策措施，支持这个发展战略。看来有这么几个方面的问题是值得重视和研究的。

（一）要确定一条明确的方针，或者叫指导思想。即大力发展乡镇企业与农村小城镇建设相结合。使所有从事这方面工作的同志都能明确地、自觉地掌握它运用它。方针对头，逐步去做，不走弯路。这就要从思想上、工作上进行必要的改革和突破。比如说，乡镇企业发展与小城镇建设结合，就得解决相对集中、连片发展的问题。要做到这一点，就得改变过去乡镇企业发展初期那种"村村办厂、处处冒烟、遍地开花"的干法。还要相应地逐步改变"进厂不进城，离土不离乡"的观念和做法。过去分散办企业，工厂建在村头、门口，必然是"进厂不进城，离土不离乡"。现在要集中连片发展，与建设小城镇结合，其发展的结果必然是"进厂又进城，离土又离乡"。进小城镇乡镇企业的农民，由过去的亦工亦农，逐步发展到常年专业务工，农村出现分工分业，他们由农民变为工人，由农村居民变为城镇居民。那些在历史上发挥过重要作用的做法，随着时间和事业的不断发展而变化。当然这也不是绝对的，一刀切的，在那些乡镇企业刚刚起步的地方，在乡镇企业发展的初级阶段，以及那些适宜分散办的小型农产品加工业、手工业、服务业就不一定都集中到城镇去，这些仍然适用亦工亦农的经营方针。还有一点，农民祖祖辈辈向往城市文明，过去要改变农民身份就得进城，而现在的方针不是都涌进现成的大中城市，是引导农民以投资办实业为前提，自己给自己建设"农民城"。这个由进城到建城，也是一个观念的转变。总之，要很好地研究一下，看看实行发展乡镇企业与建设小城镇结合的方针，需要有哪些改革和突破。

（二）要确定几项政策措施。

1．招商政策。怎样使大家都愿意到小城镇或新的工业小区来办企业呢？这就要制定有吸引力的招商政策。吸引有钱的农民自理口粮、自带资金来办二、三产业，吸引那些缺乏办乡镇企业条件的乡村集体经济组织到异地办企业。

2．户籍政策。农民进入小城镇、新的工业小区，经过一个时期的发展，有了稳定的职业、稳定的收入、稳定的生活条件之后，可不可以承认他的新城镇居民的身份，办理当地有效的户口，使他全心务工，与原来的承包地脱钩，都需要很好研究。这个问题解决好了，将对这项事业的发展产生巨大的推动力。

3．城建政策。农民云集小城镇、工业小区创办企业，占用土地怎么办，用水、用电、道路、通讯和各项生活设施如何适应，怎样才能为他们创造愿意来、留得住、发展得好的条件，这是小城镇建设方面需要研究解决的。总的思路应当是，小城镇建设从一开始就要探讨新的建设办法和管理办法。

4．资金政策。小城镇建设的资金，一是不依赖国家拨钱，二是不能向农民摊派，那么从哪里来呢？要从实践中寻求答案。浙江省温州市龙港镇，是依靠农民建设起来的新兴城镇，当初县政府只拿出 3000 元的开办费，经过 8 年的努力，在不过 6000 人的 5 个小渔村的基础上，如今发展成具有 13 万人口，每年 9 个多亿产值的新城镇。类似龙港镇的例子不少，需要详细调查研究，提出办法来。

（三）要有支持的措施。

1．资金支持。除了小城镇自己想各种可行的解决资金办法外，各有关方面是不是也给点支持。实际上已经在支持，如国家计委已经对试点城镇的建设提供了一定的资金支持。国家科委的星火项目也在考虑支持小城镇实业的发展。去年国务院为加快中西部地区乡镇企业发展增加了 50 亿元贷款，确定重点用于支持集中连片发展的乡镇企业，这对小城镇建设是个有力的支持。其他与此有关的方面，都可以从不同角度给予支持，特别要大力支持基础设施建设。没有一个好的环境条件，人家不会来。基础设施建设等于栽梧桐树，栽上梧桐树才能引得凤凰来。

2．规划设计的支持。小城镇建设，要有规划设计。有一个合理的规划，才有合理的发展，才能多快好省。像沿海乡镇企业发达地区，有的地方小镇子鳞次栉比，密度过大，这里的规划设计就要解决合理布局问题。中西部地区小城镇的发展，也不一定都从建设工厂、办工业开始，有的地方也可以先从建设市场，发展农产品交换、流通起步。要区别不同情况，从实际出发，搞好规划设计。建设部对此非常重视，已经做了不少工作。

3．要重点示范。有的同志建议，搞一百个试点，提供样板。当然搞样板也不能吃偏饭，吃偏饭的经验学不起，推不开。现在有些地方已经出现了一批在乡镇企业发展的基础上形成的新兴小城镇，我们要按照从群众中来到群众中去的办法，调查研究，看它是怎么发展起来的，碰到的各种问题是如何解决的。把这些问题搞清楚了，我们就有办法了，就可以经过分析研究、加工制作，归纳出具有普遍指导意义的决策性建议，提供给领导作为指导这项事业发展的参考。

耕地规模经营要把握条件和提高效益[*]

（1994 年 11 月）

沿海发达地区在粮食规模经营方面，经过多年的试验、实践，已经有了丰富的经验积累。特别值得肯定的是，在几个重要问题上，认识是完全一致的。比如：第一，搞规模经营要坚持条件，尊重农民意愿，既不急于求成，又不消极等待；第二，搞规模经营要坚持以家庭联产承包为主的责任制不变，扩大耕地的承包规模，使承包责任制在新的历史阶段发挥更大作用；第三，搞规模经营要坚持因地制宜，形式多样，不一刀切，不一哄而起；第四，搞规模经营要坚持在政策上给予支持，多方面提供服务。以上几点，说明各地在农业规模经营问题上的认识水平提高了，经验是成熟的。因此，在沿海发达地区积极稳妥地发展粮田适度规模经营是具备条件的。

一、关于沿海发达地区规模经营与
粮食生产的关系问题

发展耕地规模经营不是权宜之计，不单单是为了有利于解决现在的粮食问题、发展粮食生产，而且它是一个涉及农村改革的深化、农业生产力的进一步解放和农业现代化。我赞成这个看法，对此就不再多谈了。这里主要想谈谈与粮食生产的关系，这是现实的问题，我们研究任何问题都要以解决现实问题为出发点。

目前沿海发达地区在经济高速发展中遇到一个突出的矛盾是，粮食

---

　　[*] 本文系 1994 年 11 月在沿海发达地区粮田规模经营座谈会上的发言，原载《农业经济问题》1995 年第 5 期。

面积锐减，产量下降，供求失衡，不仅制约了沿海地区自身经济的协调发展，而且影响到全国粮食市场的稳定。解决这一问题，最根本的是调动粮农的积极性，提高粮农的收益，使从事粮食生产的农民与从事其他生产的农民得到大体相当的收入，这样才能保持粮食与其他产业的协调发展。马克思在《资本论》中曾指出，要保持各业的协调发展就要使从事各业的生产者都能得到一个大体平均的利润。沿海发达地区粮食所以锐减，就是种粮的比较利益太低，解决这个问题的出路在于提高粮农的收入。

从我们的实践经验来看，提高粮农收入最直接的办法有三个：一是按照价值规律确定合理的粮价；二是依靠科技进步，实现粮食的优质高产，提高单位面积的产出率；三是发展粮田规模经营，提高劳动生产率。

从目前的情况看，中央和国务院一直很重视研究解决价格问题，但价格提高的潜力又有限，依靠科技发展优质高产粮食各地都在努力推进，像广东南海市优质高产农产品的比重已达到 67%。而在规模经营方面，目前沿海发达地区的发展比重还比较小，潜力很大。另外，还应该看到，即使是价格合理，单产提高，如果经营规模很小，仍然难以使种粮者取得平均利润。所以规模经营是解决粮食问题的重要途径。

两个月前，我曾去法国进行考察。法国是西欧粮食的主产国，生产的粮食占欧共体 12 个国家的三分之一，是仅次于美国的世界第二大农产品出口国。像法国这样一个发达的工业国，为什么在发展中没有丢掉粮食呢？考察的总印象是：第一，政府对粮食生产有大量的财政补贴和扶持。第二，依靠科技提高粮食的产量和质量。法国的小麦亩产 400 公斤，我们的产量才 230 公斤，相差近一半；法国的玉米亩产是 525 公斤，而我们的产量是 360 公斤，也相差很多；而且小麦、玉米质量都是很高的。第三，重视规模经营。目前法国农户的经营规模平均是 31 公顷，但他们仍觉得规模小，认为比较合理的规模是 70 公顷，目标是向 100 公顷迈进。上述三条，提高了法国农民的收入，使农民收入略高于工厂的工人和商业公司的职员，从而保证了农业、保证了粮食的稳定发展。

所以，从国内国外的经验看，要发展农业、发展粮食，就要保证农民的利益，要达到这一目的，最主要的就是要有合理价格、要优质高产、要规模经营。

据佛山市的介绍，佛山市顺德、南海耕地规模经营者的收益高于务工者，因此有一批务工经商的农民重新回到农业，承包大片耕地，发展现代农业生产，形成一批农业企业家。江苏的同志讲，规模经营的劳动力年均收入达到 7152 元，是务工农民的两倍。这些都说明，如果把规模经营搞上去，农业就会有一个新的起色。

沿海发达地区的经济发展既出现了农业、粮食发展滞后的矛盾，同时，经济的发展特别是二、三产业的发展又为解决这一矛盾提供了条件。在沿海发达地区，一些地方的耕地仍分散在千家万户，大多数农户又没有精力耕种，农业成了兼业、副业、业余农业、妇老农业，这样的农业是没有发展前途的，不仅不能提高生产水平，而且原来的生产水平也难以保住。既然大批劳动力已经从事二、三产业，耕地已不再是农民的主要谋生手段，一部分农民有条件放弃土地，另一部分农民就有条件搞规模经营，发展种粮大户、家庭农场和村办农场、股份合作农场等。所以，沿海发达地区应当抓住机遇，总结经验，引导扶持，稳步发展。

还有一个值得注意的问题是，农业规模经营如何处理好粮食生产与多种经营的关系。有些地方的做法是，在把耕地集中起来向外发包时，凡是宜粮耕地，就要明确使用方向，保证用于粮食生产。南海市下柏管理区就是这样做的，他们对全部发包耕地做了统一的规划，分成若干承包片，在发包时就明确哪片地必须种粮食，哪片地可以搞其他经营，也就是定向承包，不准改变耕地用途。这种做法很好。

当然，规模经营如果单一搞粮食，不搞多种经营会影响经营者的收益，这个问题的解决可以采取其他的一些办法。一是可以帮助种粮大户搞粮食加工，使其在加工与流通方面取得效益。南海市就有一个种粮大户，承包一百多亩稻田，自己搞加工，分级包装，形成适于市场销售的包装大米，提高了收益水平。二是搞种养结合。在粮食生产的基础上，用粮食的副产品和秸秆发展饲养业，提高粮农的收益水平。日本的稻米生产也很集中，他们在水稻产区引进养牛业，利用稻草养牛，他们叫复合农业，实际上就是我们说的种养结合，提高了水稻产区农民的收入水平。三是改革耕作制度，增加复种指数。广东江门市搞"稻一稻一菜"，两季水稻加一季冬菜，亩收益 2000 元左右。当地称"稻稻菜，一亩两千块"。四是优先支持种粮大户利用非粮田资源发展多种经营，如利用荒山、荒坡、荒水等发展种养业。这不仅是解决种粮大户收益问题的一个办法，也是调整农业结构所必须注意的问题，不能理解为调整农业结构就是一味地减少粮田去发展多种经营。我国人多耕地少，今后调整结构的重点应放在利用非粮田资源上，这是我们国情所决定的。我国现有的荒山、荒坡、荒水、荒滩等非耕地资源比较多，开发前景广阔。

二、关于规模经营的条件问题

十多年前，中央就提出在有条件的地区积极发展农业适度规模经营。那么，什么叫有条件呢？大致有这么几条，如农业劳动力转移 70% 以上，工业收入占 80% 以上，农民收入结构中 90% 以上来自二、三产业，集体经济实力强，领导班子强，社会化服务体系健全，等等。

上述的四条、五条都达到了当然很好，但是，是不是一定要在上述条件全部具备了才能搞规模经营呢？我看最主要的恐怕是大批劳动力转移到非农产业，并在非农产业领域有了稳定的收入，这些农民的家庭实际上已经没有精力种田或不愿意种田，这就是最基本的条件。辽宁的同志讲两个方面，一是劳动力转移到非农产业，土地经营不再是谋生手段；二是一批有资金、有技术、有管理经验的农户愿意多种地，专事农业生产，这就是最基本的条件。当然，如果具备了集体经济实力强、领导班子强、服务体系健全这些条件更好。事实上这些条件是发展规模经营的有利条件，但不是必需的条件。像浙江温州二、三产业很发达，是以个体、股份合作为主，其集体经济实力谈不上强，领导班子也不见得都强，社会化服务体系也不很健全，但温州的土地规模经营已占整个耕地的 10% 以上。关键是劳动力转移得多，有人愿意放弃土地，又有人愿意接包土地。

规模经营的发展是由小到大的，由十几亩发展到几十亩、上百亩，在经营面积不是很大的情况下，就不需要很多的设备，对社会化服务的要求也不很高。事实上集体经济实力强、领导班子强，是搞好村办农场、集体农场的基本条件，但不一定是发展种粮大户和家庭农场的必备条件。如果我们不区别不同情况，对规模经营的条件要求过高、过全，不一定有利于规模经营的发展。

另外，在劳动力转移问题上，如果要求劳动力一定要转移到 70%以上，才够条件搞规模经营，这也不一定符合实际。规模经营是一个渐进的过程。如果劳动力转移达到 70%以上，那么在这样的村、这样的乡镇或县市可以说是规模经营的条件整体上已经成熟。而在劳动力转移没有达到 70%以上这个条件时，实际上就已经产生了局部的规模经营要求。只要有一些农户的劳动力都转移到了二、三产业，没有人种地又不愿意种地了，这一些农户的承包地就可以流转到其他愿意多种的农户，就有条件搞规模经营。

规模经营主要出现在发达地区，但也不是说欠发达地区就绝对的没有条件。欠发达地区从总体上讲不具备搞规模经营的条件，但不是说每个村、每个户都不具备条件。实际上欠发达地区随着市场经济的发展，劳动力的流动，乡镇企业的兴起，已经在一些村、一些户产生了规模经营的要求和条件。比如，有的农民长期外出打工，有的进了乡镇企业，家里地没有人种又不愿意种了，就应该把耕地转包给其他户经营。为什么在四川、安徽的欠发达地方也出现土地撂荒呢？就是因为劳动力到外地打工或到当地乡镇企业就业去了，地没有人种了，又没有及时流转。在这样的地方，就不能等到劳动力转移到 70%以上后再去搞规模经营。应当成熟一户就搞一户，成熟一村就搞一村。不成熟的绝对不要动。

所以，如何看待规模经营的条件问题，要针对不同地方做具体分析，区别对待，只要有一部分农户具备了条件就应该搞，不能等整个地区都达到四个、五个条件，出现了大面积的耕地撂荒才去搞，那样实际上工作已经滞后了。

三、关于粮食规模经营的效益问题

对规模经营的农户、规模经营的农场来说，效益是其成败的关键，是其生命力之所在。因此，在发展规模经营的过程中，应从实际出发，不拘形式，不限规模，重在效益。形式和规模要因地制宜，灵活多样，服从于提高效益，为提高效益服务，从各地的实际情况来看，不论是一个省、一个县，还是一个乡镇，其规模经营的形式都是多种多样的，规模也是有大有小。在集体经济实力雄厚的地方，村办农场、集体农场、股份合作农场等相对多一些；在集体经济实力不太强大的地方，种粮大户、家庭农场相对多一些。

规模经营可以提高劳动生产率、土地生产率、农产品商品率。这三个率当中最值得重视的是土地生产率。因为把几个人的承包地交给一个人种，劳动生产率、农产品商品率肯定会提高，但是如果种得不好的话，就不一定能提高土地生产率。所以，考察规模经营的效果，三率都要考察，但重点是考察土地生产率。广东南海市下柏管理区土地规模经营后粮食单产由 600 公斤提高到 750 公斤，浙江鄞县规模经营后粮食单产提高 25—50 公斤。这样的规模经营才是成功的，才有生命力。辽宁同志讲得好，规模经营不要片面追求土地规模的外延，还要注意下功夫搞土地深度开发，提高产出率。产出率提高加上规模的扩大才能产生高效益。

提高土地产出率既是规模经营者自身的要求，同时在宏观管理上也应有所指导和制约。第一，对承包者进行资格审查，看他的经营能力、技术水平、物质条件等，是否与他的承包规模相适应。第二，对规模经营者要提供服务，帮助他们解决自己解决不了或解决不好的问题。第三，对连续经营效益不好的，要及时调整，可以减少其承包规模，或者取消其经营资格。

四、关于努力创造规模经营的条件问题

（一）大力发展乡镇企业，并与小城镇建设相结合，还有与之配套的户籍制度的改革。这样就构成产生规模经营的条件，这是最基本的。大批农民不仅要让他们进入乡镇企业，而且逐步地要让他们进入小城镇，在小城镇有稳定的职业、稳定的收入、稳定的生活设施，就有条件改变其农民身份，成为小城镇的居民，这样才能促使他们与原来承包的

耕地彻底脱钩，才有利于土地相对集中，形成规模经营，农业才能产生新的飞跃。

（二）下功夫研究耕地的流转制度。农民转入二、三产业，有了放弃耕地的条件，不等于他就愿意放弃耕地。现在的问题是很多农民转入二、三产业后，既不愿意种地，又不愿意放弃耕地。因此，要下功夫研究如何使那些不愿意种地的农民愿意放弃耕地，也就是研究耕地的流转机制。

（三）加强对耕地规模经营者的扶持和服务，以保证规模经营的成功。应在资金、物资、社会保险、水利机械、基础设施建设、人员培训等多方面给予扶持和服务。

总之，发展规模经营，要努力创造条件。主要是把功夫下在上述三个方面。第一要创造条件促使农村过多的劳动力向非农产业转移；第二是劳动力转移出来后，要使耕地流转起来，向种田能手相对集中；第三是在规模经营搞起来后，要提高经营效益，使其顺利发展。这三条是比较重要的。

农业结构调整和城镇化是解决
农民收入问题的两大战略[*]

（2001 年 1 月）

农民收入上不去、负担下不来、消费扩大不了，是事关全局的一个大问题。党中央、国务院高度重视，各地和各有关方面都在为解决这一问题而努力。随着农业结构的战略性调整和城镇化两大战略的推进，农民收入问题可望于新世纪之初取得突破性进展。

一、农民为推动农业进入新的发展阶段做出了巨大贡献，理应得到应有的回报

进入 20 世纪的 90 年代，我国农业创造了奇迹：粮食和其他多数农产品供过于求，12 亿多人口丰衣足食，国家粮食储备充裕，农产品短缺状况基本结束，它标志着农业发展到了一个新阶段。这是农村改革取得的辉煌成就，出乎中国人的意料，也出乎外国人的意料。对于那些原来认为中国人多地少，农产品是永恒的"短缺经济"，以及来自国外的"谁将养活中国？"的悲观论调是个很好的回答。

农业的这个辉煌成就，保障了整个国家改革顺利推进，经济持续发展，社会稳定。这是亿万农民对国家的重大贡献。同时，前进中也遇到了新问题：为农业发展做出巨大贡献的农民，却是增产不增收，没有获取应有的回报。表现在：在农业连年发展的同时，农民收入增幅连年下降，负担愈显沉重，消费一蹶不振。特别是我国即将加入 WTO，将面临国外优质廉价农产品的竞争，形势更加严峻。

　＊ 本文原载《求是》2001 年第 1 期。

二、收入决定消费。扩大内需的关键在于以最大精力抓农民的增收、减负

从全局看，坚持扩大国内需求的方针仍然是拉动国民经济持续发展的关键，也是我国最大的优势。需求强烈、潜力巨大的是 7 亿多农村居民，可是他们中大多数人有需求而缺货币。增加农民收入和扩大消费是具有紧密内在联系的姊妹篇。只有增加收入才能扩大消费，扩大消费必以增加收入为前提。因此，增加收入是首要的、决定性的。否则，农民手无货币，强烈而旺盛的需求潜力是无法成为现实购买力的。农村工作的重中之重，是应以最大的精力为农民抓收入、抓减负。

同时，也不能对扩大消费等闲视之。应当看到，农民的收入是不平衡的，7 亿多农村居民，并不是所有的人都没有货币。在鼓励一部分地区和一部分人先富起来的政策推动下，据有关方面调查，当今农村大约有 20%左右的人生活较为宽裕，具备扩大消费的条件。因此，在抓农民增收的同时，要积极创造条件，使手握货币的农民实现消费需求。

三、调整农业结构和推进城镇化与解决农民收入问题相辅相成，并行不悖

应当肯定，发展非农产业，推进城镇化，转移农村人口，是今后农民收入增长、农业和农村实现现代化的方向，是带有长远、根本意义的大计。这项战略决策的实施，必将使过多的农业人口逐步转入非农产业，移居城镇，改变农民身份，大幅度提高收入水平；留下来的农民就会占有更多的农业资源，有条件实行规模经营，提高劳动生产率，拓展增收空间；农民富裕了，农业自身积累增强了，有利于农业和农村的现代化建设。但不能因此就笼统地认为农业不再是农民收入增长的主要来源，结构调整不能从根本上提高农业增收潜力，从而把解决农民收入的两大战略对立起来。

我国东部沿海和其他乡镇企业发达地区，既务农又务工的兼业户增多，务工收入逐渐占了大头，的确农业不再是这里农民收入增长的主要

来源。但农业毕竟还是他们增收的重要途径，不能放松结构调整、开拓农业增收的潜力。至于从全国农村来看，大多数农民还是纯农户，除了种地没有别的可干，因此农业仍然是他们增加收入的现实、有效途径，是增加收入的主要来源。近几年农业对农民收入增长的贡献减少，是农产品主要是粮食出现阶段性供过于求，市场价格低落造成的，不能把这种非正常情况视为常态，断定农业不再是农民增收的主要来源。

为了改变这种非正常情况，解决前进中的新问题，中央决定对农业结构实行战略性调整。这是新阶段农业和农村工作的主线，是农业增效、农民增收的关键。当前，全国各地正在进行的改劣质农产品为优质农产品，减少普通产品增加专用产品，减少过剩产品增加短缺产品，以及发展转化、加工产品，发展区域特色产品，发展出口创汇产品，等等，都是围绕结构调整挖掘农业增收潜力，而且才刚刚开头，其空间远未打开，潜力远未挖出。还有，农业经营体制创新，实行产、供、销一体化的农业产业化经营等，都是农业结构战略性调整的题中应有之义。不能对农业结构调整作过于狭义的理解，仅仅认为是种植业内部品种、面积的增减，实质上它是向农业的广度和深度进军，是从根本上提高农业增收潜力。如果不使我们的基层干部和农民这样认识农业结构调整，不抓紧时机主动调整农业结构，而向非农产业和小城镇转移一时又难以实现，对解决农民收入问题是不利的。正确的做法应当是，按照党的十五届五中全会提出的要求，既要大力调整农业结构，积极拓宽农民增收领域，又要根据城镇化条件已渐成熟的情况，不失时机地实施城镇化战略。二者并行不悖，相得益彰。

四、农业结构调整的目标，既要保证国家粮食安全，又要使农民增加更多收入

高度重视粮食安全，是我们这个 12 亿多人口大国的重要任务。何谓粮食安全？就是党的十五届五中全会提出的：确保粮食供求基本平衡。从这个意义上来说，粮食短缺，供不应求，价格暴涨，社会不稳，是粮食不安全的表现。粮食供过于求，市价低落，粮农亏本，耕地撂荒，

同样是粮食不安全的表现。二者都是应当避免的。

在市场经济条件下,农产品拥有量以供求基本平衡为准则,过多、过少都不好。过少了就要刺激生产的发展,使产量满足人民消费的需求。过多了就要适当调减,使产量与现阶段人民消费水平的需求量相适应。我国粮食的现实情况是供过于求,出现了农民卖不掉,收购企业购不了,仓库储不下,市场价格滑落,农民收入下降,国家财政因粮食超购超储而负担沉重,又浪费了可贵的水土资源,于民于国都不利。这就要通过农业结构调整来缓解供求矛盾。不能把合理调整、取得供求平衡与保证粮食安全对立起来,也不能因未来人口增长、消费增加而不敢对当前阶段性过剩合理调整。那样,农业就没有效益可言,也没有持久的粮食安全。解决供过于求或是供不应求,都是为了追求供求基本平衡,确保粮食安全。

解决粮食供求基本平衡,增加农民收入问题,应遵循党中央、国务院既定方针,在全国范围内按三大板块调整农业结构:东部沿海经济发达地区和大中城市郊区,适当减少粮食种植面积,发展高价值的经济作物,发展出口创汇产品;西部山区尤其是长江、黄河上中游,及某些牧区、湖区,对陡坡耕地和不适宜种粮的草地、湖面,实行退耕还林、还草、还湖,发展生态林、经济林、畜牧业、水产业、草业;对中部和东北宜粮地区,充分发挥固有的粮食优势,放手发展粮食生产,为市场提供更多的粮食。这样,东、西减,中间增,有利于缓解当前粮食供求矛盾,实现供求平衡。同时,减少粮食生产的地方发展了高价值的非粮农产品,多种粮食的主产区粮食有了市场,这样就可以改变不同地区的相同结构,发挥不同地区各自的比较优势,大家互为市场,优势互补,提高农业整体效益,增加农民收入。

现在需要的是,采取有力的措施,推动这个具有战略意义的结构转变。从东、中、西三大板块看,西部以粮食换生态的政策力度比较大,充分调动了农民陡坡地退耕还林还草的积极性。相比之下,东部和中部还需要加大力度。对东部沿海经济发达地区和大中城市郊区,考虑到这里人多地很少,种粮已经亏本的情况,可否免除粮食定购任务,以利农民放手发展国内外市场需要的高价值非粮农产品;对农民减少种粮面积腾出的耕地,可以考虑在大农业范围内放活用途,对搞农、林、牧、副、渔可否都应允许,但严禁转为非农用途,保存粮食生产能力。对中部和东北粮食主产区,要继续坚持发展粮食生产的方针,落实按保护价敞开收购农民余粮的政策,决不能在当前调整结构中和其他地方一样去"压粮扩经",防止出现新的结构趋同;应加大农田水利等基础设施投入,建成巩固的商品粮生产基地,使国家拥有确保粮食安全所需要的国内粮源;适应加入 WTO 后的新情况,加大对农业支持和保护力度,对粮农使用优良品种、学习先进技术、发展节水灌溉、购买重要生产资料等,可否通过一定的形式给予适当的直接扶持,保持高涨的粮食生产积极性;对以粮食为原料发展畜牧业、食品加工业的龙头企业,可以考虑给予优惠政策支持,推动粮食大省向畜牧大省、食品工业大省转变,走出一条富民强省的新路子,实现农民种粮也能富的愿望。

国家完善粮食储备制度,掌握粮食安全所需要的充足粮源,以保障农业结构的战略性调整和国家改革、发展和稳定。不能把保证粮食安全与调整农业结构、增加农民收入对立起来。保证粮食安全,首先应更新粮食安全观念,不是要走粮食完全自给自足的路子。在我国即将加入 WTO 和面对经济全球化的新形势下,为我们扩大了资源配置的空间,有条件利用国际国内两个市场、两种资源,扬长避短,实行有利于我的交换,从而建立农产品融入全球的结构,发展开放型经济。从我国劳动力丰富、水土资源稀缺的基本国情来看,出口粮食等土地密集型产品不是优势,出口蔬菜、水果、畜产品、水产品等劳动密集型产品是优势。我国粮食生产的方针应为基本自给,适当进口,也就是以国内粮源为主、国际市场为辅,来解决粮食的供求平衡,保证粮食安全。这样就可以腾出一部分水土资源,大力发展劳动密集型的出口农产品,并通过这些产品的出口换回土地密集型产品的进口。出口劳动密集型产品,等于出口劳务,增加就业;进口土地密集型产品,等于进口我国稀缺的水土资源。这应是我国既保证粮食安全,又增加农民收入的一条重要途径。

五、以小城镇为重点，大中小城市兼容并蓄，多途径转移农村人口

社会各方面对提高城镇化水平，转移农村人口，解决农民收入和农业、农村现代化问题，认识是一致的。但对转移农村人口主要依靠小城镇还是大城市，有不同看法。

从我国的国情看，农村人口比重那么大，过剩的农业劳动力那么多，单靠某一条途径转移是不够的，也没有那么大的容量，必然要走多途径转移、多方面吸纳的路子。同时，客观上也存在着多途径转移、多方面吸纳的可能和条件，现实生活中各地也是这么做的。因此，应当很好利用一切可行途径，而不可有所偏废或相互排斥。

应当肯定，小城镇是多途径中的重要途径。正在逐步崛起的小城镇，是转移农村人口的汪洋大海，容量最大，而且农民向小城镇转移比较容易。当前具备移居小城镇条件的农民，基本上都是从业于当地的乡镇企业，他们适宜于就地转移。随着农业产业化经营的发展，从事农产品加工、流通的龙头企业和农民会逐步增多，他们都不可能远离原料基地，小城镇是最适合他们的载体。小城镇服务业的发展，其用工对象自然也是来自周围符合条件的农民。从长远看，随着城乡差别的逐步消失，人们生活水平的不断提高，追求居住地空气清新、活动空间大、生态环境好是必然趋势，将来小城镇是人们喜欢居住的地方。而且，随着交通和通讯的迅速发展，也为此创造了条件。从发达国家现今人口居住的格局就可以看到这一点。就拿德国来说吧，居住在 2000 人至 10 万人的小城镇的居民占总人口的 58.23%，位居第一；居住在 10 万人口以上的大中城市的居民占总人口的 32.91%，位居第二；居住在不超过 2000 人的村庄的居民占总人口的 8.86%，位居第三。无论从现阶段转移农村人口的潜力看，还是从未来人们对居住地的追求看，小城镇都是吸纳农民的重要途径。为此，党中央、国务院高度重视小城镇的发展，提出在政府引导下主要通过发挥市场机制作用建设小城镇的新思路，以及其他一系列指导方针，应予认真贯彻落实。还可以考虑，当前国家以积极的财政政

策在农村实施的水、电、路等基础设施建设，应有重点地向建设小城镇倾斜，加快小城镇建设，为农村人口进城镇就业、居住创造条件。当前推进自然村"村村通"广播电视建设是必要的，但在水、电、路等其他方面的基础设施建设，不一定样样都搞"村村通"。随着经济、社会发展，偏僻、分散、落后的小村，会逐步向中心村、小城镇靠拢。不加区别地搞"村村通"，很可能把有限的财力、物力撒了胡椒面，收不到应有的效果。我们国家大，底子薄，解决村庄之间的差别是长期任务。同时，村庄之间存在一定差别，有利于不适宜居住的地方人口向适宜的地方流动，人口居住相对集中又有利于生态环境保护，有利于可持续发展。

肯定小城镇是转移农村人口的重要途径，并不排斥大中城市的作用，以及经济发达地区的作用。事实上，改革开放以来，大中城市和经济发达地区吸纳了大量农民工，他们为城市建设和经济发达地区发展做出了重要贡献。党的十五届五中全会提出的"提高城镇化水平，转移农村人口"，就包括了大、中、小城市和镇子，这是对现实的肯定。大、中、小城市和镇子应各尽所能，为转移农村人口，为我国现代化建设做出应有的贡献。应当承认，大中城市基础设施比较齐全，城市功能比较完善，城市文明生活程度比较高，对农村人口具有较强的吸引力。同时，大中城市又确实存在一定数量的、需要农民工来干的就业岗位，随着城市服务业的发展，这样的岗位还会增多，适量的农民工进城是大中城市不可缺少的，是有利于大中城市的建设和发展的。因此，大中城市对其需要的农民工进城，应持欢迎态度，不可盲目排斥。有的城市，对农民工不加区别地一律清退，结果农民工留下的岗位城市又没有人去干，对城市经济运转和市民生活产生了不利影响。不过也好，经过这么一个波折，人们对农民工进城的认识逐步统一了。当然，应当看到，我国农村人口比重大，大中城市对农民工的需求量有一定的限度，对农民工进入大中城市应坚持适量、有序的原则。同时，从长远考虑，对长期在大中城市打工的农民，有些人已经有了稳定的职业、稳定的收入，有的还利用自己的积蓄创业，就地办起了企业，又有钱购买商品住房，对这样的人，要不要借鉴历史的、国际的经验，为其发放"绿卡"，并经过一定的过渡期，达到一定的条件，批准其落户呢？这些，都需要我们以改革的精神去研究、探讨。现在，有的大城市为外来人口建住房、办学校，正是对农民工在认识上和政策上的新发展。

增加农民收入是关系全局的大问题[*]

（2001 年 8 月）

　　我国农民年人均纯收入增长幅度已经连续 4 年下降,成为制约经济社会发展全局的重大问题。全国上下致力于增加农民收入的努力虽然还没有取得整体上的突破,但局部地方以不同途径取得大幅度增加农民收入的成功典型到处涌现。总结典型的成功经验,从中找出带有普遍意义的规律,指导面上突破,是当前抓增加农民收入的重要方略,也就是毛泽东同志倡导的从群众中来,到群众中去的领导方法。

一、高度重视粮食主产区和纯农户收入减少问题

　　全国农户总体上收入增幅连年下降,其中尤其值得关注的是,自 1998 年以来,来自农业特别是种植业的收入是负增长,因而部分粮食主产区和占农户总数的大多数纯农户实际收入是减少的,不是增幅下降的问题。即使农民总体收入增幅相当高的省也存在同样的情况。如浙江去年农民收入增幅高达 7.8%,位居全国前列,但分业来看,其增长主要是增长在非农产业上,来自农业的收入比上年下降 3.5%;分户来看,有 45.1% 的农户收入是减少的,他们大多是纯农户。

　　主产区和纯农户是我国粮食和其他农产品的主要生产者、供应者,他们对创造我国主要农产品由长期短缺到总量平衡、丰年有余的辉煌成就做出了重大贡献,而今收入减少、没有得到应有的回报,是值得我们高度重视的。如果他们减收的状况不尽快扭转,积极性继续受挫,对农

---

　　* 本文系在"论农民增加收入的成功之道"学术研讨会上的讲话,原载《人民日报》2001 年 10 月 22 日第 11 版。

业、对大局都是不利的。

解决农民收入问题，以及农业、农村发展问题，中央提出了两大战略：一是对农业结构进行战略性调整，二是实施城镇化战略。这两大战略是解决"三农"问题的治本之策，具有现实的和深远的意义。

从各方面对两大战略的认知和执行情况来看，总的讲是好的。特别是人们对实施城镇化战略，转移农村剩余劳动力，下决心解决"富裕农民，必须减少农民"的问题，认知程度比较高，也是正确的。相比之下，对农业结构的战略性调整似乎有点畏难，信心不足，有的认为农业已不是农民收入增长的主要来源，低估通过结构调整以增加农民收入的潜力。

应当看到，沿海发达地区和城市郊区，以及其他乡镇企业发展比较快的地区，既务农又务工的兼业农户增多，务工经商等非农收入逐渐占了大头，农业的确不再是这里农民收入增长的主要来源。但是，从全国来看，大多数农民还是纯农户，农业依然是他们的主业，是他们收入的主要来源。要想尽快改变他们收入减少的现状，不能完全离开他们从事的主业去打主意。当前实施的农业结构战略性调整，要求不同地区以市场为导向，优化区域布局，提高产品质量，发展加工、转化，降低生产成本，增强产品竞争力，正是主产区和纯农户从根本上挖掘农业增收潜力的现实途径。

应当肯定，实施城镇化战略，引导农村剩余劳动力向非农产业和城镇转移，继而使农业资源相对集中、规模经营，是解决"三农"问题的一项根本大计。但是，必须清醒地认识到，这是一个相当长的发展过程。当前，如果不积极引导农民抓紧时机调整农业结构，让他们坐等向城镇转移，而一时又难以实现，对他们现阶段增加收入是极为不利的。最近朱镕基同志在安徽省视察工作谈到增加农民收入问题时指出：至关重要的是，要从各地实际出发，以市场为导向，以优化品种、提高质量、增加效益为中心，继续大力调整农业结构。因此，我们对待两大战略不能失之偏颇。正确态度应当是，按照党的十五届五中全会提出的要求，既要大力调整农业结构，向农业深度和广度进军，又要根据城镇化条件已渐成熟的情况，不失时机地实施城镇化战略。二者并行不悖，相得益彰。

二、农业组织创新必须坚持稳定家庭承包经营的基础

现在有一种看法，认为农业要发展、农民要增收，必须走出过分迷恋小规模家庭经营的误区，加快组织创新，实行规模化运作和企业化经营。

应当承认，当前我国农村大量存在的小规模家庭承包经营的农户，在发展生产、发展市场经济中有一定的局限性，逐步扩大家庭承包经营规模，实行企业化运作，是今后发展的方向。但是，应当看到，小规模家庭承包经营的现状，在我国多数农村将会长期存在。原因在于农村剩余劳动力向非农产业转移、向城镇转移是一个渐进的过程，因而土地使用权的流转，家庭经营规模的扩大，自然也是一个渐进的过程。对此，不能操之过急，更不能对小规模的家庭承包经营持否定态度。当前，有的地方在调整农业结构中，为搞规模种植，强行集中农民的承包地；在土地使用权流转中，违背农民自愿和有偿的原则；过早地收回外出务工经商农民的承包地。这些做法，都是在发展规模经营上急于求成的产物，既挫折了农民积极性，又影响了农业的发展。要真想发展规模经营，就应当把功夫下到发展农村非农产业上，发展小城镇上，为农民稳定地转移出农业和农村创造条件，使发展规模经营瓜熟蒂落，水到渠成。

我们必须时刻牢记，土地是农民最基本的生产资料，是农民最重要和可靠的社会保障，是农村长期稳定的基础。坚持稳定当今条件下合理存在的小规模家庭承包经营，是党在农村的基本政策，决非"误区"。当然，一切事物的发展均依条件为转移。小规模家庭承包经营是动态的，也不是一成不变的，它会随着条件的变化而变化。比如沿海经济发达地区和其他乡镇企业发展快的地区，农村大部分劳动力已经转入非农产业，承包地的使用权流转已经成为他们自发的要求，这些地方就应当因势利导，适时发展规模经营。

那么，小规模家庭承包经营在发展市场经济中的局限性有没有办法解决呢？经过多年的实践和探索，我们已经找到了成功的路子，即实行农业产业化经营。产业化经营的基本形式是龙头企业带农户。它解决了分户经营与大市场连接的问题；解决了在分户管理的基础上联片生产，

有规模地发展问题；解决了统一使用良种、技术，控制化肥、农药投入，实现优质、高产问题；解决了生产、加工、流通一体化，建立起完善的产业链，提高农业效益问题；解决了农户在龙头企业指导下参与和学习经营管理，为将来家庭经营企业化奠定基础的问题。尤其是合作制的龙头企业，不仅解决了农民卖难的问题，还可以使农民分享加工、流通环节的利润，解决了大幅度提高农民收入问题。实践证明，农业产业化是在坚持家庭承包经营基础上进行规模经营、企业化管理和实现现代化的最佳途径，是中央充分肯定、农民乐于接受的最佳形式。这才是当今我国农业增效、农民增收的真正的组织创新，全国上下应当倾其全力实行之。

三、要重视依托农村能人兴办农业产业化龙头企业

现在看得越来越清楚，要实现农业增效、农民增收的目标，必须加快推进农业产业化经营。加快农业产业化步伐的关键在于大力培育龙头企业。这一点，是人们的共识。

龙头企业从哪里来？人们往往把希望寄托在城市大型工商企业进入农业。应当承认，城市大型工商企业，包括从事农产品加工流通的外资企业，一般来说资金雄厚，技术先进，管理科学，能推出有竞争力的名牌产品，又有较强的市场开拓能力，进入农业的成功率高、效益好，受到各方面的欢迎。对此，应当充分肯定，大力发展，多多益善。但毕竟数量太少，远远满足不了偌大农村 2 亿多农户的需要。据有关方面统计，龙头企业带的农户仅占总农户 15% 左右，中西部地区则更少。现在的情况是，亿万农户翘首以待，渴望龙头企业来帮、扶、带。

要想尽快培育出大批龙头企业，除了继续鼓励和支持城市大型工商企业进入农业以外，还必须眼睛向下，从农民群众中选贤任能，启用大批创办龙头企业的人才。多年来的无数事实已经打破了一个迷信，即农村能人办不了有一定规模和现代水平的龙头企业。今年 2 月，经济日报第一版报道一位只有初中文化程度的河南农民张清海，以 900 元起家，在穷乡僻壤里办起一个年销售额 15 亿元的农产品加工企业集团，直接

和间接地为63000多农民创造了就业机会,几年间为周围农民带来2100多万元收入。这次会议上介绍的吉林省长春皓月肉业公司,总经理丛连彪原是一位农民出身的复员军人,创办一个年屠宰肉牛15万头、肉羊10万只的大型肉业企业,产品出口中东,带动周围20多个县农民发展养牛业。这两位都是从农民中新成长起来的企业家。还有过去成长起来的大批乡镇企业家,如江苏省华西村吴仁宝、浙江省鲁冠球、河南省刘庄史来贺、北京窦店倪振亮,等等,都不是高学历出身的商家。据称,全国151家农业产业化国家重点龙头企业的领班人,相当一部分也是出自农民。他们成才的道路证明,事物都是由小到大、由土到洋逐步发展的。能人开始小打小闹,积累了资金,积累了经验,就可以越滚越大;吸纳了技术人才,引进了先进设备,就可以生产出有市场竞争力的名牌产品;善于掌握消费需求,开拓市场,就能占领市场;能人随着事业的发展增长才干,逐步成长为现代企业家。这是所有农民企业家成功的共同实践。他们成功的事实告诉我们,具有一定专长和经营能力的农村能人,又善于吸纳使用各类人才,在党和政府的支持下,就可以创造出一个个奇迹,什么文化低、资本少、条件差,都不是置人于无所作为的必然因素。转变思想观念,人才就在面前。可以这么说,发展龙头企业,带动农业结构调整,扩大农村就业岗位,增加农民收入的希望,很大程度上寄托在农村能人身上。加快推进农业产业化进程的希望,同样很大程度上寄托在农村能人身上。我们应当坚信:伟大的力量蕴藏在农民群众之中。

改革开放20多年来,农村涌现了大批能人,他们率先富了起来,有了一定的资本积累,又有了进一步发展的愿望,同时与早年的农村能人相比,文化程度也比较高,鼓励和支持这些能人创办龙头企业,就可以带动千家万户发展商品生产,脱贫致富。现在的关键在于,要形成有利于农村能人脱颖而出的环境和机制。农村各级领导同志应深入基层,深入群众,遍访能人,起用能人,制定支持能人创办龙头企业的政策,尤其重要的是农村金融服务政策。同时,还应结合县、乡体制改革,鼓励分流的干部创办农业经营实体,鼓励农业大、中专院校毕业生到龙头企业就业。这样,农业产业化必定出现一个蓬勃发展的新局面。

四、扩大农产品出口贸易，获取国际分工的利益

我国主产区和纯农户收入之所以减少，主要是农产品出现阶段性过剩，市场价格低迷的结果。在目前人们消费水平总体不高的条件下，解决这个问题只在国内市场上打转转是不够的，应当充分利用加入世贸组织的有利时机，扩大我国具有比较优势的农产品出口，向海外适当分流，是缓解国内市场供过于求的矛盾、增加农民收入的一条重要出路。如果我们不主动打出去，入世之后国外农产品再扑面而来，对农业发展、农民增收会增加新的困难。

扩大农产品出口更深远的意义还在于，促使农业面向国际市场需求，按照比较优势的原则，扬长避短，参与国际分工、竞争和合作，逐步构筑我国农业融入全球的新结构，发展开放型经济。有出有进，出进适当，才能实现有利于我国的交换，享受国际分工的利益。为此，我国农业结构的战略性调整，既要着眼国内，更要放眼世界，充分利用入世后我国农业处于开放的国际环境等有利条件，使农业得到更好的发展。

扩大农产品出口贸易的关键，在于两个方面共同努力：一方面是出口企业苦练内功，实行科技兴贸，提高产品质量，降低生产成本，增强竞争力；另一方面是国家在宏观政策上对扩大农产品出口贸易以必要的支持。

根据农产品出口企业的反映，除了他们自身努力提高产品竞争力以外，期望国家的支持主要有五个方面：一是，希望国家着力培育一大批具有国际竞争力的大型农产品出口龙头企业，改变我国出口企业规模小、资本少、设备落后、竞争力弱的现状。如果不尽快营造有竞争力的经营主体，即使有好的产品也难走俏国际市场。当前应从解决出口企业融资难、税费重、产品通关慢、出口退税率低又不及时、生产基地建设薄弱等问题入手，逐步支持出口企业做大做强。二是，支持出口企业按产品建立行业协会，实行自律，联合对外，改变在国际市场上各自为战，甚至相互残杀的被动局面。在深化政府体制改革、加快政府职能转变的今天，充分发挥行业协会的作用，更为重要和迫切。三是，在政府对农产品外贸的管理体制上，应实行生产、加工、贸易一体化管理，改变分

段管理、产加销脱节、不利于通盘规划和协调发展的局面。四是，实行农产品进、出口协调政策，把进口作为打开或扩大出口的手段。入世之后，国外农产品的进入是必然的，合理的进入有利于我们充分利用国际资源加快我国农业结构调整，提高资源配置效率。同时，还要采取以进带出的方式，通过进口来打开或扩大出口市场。这是符合市场对等开放原则的，也符合各国之间优势互补、共同发展的原则。这一点，我们过去运用得很不够，今后应当很好利用。五是，扩大农业开放，积极引进外资、外商，引进人才、技术、管理，发展出口农产品的生产和贸易，改变农业领域在国家整体开放中比较落后的局面。

观念创新与提高农业国际竞争力[*]

（2002 年 10 月）

党的十六大报告提出，"适应经济全球化和加入世贸组织的新形势，在更大范围、更广领域和更高层次上参与国际技术合作和竞争"。这为整个经济工作全面提高对外开放水平指明了方向。我国加入世贸组织之后，农业面对开放的国际市场大舞台。为登上这个舞台，并在这个舞台上大有作为，我们必须在两个方面做出努力：一个方面是对外开展反对违背世贸组织规则的贸易保护主义，打破对我国农产品设置的壁垒；另一个方面是，对内千方百计提高农产品质量安全水平，增强国际竞争力。"打铁先要自身硬"。摆在农业战线面前的一项紧迫而艰巨的任务是，以最大的努力提高农产品国际竞争力。当前农业结构的战略性调整，正是要调出一个具有国际竞争力的中国农业。有了国际竞争力，才更有利于突破国际贸易保护主义的重重关卡。

近年来，全国上下，面对入世后的新形势，对农业结构调整中提高农产品国际竞争力的重要意义、制约提高竞争力的因素、如何提高竞争力的对策、实践中已经积累的提高竞争力的经验，进行了多方面的分析和讨论，取得了可喜的研究成果。在此基础上，本文着重就转变思想观念与提高农业国际竞争力的关系再做些论述。

一、市场经济就是竞争经济，转变
思想观念是提高竞争力的先导

全国围绕入世的大讨论中，提出的提高农产品国际竞争力的种种良

---

* 本文原载《求是》2003 年第 14 期，成文于 2002 年 10 月。

策妙计，只有被农业经营主体和有关方面采纳运用，才能变成实际的竞争力。要被人们采纳运用，首要的问题是转变人们的思想观念，增强竞争意识。认识是行动的先导。有了强烈的竞争意识，才有对竞争对策的强烈渴求，才会产生强烈的竞争行动，才有希望在国际市场大舞台上一展身手。

我国由计划经济转入社会主义市场经济之后，标志着在经济领域已经进入竞争时代。加入世贸组织之后，竞争的范围由国内扩大到全球，面对的又是国际市场上的顶尖高手，竞争更加剧烈。我们要清醒地看到这个严峻的挑战，增强我们的竞争意识。去年6月20日，《环球时报》有一篇报道称，原中央企业工委组织40多家国有企业领导人，到以企业管理著称的美国斯坦福大学商学院接受培训。美国教授列举了世界500强的例子：看看过去的500强，现在有的已经从名单上消失，有的甚至连公司都不复存在，说明在市场经济条件下，优胜劣汰是必然的，竞争残酷不认人。教授说："也许有人会问，'我们能不能不要竞争，不要活得那么累？'我只能告诉你们，不行，除非你有'特权'，你处于'垄断地位'。否则，你就不得不去竞争。如果你不去竞争，就只有死路一条。"参加培训的国企领导人听了美国教授的讲解，大受启发，对竞争问题的看法更透彻了。这个故事告诉我们：市场经济就是竞争经济。从微观上来说，我们应当唤起一切经营主体，勇于竞争，善于竞争，乃取胜之道。从宏观上来说，要认识到竞争是经济的驱动力，鼓励竞争，支持竞争，乃经济发展之道。

竞争的差距是具体的、表面的，竞争意识强与不强是内在的、深层次的。启动竞争意识是开展竞争的发动机，是在竞争中取胜的内在因素。经营主体如果自身缺乏强烈的竞争意识，它还没有认识到"不竞争就是死路一条"，那么，你无论给它提供多少竞争的取胜之道，都难以发挥应有的效用。这就是：内因是变化的根本、外因是变化的条件、外因要通过内因起作用的哲理。

有鉴于此，我们在研究探讨提高农产品国际竞争力时，要把改变在长期计划经济条件下形成的缺少竞争意识的问题列为首要议题。把这个问题解决好了，我们研究出来的提高农产品国际竞争力的门门道道，才会被经营主体如饥似渴地选择采纳，才能充分发挥其应有的效用。

二、不论出口产品还是内销产品都在国际竞争之列，要树立全方位的竞争观念

人们一般认为，提高农产品国际竞争力是指出口产品说的，国内自销产品无所谓，是自己吃自己用嘛。实际不然，加入世贸组织之后的一大变化是，国际市场对我国是开放的，我国市场对国外也是开放的，国内市场国际化了。提高出口产品的国际竞争力固然重要，因为不提高竞争力想出口也出不去；同样，内销产品也得提高国际竞争力，没有国际竞争力就顶不住国外同类产品的冲击。比如说，我国大豆由于缺乏国际竞争力，引发大量进口，严重挤压了国内大豆产业，就是一例。因此，竞争是全方位的，不论出口产品还是内销产品都要提高国际竞争力。

经济全球化的一大特色是，各国比赛竞争力。具有国际竞争力的产品就有生命力，没有国际竞争力的产品就没有生存的空间。这客观上逼使各国扬长避短，有所为有所不为。在这个基础上，发展国际的交换、互补、合作，建立正常的国际经济秩序。这是经济全球化积极的一面，应该肯定。当然，竞争应当是公平的竞争，不能像有些发达国家那样，对农产品实行大量补贴，严重扭曲了生产和贸易，这就不是公平的竞争，是不符合世贸组织规则的。

目前，在全国范围内，不分出口产品还是内销产品，整体上实行提升农产品质量的行动，是完全正确的。全方位地提升农产品质量会更有利于增强出口产品的竞争力。农业部宣布，用 5 年时间基本实现农产品无公害生产，各省、市先后启动的"肉菜放心工程"，农产品推行市场准入制度，对食品实行"从农田到餐桌"全程质量控制，等等，都是革新性的行动。在这样的氛围下，农产品的质量和竞争力一定会得到全面提升。

三、发挥中华民族特色产品的比较优势，
开辟无竞争对手的领域

国际市场的竞争表现在两个领域：一个是各国在同类产品中的竞争，主要是比赛谁的质量高、谁的成本低，优质廉价是胜出的关键；另一个是开发本国有民族特色、区域特色的产品，我有你没有，进入无竞争对手或少竞争对手的领域，这叫出奇制胜，也就是俗话说的"一招鲜，吃遍天"。我们应当左右开弓，进入两个领域的竞争。

在同类产品竞争中，我国的最大优势是有充足的劳动力资源，劳动密集型农产品成本低，占有价格上的优势。可是，我国的技术相对落后，要取得质量上的优势，还需要付出巨大的努力。今后的重点在于，依靠技术创新，占领质量高地，提高竞争力。但是，我们不能一门心思地把自己局限在同类产品竞争的领域，应当转变观念，开阔思路，发展特色产品，打入无竞争领域，与人展开较量。

特色就是竞争力。我们中华民族历史悠久，地域辽阔，农业资源又比较丰富，可以开发的具有民族特色、地区特色的产品是不少的。改革开放以来，很多地方扬长避短，发展特色经济、特色产品，展现了自己的比较优势，尝到了甜头。全国各地都应当充分挖掘和发挥自身的潜在优势，扩大特色农产品出口，增加我国与国际市场的交换份额。同时，加强营销力量，为民族特色产品开发国际市场，使外界了解它、欢迎它。

四、充分认识加强生态环境保护和建设与提高
农产品国际竞争力的关系，树立新的竞争观念

过去，我们把提高农产品质量的功夫主要放在田间，放在生产过程，这是对的。但是对生产的环境条件注意不够，这说明我们在认识上存在着一定的局限性。后来，国外进口商家来考察我们出口农产品的生产和加工时，不仅要看生产和加工过程，还要看生产和加工的周围环境，而且把环境状况作为认可产品的一个重要条件，这对我们是一个很好的提醒，使我们的观念有了新变化。

长期以来，我们对环境与产品质量、环境与产品竞争力的关系缺乏明确的认识，甚至损害环境去发展生产。比如，过去在一定的时期和一定的地方，出现毁林开荒、毁草种粮、围湖造田等过度农耕行为，导致绿色植被、水面大量减少，水土流失加剧，土地荒漠化扩大，最终危及到农业本身可持续发展。再比如，在发展工业化的过程中，防污、治污滞后，曾经出现的污染大气，污染河流、湖泊，使农业失去了有利的生产环境，直接影响到农产品的优质和安全，自然也就会削弱农产品的竞争力。今年中央农村工作会议，在农业"优质、高产、高效"六字方针的基础上，完善为"优质、高产、高效、生态、安全"十字方针，增加了"生态、安全"四字，充分体现了生态环境与提升农产品质量、增强市场竞争力的内在联系。从全国的实际情况看，自从中央提出实施可持续发展战略之后，人们的认识正在发生着史无前例的变化，近几年大规模退耕还林、还草、还湖，大规模治理水体污染、防风固沙，在全国空前展开，生态环境保护和建设力度是很大的。同时，地区性的生态建设工程也相继实施，如去年甘肃省政府宣布投资近 9 亿元净化黄河，河北省政府宣布禁售、禁用含磷洗涤用品，福建省政府出台生态建设总体规划纲要，今年云南省宣布计划投资 43 亿元治理九大高原湖泊水污染，石家庄市宣布今后 3 年内投资 63 亿元治理大气污染，还有农业部宣布"十五"生态农业技术体系研究与示范项目启动的重大攻关专项，等等。从中央到地方一系列生态环境保护和建设措施的实施，是对过去牺牲生态发展经济和先污染后治理的经济路线的历史性逆转，必将对改善我国宏观环境产生巨大影响，必将为农民提高农产品国际竞争力创造良好的客观条件。当然，我们应当看到，由于在生态环境的保护和建设方面的历史欠账较多，要从根本上解决问题，还需要长期努力。

五、冲破出口农产品的绿色壁垒，需要农民和政府共同努力，政府的努力更为重要

我国有些出口农产品受阻，内销农产品有些达不到市场准入条件，基本原因是农业上的化学品投入残留超标。对此，人们总是埋怨农民，

说他们没有生产出合格产品。

其实，农民也有一肚子苦水。新华社记者采访四川省广汉镇几家种菜大户时，菜农问记者："现在全社会都在批评农民种菜农药施多了，那么谁能告诉我们一个少用药、不用药的办法？"农民认为，农残的根子不在农民身上，病虫害、假药、毒药才是问题的根本。

从农民的意见中，可以看出解决这个问题固然需要农民的努力，但更主要的责任在政府。这里也有一个转变观念的问题。只有政府加强农业科研投入，才能为农民提供高效、低残留的化肥和农药。只有政府严格依法行政，才能根除假药、毒药。去年南京发生的投毒案，中毒者达几百人，死亡几十人。投毒者使用的毒鼠强，已经禁用多年了，仍有厂家生产、商家销售，充分暴露了有法不依，违法不究的流弊。这就要求政府整顿市场秩序，加大依法行政的力度。还有，据有关方面介绍，目前土壤污染严重，如 666 农药 10 年前就不用了，可现在有些地方检测农药残留最重的还是 666，据说这种药有 25 年至 50 年的滞留期。这就要求国家组织科研攻关，解决土壤农药残留问题。根除了假药、毒药，那么究竟使用什么药既能除病灭虫，又能不致残留超标，仍然需要政府有关部门依靠科技为农民解决这道难题。总之，不能片面埋怨农民，应当加大政府自身的责任。

政府改革的关键在于转变职能，转变职能的实质在于服务。为农服务，就要想农民所想，急农民所急，为广大农民谋利益。目前农民最着急的是："究竟用什么样的化肥、农药才有利于农产品的质量和安全？""如何满足农民对合格化肥、农药的需求？""对卖假肥、假药、假种子给农民造成损失者如何赔偿和处罚？"把这些问题解决了才是贯彻落实"三个代表"重要思想的实际行动。现在，有些地方对农民这些迫切要求解决的问题关注不够，反而把精力花在过多的购买监测设备，重复设点检验收费，增加农民负担，这是应予调整的。

六、完善农业经营体制，改革农业管理体制，
以利增强农产品国际竞争力

体制也出竞争力。这里所说的体制，主要是两个方面，一个是农业自身的经营体制，一个是政府的农业管理体制，都要适应市场经济的运行要求，继续深化改革，为提高农业国际竞争力服务。

农村实行家庭承包经营，曾经使农业的发展一日千里，取得史无前例的辉煌成就，近13亿人口结束了不得温饱的历史，整体上进入小康。现在看来，只有家庭承包经营，还不是一个完整的农业经营体制。因为千家万户分散经营，技术水平、管理水平、农药化肥使用水平参差不齐，产品质量和经营效益必然也是参差不齐，不利于提高竞争力，越来越不适应市场经济的发展。国内外的经验证明，解决这个问题的出路在于，在坚持家庭承包经营的基础上，发展农户之间自愿联合的专业合作社或专业协会，统一为农户提供优良种苗，统一提供农药、化肥，统一提供技术服务，统一运销产品，有条件的专业合作社或专业协会还可以统一加工产品，做到分户生产，合作服务，联合起来与大型精深加工的龙头企业挂钩、与市场接轨，形成一个"农户—专业合作社—龙头企业"完整的农业经营体制。凡是这样做的地方，效果都很好。这是农村双层经营体制的发展，也是农业产业化经营链条的完善，它有利于提高农产品质量，提高农产品国际竞争力。

在政府的农业管理方面，世界上很多国家实行的是生产、加工、贸易统一管理体制。其特点是，根据市场需求发展贸易，根据贸易需要发展加工，根据加工需要安排初级产品生产，从生产到消费环环紧密联结，充分体现了市场经济的运行规程。现在又有新的发展，比如英国把原来的农业部变成了现在的"环境、食品与农村事务部"，从管理体制上把农业生产和环境保护统一起来，密切了环境保护和生产高质量产品的关系。我国农业现阶段的生产、加工、贸易分割管理的体制，是在长期计划经济条件下形成的，管生产的不管加工，不管贸易，不了解消费需求，形成产、加、销脱节，生产与环境又没有很好挂钩，不符合市场农业的运行秩序，是不利于提高农产品国际竞争力的。多年来，各方呼吁，及早实行必要的改革。

积极稳步推进城乡统筹发展[*]

（2003 年 12 月）

城乡统筹发展，是亿万农民的强烈愿望，也是农经学界共同的心声。2003 年 12 月 19 日至 20 日，中国农业经济学会和广东省农业厅、广东省农村经济学会、珠海市人民政府，在珠海市联合举办"城乡统筹发展与政策调整"学术研讨会，是一项应时之举。到会学者、专家围绕这个研讨主题，发表了许多重要见解，提出了许多有益建议，对促进城乡协调发展将发挥积极作用。

一

农村改革 25 年来，经济、社会有了很大发展，但城乡之间仍有较大差距，有些差距还在继续拉大。这种发展不平衡、不协调的状况，不利于全面建设小康社会和加快实现社会主义现代化。党中央、国务院审时度势，先后提出实施城镇化战略，实施城乡统筹发展的方针，使我国经济社会发展开始步入全面、协调、可持续的方向。这样的态势表明，城乡统筹发展的大政方针已经确定，现在城乡统筹发展已经进入行动阶段。因此，我们农经学界的研究工作也要与时俱进，适时地把侧重点转向研究如何统筹城乡发展的问题上，而不能老是停留在为什么要实行城乡统筹发展的议论上。尤其是对城乡统筹发展的先行地区的率先行动，要给予密切关注，及时进行观察研究，总结经验，提炼出带有普遍意义的东西，为后来者和面上提供参考与借鉴。

---

　　* 本文系作者 2003 年 12 月 20 日在广东珠海市召开的"城乡统筹发展与政策调整"学术研讨会上的发言，原载中国农业出版社 2004 年 3 月出版的《论城乡统筹发展与政策调整》一书。

二

事物的发展是不平衡的。应当承认差别，实行分类指导。在城乡统筹发展的行动上，允许有先有后，做到因地制宜，从实际出发。这是实际工作者和理论工作者共同遵循的一条重要原则。我国在改革开放过程中，曾经允许一部分地区和一部分人先富起来，最终实现共同富裕，取得良好效果，就是对这个重要原则的最好体现。当今，实行城乡统筹发展，也要从不同地区不同条件出发，允许有先有后的发展，不搞一刀切。如上海市率先宣布免征农民的农业税，浙江省率先建立城乡一体的最低生活保障制度，建立农村新型合作医疗制度和公共卫生服务体系，就是从他们的实际情况出发的，因为他们有这个财力和条件。没有这样的财力和条件的地方，就不能照搬上海、浙江的做法，只能按照中央的指示，先取消除烟叶外的农业特产税，降低农业税的税率，逐步创造条件，向最终免征农业税，建立城乡统一税制，建立城乡一体的社会保障制度的方向前进。我们农经学界的研究工作，要研究上海、浙江以及其他先行省、市的实践，他们先行的条件是什么，其他地方仿效他们的做法应当把握哪些原则，创造哪些条件。因为事物的发展和变化，均依一定的条件为转移，这是推动事物发展必须遵循的一条重要哲理。允许和鼓励有条件的地方先做，对暂时不具备条件的地方，在国家暂时又没有财力转移支付的情况下，应当帮助其积极创造条件，然后再做。实行有先有后，分散决策，既不压抑有条件的地方的积极性和主动性，又可以使暂时不具备条件的地方勉为其难，做到实事求是，一切从实际出发。这是事物发展的规律，也是我们研究和指导工作的基本方针。

三

城乡统筹发展，涉及的方面很多。从一个地区来说，不可能齐头并进，应当选择好切入点、突破口。不同的地方，应当根据不同的情况，做出不同的选择。

从全国农村情况来看，增加农民收入是头号的紧迫而重大的问题。

它直接关系到缩小城乡居民收入差距、提高农民生活水平、扩大国家内需、全面建设小康社会等诸多问题。增加农民收入的途径，亦应因地制宜，找到自己的切入点。就全国多数农村来看，有两个问题是有共性的，是有条件做的，值得全党全社会共同关注和支持。

第一是，全国有近1亿的农村富余劳动力，改变祖祖辈辈死守一业、死守一方的传统观念，离土离乡，奔向城市，奔向经济发达地区，寻求农外就业，开辟非农产业收入，进而创造条件，逐步改变身份，由农民转变为市民。此举的重大意义在于，农民冲破长期在计划经济条件下形成的城乡二元结构，向城镇转移，向非农产业转移，创造城乡协调发展，加快实现社会主义现代化的美好明天。从中央到地方，对农民的这项举动极为重视，出台了一系列关于善待农民工的方针政策，包括撤销对农民工的歧视规章、保障农民工的权益、改善农民工的工作生活条件、加强农民工的就业技能培训、允许农民工加入工会、解决农民工的子女就学问题、改革城乡户籍制度，等等。这一切，都顺应了形势发展，支持了农民的创造精神。但是，目前仍有相当一些地方，对农民工的歧视问题还没有根本解决，农民工的基本权益得不到保障，尤其是由于多种原因拖欠农民工工资的现象还没有得到有力整治。农民亦是国民，他们在全国范围内就业，应当享受平等的国民待遇。对此，除了各级政府颁发的文件和领导人的讲话给予指导与支持以外，亟须以立法的手段给予规范化的支持、保护和管理。善待农民工问题，不只是输入地的责任，输出地同样有责任。比如，做好输出前必要的培训；照顾好打工者家里的生产、生活和安全，免除其后顾之忧；他们在外遇到自己解决不了的困难时，输出地也要出面协助交涉，帮助解决。输入地和输出地密切合作，城乡携手共同推进城镇化战略。

第二是，在坚持家庭承包经营的基础上，支持农户自愿联合发展农产品加工、营销等合作经济组织，做到分户生产，合作加工、销售，形成一个完整的农业经营体制。我国农户占有的耕地少，家庭经营规模小，即使将来大量农民转移到城镇和非农产业以后，留在农村的农户经营规模也大不了多少，所以农户只是生产和出售初级产品，收入仍然是有限的。要想大幅度增加农户收入，必须走合作加工、销售农产品的路子，使他们分享加工、流通环节的利润，并从加工业、流通业的发展中获取扩大就业的收益。现在，我们提倡的农业产业化经营，就是这种产加销一体化的构架。可是，当今担负加工、销售任务的龙头企业，绝大多数是商业性的龙头，不是合作制的龙头，他们对农户出售的初级产品是一次性买断，加工、销售所得的利润与农户无干。这样的龙头企业，只是解决了农户卖难问题，有的还为农户提供一定的产中服务，但农户不能分享加工、流通环节的利润，其收入与加入产业化经营以前没有多大差别。因此，要想让从事种植业、养殖业的农户增加收入，必须明确提出来把合作制引入农业产业化经营。就是说，在家庭承包经营的基础上，延伸一步，即联合建立加工、销售的合作经济组织；还可以再延伸一步，即从事不同农产品加工、销售的合作经济组织分别联合起来，建立各种地区性和全国性的专业协会，这样就完善了社会主义市场经济条件下的农业经营体制。现在，专业合作经济组织和行业协会在各地都有出现，但还没有形成大的气候，急需要加大支持力度，营造有利于其发展的客观环境。比如：统一全党全社会对农村发展合作经济组织的认识，为合作经济组织立法，对合作制企业实行税收、信贷方面的优惠政策，等等。发展合作制的龙头企业，并不排斥商业性龙头企业，应一如既往地鼓励发展。全国2亿多农户，是需要很多很多的龙头企业来带领的，合作制的龙头企业和商业性龙头企业竞相发展，才能满足广大农户的需求，才能加快农业产业化、现代化的进程。

以上两个问题，涉的范围广，人口多，对较大幅度增加农民收入来说，比较现实而有效；促进农民这两项创举，依靠的主要是政策投入，不须要财政花很多钱，比较现实而可行；农民这两项创举，涉及城乡人口结构变革和市场经济条件下农村生产关系的完善，是解决"三农"的治本之策。

除此之外，推进城乡统筹发展要做的事还很多，考虑到我们国家大、不平衡、财力有限的基本国情，各地应当因时因地制宜，有选择有计划地推进，在国家必要的支持下，积极稳步地实现城乡协调发展的目标。

发展合作经济组织是新农村
建设的题中应有之义*

（2006 年 7 月）

昨天在宁阳县看了一天合作经济组织，今天上午又听了很多同志的发言，发言中的不少意见我都有同感，所以我也没有多少新的意见要说了，扼要的讲一点看法和建议，算是对大家发言的一个呼应吧。

第一，谈几点看法。

宁阳合作经济组织的发展，对建设新农村乃至整个农村改革和发展，提出了一些很有启发性的思路。我觉得有这么几点是值得肯定的。

一是宁阳的实践生动而深刻地证明，合作经济组织的发展是新农村建设的题中应有之意。不是合作经济组织参与新农村建设，也不是什么配合的问题，是新农村建设的题中应有之意。为什么这么说呢？因为新农村建设的重点是发展生产，增加农民的收入。昨天看到的事实生动地表明，合作经济组织正是农民发展生产、增加收入的一条根本途径。在千家万户承包经营的基础上，农民自愿联合加入合作社，这样使生产要素优化组合，适应市场经济的发展，生产力水平进一步提高，给农民带来了竞争优势和经济实惠。昨天看的第一个合作经济组织叫有机蔬菜合作社，社长介绍说农户入社以后，比以前每亩增收了 1200 元。我们常讲，生产关系一定要适合生产力的发展。那么在当前市场经济条件下，千家万户分散经营、单打独斗，生产力进一步发展的空间就很有限。家庭承包经营+专业合作社服务，就出现了我们在宁阳看到的，生产发展

---

　　* 本文系作者于 2006 年 7 月 30 日在山东泰安召开的新农村建设与合作经济组织发展理论研讨会上的发言。

和农民增加收入又闯出了一片新天地。所以说，家庭承包经营+专业合作社服务，本质上就是对农村生产关系的调整和完善。

二是合作经济组织的出现，是对农村统分结合的双层经营体制的补充和发展。也可以说是对双层经营体制的刷新。双层经营体制，除了家庭承包经营这一层以外，另一层寄希望于集体经济组织，要它来承担一家一户干不了、干不好的事情。通过多年来的实践和观察，由于种种原因，集体经济组织为农户提供服务的作用很有限，不少地方这种作用是滞后的，有的是弱化的。从宁阳的实践来看，农民专业合作社出现的地方，这个问题解决了，一家一户干不了、干不好的事情由合作社承担了。所以说，合作经济组织的出现，填补和充实了集体经济组织为农民服务留下的空间。这是客观需要，也是农村经济发展的必然趋势。从这个意义上来讲，合作经济组织的出现，赋予了双层经营体制新的含义。今后在发挥集体经济组织为农民提供服务功能的同时，再加上合作经济组织服务功能的补充和充实，是对双层经营体制的完善和发展。它有利于在新农村建设中坚持和稳定农村基本经营制度的要求。

三是合作经济组织的出现，完善了农业产业化经营体系，既解决了龙头企业直接面对千家万户的种种难题，又解决了农户通过合作经济组织维护自身权益问题。这也是从宁阳的实践当中体现出来的。龙头企业与农户之间加一层合作社，农业产业化经营的链条就比较完善了，有利于更好地发展生产、增加农民收入。没有专业合作社这一层，龙头企业面对分散经营的农户好多问题难以解决；而农户没有自己的代表去同龙头企业沟通、谈判，也有困难。所以，专业合作社完善了农业产业化经营的链条，既有利于龙头企业，又有利于农户。对这一点，现在社会上方方面面，大家都有共识，是值得肯定的。

四是合作经济组织不仅推动了农村经济的发展，而且又带动了社会事业的发展。这一点，在宁阳看得很清楚。合作经济组织在经济领域当中，几乎是无所不在。有粮食合作社、蔬菜合作社、奶牛合作社、生猪合作社、饲料合作社、沼气合作社、西瓜合作社、淀粉合作社、建筑合作社、水利合作社、农机合作社，等等。我还没有在一个县内看到过这么多门类的合作社。同时，我们又看到，合作社已经由经济领域发展到非经济领域。非经济领域中,包括医疗卫生、计划生育、公路养护、治安联防等,都有了合作社或协会,推动了社会事业的发展。这样的发展态势,体现了农民需要什么,就办什么样的合作组织,解决什么样的问题。这种做法,完全符合中央反复强调的,在建设社会主义新农村中,要解决农民迫切需要解决的问题,使农民得到实惠。它还体现了农民的事情,由农民自己来办,发挥农民自主、自治、自立、自律的精神。在合作的实践中,培育农民团结、互助的素质。再延伸一步来看,合作组织使大量的经济、社会事务,由农民自己来办,而且又办得好,这就为基层政权转变职能、精兵简政创造了必要条件。这样,就可以使基层政权把大量不必要包揽的经济、社会事务分离出来,由农民自己的合作组织来承担,集中精力办好自己应该办的事情。合作组织分担了大量的涉及农民自身的经济、社会事务以后,基层政权的机构精简、职能转变,就瓜熟蒂落、水到渠成了。

总之,合作组织的发展,对于新农村建设,对于整个农村改革与发展,具有启发性的意义,值得我们深思。

第二,提几点建议。

主要是泰安市、宁阳县的同志,以及在位的专家、学者,商讨合作经济组织发展问题。一是关于合作社的经营方针问题。宁阳县的汇报材料中,提出"合作社是经济组织,主要任务是搞好经营",这是对的。但在另一处又提出合作社"不以经营为主",昨天有的社长在介绍情况时说"合作社不以营利为目的",就值得商榷了。我个人的看法是,合作社既然是经济组织,是农民办的企业,当然要搞好经营。经营就要营利,就要赚钱。但不是赚社员的钱,不是营社员的利,而是到国内外市场上为社员赚钱、为社员营利。不赚钱、不营利的合作社是不可持续的。为社员赚钱,钱赚得越多越好。合作社赚了钱、营了利,才有条件增强为社员提供服务的手段,才有条件为社员返还利润。

二是关于合作的内容。宁阳县委刘卫东书记的介绍材料上讲,"合作内容由单项合作逐步向产加销全程合作转变",这个提法很好。现在的合作社,是与龙头企业相衔接,为龙头企业提供初级产品,给龙头企业当"配角"。但是久而久之,当合作社学会了管理、学会了营销、培养了人才、积累了资金以后，就会逐步发展自己的加工、流通业，自办龙头企业，就会由"配角"变成"主角"，实现产加销全程合作的目标。现在的绝大多数龙头企业，都是商业性龙头，不是合作制的龙头，他们对农民的初级产品一次性买断，农民不能分享加工、流通环节的利润。随着合作社的发展壮大，将来把加工、流通业办起来，就会为农民带来更大的利益。

三是商业性龙头企业和合作制龙头企业，应比翼齐飞，共同发展。我们鼓励发展合作制龙头企业，并不是要否定或排斥商业性龙头企业，而是要一如既往地鼓励和支持商业性龙头企业的发展。因为我国有7亿多农民，2亿多农户，是需要很多很多的龙头企业来带领的啊！只有商业性龙头企业和合作制龙头企业比翼齐飞、共同发展，才能满足广大农户发展商品经济的需求。现在，有的商业性龙头企业为了自身的发展，也开始拿出一部分利润，根据农户提供初级产品的数量和质量进行返还，调动了农民的积极性，龙头企业与农户的关系更加紧密了。这种做法，应当给予鼓励。

四是随着形势的发展，似应探索发展为农民托管耕地或耕地入股的合作社。在我国工业化、城镇化的推进中，大批农村劳动力和农村人口会逐步转入非农产业和城镇，农村必然会出现一批缺乏劳动力或没有劳动力的农户，他们的农地耕作会请合作社托管，交纳托管费；或者向合作社入股，按股分红，就成为必然的需求。这是合作社未来发展应予考虑和探索的问题，也可能是合作社未来的一项历史任务。

总的看，合作经济组织的发展，迎来了大好机遇。泰安市、宁阳县是先行者，为合作经济组织的大发展提供了经验。提出的几点建议，仅供研究参考。

中国人力资源配置大趋势[*]

（2008 年 3 月）

我国发展的战略目标是到本世纪中叶实现现代化，社会主义新农村建设是我国现代化进程中的重大历史任务。从这个意义上讲，新农村建设就是农村的现代化建设。因为新农村建设是要依靠现代科学技术引领农业和农村经济发展；是要以现代生活水准引领农村人居环境改善；是要用现代社会文明成果引领农村文化、教育、卫生、社保等社会事业发展。这三个引领逐步把农村引上现代化。所以说，新农村的"新"字，实质上是新在现代化，即把贫困落后的传统农村建设成现代化的新农村。

那么依靠谁来建设现代化的新农村呢？当然是要依靠具有现代知识的农民和基层干部，而今日的中国农村，有文化、年纪轻、易于接受现代知识的青壮年多数都外出打工了，留在村里的基本上是年龄大、文化低的中老年人，村级干部也多是中老年人，他们虽然有丰富的传统农业经验，但对现代农业知识知之不多，接受新事物也比有文化的年轻人来得慢。这是当今发展现代农业、建设现代化新农村的一大不利因素。这种状况如不改变，实现农业、农村现代化将是很困难的。

解决问题的出路在于：一是坚持不懈地逐步用现代知识武装农民，二是积极引导具有现代知识的大学毕业生到农村去任职。目前，社会上存在着一种矛盾现象：一方面是广大农村具有现代知识的人才奇缺，另一方面是大批具有现代知识的大学毕业生就业困难。这实质上是一种结构性的余缺不均。解决这个问题的一条重要途径，是引导大学毕业生到农村去就业、创业，传播现代知识，引领农业和农村的现代化。这是历

　＊ 本文系作者在第二届全国大学生"村官"论坛上的发言，原载《农村工作通讯》2008年第 4 期。

123

史赋予当代大学毕业生的光荣使命。并且通过这条途径，为国家培养造就一批经过基层实践锻炼、对人民群众有深厚感情的栋梁之材。

当前，我国人力资源的布局上，出现了一幅令人欣喜的新景象：农民工进城，大学生下乡，双向流动，形成我国现代化进程中人力资源合理配置的大趋势。农民工进城，大家都很熟悉了，改革开放30年来，它从兴起到现在，已经形成1.3亿人的规模，对促进国家工业化、城镇化乃至整个经济社会快速发展做出了重大贡献。大学生下乡，近几年勃然兴起，虽然还没有形成像农民工进城那样的大潮，却十分引人注目，算得上是大潮初起。这个涌向农村的"学生潮"，必定和涌向城市的"民工潮"一样，将为国家现代化做出重要贡献。

一个进城，一个下乡，双向流动，必将使我国的工业化与农业现代化比翼齐飞，进而加快小康社会建设和国家现代化进程。农民工进城已经形成大气候，大学生下乡正在形成气候，需要加力推动，这是发展现代农业和建设新农村的希望所在，也是破解当前大学毕业生就业难的有力之举，使他们到农村找到用武之地，一举两得。而且农民工进城已经为大学生下乡创造了条件，加速加力推动正当时。

下一步如何推进大学生下乡出任"村官"工作？这要从两个方面去做：一方面是，认真贯彻执行中央在这个方面的既定方针政策，要结合各地情况好好落实。另一方面是，应当总结先行省、市和先行下乡的大学生的实践经验，形成一套引导、鼓励、支持大学毕业生下乡的政策，把这件具有历史意义的大事做好。除了组织大学生村官交流经验体会外，还可以向大学生村官发出问卷调查，了解他们对现行政策和做法的看法，哪些是他们满意的，哪些是需要改进完善的，还有哪些需要解决的新问题和具体建议。把它汇集起来，供有关部门决策参考。

重在创造大学生下乡创业的条件[*]

（2009 年 4 月）

一、第三届全国大学生"村官"论坛的现实意义

本届论坛与上两届相比，有一个不同的鲜明特点，那就是它具有强烈的现实意义。从美国发端的金融危机波及全球，大量实体经济受到影响，进而造成就业形势严峻，大学毕业生的就业也不例外。今年全国大学毕业生 611 万，加上往届未就业的近 200 万，共有 800 万等待就业。最近国务院提出："把促进高校毕业生就业放在突出地位。"在这样的情况下，积极倡导和着力拓宽大学生到农村就业创业的途径，对解决 800 万人就业问题是十分必要的和迫切的。

就当前农村的情况来看，大量青壮年农民离土离乡，加入了国家工业化、城镇化的建设行列，总体上约为 1.3 亿，受金融危机影响暂时回流近 2000 万，还有 1 个多亿。与此同时，近几年大学生下乡勃然兴起，据《中国大学生"村官"发展报告》称，到 2008 年底，仅到农村当"村官"的大学生就有 13 万以上。再加上到农村自主创业的和支农支教的大学生，就更多了。由此使我国人力资源布局上出现了一幅令人欣喜的新景象：农民工进城，大学生下乡，双向流动，构成我国现代化进程中人力资源合理配置的大趋势。

农民工进城，是把农村普通劳动者输入国家工业化、城镇化行列；大学生下乡，是把具有现代知识的高素质人才输入农业现代化、农村现代化行列。这两者优势互补，实现城乡双赢，全面推进我国的现代化建

---

　　[*] 本文系 2009 年 4 月 18 日在河南省漯河市召开的"第三届全国大学生'村官'论坛"上的发言提纲，原载《中国村讯》2009 年第 5 期。

设。尤其是农村，富余的是普通劳动者，奇缺的是具有现代知识的高层次人才。大学生下乡，有利于整合农村资源，发展现代农业和农村经济，有利于建设现代化的社会主义新农村，有利于在实践中把大学生锻炼成治国安邦的管理人才和各种技术专才，有的可能成为国家的栋梁之材。最近中央召开的全国培养选拔年轻干部工作座谈会上提出：要"重视从基层和生产一线选拔优秀年轻干部"。这给大学生指明了成长的方向。

金融危机带来了就业困难，同时也带来了有更多的大学生到农村就业创业的机会。有远见的农村领导者、工作者，应抓住这个机遇，热烈欢迎大学生到农村就业创业，千方百计帮助他们就业创业成功，为农业和农村的现代化做出贡献。

二、拓宽大学生下乡就业创业的途径

我国发展的战略目标是到本世纪中叶基本实现现代化。现代化的难点在农村，没有农村的现代化就没有全国的现代化。为农村输入大量具有现代知识的大学生，是建设现代化新农村乃至实现全国现代化的关键。为此，要尽可能拓宽大学生下乡就业创业的途径。

第一，要按照今年中央一号文件的规定，"着力拓宽农村干部来源，稳步推进高校毕业生到农村任职工作，实施一村一名大学生计划"。全国有村委会的行政村 61 万多个，一村一名大学生，就可以安排 61 万多名大学生。北京市已经实现一村 2 名大学生的计划，一名任村党支部书记助理，一名任村委会主任助理。如果都能做到北京市的标准，全国将能安排 100 多万大学生。这是一个很可观的人才工程。在当前就业困难的情况下，最好先尽快实施中央既定的"一村一名大学生计划"，现在已经到任 13 万，还可以新安排近 50 万人。

第二，大力倡导和扶持大学生到农村自主创业，这条路子比较宽，容量更大。不少先行者已经创业成功，做出了榜样。

据《人民日报》报道：重庆市云阳县杨大可，大学毕业后和同是大学生的女友一起回乡，承包 200 亩荒山种植水晶梨获得成功，2004 年果园纯收入达到 10 万元。接着又创建云阳县水晶梨专业合作社，以"包成活、包技术、包回收"的形式与附近农户签订合作协议，大规模发展水晶梨产业。不久，入社农户达到 245 户，种植面积 1.1 万亩，每年为农民增收 1000 多万元。杨大可荣获"2006 年感动重庆十大人物"。

据中央电视台报道：陕西杨陵西北农业大学畜牧兽医系毕业的燕君芳，到农村发展养猪，八年时间，从饲养到屠宰、加工、销售一条龙发展，创办起陕西杨陵本香农业产业集团，并以"公司+农户"的方式带动 3100 多户农家发展养猪事业。

像杨大可、燕君芳这样勇于到农村创业，而且事业有成的大学生，各地都有。我们应当总结表彰他们的成就和经验，组织他们向应届毕业生宣讲他们的成功之路，带动更多的大学生到农村自主创业。据有关方面介绍，发达国家大学毕业生自主创业者占 40%，我国仅占 0.3%，与他们相比还有很大发展空间。

第三，还可以考虑选拔一批学有专长的大学毕业生到乡镇农林技术推广站工作。乡镇技术推广站是把科研成果运用到生产中去的关键环节，是引领农业、林业现代化的重要岗位，可是长期以来这里缺少高校毕业的人才，不利于充分发挥这个机构的职能。如果一个站选聘二三名农林院校的毕业生，分别充任农业、林业、畜牧业技术员，基层技术推广站将现勃勃生机。全国有 4 万个乡镇，每个乡镇技术推广站安排 2—3 名大学生，就可以增加 8 万—12 万毕业生就业，为了农业现代化，国家财政增加这笔支出是值得的。

从以上三个方面看，有搞村社管理的，有自主创业发展经济的，有为发展农村经济提供技术服务的，相互配合，相互作用，形成三位一体发展农村经济的合力，为乡村社区的经济社会发展做出积极贡献。

我们现在举办的这个论坛，可否考虑扩大它的内涵，除了有大学生"村官"参加以外，可以吸收自主创业的、技术服务的大学生参加，共同为乡村发展进行有机的广泛交流。

三、重在创造大学生下乡就业创业的条件

一切事物的发展变化皆依一定的条件为转移。大学生能不能"下得

去、待得住、干得好、流得动"，应力戒空谈，实实在在地为他们创造适当的条件。

现在各省市对大学生下乡当"村官"都做出了一些政策性规定，包括薪酬待遇、工作安排、生活条件，以及未来考公务员、研究生的优惠政策等。这些规定如果做得合情合理，使他们既看到现在，又看到未来，就为他们创造了"下得去、待得住"的条件。我们应当把各省有关这个方面的规定搜集起来，相互交流，取长补短，并在实践中不断研究完善，逐步形成一套成熟的长效制度。

"下得去、待得住"以后，如何做到"干得好"，更需要条件。

在当今依法治国的方针下，要学会依法治村，这就要学习掌握村民自治法以及其他有关农村的各项法规和政策。应当以此为内容编辑出版一本《农村工作手册》，为大学生"村官"提供一个"书本老师"。大学生文化水准高，阅读和理解能力强，掌握了依法治村的武器，就占领了治村的高地，就能充分发挥他们的优势。

中央指出：建设社会主义新农村是我国现代化进程中的重大历史任务。从这个意义上讲，新农村建设就是农村现代化建设。所以说，新农村的"新"字，实质上就是新在现代化，即把贫困落后的传统农村建设成现代化的新农村。这是农村的基本任务，是大学生下乡就业创业的历史使命。建设新农村的关键是发展农村经济，增加农民收入。因为建设新农村几乎样样都是要花钱的，钱从哪里来？固然有国家的扶持，社会的帮助，但毕竟农村和农户自身要具备一定的经济实力。如何发展农村经济？已经脱贫致富的村、率先实现了现代化的村，就是榜样，就是"导师"，要向他们学习。

再一个办法，是向专家学习。河南省漯河市为了支持大学生创业，成立了由农业、林业、科技、畜牧等部门的技术人员组建的大学生技术培训专家服务团，采取集中授课、电化教育、现场指导等方式，全方位为大学生创业提供科技服务。这种做法很好，值得各地借鉴。

还有一个办法，是大学生相互学习。"三人行必有吾师"。大学生在工作中和创业中，相互交流，同样是一种有效的学习方式。漯河市建立大学生"村官"联谊会、大学生"村官"网站、开辟网上论坛，为大学生搭建起了一个交流经验、传递信息、化解困惑、共同提高的平台，发挥了积极作用，值得提倡。

还有一个办法，是向母校老师请教。母校是离校大学生的知识后盾，各高校都采取了一定的方式支持毕业生创业。4月9日《光明日报》报道：苏州科技学院设立了大学生"村官"工作站，为大学生"村官"返校"充电"搭建了新平台。这种做法很好，值得仿效。

以上说的"书本老师"、榜样导师、专家老师、互为老师、母校老师，可以给方向、给思路、给办法、给知识、给经验。可是，真正创起业来还需要解决资金问题。《中国大学生"村官"发展报告》称，大学生"村官"反映工作面临的最大障碍是缺乏资金。漯河市依托财政、金融等渠道筹措资金2000万元设立了大学生"村官"创业基金，其他不少地方也有这种做法，效果很好，值得肯定。为了拓宽资金渠道，还可以考虑，建议国家设立大学生创业贴息贷款，或大学生创业小额贷款，贴息贷款由政府财政贴息。同时，建议在一定时期内为大学生创办的企业减免税费。工商登记注册方面亦应适当照顾。上海市规定大学生创业注册资本"零首付"，大受欢迎，帮助大学生打开了自主创业的大门。总之，要以多项优惠政策支持大学生创业，带动社会就业。

大批大学毕业生面向农村就业创业以后，各级组织部门和人事部门设立一定的机构和工作人员，加强指导和管理十分必要，是大学生下乡就业创业最重要的条件。《中国大学生"村官"发展报告》称，2008年的一项抽样调查中，49%的大学生回答对"村官"管理机构"不太满意""很不满意"。它反映了大学生对加强指导和管理的强烈要求。现在全国各地都在重视和加强这方面的工作。河南省漯河市、平顶山市，在市、县两级都设立了大学生"村官"领导小组办公室，做了很多工作。随着各地管理机构的建立和完善，再加上全社会的关注和支持，到农村就业创业的大学生工作会越做越好。各方面把工作做好了，使下乡的大学生一个个创业成功，一个个成长起来，那么，这个下乡的大学生群体，将成为我国新世纪干部的源泉、企业家的摇篮。

改革与发展篇

农业发展新阶段与农村深化改革[*]

（1999 年 8 月）

新中国已经走过了半个世纪的历程。这半个世纪的中国农业和农村经济发生了翻天覆地的变化，它结束了人民不得温饱的历史，迈向人民向往的小康目标。正确认识农业发展所处的新阶段与农村深化改革的问题，对推动农业和农村经济的持续发展是十分必要的。

一、农业发展进入新阶段

新中国成立 50 年来，特别是党的十一届三中全会以来，20 年的农村改革，解放和发展了社会生产力，带来了农业和农村经济发展的历史性巨变，农业发展进入了一个新阶段。这个新阶段的主要标志有三点：

（一）粮食和其他农产品大幅度增长，从总量上看，告别了短缺年代，在全国范围内实现了供求基本平衡，丰年有余。现在全国粮食库存量、棉花库存量为历史罕见。就粮食来说，据有关专家测算，近 4 年连续丰收，累计增加量为 1800 多亿公斤，需求量只增加 500 亿公斤，结余 1300 亿公斤，产大于销。其他绝大多数农产品都是充足的。

（二）农、林、牧、副、渔和乡镇企业全面发展，市场食品供应丰富多彩，应有尽有，充分满足了现阶段人民生活的需求。不仅粮多、棉多，猪肉、鸡蛋、水产、蔬菜、水果等都满足供应。党的决不放松粮食生产，积极发展多种经营的方针，到今天可以说是完全实现了。过去那种粮棉争地、人猪争粮、淡季缺菜吃的状况已经成为历史。过去我们单产很低，种粮多了棉花就少了，种棉多了粮食就少了，猪养多了人的口

---

* 本文原载《人民日报》1999 年 8 月 5 日第 11 版。

粮不够用，口粮满足了又缺粮食养猪，常常顾此失彼。现在，这些现象基本没有了。全国人口每年增加 1300 多万，耕地在严格控制下还是不断减少，为什么农产品能自给有余呢？这就是农业科技的贡献率提高了，一亩地的产出顶过去二三亩，一亩大棚菜顶过去露天菜三五亩。科技的威力，使资源利用效率大大提高，从这个意义上来讲，科技就是土地的替代品。科学解决了过去顾此失彼、农业不能全面发展的难题。

（三）农业综合生产能力明显提高，抵御自然灾害的能力有所增强，农产品连年丰收，呈现稳定增长的态势。农业连年丰收，节节上升，没有大起大落，是建国以来少有的。这就打破了过去的五年之中"二丰，二平，一欠"的一般规律。过去的几年中，也不完全是风调雨顺，去年还遭受了特大洪灾，这说明中国农业综合生产能力是明显提高了。我们国家粮食现在已经具备了 4900 亿到 5000 亿公斤的生产能力，提前达到了预定 2000 年要实现的粮食增产目标。但是，农业基础设施仍然比较脆弱，抗灾能力不是很强，今后仍须加强建设，这是保证农业持续稳定上升的基础。

农产品总量充足、品种丰富、稳定增长，使我国农业充分发挥了提高人民物质生活水平的作用，充分发挥了保证国民经济持续、快速、健康发展的基础产业的作用，充分发挥了稳定社会大局的作用。农业发展的新阶段，向世人展示了中国农业发展的辉煌成就和光明前景，事实雄辩地否定了中国人不能养活自己的悲观论，进一步解放了思想，增强了主要依靠我国自己的力量解决吃饭问题的信心和决心。放眼长远，我国农业资源利用率提高的潜力还很大，如果把现有耕地中 2/3 的中低产田的产量都提高到现有高产田的水平，进而把我国耕地产出率提高到世界上高产国家的水平，再加上开发利用草山、草坡、草原、水面等非耕地资源发展非粮食食物，还有今后农业高新技术的突破和投入，在全国农业发展长途中还有若干个光辉的新台阶待我们攀登。

二、新阶段也有新问题

新阶段出现新问题，这是事物发展中的正常现象。一是不少农产品总量供过于求。就粮食来说，库存越来越大，再加上顺价销售不畅，对国家来说财政补贴增多，负担沉重。对农民来说，粮食多了不好卖，卖不上好价钱，种粮比较效益下降。出口也比较难，我国的小麦、玉米价格高于国际市场。有的同志说"手中无粮，心中发慌"，现在"手中粮多，又使人愁肠"。二是农产品的品种、质量不完全适销对路。主要是低质品种多，优质品种少；普通产品多，专用产品少。比如小麦，用于面包、水饺、方便面、馒头、糕点等食品的专用小麦不足，国家每年要花外汇进口。比如玉米，主要用于饲料，而现在饲料专用的玉米却很少。其他畜产品、果品、蔬菜，都有一个优质率低的问题。三是农民增产了，不能相应增收。1997年与1996年比，农民收入增幅由9%降到4.6%，1998年与1997年比，农民收入增幅又由4.6%降到4.3%。农业连年丰收，农民收入增幅却连年下降。

农民增收减少，制约着三个问题：第一，制约农民的生活改善；第二，制约农民再生产的投入；第三，制约对工业和国民经济发展的拉动。因此，党中央明确提出，增加农民收入是关系全局的大事。这是在农业生产发展、人民生活提高基础上出现的新问题。供过于求是生产发展的表现，农产品不适销对路又是人民生活提高的表现，是前进中的问题。

三、解决新问题要有新思路

解决新问题，必须首先调整发展思路。过去我们是处于农产品短缺年代，不管什么产品都是强调要多，而且越多越好，今天，面临新的形势，要变革发展思路，提出新招数。就是要由过去农产品短缺年代的单纯追求数量，转变到调整和优化结构，以提高质量和效益为中心的轨道上来。也就是农业转型问题，要由过去的数量型转变为数、质并重的效益型。这是我国农业发展史上的一个重大转折。这个转折，实际上从党中央、国务院提出发展"高产、优质、高效"农业时代就开始了，并取得一定进展，但基本上还没有转过来，亟须按照新思路全面实施转型战略。

新思路的核心是强调效益，把效益放在中心地位。不破不立。破什么呢？要破忽视质量、效益，一味追求数量的旧观念；立什么呢？要立以提高质量、效益为中心的新观念。在市场经济条件下，讲求的是供求平衡，不是越多越好，供过于求的数量，压在库里陈化变质，不值分文。在市场经济条件下，讲求的是商品质量，质量好的商品才有竞争力，才能卖上好价钱，那些消费者没有需求的产品，不能实现使用价值，变不成货币，造成农民收入减少，国家财政补贴沉重，对农业资源又是一种浪费，这有什么效益可言呢？

要调整农业发展思路，实施转型战略，我们农业战线上广大干部和亿万农民必须解决对转型的认识问题，从思想观念上来一个破旧立新。同时，还要有推动转型的配套措施：一是按照经济发展规律，用价格信号和优质优价的政策，引导农民向以质量效益为中心的轨道上发展；二是调整对农村干部政绩考核的标准。过去农产品短缺年代，对干部的政绩考核是强调数量型的，而且越多越好。现在要有所调整，以提高产品质量和效益为中心制定考核标准，把干部讲政绩与农民讲效益统一起来，尽快解决现实生活中因数量型的惯性不止，与质量效益型发生冲撞的矛盾。

四、实施新思路要坚持深化农村改革

实施新阶段的新思路，必须深化农村改革，推动农业和农村经济在步入新阶段之后产生一个质的飞跃，为促进国民经济的持续发展做出新的贡献。

（一）适应新阶段的要求大力调整和优化农业结构，使农产品总量和品质都适应市场的需求。过去我们国家农产品多数年份短缺，少数年份供大于求，而且这个多与少之间变换很快，弄得人们不敢说少，不敢说多，怕一说多马上又少，十分被动。现在连年丰收，不少农产品供过于求，市场价格跌落，你不说多，也是真多了。说它是阶段性的多、消费水平不高情况下的多，也是实情，留有余地。在市场经济条件下，粮食和其他农产品的总量和品质结构都要与市场需求相适应，在发生供过于求矛盾的时候，要适时进行调整。就粮食来说，在市场经济条件下，以供求平衡、适量储备为最佳，不是越多越好。多得收购不了，储存不下，销售不出去，压在仓库里，陈腐变质，不调整就不符合中央提出来的以质量、效益为中心的发展思路。联合国粮农组织提出来的保证粮食安全的最低储备水平是，粮食储备量至少要达到需求量的17%—18%。我们现在大大超过了这个数字，所以必须进行调整，压缩供过于求的产品，增加短缺的产品；压缩滞销品，增加畅销品；压缩劣质品，增加优质品；压缩普通品，增加专用品，使总量和品质适应市场的需求。

调整结构要注意发挥区域的比较优势，和工业一样不能搞"重复建设"。过去农产品短缺年代，各个地区为了保证自己的供给，大家同一结构发展生产，现在农产品充裕了，有条件因地制宜、发挥各地区的比较优势了。要以市场需求为导向，你这个地区最适合种什么就种什么。不同地区各展所长，相互之间实行互补，整体效益就上去了。

（二）继续深化粮食流通体制改革，促进粮食生产按照市场需求加快结构调整的步伐。国务院决定，在坚持"三项政策，一项改革"的基础上，进一步完善相关政策，以适应粮食供求形势的新变化。主要是：一是适当调整粮食保护价收购范围。北方的春小麦和南方的早籼稻、长江以南的小麦，要逐步退出保护价收购范围，放开收购市场和收购价格。考虑到今年已经播种，先调低保护价进行收购，明年再全部退出保护价收购范围。二是拉开粮食的品质、季节、地区差价，做到优质优价。三是大型农业产业化龙头企业、饲料企业，经省政府批准，可以和农民签订优质粮的产销合同，在粮食、工商部门监督下，按照合同直接向农民收购粮食。深化粮食流通体制改革，对推动粮食结构调整必将发挥重要作用。只有粮食生产结构得到调整优化，我国粮食生产才有可能达到一个新水平，农民增加收入的目标才有可能实现。

（三）改变农户单一搞种植业的生产方式，实行种植业、养殖业复合发展，把粮食主产区建成畜产品主产区。粮食主产区应大力发展畜牧业，把粮食主产区同时建成畜产品的主产区，这样既可以大幅度增加农民收入，又可以缓解卖粮难，按照这个新思路发展下去，必将改变我国农业生产的布局，北粮南调将会逐步变成北肉南调。农业大省、粮食大省将会变成畜产品大省、食品加工业大省，既富民又富地方财政。东北有远见的干部和农民说:"东北要想富,粮仓变肉库。"就是说,主产区把生产的粮食加工成饲料,再通过养殖业过腹转化,变成肉、禽、蛋、奶、鱼等高价值产品,推向全国市场。沿海地区就不必过多发展"无米之炊"的饲养业,而是根据自己的区位优势发展其他比较效益高的产业。这样就可以把偌大中国不同地区的比较优势发挥出来,实行区域的专业分工,逐步走向农业现代化。

要把粮食主产区建成畜产品主产区,应从家庭承包经营这个基础层次做起,就是要改变农户单一经营种植业的生产方式,提倡种植业和养殖业复合发展。我国人多地少,家庭承包经营规模小,单搞种植业,收入是很有限的,如果把种植业的产品通过养殖业转化成高价值的肉、禽、蛋、奶、鱼等产品,农户收入会大幅度增加。吉林省榆树市有个弓棚子镇,是产粮大镇,这个产粮大镇出现三大怪:第一怪是,产粮大镇没有余粮卖。他们生产的粮食,除了完成定购任务和留足口粮外,其余的全部通过发展养殖业消化了。第二怪是,市场粮价低落,农民收入增长反而加快。原因是他们把余粮变成高价值的食品卖掉了。第三怪是,种地的人越来越少,劳动力大多转移到畜牧业和二、三产业中来。产粮大镇变成畜牧业大镇、食品加工业和销售业大镇。这就是把粮食主产区建成畜产品主产区的一个成功范例。

(四)以合作制推进农业产业化经营,使农民分享农产品加工、流通环节的利润。农业产业化经营的实质在于使农民得利,得利的表现是让农民分享农产品加工、流通环节的利润。这是农业产业化经营的一个主要标志。党的十五届三中全会通过的《中共中央关于农业和农村工作若干重大问题的决定》指出:"要引导'龙头企业'同农民形成合理的利益关系,让农民得到实惠,实现共同发展。"如果龙头企业对农民的初级产品是一次性买断关系,加工、销售后赚的钱与农民无关,那么农民参与产业化和不参与产业化就没有两样,就没有质的区别。这样的产业化没有完全达到中央"让农民得到实惠"的要求。

如何解决这个问题呢?办合作制的龙头企业是使农民得利的主要途径。合作制企业的宗旨是对社员不以营利为目的,企业所得利润扣除成本和扩大再生产的费用外,其余的全部返还给合作社成员,这是企业性质决定的。同时，兴办合作制龙头企业，可以加快农业产业化经营的进程。因为农民不等不靠了，自己联合起来办企业。家庭搞种、养，合作搞加工、销售，是农业产业化经营的基本模式。当然也不是唯一的，我们国家大，情况千差万别，只靠一种模式包打天下是做不到的。因此，对不同所有制、不同形式的龙头企业都欢迎。现有的商业性龙头企业虽然不给农民分利，但买农民的产品，解决了卖难，有的还为农民提供服务，有的对农民的产品实行保护价制度，给农民带来一定的好处，应当充分肯定。对这种企业，要一如既往地鼓励和支持发展。在全国形成以合作制龙头企业为主体、多种龙头企业共同发展的局面，满足 2 亿多农户的需要。

（五）放手依靠农民发展农业社会化服务事业，建立国家、集体和农民及其合作组织相结合的服务体系。这是深化农村改革的一个重点。家庭承包经营加上完善的社会化服务，是农业逐步实现现代化的基本途径。在发达国家已经取得了成功经验。我国家庭承包经营已经实行了 20 年，可是社会化服务一直跟不上，制约着农业的进一步发展。原因是什么呢？主要是指导思想不够明确。究竟是让农民坐等别人提供服务，还是放手依靠农民自己起来办社会化服务？应当是在国家指导和支持下，主要依靠农民自己及其合作组织来办社会化服务。明确了这个思想，社会化服务就会势如破竹地发展起来。国有企事业单位提供的服务、集体经济组织的服务，都是重要的，但远远满足不了 2 亿多农户的需要，况且相当多的乡村集体经济组织实力薄弱，缺乏提供服务的条件。这就是提出发展社会化服务多年而进展缓慢的一个原因。为此，放手依靠农民自己及其合作组织来办社会化服务，再加上把扶持政策跟上去，农业社会化服务就会汹涌澎湃地发展起来。同时，依靠农民及其合作组织办服务的条件也成熟了。农村 20 年的改革开放，现在有一定专长的、善于经营的农村能人到处涌现。前年到吉林省考察产业化时，省里同志介绍了三个典型，听了很受启发。一个是长春市有位转业军人丛连彪，他创办一个年屠宰 15 万头肉牛的屠宰公司，带动周围 1050 户农户养牛；一个是榆树市农民陈云莲，她创办一个辣椒购销公司，带动周围 5100 户农民种辣椒，销往全国十个城市；一个是梨树县的农村经纪人年推销生猪 57 万头，相当于全县生猪销售总量的一半。类似吉林省这样的农村能人到处都有，问题是我们要转变观念，深入基层、深入群众，去挖掘这些能人，启用这些能人，支持这些能人。丢掉旧观念，人才就在面前。依靠能人办服务，可以使一大批农民从种植业当中分离出来，从事二、三产业，扩大农村就地就业的容量。种地人减少了，有利于耕地相对集中，实行规模经营。现在说的农村劳动力多，是多在种植业上，搞畜牧业和服务业的人并不多，这就是"人多没事做"和"有事没人做"同时并存，调整农业结构应包括调整劳动力结构。鼓励和支持大批农村能人走上服务业，建立国家、集体和农民及其合作组织相结合的社会化服务体系。

社会化服务应全面发展，重点突破。重点是鼓励发展以农民为主体的农产品购销队伍，搞活流通。党的十五届三中全会明确提出："要培育农民自己的流通组织，提高农民进入市场的组织化程度。"我们要按照这个方针放手发动农民自己办服务，打破卖难的困扰。

（六）加快小城镇建设，推动农村过多人口向非农方向转移，是实施经济社会发展的一大战略。所谓大战略，就是说农村一些带根本性的问题，寄希望于小城镇的发展来解决。主要有三点：一是农村人口多，就业空间小，消费水平低，农村巨大的市场购买力发挥不出来，不利于扩大内需，拉动工业和国民经济发展。去年农民年人均纯收入 2162 元，城市居民年人均可支配收入 5425 元，相差一倍。农民收入水平和消费水平低，购买力上不去，农村巨大的市场潜力发挥不出来。这个问题，寄希望于加快小城镇建设，扩大就业容量来解决。二是农村人多耕地少，家庭承包经营的规模小，劳动生产率低，成本高，制约着农业效益的提高，不利于我国农产品参与国际竞争，不利于农业现代化。这个问题，寄希望于加快发展小城镇建设，把农村大批人口吸纳到小城镇，从事非农产业，农村的资源宽松了，家庭承包经营规模扩大了，劳动生产率和效益也就上去了，农产品的市场竞争力就提高了，也为农业现代化创造了条件。三是小城镇发展滞后，人口生活质量低，文化教育落后，对计划生育、提高人口素质、建设强大的社会主义国家都不利。这个问题，也寄希望于加快小城镇建设，把大量的人口吸纳到城镇，提高生活质量，转变生育观念，发展文化教育，增强国民素质。

建设小城镇提出来比较早，现在为什么又重提，目的是要加快。为什么要加快？一是需要加快，二是具备了加快的条件。

需要加快，指的是增加农村人口就业，增加农民收入，扩大内需，拉动国民经济发展，是关系全局的大事，是当务之急。我国12亿多人口，9亿在农村，增加农民收入只在农内做文章是不够的，应当分流一部分人进入小城镇，进入非农产业，增加农外收入。只有农内、农外两篇文章一起做，这件关系全局的大事才能解决好。同时，人们期望打破城乡二元结构的心愿才能实现。

具备了加快条件，指的是现在农产品供大于求，为农民分流到农外就业提供了物质条件；现有农村人口中相当一部分人务工、经商，不种地了，有条件进入小城镇；现在农村二、三产业的发展，农业产业化龙头企业的发展，农业社会化服务的发展，个体、私营企业的发展，都希望到基础设施好、经营环境好的小城镇去；农村已经先富起来的农民，要求享受城镇的文明生活，要求子女到城镇去接受较好的文化教育；当前国家为拉动内需，增加了农村水、电、路等基础设施的投资，是加快小城镇建设的一个良好机遇。国家对加快小城镇建设已经规定了明确的方针和政策，现在的问题是加强工作，稳妥推进。

（七）抓紧制定并实施农村"费改税"的方案，从根本上解决农民负担过重的问题。多年来，从中央到地方对减轻农民负担问题高度重视，做了大量工作，取得了很大成绩。但是，农民负担过重的问题还是没有得到根本解决。为此，国务院规定，抓紧制定并实施农村"费改税"的方案，保障农民的合法权益，从根本上解决农民负担过重的问题。这是一项治本之策。

对此，也有同志担心税加上去了，费减不下来，最终农民负担过重的问题还是得不到解决。这种担心有一定道理。但是，也不能不改，因为维持现状是没有出路的。实行"费改税"，只要有相应的配套措施，这个担心的问题不是不可以解决。一个是实行精兵简政，按照中央要求先把乡一级不在编的人员减下来。江西省南昌市100个乡镇，乡镇干部8500人，他们提出"不在编人员清退，借调人员归位，在编人员适当分流"，计划精减 5000 人，占原有人员 50%以上，减一个人一年可少开支 8000 元，共可以少开支 3000 万元，每个乡镇平均 30 万元。把过多的"吃皇粮"的人减下来，财政负担减轻了，就不可能再向农民伸手要这个费、那个费了。另一个配套措施是，办事要量力而行，不超越自己的财力。有人说，农民负担重的根子在上边。上边不少部门往往对下边提很多要求，常常是只提出要求不给钱，逼得基层没办法，向农民伸手。其原因是办事不量力而行。没有那么多钱，就不要办那么多事。

实行"费改税"，加上精兵简政，再加上办事量力而行，"费改税"这个治本之策就有可能落实了。

（八）通过立法稳定土地承包关系，进一步调动农民积极性，促进农业出现新高涨。农业和农村经济的持续发展，在于稳定农村基本政策。稳定基本政策的核心有两个：一个是长期稳定家庭承包经营的制度；一个是长期稳定土地承包关系。

农村改革 20 年的实践证明，土地实行家庭承包经营取得了极大的成功。农业和农村经济发展到今天之所以能够进入新阶段，应该归功于这项伟大的政策。今后要长期坚持，不能动摇。但也要完善。完善什么呢？就是解决土地承包关系的长期稳定问题，不要频繁调整。这样农民才有长期打算，对土地倍加珍惜，敢于在承包地上增加投入，地会越种越好，越种越肥，土地产出率越来越高。做到了这一点，可以预料，农业会继家庭承包经营之后，再出现一个新的高涨。党的十五届三中全会指出："要抓紧制定确保农村土地承包关系长期稳定的法律法规，赋予农民长期而又有保障的土地使用权。"有关方面根据中央要求正在起草农村土地承包法，解决赋予农民长期而有保障的土地使用权问题。

土地承包关系长期稳定后，新出现的人地矛盾如何解决？有两种意见：一种意见是，还用过去的老办法，即"大稳定小调整"；另一种意见是，既然赋予农民长期而又有保障的土地使用权，就不能再频繁调整，应该是"增人不增地，减人不减地"。经过反复讨论，绝大多数同志赞成后一种意见，至于新产生的人地矛盾问题，可以另辟解决途径。中央领导同志去年 12 月在中央农村工作会议上的讲话中指出："解决人地矛盾问题，要坚持效率优先、兼顾公平的原则。用多留机动地，几年一调整的办法解决人地矛盾，会挫伤农民增加对土地投入的积极性，从长远看这条路也走不通。要通过发展二、三产业，发展小城镇，逐步减少农业人口，引导土地使用权在农户之间合理流转，运用市场机制促进生产要素流动，这才是解决问题的根本途径。"我们应当按照中央的这一原则精神，从另辟解决人地矛盾的新途径方面多动脑筋。这项改革做好了，会进一步激发农民的积极性，有可能推动我国农业再登上一个新台阶。

社会主义市场经济与农村发展*

（1993 年 10 月）

在建立社会主义市场经济体制的进程中，如何深化农村改革，使农业和农村经济顺利转入市场经济体制运行轨道，促进生产力发展，从而在新的历史时期进一步加强农业的基础地位，是当前需要很好研究的一个重要课题。

一、市场经济与农业

建立社会主义市场经济体制，要求在农业领域建立新的发展诱导机制。在计划经济时期，我国农产品长期处于供给不足的局面，农业发展的基本任务是"发展生产、保障供给"。农业发展的诱导机制主要靠国家的计划和指令。在市场经济条件下，在人民生活由温饱向小康的过渡阶段，农业应以生产是否发展、农产品是否适应市场需要、农民收入是否增加为目标。增加农民收入，是关系到广大农民积极性的大事，是检验农业经济效益的重要标志，是新时期农业发展的主要诱因。

把增加农民收入作为检验市场经济条件下农业经济效益的重要标志，主要是基于：第一，经过几十年的发展，尤其是改革开放 15 年的努力，我国农产品总量供求格局有了很大改变，矛盾的主要方面是在保持总量稳定增长的同时，适应消费需求的变化调整农业生产结构。因此，应把提高效益、增加农民收入放在与产量指标同等的重要地位。收入目标是产量目标、品质目标和市场行情的综合体现。第二，自 80 年代中期以来，农民收入增长与农业生产发展之间不协调的局面日益突出。来

---

* 本文原载《管理世界》1994 年第 1 期，成文于 1993 年 10 月。

142

自农业的收入增长缓慢。1992 年与 1991 年相比，农民人均纯收入增加 75 元，其中非生产性收入增长 11 元、非农业生产性收入增长 39 元，而占收入大头的农业生产性收入仅增长 25 元。由此可见，让农民从农业发展中得到更多的收益，是现阶段提高农民收入水平的关键，也是农业发展的最终目标。

在市场经济条件下，提高农业在农民收入增长中的贡献份额，除了要通过增加农业投入、缩小工农业产品价格剪刀差等途径以改善农业的外部政策环境外，主要出路在于推进农业的"三大变革"，将传统的数量型农业改造成为高效益的产业部门，从农业自身的变革中求效益。

第一大变革，根据我国人多地少的资源结构特征，发展节地型种植业、节粮型畜牧业以及开发整个农业资源，扩大食物源。这一变革的实质是以市场为导向，调整农业生产结构和产品结构；同时，充分发挥劳动力资源优势，发展劳动密集型的高效农业，扩大农业领域的就业容量。通过结构调整和扩大就业，为农民开辟新的收入来源。

发展节地型种植业，即在提高粮食单产、增加总产、保证国需民用的前提下，发展用地少、用劳动力多、科技含量高、产值大、收益好的瓜果蔬菜和名特优产品，提高耕地生产率。改革以来，在市场力量的推动下，我国种植业遵循这一思路，进行结构调整取得了成功。1992 年同 1978 年相比，全国粮食亩产提高了 98.5 公斤，尽管播种面积调减了 2 亿亩，但粮食总产仍然提高了 1.38 亿吨，为增加经济作物播种面积和退耕还林、还牧创造了条件。许多地方的经验表明，市场经济越发达，结构调整的步子越大，农业的效益越好，农民收入增长速度越快。我国节地耗劳型农产品的出口前景也是广阔的。在国际国内两个市场的需求导向作用下，我国农业的结构调整还有很大的潜力。

发展节粮型畜牧业，即在种植业第一性生产的基础上，利用其秸秆等副产品发展动物的第二性生产，实现农牧结合，使以往不值钱的东西，转化为畜产品。在日本称为"复合农业"。将种植业的副产品转化为畜产品，是间接提高种植业效益、直接提高农民收入水平的一个重要途径，还有利于提高耕地的有机质含量。在推进农牧结合方面，有一个问题需要引起重视，就是要将种植业的粮食作物和经济作物二元结构，改为三元结构，将饲料作物从粮食作物中独立出来。这么做，更有利于实现农牧结合。另外，还要大力发展饲料工业，以提高饲料资源的利用效率。畜牧业越来越成为农民收入的一个重要组成部分。1978 年农民年人均牧业收入仅 12 元，1992 年上升到 102 元。

开发利用整个农业资源，扩大食物源，是指要跳出现有耕地的圈子，着眼于利用整个国土，全方位开发农业资源。不仅要改造中低产田，对现有耕地实行集约经营，还要开发利用荒地、荒水、荒坡、滩涂，还要开发林区、山区、草原，发展立体农业和庭院经济等，充分利用整个国土资源广辟食物源和营养源。开发利用非耕地资源，对我们这样一个人多地少的国家具有非同寻常的意义。

第二大变革，打破传统的单一农业结构，扩大农业的外延，大力发展以农副产品为原料的加工业和农产品及其加工品的运销业，使一、二、三次产业拉通联动，实现多层次增值。将加工、流通视作农业生产的必要环节，是对传统农业观的一大革新。通过这一变革，可以使农业效益大幅度提高，为农业剩余劳动力的就业转移开辟又一大市场、又一新天地，从而为提高农民收入水平提供一个新途径。

在计划经济体制下，农产品的生产、加工和运销分属不同的部门管理，体制分割造成产业链条断裂。这种管理模式不适应市场经济的要求，必须将传统体制下断裂的产业链条连接起来。市场经济发达国家的经验表明，在农产品消费者最终付出的价值中，生产者所得到的那一部分越来越少，加工者和运销者所得的部分越来越大。为了避免生产、加工、运销环节在利益分割上的矛盾与冲突，一个行之有效的办法就是实行纵向的贸工农一体化经营，将生产、加工、运销联结为一个利益共同体。

发展我国的农产品加工业，无论从技术手段还是从市场需求来看，条件都已具备，完全有条件利用工业文明、工业手段来扩大农业的外延，将传统的原料型农业改造为成品型农业。随着生活消费水平的逐步提高和生活节奏的加快，人们对能直接上桌、直接下锅的成品、半成品食品的需求越来越大。为了与国际市场接轨，发展创汇农业，都需要发展农产品加工业。我国人多地少，出口原料型农产品是没有比较优势的。为了让农民从农产品加工业的发展中分享更多的利益，应当树立两条原则：第一，在各种类型的贸工农一体化组织中，加工环节要让利于农民；第二，国家要把今后新发展的农副产品加工项目布局到原料生产地，这是提高资源配置效益的客观要求，是大势所趋。

农产品及其加工品，商品率不断提高，交易量日益增大，单靠原有的国合商业组织已很难适应市场经济大发展的需要。应积极培育新的运销主体。鼓励农民组织起来进入流通领域。到 1992 年底，全国有农民购销组织 639 万个，从业人员近 1400 万人，所销售的农副产品占农副产品零售总额的三分之一。

第三大变革，逐步实现农业规模经营，大幅度提高农业劳动生产率。这是将农业改造成为高效益、有竞争力的产业的根本出路。工农业收入差异的根本原因就在于两者的劳动生产率差异。要缩小乃至最终消灭这种差异，就必须扩大农业经营规模。

为了实现这一变革，应当在大力发展乡镇企业的同时，逐步引导其相对集中、连片发展，与农村小城镇建设相结合。目前许多地方乡镇企业布局过于分散，失去聚集效应。同时，随着乡镇企业的大发展，部分农户、部分劳动力开始兼业经营，农业收入在家庭收入中的比重逐渐下降，农业日益成为副业。农业的副业化，不利于农业的技术进步和农业生产力的发展。其他单一经营农业的农户也因规模太小，农业难有新的突破，收入水平也上不去。农业要有新飞跃，纯农户收入水平要有较大幅度的提高，寄希望于大批农村富余劳动力转向非农产业，允许农民进入小城镇务工经商，有条件时与耕地脱钩，带动农业实现规模经营。应从逐步改革小城镇的户籍管理制度入手，为这一变革创造条件。

二、市场经济与农民

农民是农村的生产经营主体。农民顺利转入市场经济轨道，是在农村建立社会主义市场经济运行机制和管理体制的关键之一。农民要顺利转入社会主义市场经济轨道，除了依靠政府有关方面的引导帮助外，更重要的是依靠自己组织起来，发展商品生产，走向市场。

市场经济，是与市场需求、竞争、风险联系在一起的。市场有需求，生产才得以进行，才能发展。近些年农产品"卖难"相继出现，表明我国农产品生产的增长已经开始受到市场需求的制约。进一步开拓市场、开拓消费领域，日益成为促进我国农业发展的动力。市场是没有疆界的，可以是本地市场、外地市场，也可以是国外市场。满足本地市场需要的农产品，单个农户可以依靠自身的力量自产自销，而满足外地市场以至国外市场需要的农产品，依靠农户自销是不可能的，依靠单个农户的力量是难以实现的。市场经济是"竞争经济"，在竞争中优胜劣汰。恢复我国关贸总协定缔约国地位之后，国内市场与国际市场将逐渐接轨，对我国农产品生产经营来说，一方面将刺激我国农产品及其加工品出口贸易的增长，另一方面其他关贸总协定成员国的一些低成本、高质量、有相对优势的农产品也会进入我国市场，与我国农产品形成较强的竞争。随着生活消费水平的提高和科技进步，消费者对农产品的质量要求越来越高，出口农产品的质量监测也越来越严，国际社会近来又提出了"食物安全"的概念，把食物的质量要求同环保结合起来，在市场上，"绿色食品"与一般食品也拉开了差价。如果不能提供给市场品质好、价格低、适合消费要求的农产品，不仅在国际市场竞争中难有立足之地，而且国内市场也有可能被外来产品所占领。我国农产品要在市场竞争中处于有利地位，不仅要求依靠科学技术培育出优质高产的良种，而且要求从生产、加工、检验、分级、包装、贮藏、运输、销售等整个过程都要符合国际市场的规则和要求。而要做到这一点，单个农户也是难以完成的。市场需求不断变化，市场竞争你争我夺，市场风险难以避免。农业又是露天作业，灾害频繁，自然风险也是常见的。单个农户或单个集体经济组织势单力薄，难以抵御这两种风险，一遇风险可能几年不得翻身。组织起来，互利互惠，共享成果，共御风险，就可以更有效地克服困难，保持生产和经营稳定发展。而且市场经济也是"分工经济"，单个生产者不可能包打天下，要求分工分业，分工合作。市场农业发达的美国，一个直接从事农业生产的人，就有 12 人为其提供产前和产后的服务，其中产前 3 人，产后 9 人。我国农业劳动力大都停留在生产第一线，产前、产中、产后的服务环节还没有大量分离出来，制约着农业劳动生产率提高和实现农业现代化，这是在计划经济体制下农产品短缺时期由政府长期统购统销形成的,这种状况已经难以适应市场经济条件下农产品生产经营的要求。这些都表明,发展社会主义市场经济必须加强农民的组织化程度。

鼓励农民组织起来进入市场,不是要采取行政命令的办法,而是要以一定的经济组织形式为纽带,把分散经营的家庭承包者联系起来、组织起来。这里最基本的是健全统分结合的双层经营体制。通过社区集体经济组织和各种农业技术推广服务组织为农户提供系列化的生产服务,带领农民发展商品生产,进入市场。这项基本经济制度要长期稳定,不断完善。

同时,我们看到,改革开放以来,随着市场经济成分的引入,为适应商品生产的要求,不少地方对提高农户在生产经营中的组织化程度方面进行了很多有益的实践,积累了很好的经验,是值得我们认真研究和倡导的。

一个是建立商品生产基地,即依托区位资源优势和传统的名特稀优产品,按照市场需求,规划区域性的支柱产业,引导千家万户连片发展,专业化生产,形成一定规模的产业优势和生产基地。例如山东的潍坊市,在南部山区建起了 28 万亩的果品基地;在北部沿海滩涂地区建起了 18 万亩的水产品基地,300 万亩的盐和盐化工基地,80 万亩的优质棉基地;在中部平原建起了 500 万亩的粮食基地;还围绕发展出口创汇,建起了 17 个农副产品出口生产基地,逐步形成了与市场需求和资源特点相适应的区域化经济格局。又如江西,采用工程立项的办法,从 1990 年开始,组织全省 26 个县(区)和 10 个国营农场区域内的农户大量饲养鹅鸭,建立了"鹅鸭工程",并以此带动相关产业的发展,到 1992 年,全省鹅鸭饲养量达到一亿多羽,综合加工产值 46 亿元,"小水禽"发展成了"大产业"。农产品的基地化生产有利于推广应用优良品种、先进的生产手段和科学技术,开展社会化服务,生产出高品质的产品;有利于形成有一定批量、有统一规格和品质标准的产品,适应开拓国内外市场的需要;有利于降低成本,提高劳动生产率和农产品的产出率,增强产品的市场竞争力。

另一个是建立贸工农一体化经营组织。商品生产基地的建设,需要有经济组织去承办运作。这个经济组织，从很多地方的实践看，就是贸工农一体化、产加销一条龙的龙头企业或企业集团。它外联市场、内联农户，集信息、科技、加工、运销等服务于一身，引导、组织农户直接为市场需要而生产，有利于解决分散的家庭经营与社会大市场的矛盾。这种贸工农一体化的经营组织，有国合商业和外贸部门牵头兴办的，也有农民自己兴办的，打破部门、地区和所有制界限，完全依靠市场原则组建和运行，与农户建立合同、契约式的经济关系。除了为农民提供产、加、销服务外，有些地方还通过预付定金、提供贴息贷款、发放生产扶持金、赊销种苗、饲料等方式，扶持农民发展生产，有比较健全的功能。更可喜的是它内部各环节之间的利益可以调节，如对收购农户原料实行保护价，对农户因自然灾害造成的重大损失给予适当扶持，赚钱多的环节可以适当让利于不赚钱或赚钱少的环节，有的还采用股份合作的形式吸收农民资产参与。这样就结成了风险共担、利益均沾、互惠互利、共同发展的经济联合体，有利于降低农户的市场风险，实现农业内部的利益相互补偿，促进生产的稳定发展。这些贸工农一体化经营组织，是贸字当头，把市场放在第一位，根据市场需求搞加工，依据加工的需要引导农民发展原料生产，为农民顺利走向市场架起了桥梁。

再一个是建立各种形式的专业协会，这是由生产同类产品的龙头企业自愿联合组织起来的。它的主要作用是，面对市场需求，统筹生产发展计划，研究市场价格，推广先进的生产技术等。浙江省江山市的砖瓦协会就很说明这个问题。这个市的砖瓦厂到 1992 年底发展到 19 家，红砖产量高达 3.2 亿块，超过市场需求 1 亿多块，销价落到成本之下，几乎家家亏损。在此背景下，砖瓦协会诞生了。协会一成立就实行"限产保价"，使产量与市场需求相衔接，价格适当向上浮动，企业扭亏为盈。由于这种做法与国际石油输出国组织——"欧佩克"的减产措施有异曲同工之处，人们称这为江山的"欧佩克"。这种专业协会在我国农村为数不多，但它是有发展前景的。目前出现较多的是农民自办各种专业技术协会、研究会，主要从事农村实用科学技术的推广和应用，相互交流信息和经验，聘请专家、学者讲授有关专业知识，解决生产中的疑难问题，培养掌握某种专业生产技能的农民，发展专业化、社会化商品经济。

现在已有相当数量的农民专业技术协会、研究会成为跨县、跨省发展的区域性组织，有可能成长为专业协会。专业协会的出现和发展，不仅可以提高农户生产经营的组织化程度，增加农产品的市场竞争能力，调整供求关系，而且可以通过协会及时将农户的愿望和要求传递给政府和有关方面，提高农户在社会经济活动中的对话地位，维护合法利益。

三、市场经济与农村

建立社会主义市场经济体制，为农村经济的发展带来了前所未有的新机遇。但同时也要看到，无论是在市场竞争还是在经济资源的竞争中，农业常常处于软弱和不利的地位，各种经济资源和生产要素从经济比较落后的地区流向经济比较发达的地区，由农村流向城市，近年来这种情况在我国已经表现出来，农村的发展面临新的困难：

一是已经缩小的城乡居民收入差距重新拉大。改革开放以来，我国农民收入增长最快的时期是 1979—1984 年，平均每年实际增长高达15%以上。近年来，由于工农产品价格剪刀差扩大，农民收入增长缓慢，城乡居民收入差距又重新拉大。1981 年农民收入为城市居民的 45%，1985 年提高到 54%，1990 年又降回 45%，1992 年再降到 38%。这样，使农民如期实现小康难度增加，直接影响我国经济发展第二步战略目标的实现。

二是农村市场趋于缩小。我国人口 80%在农村，农村市场是我国经济增长的巨大动力。1978—1984 年，随着农民收入的高速增长，农村市场急剧扩张，促进了农村经济和国民经济的发展。对这一时期国民经济总增长的贡献份额进行分解的结果表明，农民的消费和积累增长的贡献即市场贡献份额在 62%以上。近年来，随着农民收入增长速度的降低，农民购买力下降，农村市场出现疲软萎缩趋势，直接影响了工业和国民经济的发展。据有关专家分析，1989—1990 两年，由于农民购买力下降，仅农村市场就使 60%以上的新增工业品实现不了其价值，是造成工业品积压，国民经济效益下降的原因之一。同时，也导致农村经济、社会发展减缓。

三是农村富余劳动力就业问题突出。由于多种原因，我国农业劳动力的转移远远落后于经济发展。尽管改革开放以来，随着乡镇企业的崛起和全国第三产业的发展，吸收了大批劳动力，但由于劳动力的增长速度高于劳动力的转移速度，我国农业中仍滞存大批剩余劳动力。这不仅直接制约农业劳动生产率的提高和农业现代化的实现，而且也严重影响国民经济的发展和社会的稳定。近年来日趋突出的"民工潮"向我们昭示出解决农村剩余劳动力问题的严重性和紧迫性。根据国际经验，中等发达国家的农业劳动力占全社会劳动力的比例大约在 10%左右。据此推算，我国要在下世纪中叶达到中等发达国家的水平，农业劳动力的比例需下降 50—60 个百分点。借鉴国际经验，并考虑我国经济发展对劳动力的吸收能力，要实现这一目标，难度是很大的。

农村这些问题存在的原因并不完全在农村内部，主要是在农村外部。因此，在社会主义市场经济条件下，要加快农村经济的发展，必须调整国民经济收入分配格局，增加农业和农村发展的投入。新中国成立40 多年来，我国农业为国家工业化积累资金做出了重大贡献，目前全国工农业总产值的构成已经发生了根本性的变化，工业与农业的比重已经由 1952 年的 43.1∶56.9 变为 80.2∶19.8。不少理论和实际工作者根据国际经验和我国的现实情况，认为我国已经到了由农村支持城市转向城市带动农村、由农业支持工业转向工业带动农业的时候了。这"两个转变"的建议是有道理的，当然还需要深入具体地研究。不管怎样，国家支持农业支持农村，加强农业的基础地位，支撑国民经济的高速持续发展，已势在必行。

在国家的必要支持下，农村如何发展呢？

第一，加快培育和发展市场体系。没有市场就没有农产品的交换和流通，就没有指导农民生产的信息，就没有资源优化配置的条件，就没有城乡市场的紧密结合，就不可能形成全国统一开放的市场体系，就谈不上计划经济向市场经济的转换。因此，市场的建设及其功能的充分发挥，是我国农村发展的一件大事。当前着重发展农产品批发市场和生产要素市场，加强市场流通的基础设施建设，规范市场交易行为，打破地区封锁、城乡分割的状况，建立农村市场运行的正常秩序，增强农村经济发展的开放性，使各种生产要素和经济资源在更大范围内流动和组合，提高经济效益。通过建立和健全发达的市场体系，来引导推动生产发展，进而带动社会发展。

第二，在保持农业稳定增长的前提下，调整农村产业结构，加快乡镇企业和其他非农产业的发展，为农业剩余劳动力提供更多的就业机会，为增加农民收入，积累农业现代化建设资金创造条件。尤其重要的是，乡镇企业的发展主要依托现有小城镇合理布局，使大批农业剩余劳动力转入非农产业，转入小城镇，为农业扩大经营规模、提高劳动生产率创造条件。星罗棋布的小城镇的出现，形成农村大大小小的经济、文化、政治中心，必将缩小城乡差别、工农差别，推动社会全面进步。

第三，制定区域政策，促进农村平衡发展。我国农村地域辽阔，情况千差万别，到处呈现出发展的不平衡性。我们必须按照效率优先、兼顾公平的原则，正确对待这个问题。在工作上，区别对待，分类指导，从来是党和政府指导农村工作的一大方针。农村发展中的不平衡性，目前集中表现在三个方面：一是东部地区与中西部地区的差距。东部发展快，是我国相对发达的地区，中西部发展相对慢一些，是欠发达地区。而资源优势、发展潜力、市场潜力都在中西部，加快中西部地区的开发和发展，是关系国民经济全局的大问题。二是粮棉主产区与其他地区的差距。粮棉主产区担负着为国家提供粮棉等大宗农产品，支持全国经济发展的任务。目前许多粮棉主产区农民收入增长缓慢，农村经济发展面临着愈来愈大的困难。1991 年，全国农村人均纯收入过千元的 100 多个县，6 个粮棉主产省没有一个。长此以往，粮棉主产区农民和地方政府发展农业的积极性就会受到严重挫伤。三是贫困地区与其他农区的差距。对于上述三方面的问题，党和政府给予了高度重视，并采取了许多重大措施。今年国务院专门发出了加快中西部地区和少数民族地区乡镇企业发展的决定，并采取了包括增加专项信贷支持在内的一系列措施。不久前召开的中央农村工作会议，决定提高粮棉价格，并投入专项资金支持粮棉主产区发展农副产品加工业和其他乡镇企业，改变"粮棉大县，工业小县，财政穷县"的面貌。在扶贫方面，决定集中力量，争取到本世纪末的 7 年时间里，基本解决现有 8000 多万贫困人口的温饱问题，国务院正在制定并部署实施"八七扶贫攻坚计划"。认真贯彻落实这些重大措施，有利于逐步缩小地区间差距，最终实现共同富裕。

四、市场经济与政府

社会主义市场经济体制是同社会主义基本制度结合在一起的。建立社会主义市场经济体制，就是要使市场在国家宏观调控下对资源配置起基础性作用。因此，在社会主义市场经济的运行过程中，要善于运用计划和市场两种经济手段搞好宏观调控。

对农业这个特殊的基础性产业部门而言，在市场经济条件下，政府的作用只能加强，不能削弱，更不能撒手不管。这是因为：农业生产是人类赖以生存与发展的最基本的实践活动，满足人们对主要农产品的消费需求，是一个国家、一个民族自立自强的基础；农业生产在很大程度上受自然条件的制约，有丰年也有歉年，而且是季节生产常年供应，容易产生波动；在社会主义现代化建设进程中，由于土地资源的紧缺性和不可替代性，也由于农业的技术进步滞后于工业，农业比较效益低的问题愈来愈突出；由于农业生产周期长，而市场调节是一种事后调节，从价格形成、信息反馈到产品产出，有一定的时滞，所以在调节过程中容易产生供求脱节；农业经营直接关系到土地资源的开发和利用是否合理，关系到人类生存繁衍的生态环境状况，这些往往会与农业生产经营者微观目标发生矛盾。

政府领导农业的职能，一是要转换，二是要完善。要转换，是因为政府现有的领导、管理农业的许多职能，是计划经济体制所要求的，不符合或不完全符合市场经济体制的基本规范。要完善，是因为确保农业市场经济顺利运行所必需的许多政府职能，我们还不具备、不成熟，需要在建立社会主义市场经济体制的过程中逐步确立，不断完善。

对市场经济条件下政府领导农业和农村经济的主要职能，李鹏同志在不久前召开的中央农村工作会议上概括为八个字："引导、支持、保护、调控"。这就是，加强对农村经济发展的引导，帮助农民顺利进入社会主义市场经济轨道；加强对农业和农村经济的支持，改善外部政策环境；加强对农业的保护，促进农业生产持续稳定发展；加强和改善宏观调控，确保农村市场经济的正常运行。

对新形势下政府职能的概括和规范，具有重要意义。政府职能的新概括，是从农村改革十多年来实践经验中提炼出来的。党的十一届三中全会以来，在农村许多以市场取向的改革过程中，各级政府都在探索领导农业的新思路、新方法。党的十四大确立了我国经济体制改革的目标是建立社会主义市场经济体制以后，理论工作者和实际工作者对这方面的探索、研讨达到了一个高潮。实践表明，扩大市场机制的调节范围和作用力度，对政府领导职能的要求不是降低了，而是更高。凡是政府领导职能转换快、发挥得当的地方，农业和农村经济蓬勃发展，富有活力；反之，则发展困难，生气不足。正反两方面的教训是总结和产生政府新的职能的基础。这个政府职能的新概括，对向社会主义市场经济过渡时期的政府领导农业和农村工作具有现实的指导意义。近年来，大家在市场经济条件下政府如何工作的探索中，存在着两方面的问题：一是误认为市场经济就是撒手不管，放任自流；二是继续沿用过去以直接手段为主的领导方式。两个问题的共同结果，都是阻碍商品生产发展，不利于社会主义市场经济体制的建立。现在有了这个新的职能概括，各级政府都将会依此来界定自己应履行的任务、规范各自的行为。

政府对农业和农村经济实行引导，是由市场经济自身的规律和我国国情决定的。在计划经济条件下，农民生产什么，生产多少，向谁交售，都有固定的安排。发展市场经济，把农民引入市场，依据市场需求进行生产经营活动，农民一时还难以适应。加之农户经营规模太小，相互之间盲目模仿，所产生的"同步效应"往往人为地放大市场波动的幅度。大多数农产品在放开的初期，都要经历一个买难卖难交替出现的周期。这种格局，不利于市场供求关系的平衡和稳定，损害了生产者和消费者的利益。在社会主义市场经济条件下，政府一方面要大力培育市场体系，为农民的商品交换和流通创造条件；另一方面，要更多地通过经济信息、经济政策、经济杠杆，引导农民面向市场调整产业和产品结构，引导分散经营的农户与大市场对接，引导农村富余劳动力向非农产业转移，为逐步扩大农业经营规模和提高劳动生产率创造条件。

　　政府对农业和农村经济给予支持,应是国家产业政策的重要组成部分。国民经济的快速成长,需要农业生产发展的保障,需要农村经济发展的支撑;但与此同时,在市场力量的作用下,农业和农村资源在国民经济快速成长时期往往过度地流向工业和城市。这是一对客观存在的矛盾。对这个矛盾,要有正确的认识。在市场的初次调节下,经济资源向回报率高的产业和地区流动,是正常的。至于像农业这样社会效益高、自身效益低的基础产业,在资源的竞争中肯定处于不利地位,但又必须有足够的发展,怎么办?这就需要政府的第二次调节,由政府来弥补市场调节的不足,由政府来重新配置社会资源,以确保农业等基础产业有足够的投入。在去年以来的开发区热、房地产热、股票债券热中,农业资金向工业流、农村资金向城市流、内地资金向沿海流,大量耕地被滥占,大量科技人才"离田下海",在这种情况下,政府如果不履行支持农业和农村经济的职能,工农业就不可能协调发展,国民经济就不可能持续快速增长。由此可见,在市场经济条件下,政府的支持职能显得格外重要。

　　政府对农业实行保护,是市场经济条件下的必然行为。世界上任何发达的市场经济国家都是如此。农业面对着市场的和自然的双重风险,本身比较利益低、承受能力弱,政府必须给予保护。近年来,农业增产与农民不增收的矛盾十分突出。其中一个重要原因,就是农业丰收后农产品价格尤其是粮食价格低落。因此,我国首先从粮食开始实行价格保护,让农民在丰年、粮多、市价跌落时,仍然做到保本微利,不再出现谷贱伤农的问题。随着国家财力的增长和其他条件的改变,逐步扩大农产品的保护范围和提高保护的强度,不断完善保护制度。

　　政府加强和改善宏观调控,是保证市场经济正常运行的重要手段。农产品逐步全面放开以后,如何做到产销衔接、供求稳定,单靠市场自发调节是做不到的,近几年农产品主要是粮食供求失衡所产生的问题就说明了这一点。中央为此建立的粮食专项储备制度,就是解决这个问题的重要宏观调控政策。再加上地方建立的储备制度,就可以在我们这个人口大国里形成比较健全的储备体系。根据粮食的丰歉情况,实行吞吐调节,并和国际市场的进出口相结合,就可以保证我国粮食市场的稳定。

与实行粮食保护价相适应，从今年起建立粮食风险基金，这是向市场经济体制过渡中的又一项重要的宏观调控政策。为了从根本上解决屡禁不止的收购农产品"打白条"，以及农业信贷资金被挤占、挪用的问题，国家已决定成立政策性农业银行，专门承担政府赋予的农村政策性金融业务，这是又一项重要宏观调控政策。建立粮食储备调节制度、粮食风险基金、政策性农业银行，是目前我国对农业的重要宏观调控措施，初步构成政府的宏观调控体系，一个运行有序的社会主义市场经济体制将逐步建立起来。

农业发展要有新思路[*]

（1996 年 3 月）

保证粮棉油等基本农产品生产达到一个新的水平；农民生活达到小康水平，包括基本解决几千万农村贫困人口的温饱问题，是"九五"期间我国农业发展的两大目标。从更长远一点来说，要在此基础上，坚持增加农业投入，加强基础设施建设，依靠科学技术改造传统农业，逐步建立起强盛的现代农业，以牢固地支撑起国民经济大厦，保持改革、发展、稳定的大局，是我国的一项长远战略任务。要完成这一历史任务，必须更好地确立农业在国民经济全局中的基础地位，保持农业和二、三产业协调均衡发展。

根据马克思主义的经济理论，从事不同产业的劳动者，只有得到大体相同的平均利润，各个产业才能协调均衡发展。世界上发达国家，从事农业的劳动者和从事非农业的劳动者的年收入水平基本相当，有的还要多一些。目前，我国农业基础脆弱，劳动生产率和比较效益低，已成为国人的共识。以 1994 年为例：从生产方面看，全年国内生产总值 45006 亿元，其中农业增加值 9438 亿元，按农业劳动者平均，人均 2827 元；二、三产业增加值 35568 亿元，按二、三产业劳动者平均，人均 12665 元，相差 3.5 倍。从城乡居民收入方面看，1994 年农村人均纯收入 1221 元，城镇居民家庭人均生活费收入 3179 元，相差 1.6 倍。我国农业由于比较效益低，一方面对资源投入缺乏吸引力，技术队伍稳不住，有限的资金"农转非"，影响农业发展；另一方面提供净收益的能力有限，农民收入增长缓慢，不利于调动其积极性和增强投入的实力。

如何改变这种状况呢？我们应当遵照江泽民同志在党的十四届五

---

　　* 本文原载《求是》1996 年第 6 期。

中全会上的讲话中关于"发展农业要有新思路"的指示，寻求符合我国国情的最佳途径。环顾世界各国，解决这个问题大体有两种做法：一种是，欧盟通过价格补贴或直接补助的办法，增加农民收入，刺激生产发展，每年投入将近 700 亿马克的资金，相当于欧盟总部全部预算的一半。我们国家大，财力薄，类似欧盟这样的高额财政补贴，我们学不起。另一种是，像美国、加拿大、澳大利亚等人少地多的国家，实行规模经营，高度的机械化生产，大大提高劳动生产率。耕地规模经营是发展的方向，但从我国的情况看，这是一个相当长期的发展过程，而且规模也不会很大，当前大多数地区还不具备条件。比较现实的选择是，从实际出发，总结国内典型经验，借鉴国际经验，探讨符合中国国情的农业发展思路。这个思路应当是，在有限的资金条件下，充分发挥劳动力资源丰富的优势，科学制定生产、经营和宏观调控的方针，力求使农业从自身发展中提高比较效益，逐步由弱质产业变为强质产业。

一、种植业和养殖业复合发展，最大限度地提高初级产品生产的效益

从世界范围看，凡是人多地少、耕地经营规模不大的国家，如果农民只单纯依靠种植业尤其是大田生产，都难以达到很高的收入水平。比较成功的做法是，在以发展谷物为主的种植业的基础上，积极发展以畜牧业为主的养殖业，把种植业产生的饲料粮、副产品，特别是大量秸秆过腹转化，变成高价值的畜产品、水产品。这样，种养业复合发展，可在种植业收入之外增加畜牧业、水产业收入，就构成了高效农业的生产结构。丹麦、荷兰即是这种农牧复合发展的成功典范。1994 年这两个国家的农业总值中畜牧业分别占到 90% 和 60%。丹麦农民收入的 85% 来自于畜牧业。

与他们相比，我国农牧复合发展的潜力还相当大。1994 年我国畜牧业占农业总产值的比重仅为 29.7%，农民收入中来自于畜牧业的仅占 8%。大幅度提高农业总产值和农民收入构成中畜牧业所占的比重，使畜牧业在农民家庭经营中由副业上升为主导产业，是我国发展高效农业

的必然趋势。现在各地都有一些种养业复合发展的典型。尤其是近些年来，国务院倡导农区养牛，秸秆过腹还田，发展很快。一些地区已经走出了"以种带养，以养补种，种养结合，提高效益"的成功路子。

纵观国内外经验，有必要重新认识以畜牧业为主的养殖业在发展高效农业中的重要地位。起码有以下五大经济社会功能。

（一）能增加食物总量。我国人口多耕地少，粮食的供求紧张局面将是一个长期现象，在努力提高粮食单产、不断增加总产的同时，广辟粮食之外的食物源应是我国的一项基本国策。过去我们对粮食等可直接食用的种植业产品通过养殖业转化增值，增加农民收入，比较重视，但对种植业产品中不能直接被人类食用的部分，通过养殖业转化为肉蛋奶鱼，增加食物总量，还未充分认识。据有关方面测算，种植业生产的有机质和能量只有 25% 左右能被人类直接利用，其余 75% 只能作为动物饲料或燃料使用。像玉米秆、小麦秸、甜菜渣、土豆秧、红薯藤等副产品，都可以通过畜牧业转化为优质食物。我国每年的农作物秸秆约有 5.7 亿吨，目前被畜牧业转化利用的仅占 20%，还有很大潜力可挖。如果能把这个潜力挖出来，不仅可以增加农民收入，而且可以增加市场肉食供应，提高人民生活水平，为本世纪末实现小康目标做出历史性贡献。

（二）能增加有机肥料。畜牧业产生的粪尿，以厩肥的形式返还到土壤中，通过微生物分解，成为种植业的"粮食"。这既有利于培肥地力，提高种植业的产出水平，又有利于减少化肥使用量，降低种植业的生产成本，建设生态农业。中外大量典型材料都表明了这一点。山东省安丘市前儒林村，1980 年以前亩施有机肥 3500 公斤，化肥 150 公斤，小麦、玉米两季亩产不足 400 公斤，由于畜牧业得到发展，1995 年亩施有机肥上升到 9000 公斤，化肥下降到 50 公斤，小麦、玉米两季亩产高达 1540 公斤。荷兰、丹麦两国大量施用有机肥，每公顷耕地化肥施用量比我国少 140—170 公斤以上，种植业的单产水平却超出我国一倍以上。特别是在目前我国化肥总量少，价格高，农业生产成本不断加大的情况下，积极发展畜牧业，增施有机肥，打破化肥短缺对我们的困扰，具有重要的现实意义。

（三）能稳定以粮食为主的种植业的发展。一般来说，养殖业的原料来自于种植业。从农区产业链条的顺序看，是先有种植业然后才有养殖业。农民一旦尝到发展养殖业的甜头，就会回过头来更加精心从事种植业、重视种植业的发展，使养殖业反作用于种植业。支撑养殖业的主要物质基础是粮食作物的籽实及其秸秆，养殖业要想获得持续发展，就必须首先确保以粮食为主的种植业持续发展。目前我国粮食播种面积之所以不十分稳定，一个重要原因，就是单一种粮食收入较低，如果加上畜牧业转化增值的重头收入，种粮食就合算了，搞种植业就有利了。我们应当巧妙运用种养业之间这种依存关系，抓养促种，推动以粮食为主的种植业稳定增长，把依靠我国自己基本解决 12 亿人口吃饭问题的方针落到实处。

（四）能为发展乡镇企业提供充足的原料。种养结合潜力比较大的地区，一般为乡镇企业不发达、农民收入来源单一的传统农区。这类地区发展乡镇企业，不能重复沿海发达地区已经走过的路子，必须寻找和创造自身的资源优势与竞争优势，找准切入点。对这类地区而言，利用养殖业提供的原料发展加工业，是发展乡镇企业的最佳切入点。首先是拥有别的地方不可比拟的原料优势，不会与城市和沿海发达地区发生产业同构的矛盾。另外，加工出来的产品，都是人民生活必需品，有广阔的市场前景。

（五）能就地转移农村大批剩余劳动力。我国农村剩余劳动力多，主要是多在种植业中，牧业、林业、渔业及其相关的加工业方面的劳动力并不多。种植业中的剩余劳动力有一部分可以有序地向沿海地区和大中城市转移，但吸纳、消化剩余劳动力的主要阵地应该是农业的深度与广度开发。以畜牧业为主的养殖业及其相关的加工业、运销业的发展，能够就地转移农村大批剩余劳动力。就发展养殖业来说，如果采用家庭分散经营的方式，可以使农民剩余劳动时间得到充分利用，包括老弱病残劳动者也有了就业机会；如果采用规模经营的方式，则可以像工业一样提供规范的就业岗位。发达国家的经验表明，发展以农产品为原料的加工业，不仅可以大量增值，而且可以扩大就业。以荷兰为例，从事农业的劳动者占全社会劳动者的 3.5%，而从事农产品加工业的劳动者则占 17%，比务农的多 4 倍。应当充分利用养殖业和农产品加工业的劳动密集型特征，为农村剩余劳动力提供用武之地，更好地实现国家就地就近转移剩余劳动力的方针。

基于以上认识，今后应当把以畜牧业为主的养殖业作为农村经济发展的一个关键环节来抓。要充分发挥养殖业具有前后驱动的作用，促进种植业和带动乡镇企业连环发展，建立起以粮食生产为基础的高效农业体系。为此，可采取以下举措：一是把全国500多个产粮大县作为种养业复合发展的重点示范县，国家扶持产粮大县的专项贷款重点用于支持发展畜牧业及相关的加工业；二是抓好种植业结构的调整工作，重视饲料作物的发展，由传统的粮食作物—经济作物的二元结构向粮食作物—饲料作物—经济作物的三元结构转变；三是把近几年倡导起来的农区秸秆养牛、养羊，坚持不懈地抓下去；四是农业综合开发应把支持增加粮食生产能力与支持发展畜禽、水产等养殖业放在同等重要的地位；五是贫困地区的扶贫开发也要把发展畜牧业作为一个重点，扶贫资金向种养业倾斜；六是农业部门应当围绕发展养殖业解决好良种、饲料和饲养技术问题。

二、发展合作加工、销售，把农产品的 工、商利润留给农民

在种植业和养殖业复合发展的基础上，积极发展以种养业为原料的加工业和运销业，使一、二、三产业拉通联动，多层次转化增值，是提高农业比较效益的另一个基本思路。通过这条途径提高农业比较效益的潜力是很大的。发达国家农产品加工业产值与农业产值之比大都在3：1以上，我国只有0.5：1。以食品工业为例，发达国家工业生产的食品约占饮食消费的90%，而我国仅占25%；发达国家食品工业产值通常是农业总产值的1.5—2倍，而我国食品工业产值还不及农业总产值的三分之一。根据国际上通常采用的标准，制造业划分为23个部门，很多国家食品工业在制造业中的比重都超过10%，在法国、荷兰、原苏联、印度、印尼、墨西哥、巴西等国，食品工业都是最大的制造业部门，而我国食品工业所占比重只有3%，所居位次大大靠后。

　　差距就是潜力。从上述比较中，可以看出我国发展农副产品加工业还有很大的空间。目前我国正处于从温饱向小康过渡的发展阶段，人们对成品、半成品等加工后的农产品的消费需求越来越旺盛。今后食品生产应当就地从田间到餐桌一条龙发展，从农村运往城镇销售的食品可以直接下锅、上餐桌，以适应人民生活水平不断提高的要求。我国农产品要走向国际市场，也必须在产品的加工、包装、保鲜等方面狠下功夫。对这些，社会方方面面已经有所认识，也付诸了行动。这就是近年来各地逐渐出现的贸工农一体化经营，即公司+农户。这种经营方式，是按照贸易的需求来加工，以加工的需要发展原料生产，农业真正面向了市场，为卖而产，不再是生产什么卖什么了。而且它是在不改变家庭承包经营的基础上，由加工龙头企业带动农户连片发展商品生产，形成集约经营和规模效益，联合起来进入市场。现在的问题是，绝大多数地方由于加工、流通环节与农民利益脱节，贸工农三者尚未形成真正的利益共同体。农产品加工、流通的龙头企业，与农户生产的原料一般是"买断"的关系，企业加工、销售后所得利润，与提供原料的农户无关，农民没有分享，农业的延伸效益没有回到农业中来，农业比较效益低的问题没有从根本上得到解决。

　　借鉴国外经验，确保农产品加工、流通环节的利润能够留在农村，返还到农民手中，实现"分利补农"的目标，必须在农产品加工、流通环节推行合作制。就是说，在家庭联产承包制的基础上，鼓励和支持农民联合发展加工、流通，共享加工、流通利润，这样农民的利益才能得到制度上的保证。发达国家农产品加工、销售领域中，由农场主自己组织起来的合作社唱主角。加工、销售合作社与农民之间不是"买断"关系，而是把农民提供的农产品进行加工、销售后，将其中大部分工商利润按农民提供原料的份额进行返还。譬如，丹麦的斯特弗屠宰加工厂是丹麦最大、也是欧洲最大的一家，是 5000 个养猪农户所共有的合作企业，1994 年获利润 2.05 亿丹麦克朗，除留下 6000 万用于技术开发和其他经营费用外，其余全部都返还给农民。又如，美国加利福尼亚州的蓝宝石杏仁协会是由 4200 余个杏仁种植者组成的合作组织，入会会员生产的杏仁不问价格先交给协会统一分级、加工、销售，协会按统一的商标（蓝宝石）、合理的价格销售会员的产品，并把销售的纯利润扣除 6% 后全部直接返回给各会员。这样，杏仁生产者不仅得到了初级产品的价格，而且将加工、销售环节的利润也拿到手。

（一）合作加工、销售的组织形式。根据我国目前的实际情况，要达到将农产品加工、销售环节的利润返还给农民的目的，可采取以下组织方式：

1. 在农产品加工、销售领域充分发挥对社员不以营利为目的的农村供销合作社的作用，扶持它们带头创建农产品加工、销售的合作企业，把加工、流通环节的工商利润返还给农民，这是中央要求把供销合作社真正办成农民自己的合作经济组织的具体体现，也是供销合作社在新的历史时期应当承担的重要使命。同时，也欢迎和支持农民自愿联合兴办各种专业性农产品加工、销售企业，这也是合作制的一种形式。

2. 集体所有制的乡镇企业在农产品加工、销售领域可以发挥更大的作用。乡镇企业是农民自己的企业，它既可以把从事其他非农产业得到的部分利润用来"以工补农"，又可以把从事农产品加工与销售得到的大部分利润用来"分利补农"。今后乡镇企业应把农产品的加工、销售作为发展的重点，这也是乡镇企业的一个特色。

3. 其他类型所有制的工贸企业，从事农产品加工与销售时也要注重让利于农。以农产品为原料的国有企业、股份制企业、私人企业，应采取与农户签订产销合同、返还一定的加工和销售利润等办法，稳定和发展原料基地，促进农、工、商协调发展。云南玉溪卷烟厂是一家国有企业，该厂把烟叶种植作为"第一车间"来抓，把本地区 20 多万户烟农作为编外职工对待，把工业利润作为启动资金，以 12 种形式向"第一车间"进行利润返还，既增加了农民收入，又稳定和发展了原料来源。总之，应当提倡多种形式的贸工农一体化经营，提倡贸工农结成真正的利益共同体。我国农村 2 亿多农户，面这么大，不是哪一种形式可以包打天下的。特别是要着力发展农民自己的合作加工、流通企业，它们是实现贸工农一体化这个历史任务的主体。

（二）支持合作加工、销售的政策措施。通过实行合作制达到将农产品加工、销售环节的利润留在农村，返还给农民，还必须采取以下政策措施：

1. 从生产力布局政策看，农产品加工业应向农村转移、向主产区转移。过去，我国的农产品加工业多集中在城市，大量的农副产品要经过远距离运输以后才能得到加工，这样做既不经济，又不利于增加农民收入、增强农业自身发展的能力。今后应当重点扶持农产品主产区和各类农业商品生产基地发展农产品加工业。

2. 从产业政策看，应把农产品加工业列为优先发展的产业之一。在投资立项等多方面给予优惠待遇，力争我国农产品加工业有一个大的发展。农村金融部门应把加工龙头企业尤其是合作制的龙头企业作为重点扶持对象。

3. 从所有制政策看，应高度重视合作制的发展。借鉴发达国家的经验，尽快为合作经济组织立法，确立合作经济组织的法人地位，使合作经济组织有法可依、有章可循。

三、依靠科技转变增长方式，追求农产品生产、加工收益的最大化

无论是发展种植业、养殖业还是加工与运销业，都有一个依靠科技进步、转变增长方式、节约使用资源从而相对提高效益的问题。如果说在种植业的基础上发展养殖业，在种养业的基础上发展加工与运销业，是从"加法"即增值的角度提高农业比较效益，那么转变增长方式、节约使用资源就是从"减法"即降耗的角度提高农业比较效益。当然，依靠科技转变增长方式，不仅可以通过降耗来提高农业比较效益，还可以实现农产品及其加工品的优质、高产，来提高农业的比较效益。特别是在降耗方面，潜力巨大、技术成熟，是完全能够抓出成效来的。

从种植业看，我国虽有精耕细作的历史传统，但近代以来西方国家广泛应用科技成果，现在已远远领先于我们了。地、肥、水是种植业生产的三大要素。这三大要素的生产率，我国与先进国家之间都存在相当大的差距。先看耕地单产的差距。1992 年法国、埃及、日本和德国每公顷收获面积的谷物产量分别为 6516 公斤、5869 公斤、5847 公斤和

5334 公斤，而我国每公顷播种面积的粮食产量只有 3067 公斤，即使剔除因统计口径不一而造成的不可比因素，我国的粮食单产与这四个国家之间的差距仍是相当惊人的。又如，荷兰每公顷产量，小麦为 8000 公斤，是我国的 2.3 倍；土豆为 4500 公斤，是我国的 3.3 倍；甜菜为 68000 公斤，是我国的 3.4 倍。再看化肥有效利用率的差距。我国不仅单位面积的化肥施用量只有发达国家的一半，而且化肥利用率只有 30%—40%，也仅为发达国家的一半左右。如果在现有水平的基础上，将化肥利用率提高 10 个百分点，就可以少使用 30%左右的化肥。最后看水资源利用率的差距。1993 年我国单位面积灌溉用水达 594.6 立方米/亩，如果降到以色列 1989 年的水平，1993 年的灌溉用水总量可灌溉 11.4 亿亩，比实际的 7.4 亿亩多出 4 亿亩。对比粮食生产中水资源的产出效率，差距更为明显。以色列每立方米灌溉水生产粮食 2.32 公斤，我国只有 1 公斤。除地、肥、水外，种植业生产所使用的其他物质要素也有节约的潜力。以种子为例，目前全国使用量为 125 亿公斤，如实行精量播种，可以节省用种量 20%。

从养殖业看，集约经营、降低消耗的潜力也十分巨大。与世界先进水平比，生猪增重 1 公斤，我国要多耗料 2—2.1 公斤；肉鸡增重 1 公斤，我国要多耗料 1.4—1.9 公斤；产 1 公斤鸡蛋，我国要多耗料 1.1—1.6 公斤。以畜牧业高度发达的丹麦为例，猪的出栏率为 200%，远高于我国的 107.13%；料肉比为 2.83∶1，大大低于我国的（4.5—5）∶1；每头奶牛年产奶量为 7000 公斤，为我国 2805 公斤的 2.5 倍。

从加工业与运销业看，同样有潜力可挖。我国农产品加工业存在的一个主要问题，是资源的综合开发利用水平低。以糖蔗加工业为例，除了制糖外，可以利用废糖蜜生产味精，用蔗渣生产青饲料、富强纤维板等。再以加工玉米生产淀粉为例，下脚料玉米芽可加工成具有高档药用价值的玉米油和优质饲料原料胚芽饼，浸泡玉米的废水也可浓缩后用于生产味精。农产品加工业的副产品、废弃物，有许多可制成化工、轻工原料产品、医药产品、食品、饲料、肥料、农药等。我国农产品运销业中的损耗、浪费现象十分突出。由于储运设施陈旧，技术落后，据有关专家估计，我国商品粮在运销过程中的损耗率达 12%，远高于西方发达国家3%的水平，也高于联合国粮农组织规定的5%的水平。其他大宗鲜活农产品因不能及时运出或因缺乏保鲜设施而大量腐烂，损失惊人。如蔬菜损耗率为25%，水果为30%，水产品也在10%以上。减少损耗，可以降低运销成本，从而可以把更多的利润留给农民，这是一方面。另一方面，依靠科技提高加工产品的质量，创造出受消费者欢迎的名牌产品，增加加工品销售的收益率，同样可以提高农民工、商利润的收入。

那么，如何推动种养业及其加工业转变增长方式，最大限度地提高效益呢？可考虑采取以下举措：一是加强农业科研，努力开发新成果，同时积极引进国外先进技术，推进种养业及其加工业向现代化迈进。二是进一步强化农业科技推广体系，使先进适用的技术能够经由该体系大面积推开。除各级政府保障推广机构的必要经费外，允许推广组织自身结合推广从事有盈利的经营活动，如经销良种、化肥、农药等，以提高服务农业的实力。三是下大功夫对农民进行技术培训，提高农民的职业素质，以增强他们接受和吸纳先进适用技术的能力。这是加快实现农业经济增长方式由粗放型向集约型转变的关键。四是各级政府用于农业的投入，要率先用在普及良种、节水灌溉、化肥深施、精量播种、地膜覆盖、水稻旱育稀植和抛秧等高产、优质、降耗增效显著的措施上，并发挥"药引子"的作用，引导和带动农民大量地投工投资。五是对农副产品的综合开发利用、农副产品的储存保鲜，应在贷款和政策方面给予支持。

四、加强政府宏观调控，保护农民的合理收益

前面三条讲的都是如何从农业内部来提高其比较效益，除此之外，加强政府的宏观调控，为农业的发展创造良好的外部环境，同样可以达到提高农业比较效益的目的。

从我国目前的情况看，制约农业比较效益提高的外部环境因素主要有三个：一是旱涝灾害频繁，每年影响粮食产量数百亿斤；二是国家定购粮价格偏低，与生产资料价格高、农业成本不断加大不相称；三是某

些农产品的供给量稍微多一点，就立即引发市场价格的大幅下跌，农民因得不到及时相应的保护而遭受损失。

新中国成立以来，我国一贯重视农田水利建设，历史上修建的大批水库及其他水利设施发挥了重要作用。由于国家财力有限，这些年来新增水利设施不多，原有的设施更新改造滞后，群众性的小型水利建设坚持不够，整个农业抗灾能力仍然较弱。今后国家将下决心调整投资结构，增加农业投入，治理大江大河大湖，有计划地兴建一些大型水利工程、绿化工程。同时，广泛动员和支持农民发展小型水利，发展节水灌溉，开展以改土、蓄水、植树、修路为内容的山区综合治理，以少量的资金投入牵动农民大量的劳务投入，逐步改变农业的基本生产条件。还要加强支农工业，满足农民对生产资料的需要。

改革开放以后，特别是党的十四大以来，我国按照建立社会主义市场经济体制的目标，逐步放开了农产品价格，现在由国家定价的主要是定购粮和棉花。而定购粮的数量只占全部商品粮的三分之一，其余大部分商品粮的价格也是放开的。去年国家提高了棉花收购价格。今年国家又决定提高定购粮的收购价格，并允许各省在国家统一提价的基础上，继续保留价外补贴、粮肥挂钩的做法，使粮农获得合理收益，进一步调动积极性，促进粮食生产发展。定购粮价格提高以后，销价相应调整，对城市低收入人口和农村贫困地区、灾区生活困难者实行定向补贴，保持其基本生活水平。

在市场经济条件下，农产品市场出现一定的波动是正常的，是价值规律起作用的表现。但波动幅度过大，不利于生产的稳定发展和市场物价的平稳。农产品由于需求弹性小、不易保存，实物量的微小波动往往导致价格的大幅波动。改革开放以来，随着放开的品种越来越多，这个问题也日益突出。以1995年为例，由于多种原因，油料、糖料、蚕茧、生猪等一度出现卖难，有些产品的价格大幅度下降。今年初，粮棉由于调销慢，货币不能及时回笼，有些地方财政和粮食企业应筹措的收购资金不到位，部分主产区出现卖粮卖棉难，收购打白条，价格跌落过多的现象。这个局面必须尽快加以扭转。解决好这个问题，关键是在我们的思想上必须清醒地认识到，我国是一个人口大国，粮食及其他主要农产品需求量大，没有过剩的问题，即使某种产品一时稍多一点，也是暂时的现象。过去的教训是，对暂时稍多一点的现象缺乏恰当的处置措施，不能及时地以保护价给予收储，结果"谷贱伤农"，接踵而来的是生产滑坡。这就是我们老是跳不出一会儿多一会儿少、生产大起大落这个怪圈的主要原因。这就要求政府发挥宏观调控作用。前些年，国务院决定建立粮食专项储备制度，建立了粮食和副食品风险调节基金，已经发挥了重要作用，应当继续坚持和完善。在坚持建立和完善糖、棉储备制度及风险基金制度的同时，对肉、油、糖等大宗的生活必需品，亦需建立储备制度，并解决相应的储备资金。负责储备调节的职能部门，应当加强对农产品市场的监测，切实做到多了吞、少了吐，力争及时，不要滞后，充分发挥调控市场、平抑物价、保护生产者和消费者利益的作用。同时，坚决纠正职能部门为了自身利益，东西少时抬级抬价参与抢购，东西多时拒绝收购或者压级压价等反调控的逆向行为。有计划地发展农产品国际贸易，通过国际资源交换，提高农业效益。农产品进出口的数量要与国内产需平衡相适应，并严格打击走私进口，保护农业生产，保护农民利益。

综上所述，实行种养业复合发展，在农产品加工、流通领域提倡合作制，依靠科教转变农业增长方式，通过政府宏观调控对农业进行必要保护，就可以构成发展高产、优质、高效农业的基本思路。在此基础上，只要我们勇于探索，认真实践，不断完善，不断发展，"九五"期间农业增产与农民增收这两个目标就可兼得，我国农业比较效益低和基础脆弱的局面就一定会逐步改观。

九十年代中国农业的改革与发展[*]

（1991 年 2 月）

一、全面地认识过去，冷静地把握未来

80 年代的中国农业，是历史上发展最好的时期，是世界农产品增长的主要推动力量。我国农业在 80 年代取得了长足发展，一举解决了过去长期难以解决的吃饭穿衣问题，开始向小康目标迈进。如果把我国放在整个世界农业的格局中去审视，就可以看到我国是世界上同期农业发展最快的国家之一。

整个 80 年代，我国农业的年均增长率在 5%左右，同期世界平均水平是 2%左右。正是这种高速增长，导致了我国农产品在世界位次上的跃迁。1978 年前，我国主要农产品在世界上总量第一的仅有烟叶，但是今天，居世界第一的已有谷物、棉花、肉类、油菜籽、蛋类和烟叶。可以说，主要农产品的产量已成为我国综合国力显著增强的重要标志。

从人均耕地的角度看，我国的农业成就给人印象更深些。我国现在的人均耕地占有量为发达国家的 17%，但人均谷物、肉类、蛋类的占有量分别为发达国家的 47%、34%和 42%；与发展中国家相比，我国人均耕地占有量为其 47%，但人均谷物、肉类、蛋类的占有量却分别为其占有量的 134%、170%和 163%。

与世界主要农产品的发展情况比较，中国不仅在发展速度上名列前茅，而且在世界粮、棉、肉的增长总量中，相当大的部分是在中国取得的。从 1978—1989 年，世界谷物产量增加 25786 万吨，同期中国谷物增加 10456 万吨，占世界增长部分的 40.4%；世界棉花增加 398 万吨，

---

* 本文原载《人民日报》1991 年 3 月 1 日第五版。

而中国增加 162 万吨，占世界增长部分的 40.7%；世界肉类（猪牛羊肉）产量增加了 2070 万吨，而中国增加了 1469.7 万吨，占世界增长部分的 71.0%。中国成为世界农产品增长的主要推动力量。

80 年代的实践使我们得到三点重要启示：第一，只要加强领导，政策对头，依靠科技，增加投入，不断改善生产条件，充分调动起农业劳动者的积极性，我国农业的潜力是很大的，解决全国人民的食品供应是大有希望的，没有什么可以悲观的；第二，农业的成就来自于农村实行改革、社会主义制度自我完善和发展所焕发出的强劲活力，体现了社会主义制度在新的历史条件下的优越性；第三，改革从农业开始，由农村到城市，农业改革的成果支持整个改革的顺利进行，是我国改革的特点和成功之道。这一点，是具有普遍意义的经验。如果改革的结果，人民连面包和肉都吃不上了，还谈何改革。社会主义国家的改革，必须给人民带来实惠。

90 年代农业发展的思路是：在稳定政策的基础上，一手抓改革，一手抓发展。90 年代，中国农业所面临的任务是重要而艰巨的。到本世纪末，为了保证实现国民生产总值比 1980 年翻两番，人民生活达到小康水平的目标，今后十年，粮食产量要先后登上 4.5 亿吨和 5 亿吨两个台阶，并以保证粮棉稳定增长为重点，农林牧副渔和乡镇企业全面发展。

那么，怎样才能登上这个新台阶呢？无疑在于提高农业的综合生产能力。这是全国各界的共识。现在，比较稳定的粮、棉综合生产能力大体上是"两个八"，即 4 亿吨（8000 多亿斤）粮食，400 万吨（8000 多万担）棉花。如果气候好一些，可以多收一些；如果发生较大自然灾害，产量就会掉下来。去年到今年，连续丰收，一个很重要的因素是基本上风调雨顺。我们应当冷静地认识到，现在粮棉"两个八"的稳定生产能力，与登上"两个一"即 5 亿吨（1 万亿斤）粮、500 万吨（1 亿多担）棉的新台阶，还有相当差距。在任何情况下，都要坚持不懈地致力于提高农业的综合生产能力，逐步改变农业基础脆弱、后劲不足的状况，90 年代才有希望登上新的台阶，承担起国民经济发展基础的任务。从长远来看，即使将来富起来了，也不能放松农业，永远不能动摇农业的基础地位。

我国农业发展除了综合生产能力不适应外，还有一些新的矛盾，有的矛盾甚至还很突出。如近两年连续丰收，较为普遍出现卖粮难、卖其他农产品难的问题，并因此而导致市场价格下跌，有的地方农民收入减少，影响再生产的实现。

基于以上情况，对 90 年代农业的发展，不能悲观，但也不能盲目乐观，应冷静而正确地认识形势，实事求是地寻求对策。这个对策，就是党的十三届七中全会提出的，把农业作为今后十年和"八五"期间经济建设的重点及所采取的重大措施。是不是可以理解为"稳定、改革、发展"。就是说，在稳定农村基本政策的基础上，一手抓深化改革，一手抓生产力发展。

二、稳定政策的重点：以家庭联产承包为主的责任制

90 年代农业发展的前提是稳定党在农村的基本政策。经过几十年正反两方面的曲折实践，80 年代终于走出了一条符合中国国情的社会主义农业发展道路。这条道路概括地讲，包括这样一些内容：

在生产资料集体所有的前提下，实行以家庭联产承包为主的多种形式责任制，找到了一条既能发挥农户分散经营的积极性，又能发挥集体统一经营优越性的路子，逐渐形成了有统有分、统分结合的有活力的集体经济形式。

在计划经济和市场调节相结合的原则下，取消农产品统购派购制度，对粮、棉、油等大宗农产品实行国家定购，同时扩大市场调节范围和规模。建立粮食储备制度，以丰补歉。对放开的农产品坚持多渠道少环节经营，积极培育农产品批发市场，支持农民参与流通。

在抓紧粮食生产的同时，鼓励积极发展多种经营，发展农村二、三产业，走出了一条以发展乡镇企业为主要内容的振兴农业和发展农村经济的新路子。

在坚持以社会主义公有制为主体、多种经济成分并存的方针下，发挥农村个体经济、私营经济及其他经济成分对公有制经济的有益补充作用。

以共同富裕为目标，允许和鼓励一部分人和一部分地区先富起来，同时有重点地扶持"老少边穷"地区脱贫致富，并提倡先富带后富，先进帮后进，走共同富裕的道路。

把加快农业发展和控制农村人口过快增长统筹规划，同时做好。在农民中树立优生优育才能脱贫致富的生育观，在干部中树立既抓生产，又抓人口的完整的农村经济观。把计划生育作为长期国策坚持下去。

正是这一系列实事求是的、内涵非常丰富的改革，使我国农村获得了过去从未有过的发展活力和发展势头，获得了过去从未有过的发展空间和发展实力。可以这样说，80年代中国农村的社会主义改革是成功的。这个成果比我们前面所讲的物质成果，具有更为重要的意义。

90年代的中国农村，当然会面临一些新的情况和新的问题，但无论如何，要持续稳定发展，还必须把80年代我们摸索出来的、被实践证明是成功的、得人心的基本政策和发展路子稳定地继承下来，重点是把以家庭联产承包为主的责任制，作为一项基本制度长期稳定下来，并不断加以完善。在稳定政策基础上去进行新的努力。

三、深化农村改革的重点：发展农业社会化服务，搞活农产品流通

（一）发展农业社会化服务体系，完善双层经营，壮大集体经济实力。以家庭联产承包为主的责任制，对调动农民积极性和促进农业生产发展起了重大作用，至今仍然适合绝大多数农村生产力发展水平，具有旺盛的生命力，为广大群众所欢迎。现在的不足之处是，不少地方集体统一经营这个层次比较薄弱，应该向家庭承包经营所提供的服务和必要的协调管理跟不上，既不利于进一步激发家庭经营的活力，又难于充分发挥集体统一经营的优越性。因此，发展生产服务，完善双层经营，把家庭分散经营积极性和集体统一经营优越性结合起来，是最积极的稳定以家庭联产承包为主的责任制，健全和壮大集体经济。

通过加强服务，在生产者土地规模较小的情况下，达到整体的规模经济，提高生产水平。对于一家一户分散经营来说，不仅在购买、销售、

贮存等环节存在着大量的不经济行为,就是在生产领域中的灌溉、机耕、植保、农技等方面,也需要有组织、有一定规模的经营和服务。实践证明,这方面工作做好了,社会化服务上去了,生产就可以上一个新水平。一家一户生产经营素质不同,解决这方面问题的能力不同,必然会影响到农户的生产水平,经营效果。提供高质量的服务,解决低素质农户在生产经营活动中遇到的难题,清除这方面对农户的不利影响,就等于提高了一家一户农民的生产经营素质,更充分地发挥农户的生产潜力,有利于社会的公平分配和共同富裕。加强集体经济的服务功能,不是要重新"统死""归大堆",而主要是补充家庭经营的不足;不是要伤害、动摇家庭经营这个基础层次,而是要更充分地发挥家庭经营的积极性,把家庭经营提高到一个新水平;不是因家庭经营规模狭小而另起炉灶,而是帮助家庭经营克服不利条件,通过服务输入规模经济,注入新的活力。

加强集体经济组织的服务功能,同发展集体经济的实力有密切关系。因此,要因地制宜地逐步兴办乡村集体企业,以及集体统一经营的开发性生产,增强集体经济实力,增加服务的手段。发展集体经济,不仅有重要的经济意义,而且对农村政权的巩固有重大作用。当然发展集体经济,主要是通过开发新的资源,开辟新的生产途径,来增加新的财源,不能采取强行收回农民承包地、不适当地增加农民提留,以及"一平二调"等错误做法。发展集体经济有利于发展生产服务,但生产服务不能等集体经济强大起来以后再去办。在集体经济薄弱的地方,可以先从花钱少和不花钱、主要做好组织协调工作的服务项目做起,或者从收益高、能积累资金、有利于服务体系自我发展的产后运销抓起,通过发展服务来发展集体经济。

我们国家大,情况千差万别,服务体系应当是多种多样的。服务的内容,可以搞单项服务,可以搞综合服务,也可以以某种产品的加工为龙头,发展系列化服务。总之,一切要从生产需要和群众要求出发,来决定服务的形式和内容。不能把家庭经营干得了的事,以及农民暂时不要求"统"的东西统起来,那样会妨碍群众的生产积极性。今后的方向是,由单项服务逐步向综合服务、系列服务发展,但是现阶段不宜强求一律,不宜操之过急。即使有条件的地区,也宜提倡多种服务部门联合,多种服务功能配套，做到扬长避短，优势互补，共同开展综合的、系列化的服务。

发展农业社会化服务，政府应当在资金、物资、政策等多方面给以帮助，使其尽快发展健全起来，把农业推向一个新的水平。

（二）突破流通制约生产发展的"瓶颈"，建立生产与流通互相适应的完整的再生产过程。80 年代，我们曾在流通领域进行了一系列的改革，但是从总体上看，由于受传统的"重生产、轻流通"的影响，对商品性农业发展的认识是不充分的。流通严重滞后于生产，成为当前农业发展的一个突出矛盾。这是因为：第一，农产品流通滞后，卖难加剧，会严重挫伤农民的生产积极性。农产品卖难使农产品的价值不能实现或只能部分实现，造成农民增产不增收，或增产减收，会严重挫伤农民的生产积极性。而农民生产积极性的降低，会严重抵销政府为促进农业发展所做的种种努力。第二，农产品流通滞后会降低农产品主产区发展生产的积极性。在农产品流通滞后的背景下，农产品主产区政府和经营部门，处于"购不进、销不动、存不下、调不出"的窘境，资金被大量占用，导致各行各业的发展受阻和经济生活的全面紧张，农民与政府的矛盾也很尖锐。这种状况必然影响主产区地方政府发展农业生产的积极性。第三，农产品流通滞后，到处出现卖难，给政府很多部门以及整个社会造成农产品"过剩"的错觉，自觉或不自觉地就会放松对农业的领导或对农业的支持，好不容易形成的向农业倾斜，各行各业支持农业的大气候就难以保持。此外，还必须看到，由于农业生产周期较长，生产对市场信号的反应有一个滞后期，如果我们目前不能卓有成效地解决"卖难"问题，随之而来的将是生产滑坡、农业徘徊期，至少要几年时间才能恢复，这已被 1985 年以来的实践所证明。现在到本世纪末还有10 年，如果在此期间因流通滞后引发农业徘徊的话，对 90 年代农业上新台阶是很不利的。因此，对农产品流通滞后可能带来的严重后果一定要高度重视，决不能掉以轻心。

解决农产品流通滞后问题，既要积极采取一些应急措施，又要从长计议，深化流通体制改革，逐步解决深层次的矛盾。多年来，国营商业和供销合作社，在农产品流通中发挥了重大作用，做出了重要贡献，是流通的主渠道。随着农产品商品率的不断提高，流通量的不断扩大，放开经营的产品不断增加，仅仅依靠主渠道是远远不够的。因此，要搞活流通，必须在充分发挥国营商业、供销合作社主渠道作用的同时，实行多渠道经营，以满足农产品流通的需要。发展多渠道流通的重点，是组织农民参与流通。这是商品经济发展的必然趋势。所以，我们不能把农民参与流通，实行多渠道经营作为一种权宜之计，一会儿放，一会儿堵，不能形成一个长期保障农产品流通正常运转的机制。今后要把发展农村第三产业，特别是商业，作为一项长期实行的基本政策，并提高农民进入流通的组织化程度，尽早形成一个有利于多渠道流通的政策环境。

有了健全的流通渠道，还要积极培育和完善市场体系。市场是农产品交换和集散的基本条件。要抓好城乡现有的批发市场、农贸市场的管理工作和设施改造，使之适应农产品的购销要求。尤其是大中城市，要为农产品进城提供方便，吸引更多的农民源源不断地向城市提供多种农产品，丰富城镇居民的生活，也使农民在从事运销活动中获得正当的经营收益。要抓紧重点批发市场的建设。有计划地在农产品主产区，在农产品传统的集散地，在交通要道和大中城市，有计划地建立农产品批发市场，并逐步从现货交易发展到期货交易，满足城乡之间、产销之间进行交换的需要。

有了流通队伍和市场，还要有一个货畅其流的运输线。近几年，影响农产品流通固然有运输能力不足的问题，但当前更重要的是，公路上各种关卡太滥太多，各种不合理的收费、罚款繁多，农民怨声载道，成了一大公害。这个问题不解决，搞活农产品流通是难以做到的。应当整顿公路秩序，撤销所有滥设的关卡，取消一切非法的罚款和不应有的收费，纠正各种地区封锁、分割市场的行为，保护农产品的正常运销活动，发展全国性的统一市场。在铁路运输方面也应作相应改进，在农产品购销旺季要给予方便。农林特产税应在产区征收，凡是持有产区税务机关开具的税单或纳税证明的，运输途中一律放行。

加强流通设施建设，建立专项储备制度。加工、储藏、运输等基础设施落后，是目前农产品流通中的薄弱环节。特别是储藏能力不足，是当前卖粮难的一个重要原因。这个问题除了经营部门自身努力外，更重要的是在国家和地方计划中，要把生产建设与流通设施建设统一考虑，通盘安排。在重要农产品的商品生产基地建设中，应列入流通设施建设的内容。要逐步提高这些环节的接纳能力，使农产品从产到销的整个过程都能够得以顺利进行。同时，国家和地方对关系国计民生的重要农产品，建立储备制度，做到以丰补歉，稳定市场，保护生产。今年国务院建立专项粮食储备制度就是一个良好的开端。

四、发展生产力的重点：农业综合开发，依靠科技提高单产，发展乡镇企业

（一）以丰富的劳动力资源为替代资本搞开发型农业，是我国 90 年代农业的新的希望所在。为了提高农业的综合生产能力，从 80 年代末期开始，我国在继续坚持兴修大中型水利工程和开展大规模的农田水利基本建设，积极改善农业生产条件的同时，国家和地方集中一定力量，增加投入，抓了农业综合开发，现在看来，这是一条成功的路子。

开发农业，包括两个方面，一是内涵深度开发，即通过对现有的中低产田、草场、水面的改造，改变生产条件，提高农业生产率和单位面积产量；二是外延广度开发，即开发利用一些宜农、宜林、宜牧、宜渔的新资源，以适应人口增长和社会、经济发展的需要。农业综合开发不仅在我国农业登上新台阶中有极为重要的意义，它还是继乡镇企业之后又一个解决农村就业问题的基本途径。我国虽然耕地资源有限，但可开发利用的山地、湖泊、草场、荒滩、海洋等资源却十分富裕，需要大量的劳动力资源。由于资金紧缺，而劳动力众多是我国的基本国情，在劳动替代资本（即有效的劳动积累）方面有大量的文章可做。开发农业资源，可以实现大规模的劳动积累，进行有效的劳动对资本的替代。据调查，开发农业中劳动投入量要占开发投资量的 50%—60%。也就是说，开发农业的资产中有一半以上是通过劳动积累来形成的。由于开发农业的资源对象是未开发或低质的农业资源，所以其效益十分显著。据有关部门测算，农业综合开发搞得好，有可能承担一半主要农产品增产的任

务。所以，农业综合开发应作为 90 年代提高农业综合生产能力的一个重点。

劳动力资源丰富，是我国农业发展的一张王牌。我们不能用消极的眼光来看待，而应用积极的办法去开发，开发好了，这就是一笔巨大财富。不仅农业综合开发需要大量劳动力，还有群众性的农田水利基本建设、山区小流域治理、植树造林、以工代赈工程等，都是劳动力容量很大的农业开发和国土治理工程。这两年，每年农田水利基本建设农民投工都在 40 亿个工日以上，仅此一项按每个工日 2.5 元计算就有百亿元之多。因此，资源开发的基础保证是要实现国土资源和劳动力资源的有机结合，及对两者的综合开发。国土资源的开发为劳动力资源的开发利用提供了广阔的空间领域；而劳动力资源的开发为国土资源的开发利用提供了改造的主体和可能。在国家必要投入的引导下，这两种丰腴资源的结合，是我国农业新的希望所在。

（二）依靠科技进步提高单产水平，是挖掘资源利用潜力的根本出路。我国农业自然资源的人均占有量在世界上属于低水平国家，而且 90 年代仍然处于人口增长高峰期，人均自然资源占有量将会继续呈现减少的趋势。这个基本国情，决定了我国农业必须把科技兴农作为一项基本对策，紧紧依靠科技进步，提高种植业和养殖业的单位面积产量，形成一个高产、优质、低耗的农业生产体系。

从我国农业的现状来说，依靠科技提高单产的潜力很大。全国粮食单产水平由解放初期的 77 公斤提高到现在的 250 公斤，这在世界上算中上水平，但比起那些科技进步大的国家和地区，差距依然很大。单产最高的法国，已经达到 375 公斤。现在我国从南到北都出现了一批吨粮田，说明不同类型的地区存在很大的增产潜力，提高单产是大有可为的。今年粮食大丰收主要是依靠提高单产获得的。若将现在全国单产水平提高 50 公斤，就可增产粮食 7500 万吨以上。也就是说，仅此一项，在不增加耕地资源的情况下，到 2000 年粮食总产就可以实现 5 亿吨的目标。这个任务十分艰巨，但确实是有可能的。

提高单产的关键，在于培育和推广优良品种。50 年代矮秆高产水稻的选育成功，70 年代杂交水稻的突破，80 年代的杂交玉米加地膜覆盖栽种,都使粮食单产得到较大幅度的提高。此类例子很多。要使优良品种在农业生产中持续地更好地发挥作用,必须调动优良品种的培育、经营、推广三个方面的积极性,建立优良品种培育、经营和推广的利益机制。现在我国种子经营部门有利益,培育和推广两头没有利益,这就影响了他们的积极性和正常工作的开展。而如果不能及时培育出高品质的良种,或者不能使良种得到大范围的推广,对科技兴农事业是不利的,同时对种子经营部门也是不利的。因此,可以考虑像提取技术改进费一样,从种子经营利润中提取一定比例,按工作成绩分别交给良种培育和推广部门,把三个环节的利益紧密地联结在一起,推动我国良种工作的更好开展。有了高产良种,还要有配套的高产栽培技术。针对农业区域性强的特点,应当科学总结在不同条件下取得的高产经验,经过组装配套,形成区域性的模式化栽培技术,通过技术承包的方法进行推广。技术承包可以把科技人员的智力投入与他们应得的报酬结合起来,对调动科技人员积极性和保证增产效益都有好处。为了充分发挥农业技术的作用,必须有物质投入的配合,这就需要大力加强支农工业,增加农业物质技术装备的有效供给。

科技兴农要把人才培训放在重要地位。人的素质低是制约我国投资效益的关键因素。过去我们搞农业项目,通常只重视给钱给物,不注意科学技术和科学管理的输入,硬投入与软投入不配套,往往收不到预期的投资效益。近几年我国扶贫开发的一条重要经验,就是从开发项目的投资中提出5%作为培训费,对项目区的管理者和劳动者进行培训,保证开发项目的成功。对于项目建成后的管理和提高是极为有利的。这种做法,应当作为投资立项制度的一项重要内容加以提倡。

科技培训重点对象是在乡知识青年。我国农村人口中1/4左右是青年。随着时间的推移,我国农业发展的希望和重担将逐步转移到他们身上。应当通过各种专业培训班、农业职业中学和各种成人农业技术教育,不断提高他们的文化科技素质,适应农业发展的需要。可以考虑,对凡是经过农业技术教育并达到相应水平的,给予评定职称,或者试行农业发达国家已经实行的"绿色证书"制度。对获得职称和证书的知识青年,在种养业承包和信贷、物资扶持方面实行优先,鼓励他们成为农村脱贫致富、发展社会主义商品经济的带头人。

（三）乡镇企业是农业现代化和实现小康目标的台柱子，90年代仍是我国乡镇企业大展宏图的年代。我国是农业人口众多的大国，要提高农业综合生产能力，实现农业的现代化，首先遇到的难题是：钱从哪里来，人往哪里去？也就是说，实现农业现代化的巨额资金由谁出？农村的剩余劳动力往哪里转移？这是提高农业的综合生产能力、实现农业现代化不可回避的难题。由于我们国家大，底子薄，财力有限，不可能为实现农业现代化提供所需的巨额资金，城市和大工业也无法容纳农村大量的剩余劳动力。因此，提高农业综合生产能力，实现农业现代化完全依赖国家是不现实的。

80年代，乡镇企业异军突起，展示了实现具有中国特色的农业现代化的希望之路。乡镇企业的发展，一方面吸收了农村大量的剩余劳动力就业，另一方面，乡镇企业通过各种形式为农业发展提供了大量资金，使困扰我们多年的难题找到了出路。据不完全统计，在1978—1989年间乡镇企业吸收了6700多万农村剩余劳动力；直接提供了260多亿元的支农建农资金，相当于同期国家预算内对农林水气总投资的1/3强；乡镇企业用于农村各项事业建设投资达800多亿；农民从乡镇企业中得到5800多亿元，占农民净增收入的1/4，近4年农民净增收入的一半以上来自乡镇企业，其中相当大的比例转化为农业投入；还为国家创造了1/3的工业总产值、1/4的创汇额和1/8的税金。

在90年代，我国农村依然面临资金短缺和劳动力剩余两大难题。与80年代相比，问题或许更加严峻。据估算，要实现2000年农业发展目标，需要数百亿元资金，还得安置2亿多农村剩余劳动力就业。因此，在90年代必须坚定不移地积极支持和正确引导乡镇企业的持续、稳定、健康发展。

发展乡镇企业的基本方针仍然是"积极扶持，合理规划，正确引导，加强管理"，不同地区应区别对待，分类指导。

在沿海、大城市郊区和其他乡镇企业发展较快的地区，从整体上已经走过了铺摊子起步的阶段，形成了较为发达的企业群落。这类地区的乡镇企业，要调整产业结构，依靠技术进步，强化内部管理，提高企业整体素质，逐步实现由外延式的发展向内涵式发展转变；由重产值增长转向重经济、社会和生态效益的提高；由依托国内市场转向国内和国际市场同时开拓；由小而散的经营向专业化、企业集团化和为国营大企业配套联合方向发展，更上一个新水平。真正成为经得起各方面检验的、健康发展的新生经济力量。

在中西部地区和其他乡镇企业薄弱的地方，总体上仍处于一个起步阶段。发展依然是首要问题。但这些地方的发展应吸取发达地区发展乡镇企业的经验，不能乱铺摊子，草率上马。企业要相对集中，办在水、电、路等条件具备的县城和小集镇，不能不顾条件"村村办工厂"。由于缺少技术和市场优势，在发展与发达地区相同的产业和企业时更应慎重。这些地方，应立足于自然资源和劳动力资源丰富的优势，重点发展种植业、养殖业和以种养业为原料的加工业，以及矿产开发、手工编织等资源型和劳动密集型的产业。在与沿海和其他发达地区的先进技术、市场挂钩的情况下，搞一些大跨度的横向联合，发达地区在人才、技术、管理等方面给予支持，欠发达地区在原材料和初级加工品等方面给予支持，双方互惠互利，共同发展。这是90年代发展的一个大趋势。

今后，国家在产业政策、科技进步、人才培养、金融信贷等方面会更多地考虑到乡镇企业的发展。可以预见，90年代仍是我国乡镇企业大展宏图的年代。今日中国，离开了乡镇企业已无法认识农村经济，更无法认识农村的集体经济。乡镇企业已成为我国农村集体经济的新主体。这是一个真正的新的生长点，发展下去前途不可估量。

充分发挥县域经济的发展活力[*]

（1991 年 7 月）

江泽民同志在今年"七一"发表的重要讲话中指出，社会主义的根本任务是发展社会生产力，当代中国共产党人的庄严使命是建设有中国特色的社会主义，当前的任务是努力实现党的十三届七中全会和七届四次人大提出和确定的今后十年发展规划和"八五"计划纲要，实现社会主义现代化建设的第二步战略目标。要贯彻落实江泽民同志的讲话，就必须动员全党和社会各个方面的力量。在这个时候，召开研讨会讨论县域经济改革与发展，发挥县（市）在实现第二步战略目标中的重要作用，是很有意义的。

全国有 2000 多个县（市），等于 2000 多个舞台。为什么有些舞台上的戏演得有声有色，有些不是那么有声有色；为什么有的县（市）经济发展很快、变化很大，有的发展不是那么快，变化不是那么大，这是很值得研究的一个问题。从这几年经济发展的实践经验来看，我有这么几点感觉：

一、县域经济在国民经济这个大系统中居于关键的层次，而且工作做得好，也是一个比较活跃的层次

当前，在党和国家总的方针政策指导下，全国有一部分县（市）在经济发展中显示出强大的活力，不仅使当地经济得到了长足发展，而且创造了许多改革与发展的经验，为各级领导机关的宏观决策以及推动整

---

　　* 本文系在全国县域经济改革与发展研讨会上的发言，原载《农业经济问题》1991 年第 8 期。

个经济和社会的发展起了重要的作用。今年 3 月我参加在济南召开的全国农村经济工作经验交流会期间，参观了山东省几个先进县（市），很受启发。这次会议所在地的昌邑县，从 1978 年到 1990 年，十几年发生了巨大变化，工农业总产值由几亿元增加到 30 多亿元，农民人均纯收入由 104 元增加到 825 元，县财政收入由 2000 多万元增加到 7800 多万元，每年上交上级财政 3300 多万元，是很了不起的。还有桓台县，实行粮食高产开发，在冬小麦、夏玉米一年两熟的地区，39 万亩粮田创造了亩产 1020 公斤的产量，成为我国北方第一个吨粮县。诸城市推行贸工农一体化经营，一举解决了城乡分割、产销脱节的大难题，在家庭经营的基础上形成系列化服务为主要内容的现代农业生产体系，促进城乡经济协调发展。寿光县兴办批发市场，带动蔬菜生产，一年生产商品菜 12.5 亿公斤，其中 10 亿公斤销到全国 20 多个大中城市，成为一个重要蔬菜基地。莱芜市在过去简政放权的基础上，发展农、科、教三结合，就是以经济为中心，以技术为先导，以教育为基础，把经济的发展同技术进步、人才培训密切结合起来，提高广大农民的科学文化素质，使大量的技术成果能够应用到生产实践中去，有力地促进了农村经济的发展。最近联合国教科文组织在那里开会，评价也是很高的。我想，就像这样一些县域经济改革与发展的做法，都是一些带有方向性的经验，又是我们的许多地方现在还没有解决的老大难问题。我这里说的都是山东省的一些情况，其实全国各地都有一些类似的改革与发展的好经验。如果把这些经验总结起来，推广出去，普及到全国 2000 多个县（市）中去，我国农村经济的改革与发展将发生重大变化。从群众中来，到群众中去，是我们党领导工作的重要方法。研讨县域经济改革与发展，总结交流经验，这对推动县（市）经济发展是很有好处的。

一部分县（市）的改革和发展为什么搞得那么好，这说明了一个问题。就是县域经济这个层次，本身具有改革与发展的优势和条件。这些优势和条件是什么，现在需要通过研讨和交流，很好地找一找。有的同志说，县是城乡结合部。有的同志说，县是改革的突破口。过去还有的同志说，县是党的方针政策贯彻执行具体化的一个部位，可以因地制宜地落实到实践中去，具有创造性工作的条件。还有的同志说，县（市）

经济是国民经济大系统中的一个子系统，各产业和行业一般门类比较全，又有国家宏观管理部门的下设机构，在县委、县政府统一领导下，相对比较容易组织协调，具备解决一些综合性问题的条件。同时，县（市）最接近基层，接近经济建设第一线，有利于从当地实际情况出发，因地制宜做出切合实际的决策和制订行之有效的措施。这些，都是县域经济改革与发展的优势和条件，看看还有哪些优势和条件，把它统统找出来，使全国 2000 多个县（市）的领导者都能够认识它、利用它，都像那些搞得比较好的县（市）那样，把工作做得更好，那么我国农村经济发展将会发生很大的变化。

二、从一些先进县的改革与发展的实践经验中，总结出推出我国县域经济发展的带规律性的路子

县与县的情况不同，资源不同，开发条件不同，经济发展自然会各有千秋。但辩证唯物主义告诉我们，个性中有共性，特殊中有一般。从各具特色的具体经验中找出带有规律性的基本路子，是十分重要的。从一些先进县的实践经验来看，我觉得有这么几点启发：

（一）县域经济发展的起步产业取向是什么，这是一个很有学问的问题。我国国民经济是以农业为基础，绝大部分县的县域经济基本上是农业经济。因此，从多数县的情况来看，县域经济的发展，恐怕还是"种养加"起步，即种植业、养殖业和以种养业为原料的加工业。党的十三届七中全会指出：解决 11 亿人口吃饭是头等大事，是经济发展，社会安定，国家自立的基础。从"种养加"起步，就立足了县域经济的资源优势，又有广阔的市场前景，又是县域经济为整个国民经济和社会发展可以作出的重要贡献。前面说的山东诸城市发展贸工农一体化，寿光县以批发市场带动蔬菜大发展，昌邑县在"丝绸之乡"的基础上发展纺织业，都是走的"种养加"的路子。这样的产业取向，是适合大多数地方情况的。当然还有另外一种情况，比如说，城市郊区、工矿区周围和沿海比较发达的县（市），搞一些与大城市、大工业配套的工业，以及其他工业，也是符合当地情况的。但是就现在多数地方、多数县来讲，

主要是走"种养加"路子。虽然"种养加"是一句老话，但其意义很深刻。因为这些年来从中西部地区看到，有些县经济基础薄弱，财政比较困难，县的领导急于上一些工业项目，开辟财源，摆脱困难，这种想法是可以理解的。但是，由于缺乏人才、技术和管理经验，办的一些工业项目效益不是很好。有的没有得利，反而背上了包袱。如果从以种养业为基础的加工业起步，逐步积累人才、技术、资金和管理经验，尔后再发展其他乡镇企业，就比较顺，效果会比较好。从长远讲，根本上脱贫致富，实现第二步、第三步战略目标，不发展工业是不行的。但在现阶段，多数地方主要是办那些能带动千家万户发展种养业的农副产品加工业，以及其他资源型、劳动密集型企业和第三产业。

（二）发展"种养加"和其他产业时，要以市场为导向，抓住县域经济的资源优势，重点发展那些能够带领群众脱贫致富，形成县财政收入来源的支柱产业。这一点很重要。县域中可开发的资源是很多的，可搞的项目也是多种多样的，但根据市场需求抓住几个主要的，统一规划，成片开发，系列加工，产销成龙，形成一定规模的商品生产基地，这是县域经济发展的一条重要经验。大家都知道，商品生产，如果零星分散，很难成气候，也难于推广科学技术，难于开展社会化服务。像山东昌邑县的养虾占农业总产值的1/3，还有诸城市畜禽饲养、加工、销售一条龙；寿光的蔬菜，都是相当大的支柱产业。既带动了千家万户搞种养，脱贫致富，又形成了一定规模的社会化大生产，成为县财政收入的重要来源。这样的县域经济的发展，体现了由自给经济向商品经济过渡，由原料生产向加工工业延伸，把富民和富县紧密结合了起来。

（三）以技术进步为重点，流通为突破口，依靠集体经济的力量和龙头企业的带动作用，搞系列化的社会服务。县里商业部门、供销社、外贸公司、乡镇企业、各种联合体等，都可以创造条件，做产销结合、贸工农一体化的服务龙头，运用经济组织来建设商品基地和发展支柱产业。诸城市有农副产品龙头企业800多家，加工产值占整个工业产值70%，农产品的加工转化率达70%，龙头加工企业带动了全县70%以上的农户。这就是种养加一条龙、贸工农一体化经营方式，形成了专业化、社会化生产的服务体系。社会化服务，不仅为家庭经营注入了活力，有利于完善双层经营体制，发展商品生产，而且对农村第三产业的发展，对消除农户因素质不同形成的经营效益的差别，从而有利于公平分配和共同富裕，都是具有重要意义的。

以上举的这些例子，是为了说明问题，目的是要从各地的具体经验中理出县域经济改革与发展的带有共同规律的基本路子，使全国 2000 多个县（市）都能掌握它、利用它，因地制宜地组织自己县（市）的经济发展。

三、研究改革促进经济发展的经验

深化改革是促进经济发展的关键。目前我国农副产品商品率已达60%以上，通过市场流通的商品数量越来越大，如何做到货畅其流，是当前发展农村商品经济所面临的重要问题。山东一些县（市）组织领导商品生产方面的经验，给我们这样几点启示：

（一）城乡结合，农工商等多部门组织商品生产"大合唱"。诸城的经验是"四个突破""四个结合"，就是突破城乡分割的旧体制，城市与农村结合；突破所有制界限，国营、集体、联合体与农户结合；突破隶属关系的界限，农工商贸各行业结合；突破行政区域界限，与国内外企业结合。这是一个值得重视的做法。这个突破，并不打乱和改变原来的隶属关系和渠道，谁也不吃掉谁，妙在结合。这样各个系统上下左右都能接受，而又解决了现实条块分割，产销脱节，制约商品经济发展的困难，使多部门、多功能、多手段集结一体，优势互补，形成商品经济发展的合力，不再是过去那种"铁路警察，各管一段"的局面了。这种做法是适合我国的国情的。因为我们财力有限，如果大家各自为战，样样都从头搞起，项项自己拿钱，也没有那么多资金，又重复建设，事倍功半。所以要提倡"大合唱"的经验。这样一类的经验，解决了当前发展商品经济的难题，经过一个阶段的过渡之后，还会为将来县域经济体制改革打下基础，创造条件。

（二）坚持互惠互利的原则，结成散不了、垮不掉的"合唱队"。产供销、贸工农一体化的多部门结合，就有一个利益调节问题。如果有的有利，有的没利，没利的就甩手不干，合唱队就唱不下去了。诸城市的龙头加工企业带动千家万户发展畜禽生产，因为加工企业利润比较高，它对农民让利，跟农民结成利益联盟。从有关材料上看，有六条让利：一是对农民发展畜禽预付定金；二是提供贴息贷款；三是给生产扶持资金；四是赊销种苗、饲料；五是收购实行保护价；六是因自然灾害遭受损失后，给农民一定的扶持。去年我到泰国看正大集团与农民联合发展畜禽生产，他们也是这种做法。利益关系的调节意义很大。很多联合体的联合不持久，有的半途而散，生产不能稳定地发展，就是利益调节没有解决好。要结合得持久稳定，结合得富有活力，就得有"黏合剂"。这个"黏合剂"就是调节利益关系，就是"合唱队"成员之间要搞互利互惠。

（三）要改变领导方法，解决适合领导"大合唱"的指挥问题。过去是分管生产的就是管生产，分管资金的就是管资金，分管物资的就是管物资，分管销售的就是管销售，大家各管一段。现在有些县在领导方法上有所改革，有一种新的变化，是很值得重视的。如山东寿光县，按产业、按产品组织实施商品经济的领导，形成了一种新的领导方法。他们从 1978 年以来，根据经济发展的需要，逐步建立了粮食、蔬菜、畜牧、养虾、果品、棉花、乡镇企业、原盐和盐化工、交通、林业、能源、外经外贸等 17 个专业协调领导小组，分别由一名县级负责同志任组长，有关部门负责人任成员，下设办公室。这些小组机构虚设，不列编制，但责任明确，能办实事，各围绕一项产业或一个方面的工作，专抓专管。县委、县政府授予他们组织指挥、物资分配、检查奖惩、组织会议、临时用人等五项权力，既抓生产，又抓流通。实施全面领导和全程服务。专业领导小组的建立，不仅形成了适应商品生产要求的领导体系，强化了指挥服务功能，而且较好地避免了部门间的摩擦，理顺了条块关系，推进了产供销一体化经营。还有昌邑县，将 14 个经济技术部门变成公司，变成经济实体，据介绍从 1988 年到现在运行正常，效果也很好。

上述举例，也是为了说明问题，与同志们共同努力，找出县域经济改革与发展所共有的优势和条件，县域经济发展的基本规律和路子，县域经济改革促进发展的经验。把这三方面东西找出来，总结出来，使全国 2000 多个县（市）把握它、运用它，使 2000 多个舞台上的戏都演得有声有色，将是县域经济改革与发展研讨会的贡献。

农业和农村经济发展的新要求*

（1992 年 6 月）

一、加快农业和农村经济发展在
新的历史时期的重要意义

小平同志视察南方的重要谈话以后，中央政治局提出，抓住当前有利时机，加快改革开放的步伐，集中精力把经济建设搞上去。这就是我们当前面临的新的历史时期和历史任务。小平同志视察南方的重要谈话和中央政治局全体会议精神在全国传达以后，可以说 960 万平方公里的土地上是一片沸腾，一个加快改革开放步伐，尽快把经济建设搞上去的新的发展势头，正在中华大地兴起。

要尽快把经济建设搞上去，首先必须把农业搞上去，把农村经济搞上去。因为农业是国民经济的基础。纵观世界各国，所有发达国家的经济，都是建立在发达的农业经济这一基础上的，没有一个是建立在落后农业的基础上的。我国经济发展的历史经验也证明了这一点。农业什么时候发展得快、发展得好，工业乃至整个国民经济就得以顺利发展。如果是农业情况不好，那么国民经济就不可能得到正常的健康发展，人民生活的改善、社会稳定都不可能得到有力的保证。改革开放 10 多年来，我国农村改革的成功，农村经济所取得的举世瞩目的成就，为城市改革、国民经济发展、社会安定创造了极为有利的条件，充分发挥了农业基础的作用。小平同志在视察南方的重要谈话中，对 1984—1988 年的大发展评价是很高的，他指出，这 5 年，首先是农村改革带来了许多新的变化，农作物大幅度增产，农民收入大幅度增加，乡镇企业异军突起。农

---

* 本文原载《农业经济问题》1992 年第 9 期。

186

副产品的增加，农村市场的扩大，农村剩余劳动力的转移，又强有力地推动了工业的发展。农业和工业，农村和城市，就是这样相互影响，相互促进。这是一个非常生动、非常有说服力的发展过程。小平同志的这段话，精辟而深刻地说明了农业的发展与工业发展、国民经济发展的密切关系。我们可以从中领悟到，当中央提出集中精力把经济建设搞上去的时候，加快农村改革发展步伐，首先把农业搞上去，具有更为重要的意义。

二、农业和农村经济面临的形势和任务

当前以至整个 90 年代，我国农村面临的基本形势和任务，就是加快改革发展的步伐，实现由温饱到小康的跨越。这一基本形势和任务，向农业和农村经济工作提出了如下一些新的问题和新的要求：

（一）不仅要求为社会提供足够数量的农产品，而且提供的农产品必须优质化、多样化，满足人们生活水平不断提高的需要。国民经济和社会发展十年规划和"八五"计划纲要中提出，到 2000 年，全国粮食产量达到 5 亿吨，棉花产量达到 525 万吨，这是数量的要求。没有数量，不能满足社会需要。但还要有质量的要求，没有质量，不能满足消费者的需求。从目前市场需求的变化看，解决温饱之后，人民生活消费中，生存性食物所占比重下降，享受性食物比重上升，比如粮食的直接消费量在减少，粮食转化品——肉禽蛋奶等的消费量不断增加；白菜、萝卜等大路菜的食用量逐步减少，鲜菜、水果、细菜、反季节菜、异地瓜果的需求量逐步增加；优质农产品价格高一些也有人要，低质产品价格低也很难销。而且，随着科学技术和社会进步，人们的生活节奏加快，对净米、净菜、分割肉、各种熟食制品等农产品加工品的需求也在增加。市场对商品的选择性越来越强。面临这样一个新的形势，农业一方面要为社会提供足够数量的农产品，另一方面要求提供的农产品必须优质化、多样化。现在许多农产品积压卖难，流通不畅固然是一个重要制约因素，但农产品不适销对路也是一个重要问题。因此，农产品的优质化、多样化，也是解决卖难的关键之一。

（二）不仅农村经济要大发展，农民收入也要大提高。要把不断增加农民收入作为当前以至今后着重解决的一个重要问题。道理很明白，没有农村的小康就没有整个国家的小康。农民的小康要求农民有相当高的收入水平。近几年存在的一个问题，就是农业和农村经济发展比较快，但农民的收入增长不多，有的地方甚至增产不增收。1989 年农业大丰收，全国农民人均纯收入不但没有增加，反而负增长 1.6%，1990 年增长 1.8%，1991 年增长 2%，三年平均下来，每年增长 0.7%。按十年规划国民生产总值年增 6% 的要求，要实现小康，农民实际收入每年要增长 5% 以上，而现在只有 0.7%，差距是很大的。这样一个缓慢的增长速度，发展下去，如期实现小康目标是难以达到的。由于农民收入增长缓慢，城乡居民的收入差距又在拉大，改革以来已经缩小的工农业产品价格剪刀差又在扩大。农民收入增长不快，购买力下降，工业品在农村市场发生疲软，影响到工业以及整个国民经济的正常发展。

（三）不仅农业要大发展，农村第二、第三产业也要大发展，为农村庞大的农业剩余劳动力队伍提供新的就业门路，为农业现代化聚集资金。我国农村经济发展的困难和问题，简单地说，也就是两句话：缺的是钱，多的是人。实现小康、实现农业现代化，就要解决"钱从哪里来，人往哪里去"的问题。只有为大批农民提供新的就业门路，不断增加农民收入，实现小康，实现农业现代化才有可能。农业本身要向深度广度进军，尽可能扩大就业容量，同时要发展第二、第三产业，才能做到这一点。农村发展第三产业，当前应把发展流通放在第一位。一个国家没有一个发达的流通，经济是不活跃的，不活跃的经济，不可能有大发展。商品经济时代，生产是为了卖，除了产品适销对路外，还必须有发达的流通，做到货畅其流。

新形势下对农业和农村经济工作提出这三个新的要求，既是由温饱向小康跨越的需要，又是我国当前农业和农村经济自身发展所必须解决的三个问题。在这个新的形势下，农村经济工作是不是应该有这样一个总的指导思想：以深化农村改革为动力，促进农林牧副渔各业全面发展，走高产优质高效的路子；促进乡镇企业加快发展，重点是向中西部地区进军；促进第三产业发展，首先是搞活农产品流通，而且在工作中要使这三项带根本性的农村经济发展战略方针有机结合，相互促进，这样加快农村经济发展，农民奔向小康，逐步实现农业现代化，才有可靠的保证。

三、农业要走高产优质高效的路子

农业，从过去追求产品数量为主、满足人民温饱需要的基础上，向高产优质并重、提高效益的方向发展，这是中国农业的历史性重要转变。多少年来，我们为了解决人民的温饱问题，一直把农产品数量增加放在重要的地位，这是完全正确的，而且取得了很大的成绩，已经解决了11亿多人口的温饱问题。现在，在继续保持农产品总量稳定增加的基础上，向优质高效转变，这不是对过去做法的否定，而是历史的前进和发展。从我国的国情看，从国家全局来讲，之所以把高产放在前面，是考虑到我国是个人口大国，每年还要新增1600万—1700万，土地又减少几百万亩，农产品的数量问题任何时候都不能忽视或放松。但不同地区可以有不同的提法，如粮食短缺，交通不便的地方，仍要把增加数量放在第一位；有些农产品主产区、商品经济发达地区，把优质放在前面，是适宜的。一切为卖而生产的商品，都应当优质。农业要达到优质高效的目标，不是一年二年就可以转变的，需要逐步转变。而且优质高效也是相对的，今天是优良品种，产量是高的，效益是好的，也可能过几年就落后了，成为低质低效的了。优质高效是不断更新，不断发展，从低层次向高层次演进的过程。

农产品在高产的基础上向优质高效转变，这是我国农业商品经济发展到今天自身产生的革命，也是我们国家由传统农业向现代农业发展所必然要经历的过程。根据现有经验，农业要实现高产优质高效，需要从多方面深化农村改革。从基层调查的情况和有关专家、学者提出的建议来看，以下若干方面是值得研究和探讨的。

（一）要进一步改革农产品购销体制，逐步把农产品放开，推向市场，这是加快发展高产优质高效农业的基本动力。近几年我们有很多成功的改革，其中之一是取消了统购统销制度，把大批农产品价格放开，市场流通。先后放开了水产、水果、蔬菜、畜禽等，所有放开的农产品，发展都是很快的。一是总量迅速增加，二是优质品种不断扩大，市场供应丰富，价格平稳，人民高兴。这些生动的实践，说明一个道理，把农产品推向市场，才能实现商品化，才能实现优质优价，低质低价。农民为使自己的产品能在市场上卖得快，卖上好价钱，千方百计改良品种，使用先进技术，提高质量，增加收益。

现在粮食定购，由于价格不能完全反映价值，农民交的定购粮，多半是低质高产品种，国家收购以后，有的销售也比较困难。今年国务院批准广东省粮食放开，农民非常高兴。他们说，这是继土地改革、家庭承包之后，第三次生产力大解放。全省早稻的优质品种，去年是 190 万亩，放开以后，今年一下子增加到 400 多万亩，增加了一倍。放开才能商品化，商品化带动优质化。因为他的产品要上市场，上市场就得有竞争力，竞争力来自于高品质的新品种。现在珠江三角洲出现了第二次农业科技热，农民到处寻求农业先进技术，寻求优良品种。而且放开了以后，到市场上作为商品出售，不仅吸引农产品向高产优质发展，而且自然而然地，农产品拉开了档次，优质优价也出来了。当然，放开了也不是不管，国家使用计划与市场两种经济手段，对关系国计民生的少数重要农产品，必须收购一定数量实行储备，解决年际之间的丰歉调剂问题，以保证市场、价格、人民生活和国家稳定的需要。同时，继续扶持商品粮基地建设，培育充足的粮源。

（二）要改变重生产、轻流通的观念，把流通和交通作为发展农村商品经济的基本建设来抓。把农产品推向市场，必须要有发达的市场体系和交通设施。我们国家幅员辽阔，本来可以广泛利用季节差、地区差相互交换农产品，形成全国统一的大市场，使东南西北中不同地区的优势都能够得到发挥，使人民的生活丰富多彩，但是由于交通、流通不发达，这是一大障碍，已成为农村经济加快发展的制约因素。因此，农村基本建设，应把批发市场和农村交通放在重要位置，并实行国家、地方、民间一齐办。广东省珠江三角洲的经验是，交通的发展，不能只靠国家投资，而要自己办。他们用贷款架桥修路，过车收费，收了再修。他们的经验很值得重视。

促进农产品流通，要改变贸工农脱节状况，实行以流通为重点的贸工农一体化的经营体制。在我国农村实行家庭承包责任制后，商品生产主体分散化，产生了小规模生产与社会化大市场的矛盾。通过贸工农一体化的运作机制，把千家万户联结起来，形成大面积的、有一定规模的商品生产基地，同市场对接起来，这是一种好的做法，也是农村发展的一个新的趋势。贸工农一体化，贸字当头，就是销字当头，把市场导向放在了第一位。按市场的需求来决定加工，以加工的需要来决定原料的生产，形成良性循环。这种一体化的经营实体，打破了部门、地区和所有制限制，无论是国家农业、商业、供销、外贸部门，还是集体和个体农民，谁有能力牵头办就要允许谁办，支持谁办。同时，在县级经济管理体制改革中，县乡经济技术部门要转变职能，带头兴办贸工农一体化的经济实体，为农村商品经济发展服务。今后支农资金投放，应该把带动千家万户发展商品生产的贸工农一体化的经营实体作为支持对象，把农产品加工、保鲜、运销等环节作为投资的重点项目。

要进一步改变封闭状态，实行内外贸结合，促进农业参与国际市场竞争。农业同整个国民经济比较起来，开放度还比较小。从 1978 年到现在，农业方面利用外资只有 30 多亿美元，占全国同期利用外资 800 多亿美元的 5%不到。今后，农业要高产优质高效，就必须参与国际竞争，参与国际交流，引进资金、技术。其作用不仅是为了出口创汇，而且可以通过国际之间的资源转换，把我们的劳动密集型农产品，价格在国际市场上比较好的农产品打出去，把我们需要的，而且价格比较便宜的农产品吸纳进来，提高整个农村经济的经营效益；还可以带动农业向现代化发展。

（三）依靠科技进步，优化农村产业结构和农业产品结构。过去我们说吃饭第一，主要是讲粮食。当然，粮食是非常重要的，但人民生活是丰富多彩的，不光是要吃粮食，还要吃粮食的转化品，新鲜的蔬菜、水果等很多东西。所以，不少专家建议，要改变传统的粮食观念，这样改善人民生活，满足人民生活需求的产品范围就扩大了，要求我们充分利用整个国土资源，采取对现有资源的深层次利用和新资源的综合开发相结合，广辟食物源、营养源。

就整个农村经济来说，要改变种原料卖原料的单一经营方式，实行种植业、养殖业、加工业、贮藏业、保鲜业、运销业等系列发展，连带发展。现代农业，应当是在种植业的基础上搞养殖，以种、养业为原料搞加工业，搞保鲜、贮藏、运销，把一、二、三产业拉通，层层增值，使整个农业生产过程的各个环节成为紧密联系的经济环流，形成一个蓬勃发展的产业群落，实现农业发展的良性循环。

要改农业的二元结构为三元结构。二元结构，就是粮食作物，经济作物。三元结构，就是把饲料作物从粮食作物中分离出来，形成粮食作物、经济作物、饲料作物。目前，全国直接消费粮食在减少，粮食的转化品需求在增加。那么，我们是种成粮食以后再把它制成饲料去发展饲养业呢，还是从种植业开始的时候，就把食用粮食和养殖业需要的饲料作物分开好呢？根据许多专家的研究结论，分开的效益更高。

要改良品种。优质高效的农产品，依赖于优良品种、先进的栽培、加工、保鲜、储藏等技术的推广应用。经验表明，一个优良品种的出现，可使产量增加 10%—15%，而且优质化之后，卖价将上升，效益也就上去了。优良品种的解决，一个是靠培育，另一个是靠引进。培育和引进并举，引进比培育来得更快，当前应从国内和国外引进作为重点。在引进的基础上，培育更好的品种。培育和引进优良品种，在不少地方也采取了一些新的改革措施，就是实行企业化经营，改变以往单纯依靠国家拿钱，农民种田的做法。珠江三角洲的良种引进，有引进公司。良种繁育推广，有良种繁育场、推广基地，实行企业化经营，而且效益都是比较好的。对培育引进优良品种有重要贡献的科技人员实行重奖。在帮助农民富起来的同时，使科技人员也一起富起来。这种做法，不仅调动了科技人员的积极性，而且使农业技术研究、推广体系也有了自我发展的活力。

促进高产优质高效农业的发展，还要改变单纯用农产品数量来考核农村经济工作，考核干部政绩的做法。数量是很重要的，但还要把效益考虑进去，建立产品数量与经济效益并重的综合考核体系，把农产品净收入、农民人均纯收入等列为重要考核内容，作为衡量政绩的基本依据。

四、加快中西部地区乡镇企业发展

中西部地区，包括东部一些乡镇企业薄弱的地方，加快乡镇企业的发展，是今后农村经济工作的一个重点。从我国农村经济发展的历史经验来看，穷与富的差别，发达地区与不发达地区的差别，原因是很多的，但是考察的结果，其最主要的差别在于有没有乡镇企业，在于乡镇企业是发展得多了还是少了，快了还是慢了。穷的地方，经济不发达的地方，一个重要的原因，就是乡镇企业的基础薄弱，发展比较慢，发展比较少。发展乡镇企业实际上就是发展集体经济。农村不应把土地作为集体经济的唯一形式，集体办的乡镇企业同样是集体经济，今后的中国农村，不认识乡镇企业，就不能认识农村新型集体经济的主体。另外，抓农业，必须抓乡镇企业。很多有经验的农业领导者都深刻体会到，如果不重视和下功夫去抓乡镇企业，就不是明智的领导者。我国农业的发展依靠国家投入，这是一个重要的方面，但数量是有限的。而乡镇企业的发展，可以较快增加农民收入，实现小康目标，可以为农业提供大批的补农、支农、建农资金，这是推动农业发展，实现农业现代化的一大支柱。

（一）加快中西部地区乡镇企业的发展，除了国家提供的信贷资金和优惠政策外，最重要的是放活人才。中西部地区由于人才、技术、管理经验缺乏，这几年也办了一些企业，但不少项目效益很差，有些很好的项目，很有前途的企业，你给他资金办起来，结果办得不死不活，不仅没有得利，而且背了一个大包袱。所以，中西部地区乡镇企业的发展，既要有资金投入，又要有好的人才政策。这里，一方面要实行城乡联合，东西结合，吸引东部的人才，吸引城市的人才，到中西部，到乡镇企业比较落后的地区，帮助和领办乡镇企业。另一方面，中西部地区也并非所有的人都不具备办乡镇企业的素质，也有能人。这就有一个在政策上如何放活的问题，把农村中有商品意识，有经营才能的党员干部、乡土人才挖掘出来，动员起来，领办乡镇企业。我们的县乡干部，应深入基层，深入群众去发现一批发展商品经济的积极分子。干什么事情都得有积极分子，都得有带头人。刚解放的时候，搞土地改革，那时的工作队，是把苦大仇深的贫雇农作为土地改革的积极分子，动员和组织他们带领群众，起来斗地主斗恶霸，分田地，取得新民主主义革命的胜利。现在发展商品经济，我们应该找发展商品经济的积极分子，找那些有商品知识，有经营才能的农民做带头人。我们的干部要敢于同他们接触，同他们交朋友，支持他们带头发展商品生产，带头领办企业，解决他们在发展商品经济中的困难。这些人中，有的在过去"割资本主义尾巴"时期，可能是被打击对象，今天要接触他们，启用他们，必须首先从思想上清除"左"的影响，丢掉陈旧的老观念，只要他们基本素质是好的，就应大胆接触、支持。这是放活农村人才政策的关键。

（二）中西部地区乡镇企业要加快发展，还要立足于自己的资源优势，走自己的路子。在产业方向的选择上，面向市场，重点是发展种养加。因为这些地区，工业基础非常薄弱，缺乏办工业的技术、人才和管理经验，自己的优势是农业资源，所以起步产业应放在种植业、养殖业和以种养业为原料的加工业。不能别人干什么，自己也跟着发展什么，而是要发展有自己特色的产品，才有市场。当然，除了种养加以外，还可根据自己的资源情况，发展一些资源型和劳动密集型产业，比如建材、矿产开发，等等，这也是欠发达地区的优势。

在发展的方式上，不能沿袭当年某些沿海地区的办法，遍地开花，而是要相对集中，同小城镇建设结合起来。因为人才技术缺乏，交通也相对落后，所以开始发展的时候，必须选择地理条件比较好的地方，不能乡乡办厂，村村冒烟。要办在有水有电，交通沿线，并以现有的小集镇为基础，为依托，搞工业开发小区，重点突破。除了实行乡、村、联户和农民一齐办，"四个轮子"一起转以外，还要加上股份制。在贫困落后地方发展乡镇企业，对个体企业、联户企业的发展，在政策上还可以放得更宽一些。

中西部地区乡镇企业的发展，潜力是很大的。目前国家正在实施沿边开放战略，这是继我国沿海发展战略之后，扩大对外开放的又一重大措施，对中西部地区乡镇企业的发展，也是一个大好时机。现在开放的边境口岸中，有相当部分在中西部，中西部地区要抓住这个历史性机遇，积极发展边贸，带动乡镇企业的发展。

五、搞好县级经济体制改革，动员大批有才华的干部走向发展经济主战场

加快农业和农村经济发展，要做的工作很多，搞好县级经济体制改革，动员大批有才华的干部走向发展经济的主战场，也是加快农业和农村经济发展的一个重要方面。

县一级是农业和农村经济工作的前沿阵地，是农业和农村经济发展的关键层次。县级经济体制改革搞好了，对于加快农村改革，加快农村经济发展步伐，具有特别重要的意义。县级体制改革的一个很重要的实质性问题，就是要动员县级领导机关和经济管理部门中的大批有才华的干部走向经济战线，走向以经济建设为中心的主战场。要加快经济发展速度，力争几年上一个台阶，如果没有大批有才华的干部走向经济发展的主战场，要实现这个目标就没有可靠的组织保证。从一些改革试点县的情况看，县级经济管理部门转变职能，办经济实体，大批管理干部和科技人员到农村去，为加快农村经济发展提供服务，作用十分明显。

多少年来，我们共产党人把大批有才华的干部陆续地集中在党政机关，包括农口各个行政管理部门，都积蓄了大批有知识、有才华、有能力的人才。大家在治党治国、管理经济等方面做了大量工作，做出了重要贡献。但发展到今天，总的情况是机构庞大，人浮于事，好多人才窝在机关，不能发挥作用。历次机构改革，改来改去，往往是机构减不了多少，人员越来越多，一个重要原因就是减下来的人员没有找到新的用武之地。而经济主战场、生产第一线，人才缺乏，力量薄弱，亟待加强。精兵简政，加强经济战线，是时代的呼声，人民的呼声。现在我们如果不能把积蓄在党政机关、行政事业单位的各种人才，有计划地分离出一批，开赴经济建设主战场，直接从事经济工作，我们要实现新时期加快经济发展的历史任务，是不可能的。所以，当党中央提出尽快把经济建设搞上去的时候，紧接着就应把大批有才华、有能力的，积蓄在党政机关行政事业管理部门的人才，尽快开赴经济建设主战场。县级体制就是要采取改革的办法，使一部分经济技术部门转变职能，兴办经济实体，为大批有才华的干部从事经济工作，走向经济主战场创造条件、开辟道

路。把县级体制改革同实现我们党新时期的战略任务联系起来，可以使一批有才华的干部自觉自愿从行政事业机关分离出来，走上经济建设主战场，增强大家的光荣感和历史使命感，积极地为加快经济发展贡献力量。这样，实现新时期的历史任务就有了可靠的保证，建设有中国特色的社会主义就大有希望。

推进三大变革　发展高效农业[*]

（1993 年 8 月）

　　我国农村经济体制改革以市场为取向，起步早，进展快，取得了举世瞩目的成就。农副产品大幅度增长，城乡市场活跃，人民生活丰富多彩，农业为国民经济的高速发展和社会安定作出了重要贡献；同时，农村经济体制改革的成功也为城市企业改革及整个国民经济体制的改革提供了经验。

一、在市场经济条件下农业仍然处于
不可动摇的基础地位

　　在从计划经济体制向社会主义市场经济体制的转型过程中，农业出现了这样那样与转轨相关的新的矛盾和问题。集中表现在：农业比较效益低，农民利益受到伤害，生产积极性下降。在连年丰收的情况下，农产品主要是粮食卖出难，市场价格跌落，收购打白条，造成农民要卖的东西有些卖不掉或卖不上好价钱、卖了又拿不到现款；农民要买的东西，如化肥、农药、农膜、柴油等生产资料，价格却不断上涨，而且随着石油、煤炭、天然气等上游产品的价格逐步放开，这种上涨趋势还会持续下去；在农民收入增长缓慢、生产生活开支不断增加的同时，不少地方农民负担过重，难以承受。结果，使前些年已经缩小了的工农产品价格剪刀差和城乡居民收入差距又重新拉大，严重伤害了农民的利益，挫伤了农民的生产积极性。一些地方出现了粮田过度减少、耕地抛荒、退责

　　* 本文成稿于 1993 年 8 月，原载《建设高产优质高效农业》一书，中国农业出版社
1994 年出版。

任田、减少投入、耕作粗放等现象。同时，由于近几年来出现的开发区热、房地产热带来的占地圈地热，以及有些地方农民建房和发展乡镇企业缺乏合理的规划和管理，使耕地净减量重新剧增。国家决定用于农业的资金，甚至包括农副产品收购资金，以及农业综合开发、扶贫开发等专项资金，也通过拆借、挪用等形式，由西部地区流向东部沿海地区，由农业流向非农业，由乡村流向城市。这些，都是在国民经济高速发展中出现的不利于农业持续稳定发展的问题。

产生这些问题的原因，有深化改革的问题，有认识问题。主要在后者。就是说，在市场经济条件下，农业的基础地位还要不要了，高速发展的国民经济还不要农业来支撑？国内外的实践说明，在市场经济条件下，不同产业之间比较效益存在较大的差异，农业社会效益高，比较效益低，但仍然是国民经济的基础。市场经济体制替代计划经济体制，改变的只是生产的社会组织形式，并没有改变人民生活、工业和国民经济其他方面对农业的依赖关系。强调向市场经济过渡与强调农业是国民经济的基础并不矛盾。工农业比例关系，一、二、三产业比例关系的变化，农业所占份额的下降，并不能改变人们要穿衣吃饭、相当一部分工业要依靠农业提供资源的客观事实，决不能仅仅依据比例的大小来确定对农业的重视程度。因此，我们必须清醒地认识到，在市场经济条件下，农业在国民经济中仍然处于不可动摇的基础地位，任何时候都要摆正农业与其他各行各业的关系，坚持一贯地把农业置于国民经济的首位，决不能忽视和放松农业。

二、发展高效农业在于深化改革

当前，一方面要认真贯彻落实党中央、国务院关于加强农业的各项政策，保护农民的利益和积极性；另一方面，要以发展生产、安定市场、增加农民收入为目标，推进农业的三大变革，在不同的层次上发展高产、优质、高效农业。

第一大变革，根据人多地少的资源结构特征，发展节地型种植业、节粮型畜牧业以及开发整个农业资源，扩大食物源。这是近期目标，各地都可以干，只要干就会适应市场需求，增加农民收入。

发展节地型种植业，是指在着力提高粮棉单产、不断增加总产、保证国需民用的前提下，腾出耕地发展用地少、用劳动力多、产值高、收益大的经济作物，尽力提高耕地生产率。在这方面，各地普遍取得了成功经验。全国的种植业结构调整也是这个趋势，1992 年与 1978 年相比，全国粮食亩产提高了 98.5 公斤，因此在播种面积调减了 2 亿亩的条件下粮食总产提高了 1379 亿公斤，为增加经济作物的播种面积和退耕还林、还牧创造了条件。

发展节粮型畜牧业，是指在种植业第一性生产的基础上，利用其秸秆等副产品发展养殖业的第二性生产，实现农牧结合。将作物秸秆转化为畜产品，是提高农区种植业效益的一个重要途径。这个方面，各地也都有成功的经验。适应农牧结合的发展，还可以逐步改变种植业的二元结构（粮食作物、经济作物）为三元结构（粮食作物、经济作物、饲料作物），必将进一步提高农业的效益。

利用整个农业资源扩大食物源，是指在提高耕地生产率的同时，要注意开发利用荒地、荒水、荒山、海涂、草原和庭院、村庄周围的休闲地、废坑塘等非耕地资源。开发利用非耕地资源，对我们这样一个人多地少的国家具有非同寻常的意义。我们国家有三种情况在短时期内是不会改变的：第一是一年净增一千多万人口的情况不会改变；第二是人均占有耕地面积继续减少的趋势不会改变；第三是即使 2000 年粮食总产量达到 5 亿多吨，人均占有粮食 400 公斤的状况仍不会改变。这"三个不变"的国情，决定了我们必须开发利用整个国土资源，努力扩大食物源，减轻耕地压力。这样，不仅可以满足 11 亿人民对食物的需求，而且带动农林牧副渔全面发展，为农村剩余劳动力开辟新的就业门路，增加农民收入。

从根本上讲，这第一大变革的实质是充分利用劳动力资源优势，发展劳动密集型的高效农业，通过扩大农业领域内的就业机会，提高农民的收入水平。

第二大变革，打破传统的单一农业结构，大力发展以农副产品为原料的加工工业以及运销业，使一、二、三产业拉通联动，实现多次增值。

这是中期目标，局部地区已经起步，条件成熟的地方可以推广。

我国已经进入工业化中期，完全有条件利用工业文明、工业手段来扩大农业的内涵，将传统的原料型农业改造为成品型农业。这是发展现代化高效农业的一个方向。

将加工视作农业生产的一个环节，是对传统农业观的一大革新。这一革新，使农业效益大幅度提高，为农业剩余劳动力开辟又一大市场、又一新天地。我们已经迈入从温饱向小康转换的发展阶段，随着人民生活水平的逐步提高，人们对能直接上桌、直接下锅的成品、半成品食品的需求越来越大。为了与国际市场接轨、发展创汇农业，更需要发展农产品加工业，像我们这样一个人多地少的国家出口原料型产品是没有比较优势的。河南省项城县已迈出成功的一步。80 年代初在一个小饴糖厂和一个小酒厂的基础上合并改造而成的味精厂，现年产味精 6 万吨，可加工转化玉米 3 亿公斤，相当于两个项城县的玉米产量，玉米转化成味精后增值 2 倍以上，还为 8000 人提供了就业机会。全县在发展养牛业的同时，皮革企业发展到 1012 家，从业人数达到 3.5 万人，1992 年产值实现 3.6 亿元，今年可达到 7 亿元。在该县 1992 年的 14 亿元工业产值中，有 11.5 亿元是以农副产品为原料的，其他工业只占 2.5 亿元。全县从事务工、经商等非农产业的劳动力占劳动力的 60%左右。这个县年财政收入 6000 多万元，除满足正常开支外，每年拿出 1500 万元的机动财力，发展农业和其他事业。实践证明，农产品加工业是传统农区步入工业化轨道的关键途径，是传统农区参与工业化进程的主要媒体。

农产品及其加工品，商品率不断提高、交易量日益增大，单靠原有的国合商业组织已很难适应需要，应积极培育新生的运销主体，鼓励农民组织起来进入流通领域。我们正处于向市场经济转换的阶段，要循着贸工农的顺序组织产业链条，即根据市场需求发展加工业，根据加工业的需求安排农业生产。贸工农一体化不仅是一种适应市场经济需要的有效率的经济组织形式，还应成为现代农业的指导思想。

第三大变革，引导农产品加工业和其他非农产业相对集中、连片发展，使经济工业化与人口城镇化同步推进，在部分劳动力稳定地脱离耕地以后，发展农业的规模经营。这是长远目标，也是农业的最终出路。

没有规模效益的农业不是真正的高效农业。从人民公社到家庭联产承包的制度变迁，使中国农业出现了一次飞跃，上了一个大台阶。但是，随着乡镇企业的大发展，部分农户、部分劳动力开始兼业经营，农业收入在家庭收入中的比重逐渐下降，农业日益成为副业。农业的副业化，不利于农业的技术进步和农业生产力的发展。其他单一经营农业的农户也因规模太小，农业难有新的突破。农业的新飞跃，寄希望于乡镇企业集中连片发展与农村小城镇建设相结合，寄希望于大批农村劳动力转向非农产业，成为小城镇的居民，逐步与耕地脱钩，带动农业实现规模经营，产生新的飞跃。相对集中、连片发展也有利于非农产业获得聚集效应。挖掘农业的规模效益和非农产业的聚集效应，是下一变革的动力所在。不仅传统农区迟早要走这一步，其他地区也将循此发展。这是中国工业化和农业现代化的必然选择。当然，大多数地区还不具备推进这一变革的条件。但我们应该有意识地引导事物朝这个方向发展。农村小城镇建设，是乡镇企业有规划地相对集中发展的必然结果，是渐进的过程，是自然形成的。这件事既要及早提上议程，又不能急于求成，不能到处大兴土木，搞小城镇热。

三、加强国家政策支持的力度

为了推进农业的三大变革，发展高产优质高效农业，国家必须给予必要的支持，扶持的重点是粮棉主产区。

（一）增加农业基础设施建设的投资，重点改善粮棉主产区的生产条件，把现有的耕地逐步建成旱涝保收、高产稳产的农田。自80年代中期以来，广大粮棉主产区的综合生产能力没有大的突破，还是严重依赖于天气，气候好增一点，气候差减一点。如果农业基础设施没有根本改善、农业技术没有新的突破，粮棉综合生产能力仍将在这个水平上持续徘徊。解决粮棉主产区农业基础设施建设投资问题，应从两方面入手：一是现行的商品粮基地县、优质棉基地县建设投资，要继续坚持下去；二是调整现有农业投资的投放范围，对增产潜力大、商品率高的主产区给予重点倾斜。

（二）增加一笔扶持粮棉主产区农副产品加工业及其他乡镇企业发展的专项贷款。粮棉主产区收入低、储蓄少，满足农产品收购所需之外能用于其他方面的信贷资金有限，单靠粮棉主产区的自身积累，经济很难发展上去。国家应当增加一笔专项贷款集中投向粮棉大县。同时，国家要把今后新上的农副产品加工项目布置到粮棉主产区，原则上不再安排到大中城市。应当看到，农副产品加工业向主产区转移，符合优化资源配置的要求，是大势所趋。这要作为国家的一项重要产业政策对待。

（三）加强粮棉新技术的研究、引进和推广，使粮棉品质能够适应国内外市场的需求。现在农产品市场疲软、价格低落的一个重要原因，是品质差、不适应市场需求。如小麦，做高级方便面断条，做面包掉渣。棉花纤维强度不适应纺织设备更新改造的要求。优质是高效的前提，提高粮棉品质刻不容缓。筹措所需资金，可考虑以下两种办法：一是调整现有农业投资的使用结构，适当提高用于改良品种、提高粮棉质量的投资比重；二是引导和鼓励销区和外商与产区挂钩，合资开发优质农产品。

（四）尽快建立粮食风险基金，扩大粮食收购保护价格的执行范围。现行粮食收购保护价格制度规定，保护价的实施范围仅限于原国家定购和专项储备的粮食。这项规定的缺陷是，在丰收年份，当国家按保护价收购合同定购粮食和专项储备粮之后，市场粮价有可能仍低于保护价。建议扩大粮食收购保护价格的执行范围，如果按保护价格收购合同定购粮食和专项储备粮之后，市场粮价仍低于保护价，国家应继续按保护价收购议价粮，直至把市场粮价拉高到保护价的水平，防止丰年出现谷贱伤农的问题。国家按保护价收购上来的粮食，在粮食市价上涨过多时抛售出去，调剂市场余缺，平抑价格波动。由此产生的价差、利息、保管费等由粮食风险基金弥补。

（五）除了调动农民积极性外，还要调动粮棉主产区政府的积极性。建议考虑采取包括允许主产区有一定的粮食出口权等多种措施，增加主产区财政收入，然后用于扶持粮棉生产和服务体系建设。当务之急是解决粮食挂账问题，以便丢掉包袱，轻装前进。

粮棉主产区问题如果在90年代解决得好，真正改变了"粮棉大县、工业小县、财政穷县"的面貌，整个农村形势就会有一个相当大的改观。

市场经济与政府管理农业的新职能*

（1993 年 9 月）

　　社会主义市场经济体制是同社会主义基本制度结合在一起的。建立社会主义市场经济体制，就是要使市场在国家宏观调控下对资源配置起基础性作用。因此，在社会主义市场经济的运行过程中，要善于运用计划和市场两种经济手段搞好宏观调控。

　　对农业这个特殊的基础性产业部门而言，在市场经济条件下，政府的作用只能加强，不能削弱，更不能撒手不管。这是因为：农业生产是人类赖以生存与发展的最基本的实践活动，满足人们对主要农产品的消费需求，是一个国家、一个民族自立自强的基础；农业生产在很大程度上受自然条件的制约，有丰年也有歉年，而且是季节生产常年供应，容易产生波动；在社会主义现代化建设进程中，由于土地资源的紧缺性和不可替代性，也由于农业的技术进步滞后于工业，农业比较利益低的问题愈来愈突出；由于农业生产周期长，而市场调节是一种事后调节，从价格形成、信息反馈到产品产出，有一定的时滞，在调节过程中容易产生供求脱节；农业经营直接关系到土地资源的开发和利用是否合理，关系到人类生存繁衍的生态环境状况，这些往往会与农业生产经营者微观目标发生矛盾。

　　政府领导农业的职能，一是要转换，二是要完善。要转换，是因为政府现有的领导、管理农业的许多职能，是适应计划经济体制所要求的，不符合或不完全符合市场经济体制的基本规范。要完善，是因为确保农业市场经济顺利运行所必需的许多政府职能，我们还不具备、不成熟，需要在建立社会主义市场经济体制的过程中逐步确立，不断完善。

---

　　* 本文成稿于 1993 年 9 月，原载《人民日报》1994 年 1 月 6 日第二版。

对市场经济条件下政府领导农业和农村经济的主要职能,李鹏同志在不久前召开的中央农村工作会议上概括为八个字:"引导、支持、保护、调控"。这就是,加强对农村经济发展的引导,帮助农民顺利进入社会主义市场经济轨道;加强对农业和农村经济的支持,改善外部政策环境;加强对农业的保护,促进农业生产持续稳定发展;加强和改善宏观调控,确保农村市场经济的正常运行。

对新形势下政府领导农业的职能的概括和规范,是从农村改革十多年来实践经验中提炼出来的,具有重要意义。党的十一届三中全会以来,在农村许多以市场取向的改革过程中,各级政府都在探索领导农业的新思路、新方法。党的十四大确立了我国经济体制改革的目标是建立社会主义市场经济体制以后,理论工作者和实际工作者对这方面的探索、研讨达到了一个高潮。实践表明,扩大市场机制的调节范围和作用力度,对政府领导职能的要求不是降低了,而是更高。凡是政府领导职能转换快、发挥得当的地方,农业和农村经济蓬勃发展,富有活力;反之,则发展困难,生气不足。总结正反两方面的经验教训,对政府领导农业的职能作出概括和规范,对向社会主义市场经济体制过渡时期政府领导农业和农村工作具有现实的指导意义。近年来,大家在市场经济条件下政府如何工作的探索中,存在着两方面的问题:一是误认为市场经济就是撒手不管,放任自流;二是继续沿用过去以直接手段为主的领导方式。两个问题的共同结果,都是阻碍商品生产发展,不利于社会主义市场经济体制的建立。现在有了这个新的职能概括,各级政府都将会依此来界定自己应履行的义务、规范各自的行为。

政府对农业和农村经济实行引导,是由市场经济自身的规律和我国国情决定的。在计划经济条件下,农民生产什么,生产多少,向谁交售,都有固定的安排。发展市场经济,把农民引入市场,依据市场需求进行生产经营活动,农民一时还难以适应。加之农户经营规模太小,相互之间盲目模仿,所产生的"同步效应"往往人为地放大市场波动的幅度。大多数农产品在放开的初期,都要经历一个买难卖难交替出现的周期。这种格局,不利于市场供求关系的平衡和稳定,损害了生产者和消费者的利益。在社会主义市场经济条件下,政府一方面要大力培育市场体系,为农民的商品交换和流通创造条件；另一方面，要更多地通过经济信息、经济政策、经济杠杆，引导农民面向市场调整产业和产品结构，引导分散经营农户与大市场对接，引导农村富余劳动力向非农产业转移，为逐步扩大农业经营规模和提高劳动生产率创造条件。

政府对农业和农村经济发展给予支持，应是国家产业政策的重要组成部分。国民经济的快速成长，需要农业生产发展的保障，需要农村经济发展的支撑；但与此同时，在市场力量的作用下，农业和农村资源在国民经济快速成长时期往往过度地流向工业和城市。这是一对客观存在的矛盾。对这个矛盾，要有正确的认识。在市场的初次调节下，经济资源向回报率高的产业和地区流动，是正常的。至于像农业这样社会效益高、经济效益低的基础产业，在资源的竞争中肯定处于不利地位，但又必须有足够的发展，怎么办？这就需要政府的第二次调节，由政府来弥补市场调节的不足，由政府来重新配置社会资源，以确保农业等基础产业有足够的投入。在去年以来的开发区热、房地产热、股票债券热中，农业资金向工业流、农村资金向城市流、内地资金向沿海流，大量耕地被滥占，大量科技人才"离田下海"，在这种情况下，政府如果不履行支持农业和农村经济的职能，工农业就不可能协调发展，国民经济就不可能持续快速增长。由此可见，在市场经济条件下，政府的支持职能显得格外重要。

政府对农业实行保护，是市场经济条件下的必然行为。世界上任何发达的市场经济国家都是如此。农业面对着市场的和自然的双重风险，本身比较效益低、承受能力弱，政府必然给予保护。近年来，农业增产与农民难增收的矛盾十分突出。其中一个重要原因，就是农业丰收后农产品价格尤其是粮食价格低落。因此，我国首先从粮食开始实行价格保护，让农民在丰年、粮多、市价跌落时，仍然做到保本微利，不再出现谷贱伤农的问题。随着国家财力的增长和其他条件的改变，要逐步扩大农产品的保护范围和提高保护的强度，不断完善保护制度。

政府加强和改善宏观调控，是保证市场经济正常运行的重要手段。农产品逐步全面放开以后，如何做到产销衔接、供求稳定，单靠市场自发调节是做不到的，近几年农产品主要是粮食供求失衡所产生的问题就说明了这一点。中央为此建立的粮食专项储备制度，就是解决这个问题的重要宏观调控政策。再加上地方建立的储备制度，就可以在我们这个人口大国里形成比较健全的储备体系。根据粮食的丰歉情况，实行吞吐调节，并和国际市场的进出口相结合，就可以保证我国粮食市场的稳定。与实行粮食保护价相适应，从今年起建立粮食风险基金，这是向市场经济体制过渡中的又一项重要的宏观调控政策。为了从根本上解决屡禁不止的收购农产品"打白条"，以及农业信贷资金被挤占、挪用的问题，国家已决定成立政策性农业银行，专门承担政府赋予的农村政策性金融业务，这是又一项重要宏观调控政策。建立粮食储备调节制度、粮食风险基金、政策性农业银行，是目前我国对农业的重要宏观调控措施，初步构成政府的宏观调控体系，一个运行有序的社会主义市场经济体制将逐步建立起来。

站在田头，盯住市场，发展商品农业*

（1998 年 10 月）

党的十一届三中全会以来的 20 年，中国广大农村经历了改革开放浪潮的洗礼，为农业和农村经济的发展开创了新纪元。新纪元主要表现在：

（一）

1. 农村生产力得到巨大解放和发展，农产品特别是粮食由长期短缺到供求基本平衡，丰收年还有富余，一举解决了 12 亿人口大国的吃饭问题。

2. 城乡农产品市场供应琳琅满目，人民生活丰富多彩，全国从总体上由温饱迈向小康。

3. 农村乡镇企业异军突起，小城镇建设方兴未艾，城乡之间的交流空前活跃，这就为大批祖祖辈辈以种地为生的农民开辟了新的就业空间。他们务工、经商，进入二、三产业，把传统的农业和贫穷落后的农村推向现代化建设的进程。

农村生产力的解放，农民生活的提高，社会的进步，构成农村改革 20 年的历史性巨大变化。这个变化是党的农村改革政策的成功，这个成功是邓小平理论的伟大胜利。

（二）

在 20 年历史巨变中，引申出来一个引人注目的问题：就是在农业

---

* 本文系 1998 年 10 月作者接受中央电视台记者专访时的谈话要点。

连年丰收、农产品出现"买方市场"的新形势下,大大促进和加快农业面向市场的步伐,有力地推动着农业从过去单纯追求产量向产量、质量、效益并重的新阶段全面转变,这样就把农业逐步导入建立社会主义市场经济体制的轨道。

过去的农民种田为吃饭,是自给经济嘛!今天的农民种田为赚钱,是商品经济嘛!商品经济了不得,它改变着农民种田的传统观念和行为,促使他们站在田头,盯住城乡人民的餐桌,把自己的生产和市场的需求连接起来了。

城乡人民的餐桌是农产品消费的终点站,餐桌上的食品真实地反映着消费者对农产品的需求和变化,因而餐桌是农业生产适应消费需求的结合点。

农民站在田头,盯住餐桌,其结果必然促进农业生产方式的历史性转变——从过去生产什么卖什么,到餐桌上需要什么就生产什么。这就从根本上解决了过去生产与消费隔层、脱节的问题。

这个生产方式转变的意义在于:

第一,有利于突破当前农产品卖难、市场价格低落、农民收入减少的困扰。农产品卖难是连年丰收后出现的新问题。其原因是多方面的,有某些农产品供过于求的问题,有流通不畅的问题,还有一个更重要的问题是一些农产品本身不完全适应市场需求。农产品只有顺应市场需求,也就是适应餐桌需求,大力调整和优化产业、产品、品质结构,才能突破卖难。卖难突破了,农民收入就上去了。农民收入增加了,不仅可以改善生活,增加再生产的投入,而且对提高农村购买力,开拓农村工业消费品市场,扩大国内需求,保证今年国民经济8%的增长速度,具有特别重要的意义。

第二,这个转变拉长了农业的产业链条,从田头拉到餐桌。就是说,适应市场需求,种、养、加、销连锁发展,搞种养业的农民不仅可以获得初级产品的利润,而且可以分享加工、流通环节的利润。这样,就使农业形成真正完整的产业,高效的产业,与二、三产业协调发展的产业。

第三,这个转变意味着我国农业发展史上的一次重大转折。农村20年的改革、开放、发展,人民生活由温饱迈向小康,由追求"吃饱"

转向"吃好"。如果农业生产者、领导者无视这种变化，生产就会跟不上形势的要求。如果农业生产单纯追求产量的惯性不止，必然与产量、质量并重型的消费需求撞车，那么，出现卖难、价格跌落、收入下降的局面就难以避免了。因此，农业必须适应餐桌需求，向高产、优质、高效的综合型方向发展。

（三）

农民站在田头，盯住市场，发展商品农业，需要社会有关方面的大力支持。当前，农民渴望支持的有以下几个方面：

1. 提供市场价格信息。价格信息决定农业的产业方向和产品流向。无论是搞生产的农民，还是搞流通的农民，都希望及时了解全国各地的市场行情，据此决定自己的经营行为，做到产需结合，产品适销对路。

2. 提供良种和技术。这是支持农民调整结构，提高产品质量，发展高效农业的决定性因素。

3. 为农产品加工、储藏、分级、包装、运销等方面提供服务。这是当前的薄弱环节，亟待加强。

4. 为农产品运销开辟"绿色通道"。撤销路途中的非法关卡、地区封锁，形成货畅其流的全国统一大市场。

5. 在城市为农产品开辟批发市场，兴办早市、晚市，为农产品经销者、消费者提供便利。

农村稳定与改革、发展的关系*

（1999 年 4 月）

今年农村的大事是什么？党中央明确指出，今年农业和农村工作要突出抓好增加农民收入和保持农村稳定这两件关系全局的大事。考虑到在座的同志都是做纪检工作的，所以我今天给同志们介绍情况就着重从稳定的角度来谈谈农业和农村的问题。稳定，才有条件改革和发展；发展，才有条件增加农民收入。农民收入增加了，生活越过越好了，反过来又有利于农村稳定，又为改革、发展创造更好的条件。

一、“无农不稳”，农村稳则全国稳

谈稳定问题，过去常讲：“无农不稳”“无粮则乱”。从这个意义上讲，农村稳则全国稳。我们国家 12 亿多人口，9 亿在农村，这是基本国情。稳住农村这个大头，就有把握全局的主动权。这是新中国成立以来几十年实践证明了的一个最宝贵的历史经验。回顾党的十一届三中全会以来 20 年的改革，首先从农村突破，又以农村改革、发展的成果和经验来启动和推进城市以及其他各个领域的改革和发展；城市的改革、发展反过来又支持了农村。可以说，这是一个富有中国特色和极为成功的改革发展战略。农村改革 20 年，全国农业综合生产能力显著提高，近几年连续丰收，总的来说人民丰衣足食，国泰民安。事实充分说明，农业是安天下的产业。

在亚洲金融危机影响加深和世界金融市场动荡、我国面临经济全球化挑战的形势下，我们依然坚持把稳定和发展农业放在国民经济的首

* 本文系 1999 年 4 月在中纪委举办的地（市）纪委书记培训班上的讲话。

位，以此来繁荣农村经济，增加农民收入，提高农村购买力，开拓农村市场，扩大内需，拉动国民经济发展，实现今年7%的国民经济增长目标。这是我国经济发展的基本立足点。最近我看到的一份资料表明，亚洲金融危机最先波及的泰国、印度尼西亚和马来西亚三国，国民经济的恢复和社会的稳定很大程度上也取决于农业基础地位的高低。泰国农业基础地位比较稳固，农副产品自给有余，并大量出口，不仅人人有饭吃，还使农业成为支撑经济复苏的一大支柱。马来西亚以农副产品为原料的加工业在危机中没有受到太大的冲击，依然保持着强劲的出口势头，政府采取一系列扶持粮食生产、平抑物价的办法使普通百姓丰衣足食，社会也比较稳定。印度尼西亚尽管自然资源丰富，但由于当局长期不重视农业生产，农民负担重，轻农、弃农现象严重，大片肥沃土地被抛荒，要从外国进口大批粮食解决吃饭问题，同时大量失业人口既没有就业门路，又得不到政府及时救助，结果导致社会动荡。国外的情况也证明，农业稳则国家稳。

二、农村稳，首先要政策稳

谈农村稳定，言必及稳定农村基本政策。政策稳则农村稳。稳定农村的基本政策，核心是长期坚持稳定家庭承包经营的制度，长期稳定土地的承包关系。紧紧抓住这"两个长期稳定"，就能稳定农村大局。

20年改革的实践证明，家庭承包经营制度是农村稳定的基石。一是它能够极大地调动农民的积极性。因为它使农民获得了充分的经营自主权，激发农民自身的上进心和竞争性，为创造生产收益的最大化而努力奋斗。二是它符合农业生产自身的特性。因为农业生产是与生物和自然界打交道，家庭承包经营可以使农户根据气候、环境、农作物生长的情况及时做出决策，做到不误农时。古人云：不违农时，谷不胜食也。三是它具有广泛的适应性。既适应以手工劳动为主的传统农业，又适应采用先进技术和生产手段的现代农业；既适合小规模经营，又适合大规模的经营，可大可小。随着社会分工、专业化服务的发展、农村小城镇发展，随之而来的必然是务农人口减少，土地相对集中，实现规模较大的经营。这三点归结到一句话，即家庭承包经营制度符合生产关系适应生产力发展要求的规律，具有旺盛的生命力。所以，去年召开的党的十五届三中全会提出，家庭承包经营制度必须长期坚持，不能动摇。农业现代化程度很高的发达国家，也保持着家庭农场的经营制度。

土地既是农业最基本的生产要素，又是农民最基本的生活保障。稳定土地承包关系，有利于生产力发展，有利于农村的安定，这是稳定农村的又一块基石。土地家庭承包经营 20 年的实践证明是很成功的，它曾使我国农业的发展一日千里。现在看来，不足的地方就是土地承包关系的稳定性不够，即承包关系确定下来后，老是不断地调整。调整解决了一些地方的人地矛盾，但这种不断调整又形成一种不稳定状态，不利于生产发展，农民不做长期打算，不愿在土地上增加投入，影响土地产出率的进一步提高。长期稳定土地承包关系可以使农民倍加珍惜土地，增加投入，培育地力，不断提高土地的产出率。可以预言，解决了土地承包关系的长期稳定，农民把承包地当成自己的地去种，我国农业有可能再出现一个新的高涨。因此，党的十五届三中全会通过的《关于农业和农村工作若干重大问题的决定》中指出："要坚定不移地贯彻土地承包期再延长三十年的政策，同时要抓紧制定确保农村土地承包关系长期稳定的法律法规，赋予农民长期而有保障的土地使用权。"现在全国人大农业和农村委员会正在主持制定《农村土地承包法》，解决长期稳定土地承包关系问题。在起草法律的过程中，大家争论的一个焦点是：土地承包关系长期稳定不变，以后再出现新的人地矛盾怎么办？有的人主张，还是用过去的"大稳定小调整"的办法来解决；有的人认为，既然"赋予农民长期而有保障的土地使用权"，就不应该再调整了，应该是"增人不增地，减人不减地"。大多数人赞成后一种意见，新的人地矛盾可以采取其他途径解决。去年 12 月召开的中央农村工作会议上，温家宝同志在讲话中指出：解决人地矛盾问题，要坚持效率优先，兼顾公平的原则。用多留机动地，几年一调整的办法解决人地矛盾，会挫伤农民增加对土地投入的积极性，从长远看这条路走不通。要通过发展二、三产业，发展小城镇，逐步减少农业人口，引导土地使用权在农户之间合理流动，运用市场机制促进生产要素流动，这才是解决问题的根本途径。

温家宝同志的讲话精神，就是解决新的人地矛盾的指导原则。大家在立法讨论中，也提出了一些解决办法，如现有的机动地、新开发的土地资源、有些因耕种人丧失劳动能力后无力经营的土地、有的人口过世后无人继承经营的土地，都可以用来解决新的人地矛盾，再加上土地的合理流转，发展二、三产业，是可以解决这个问题的。

三、"民富则稳"，以发展生产、增加农民收入求稳定

农村经济发展，农民生活富裕，家家户户安居乐业，是农村稳定的保证。可是现在发生了一个新问题，农业和农村经济发展了，大部分农产品供过于求，市场价格跌落，农民收入的增长幅度下来了，出现了不利于农村稳定的新因素。当然，现在农产品多，市场价格便宜，有利于城市低收入者或下岗职工生活的安排，但价格上不去，农民收入少，农村购买力不足，工业消费品在农村市场上卖不动，反过来影响城市工业的发展，企业效益不佳，下岗人员增加，又不利于国民经济的发展和城市的稳定。所以，今年中央把增加农民收入定为党在农村工作的一个重点。

如何增加农民收入？解决这个问题，不能靠一般号召，要确立新思路。没有新思路，增加农民收入的难度是很大的。

（一）粮食和其他农产品的生产总量和品质结构，都要与市场需求相适应。在发生供求矛盾时要适时进行调整。这个总量和品质如果与市场需求发生矛盾时要及时调整，是个新提法。过去我们粮食短缺时，强调增加数量，而且越多越好。现在粮食连年丰收，总量供过于求，而品质又不适应人民生活提高后的消费需求，能不进行适当调整吗？这个新思路的理论根据，是在市场经济条件下，为适应现时人民消费水平的需要，农产品特别是粮食，以"供求平衡、适量储备"为最佳，而不是越多越好。多得购不了、储不下，压在库里，几年后就变成了陈化粮，储存成本提高，出售价格下降，企业亏本，给国家增加财政负担，人民还吃不到新粮。这就要压缩滞销品，增加畅销品；压缩劣质品，增加优质品。因为，供过于求的产品，没有质量的数量，不仅效益不佳，还是对

资源的浪费。这就要调整思路，这个调整是农业发展阶段性变化的客观要求。通过调整，把农业和农村经济的发展，从过去短缺年代单纯追求数量，转移到以提高质量和效益为中心的轨道上来。这是我国农业发展史上的一个重大转变。

（二）继续深化粮食流通体制改革，促进粮食生产按照市场需求加快结构调整的步伐。一年来，以"三项政策，一项改革"为重点的粮食流通体制改革，取得明显进展。但也存在一些突出问题，主要是按照保护价收的范围偏大，不利于结构调整和效益的提高，还有一些其他问题。今年，在坚持"三项政策、一项改革"的基础上，进一步完善相关政策，以适应供求形势的新变化。一是适当调整粮食保护价收购范围。北方的春小麦和南方的早籼稻、长江以南的小麦，要逐步退出保护价收购范围，放开收购市场和收购价格。考虑到今年已经播种，先调低保护价进行收购，明年再全部退出保护价收购范围。二是合理确定粮食收购保护价格和调整定购粮食收购价格，拉开粮食品质、季节、地区差价，做到优质优价。三是大型的农业产业化龙头企业、饲料企业等，经省政府批准，可以和农民签订自用粮特别是优质粮的产销合同，在粮食、工商部门监督下，可以按合同收购农民的粮食。此外，还有其他一些措施。这对加快调整结构，提高质量、效益将发挥重要作用。

（三）调整农业结构要因地制宜，发挥区域的比较优势，不搞重复建设。农业和工业一样，现在都讲调整结构，发挥自身的比较优势，不能别人干什么，你也干什么，大家同结构发展，搞重复建设。在农产品短缺的年代，在交通运输条件比较差的情况下，各个地区为保证供给，强调区域自给是有一定道理的。在农产品比较丰富、交通运输条件有改善的今天，已经到了应该强调扬长避短、发挥区域比较优势的时候了。不同地区各展所长，实行互补，就把全国的整体效益提高了。棉花就是一个很成功的例子。过去我们强调冀、鲁、豫和长江流域棉花面积不能减，不能少种，结果因为种棉花比较效益低，由于经济利益的驱动，农民种棉面积逐年减少。相反，新疆棉花获得长足发展，因为农民种棉效益好，积极性很高。朱镕基同志在今年三月份人代会《政府工作报告》中明确指出："合理调整棉花布局，稳定新疆棉区种植面积，进一步调减冀、鲁、豫和长江流域的种棉面积。"这就是一个因势利导，顺应变化了的情况，合乎经济发展规律的重要决策。

在沿海经济发达地区、大中城市近郊区出现种粮效益越来越低的现象。广东一些地方种粮已开始亏本。上海市发现自己与邻省农业结构趋同，优势显不出，反处劣势，再加上地价、劳力成本高，失去竞争力。像这些地方，要不要与中西部地区有所区别，改变同结构的发展农业，是值得考虑的新问题。最近看到一个材料，南方有的省提出发展玉米。东北玉米过剩卖不出去；南方又要发展，地理条件又不是十分适合，要不要发展？东北有的省提出要发展冬小麦。冬小麦在东北也不是个优势产品，地理条件也不如关内，不如多发展适合东北生长、国家又需要的大豆生产。如果南方去发展玉米，东北去发展冬小麦，这对发挥区域比较优势是不利的，也是个重复建设。

（四）改革粮食产区农户的生产方式，实行种植业和养殖业复合发展，把粮食主产区建成畜产品主产区。我国人多地少，家庭承包经营的规模小，如果单靠生产和销售种植业的产品，农民收入很有限，就富不了。所以，应当走家庭种养，联合搞加工的路子。这也是国际上成功的经验。搞种植业的农户，把口粮以外的饲料粮、秸秆，通过发展养殖业过腹还田，使种植业的初级产品通过养殖业转化为肉、禽、蛋、奶、鱼等高价值的农产品去出售，农民收入会大幅度增加。吉林省榆树市弓棚子镇是个产粮大镇，这个镇出现了"三大怪"：一是产粮大镇没有余粮卖。全镇年产粮食 6.5 万吨，除了口粮、定购粮以外，剩下的全部由发展畜牧业过腹转化了。二是市场粮食价格下跌，农民收入增长反而加快。因为没有卖粮食，卖的是高价值的畜产品，农民收入增长自然加快。三是产粮大镇大部分农民不种地，转移到畜牧业和二、三产业中来。去年人均年收入 4000 元左右，是全国农民人均收入水平的近两倍。弓棚子镇的做法是一个方向性的经验。早几年我到东北辽宁调查，走访了一些农户，那时就有一些有远见的干部和农民讲，"东北要想富，粮仓变肉库"。东北生产大量的玉米，若就地发展饲料业，发展养殖业，将肉、禽、蛋、奶及其加工品运到南方销售，粮食主产区就变成了畜牧业主产区、肉食品主产区、食品加工业主产区。这就是富民又富财政的发展思路。

（五）鼓励发展以农民为主体的农产品销售队伍，放手依靠他们发展农业的社会化服务，建立国家、集体和农民及其合作组织相结合的服务体系。鼓励发展以农民为主体的销售队伍，放手依靠农民去发展农业社会化服务，是深化农村改革的一个重点。现在农产品卖难，除了产品供过于求或不适销对路的因素以外，一个重要原因是流通不畅，没有形成全国统一的大市场。生产是流通的基础，流通又反作用于生产。目前在一定程度上是流通制约着生产的发展。解决这个问题，单纯依靠原来的国有商业不行，要转变观念，下决心培育农民自己的流通组织，提高农民进入市场的组织化程度。如果这个口子打开了，农村的社会化服务体系会大踏步前进，流通不畅问题就可迎刃而解。我仍以吉林省的例子说明这个问题。前年，我随同姜春云同志到吉林省考察，那时的省委书记张德江同志汇报工作时讲了三个例子，我听了以后非常振奋。第一个例子，长春市有个转业军人丛连彪，创办一个屠宰公司，一年屠宰肉牛15万头，带动了周围1050户农民为他养牛。第二个例子，榆树市有个女农民陈云莲，创办一个辣椒购销公司，带动5100户农户种植，收购后销售到10个城市。第三个例子，梨树县农村经纪人一年推销活猪57万头，占全县活猪销量的一半。其中最多的一个一年推销生猪10万头。三个例子说明，农村能人很多，关键是我们各级干部要转变观念，深入下去挖掘他们，大胆起用他们，大力支持他们，把一切有专长有经营才能的人，作为我们今天建立社会主义市场经济体制和发展商品经济的积极分子带动农民脱贫致富。当年，江浙一带叫乡镇企业为能人经济，这个话有道理。今天农村经济的发展，农民收入的增加，寄希望于农村大批能人的登台。伟大的力量蕴藏在人民群众之中。

农村能人是十分宝贵的财富。现在农村劳动力多，是多在种植业，养殖业、加工业、运销业的人都不多，太少了。要支持大批农民在能人的带领下，从种地领域分离出来，填补养殖业、加工业、运销业的空白，扩大农村就业领域。种植业的劳动力向畜牧业、二三产业分流转移，种地的人减少了，土地经营规模扩大了，效益提高了，又为农业现代化创造了条件，一举两得。以农民为主体来建立国家、集体和农民相结合的服务体系，是富民之道，农业现代化之道。

（六）发展乡镇企业和小城镇，推动农村过多的人口向非农化方向转移。这是带动农村经济发展的一大战略。我们农村人口多，资源少，千军万马挤在一条道上，这是造成城乡差别难以缩小，农村市场潜力难以发挥，对工业和国民经济难以产生强大拉力的原因所在。在经济发达的国家里，从事农业的劳动者与从事非农业的劳动者的收入是旗鼓相当的，没有多大差别。马克思主义政治经济学的基本原理就是要使从事不同产业的劳动者都能获得社会的平均利润率，这样各个产业才能协调发展。我们是一头轻，一头沉，非农产业劳动者收入高，农业劳动者收入低。现在，城市人口年收入 5000 多元，农村才 2000 多元，差一倍，不利农业的稳定。农民收入低，难以扩大内需，不利于带动工业服务国民经济的发展。大多数农村人口收入低，文化教育又上不去，优生优育难以做到，整体素质不高，也不利于整个经济和社会的发展。解决这个问题的一个重要思路，就是推动乡镇企业和小城镇发展，让多余的人口向非农产业方向转移。农村 9 亿人口，不全是务农的，相当一部分人已经务工经商，承包的地已由别人代种，或自己兼种，这样地种不好，有的撂荒，产出率下降，不利于农业的发展。所以，现在客观上已具备了加快农村过剩人口向非农业方向转移的条件。如果这些已经转向非农业的人口进入小城镇，全力向非农方向发展，使留下的人增加发展农业的资源，这两部分人都能得到新的发展机会，都能大幅度提高自己的收入。这就需要强有力的政策来鼓励和支持这种转移。朱镕基同志在今年 3 月份人代会上作《政府工作报告》时指出：要抓好小城镇户籍制度改革的试点，制定支持小城镇发展的投资、土地、房地产等政策，并要求科学规划、合理布局、节约用地，保护生态环境。国家已经将推动过剩的农村人口向非农方向转移提到议事日程上来，现在需要的是积极而稳步向前推进。

四、"轻税薄赋"，以减轻农民负担求稳定

"轻税薄赋"是历代安民富国之道。我们国家处于社会主义初级阶段，是不发达的阶段，农村尤其不发达，其特点之一就是农民的生活水

平比较低，还有几千万人没有解决温饱。在这种情况下，绝不能加重农民负担。当前解决这个问题有三个主要举措：一是要刹住乱收费这个不正之风，这是当务之急；二是继续实行农民负担定项限额，一定三年不变；三是抓紧制定并实施农村"费改税"方案，保障农民合法权益，从根本上解决农民负担过重问题。前两项是治标，后一项是治本。

现在国务院有关部门正在制定费改税的方案。有些同志对费改税有些担心，怕税加上去了，费还减不下来，最终农民负担重的问题仍然得不到解决。这个疑虑是有一定道理的。但不搞费改税，现行办法还是仍然解决不了根本问题。多少年了，年年喊减轻农民负担，年年基本上减不下来。实行费改税，是要寻求一条新的治本出路。同时，又要采取相应的配套措施，担心费减不下来的问题是可以解决的。比如：

（一）实行精兵简政，把过多的"吃皇粮"的人减下来。负担重的重要原因是养人太多，财力不够，就向农民伸手。精兵简政，把乡镇非编制人员先减下来。现在一个乡镇的正式编制只有二三十人，实际上是上百人、二三百人。"食之者众，生之者寡"，吃饭的人多，创造物质财富的人少，是历朝历代施政的一个教训。最近看到一个材料，安徽省太和县进行了费改税的试点，效益很好。他们把农业税、特产税和三项提留五项统筹费捆在一起，农民每年每人交纳 65 公斤粮，就不用再交纳任何税费了。这一刀砍下去，将原来农民负担砍掉了一半。同时，精简乡镇干部，解聘编外人员 98 人。费改税又精减人员，受到农民欢迎。前些天我在江西省看了南昌市精减乡镇人员的情况，步子大、工作细、效果好。他们提出，不在编人员全部解聘，借用人员全部退回原单位，在编人员也要适当分流，再为农民创办服务基地。采取先试点后铺开的做法，在全市 100 个乡镇全面展开，现在已精减乡镇人员 2400 人，到6 月底基本结束，共精减 5000 人，占乡镇全部人员的 58%，每年可省乡镇财政开支 3000 万元，每个乡镇平均 30 万元，群众拍手称快。

（二）办事量力而行，不超越自己的财力。有人说农民负担重，都是上边压下来的。为什么这么说呢？经济社会要发展，上面给基层提了很多要求，又不给钱，最后逼得乡村干部向农民伸手。所谓压下来的，根子就在这。5 月 27 日《经济日报》第一版上，报道湖北省安陆市纠正干部急功近利思想,砍掉 200 项政绩工程,同时出台一批为农民减负、增收的措施,农村经济呈现加快发展的良好态势。安陆市的做法,就是解决这个问题的切实措施。

费改税,精兵简政,办事量力而行,这就有可能保证费改税这项治本政策的落实。"扬汤止沸"不如"釜底抽薪"。精兵简政,"吃皇粮"的少了,办事量力而行,不给下边只压任务不给钱了,那么,费改税后,担心农民负担仍然减轻不了的顾虑就解决了。

五、"气顺则稳",要以扩大基层民主求稳定

党的十五届三中全会提出,扩大基层民主,全面推进村级民主选举,全面推进村级民主决策,全面推进村级民主管理,全面推进村级民主监督。这四个全面推进中,重点是村民按期直接选举村委会。这是人民当家作主的重要标志,也是确立干部全心全意为人民服务的观念、密切联系群众的作风、老老实实当人民勤务员的根本举措。官帽子拿在老百姓手里,有些人就不往上边跑官了,他就买群众的账了。有的干部为什么花费心思摆花架子,搞形式主义,欺上瞒下,不老老实实为群众办好事办实事,很大程度上是因为他们的升迁群众无权过问、做主。所以,谁选举是解决干群关系的一个关键。扩大基层民主,农民心情舒畅,气顺了,有利于农村安定。所以,民主直选村民委员会要强力推进。当然有的人也有顾虑,怕农民文化素质低,搞不了民主选举。其实民主选举村干部从延安革命根据地时期就开始做了。为什么现在就不能做呢!有的说怕宗族干扰,选不好人。要相信群众的大多数,而且要有监督选举的措施,对干扰选举、舞弊选举等违法行为及时纠正,即使是个别地方选错了也不怕,选个不好的人,干了坏事,徇私舞弊,老百姓还可以罢免他。还有人怕选时不错,选上来以后变坏了。这要靠教育,既然是好人,选上来以后要培训,交代他怎么做好工作。总之,要相信群众,让群众在民主过程中学民主。扩大基层民主必须和健全法制相结合。全国人大已通过《村民自治法》,村级的民主建设有了法律保障。

六、整顿农村金融秩序，以化解金融风险求稳定

当前农村的金融风险的严重性日益突出，已经成为影响农村稳定的一大隐患，这是构成农村不稳定的一个新因素。主要表现：一是农村的合作基金会和供销合作社股金服务部，长期违规从事或变相从事存贷款业务，而且有的管理混乱、效益不佳，造成支付困难，老百姓的存款需要时取不出来，引起群众不满，有的静坐。二是一部分基层信用社严重亏损，资不抵债，不仅影响农村金融事业的信誉，而且造成社会的不稳定。其原因主要是在我们国家经济高速发展中，一些同志出于好意，做了错事。"好意"就是为了自己这个地区的经济社会发展，没有钱，甚至不惜筹措金融资本。错在违背金融法规，不应该搞存贷业务的搞存贷业务，甚至不惜高息揽储，超过它投资的回报效益，利息比效益高，再加上管理上的行政干预太多，没有发挥金融组织的自主权，投资效益差，放出去的收不回来，肯定发生支付困难。造成这种局面的根本原因是办事超越了自己的财力，不量力而行。去年我到四川省调查研究，有的县委书记面对支付困难的局面，他们说现在是"屁股坐在火山上"，后悔莫及。

党中央、国务院对整顿金融秩序，化解金融风险有明确方针和部署，现在应抓紧贯彻执行，认真落实。

七、"安则稳"，以抓好农村治安综合治理求稳定

治安好，人心稳。解决好这个问题，一是要依法严厉打击各种刑事犯罪活动，另一方面是妥善处理新形势下的人民内部矛盾。

妥善处理新形势下的人民内部矛盾，是保持农村稳定的基本条件。妥善处理人民内部矛盾的核心，在于如何正确对待群众。从各地情况看，有几点值得提倡。

（一）各级领导同志应把接待群众来访来信作为重要工作。工作再忙，也要抽出时间直接接触基层群众，倾听他们的呼声。现在有的地方规定了"市长接待日""法院院长接待日""检察院检察长接待日"，虽

然为数不多，但是属于方向性的。我们干部都是人民的勤务员，为什么不可以直接和我们的主人经常有个见面的机会，听听他们的想法，有什么要求呢！"救火不如防火"。经常能够捕捉到基层群众的呼声，就能知道老百姓想什么、要求什么，就可以把工作做在前面，把问题解决在萌芽状态，做到防重于治。

（二）司法公正，方便群众。特别是要为有冤没有钱、没有势的人提供方便，及时而公正地处理他们要求解决的问题。安徽省太和县有一个经验：司法下乡。这个县检察院在安徽省首次设立乡镇检察室，以"司法下乡"，农民"就地告状"来化解农民层层上访。老百姓为什么跑到县、市、省，有的跑到北京上访，原因之一就是基层"告状难""打官司难"。太和县"司法下乡"的经验值得提倡。

（三）绝不允许用专政手段对待人民群众。过去有的地方，收粮、收款、搞计划生育，动用专政工具，激化人民内部矛盾，甚至酿成人命案的事件时有发生。这是应该严格戒绝的。

（四）解决流动人口的管理问题。在经济高速发展中，人口流动是正常现象。问题是要有序，要管理。出问题都出在盲目的流动，农民出来后，找不到就业机会，生活发生困难，走投无路，有的人就铤而走险。所以要加强管理，保持社会稳定。

合理调整农业结构是深化改革之重举[*]

（2000 年 1 月）

记者：调整农业结构，是关系到增加农民收入和保持农村经济稳定发展的大事，是当前农村工作的重中之重。中央、国务院领导对此非常重视，国办转发了农业部《关于当前调整农业生产结构的若干意见》以后，全国各地都在积极行动，但不少地方农村干部都感到调整农业结构难度很大，甚至产生了畏难情绪。应该怎样理解、认识这次农业结构调整？

杨雍哲：调整农业结构，不是说农业陷入了困境，而是迎来了新发展的机遇，对农民、对整个农村经济发展而言，绝对是一件大好事。

调整农业结构是农业发展进入新阶段之后的必然。新中国成立 50 年来，特别是经过 20 年的改革开放，我国农业发展进入了一个鼎盛时期，粮食和其他农产品大幅度增长，满足了 12 亿多人口的需求还有剩余，这是史无前例的，是党中央、国务院一贯重视农业和加强农业的结果，为农业和农村经济结构调整提供了良好的时机和宏观环境。任何国家农业的发展，都是先满足人民对农产品数量的需求，再进入质量的提高，也就是先解决吃饱，再解决吃好。我国现阶段结构调整，与人民生活由温饱迈向小康相辅相成，是经济发展规律决定的，不是偶然的。如果我们抓住这 50 年一遇的好机会，通过结构调整，使我国农业全面转向优质高产高效的轨道，使不同地区的比较优势发挥出来，在全国形成各具特色的专业分工和合理的生产布局，从而逐步实现适应农业全球化发展趋势要求的专业化、规模化和现代化生产，我国农业必将攀上一个新高峰。

＊ 本文系《农村工作通讯》杂志记者专访，原载《农村工作通讯》2000 年第 1 期。

记者：调整农业结构，我们应该在宏观上如何把握，在战略上如何考虑？

杨雍哲：从目前的实践情况看，起码需要把握住以下几点：

（一）调整农业结构，应以深化改革的精神广开思路。这次调整农业结构，不仅是调整农产品的品种、品质结构，还要因地制宜，调整区域种植结构，发挥不同地区的比较优势；不仅是调整农业内部结构，还要调整乡镇企业结构，发展农村二、三产业，加快小城镇建设，实际上涉及调整整个农村经济结构；为了调整好农业和农村经济结构，又必须相应地调整农业经营方式、农村劳动力结构、教育结构、金融资本结构；还应面向国际市场，调整农产品进出口结构。以这样的思路去调整农业结构，才能突破实际工作中存在的各种局限性，为农业增效、农民增收、农村现代化开辟广阔天地。

（二）调整农业结构，应有明确的目标。调整农业结构，将全面提高农业整体素质，促进农业现代化。通过结构调整，拟达到三大目标：一是使农产品总量供求基本平衡，品质适销对路，并在国际市场具有一定竞争力；二是使我国农业全面转上优质、高产、高效的轨道，使务农劳动力的收入逐步接近社会平均水平；三是使农业形成合理的区域分工和布局，不同地区发展各具特色的专业化生产。实现了上述三个目标，就使我国农业在现代化道路上迈出新的步伐。

（三）调整农业结构，应积极稳妥推进。调整农业结构，要很好地调查研究，周密筹划，不能简单从事，防止"重复建设"，出现新的结构趋同。现在，农村面临的情况是减收因素多、增收因素少，有相当的难度；调结构抓增收，涉及调整农业发展思路，改进工作等深层次问题；一些增收门路，如提高农产品质量，发展二、三产业，加快小城镇建设等，见成效都要有一个过程；调整结构既要吃透市场需求，又要从本地资源优势出发，讲求效益，谨防盲目从事，徒劳无益；调整结构还要有国家宏观政策的支持和有关部门各项服务的配合。凡此种种，都说明调整结构需要发挥综合功效，需要有一个时间过程，应坚持积极稳妥推进的方针。再说，农业结构调整是一个动态过程，会随着农产品市场的变化，农业科技的不断进步，而不断需要调整优化结构。

记者：要做好调整农业结构这项大事，并取得预期效果，在具体操作上会有一定的难度。中国农业究竟应该形成怎样的经济结构，目前应从哪个方向和角度来调整农业结构？

杨雍哲：调整农业结构，应瞄准市场需求，从本地区的比较优势出发，要"有所为有所不为"，突破过去的"小而全"、样样都自给自足的束缚。就目前情况而言，调整农业结构应当注意以下几个问题：

（一）不仅要重视调整农产品的品种、品质结构，还要重视调整粮食及其他农产品的区域种植结构。现在，大家对依靠科技发展优质农产品比较重视，这很好。同时，对调整农产品的区域种植结构，亦应给予足够的重视。

区域种植结构调整应该以粮为首，以粮为龙头带动其他农产品的调整。主要是使不同地区各展所长，充分发挥区域比较优势。

沿海经济发达地区和大中城市郊区，应面向国内外市场的需求，适当减少粮食种植面积，积极发展高价值经济作物，以及水产品、畜产品，发展出口创汇农业。

西部地区，特别是长江、黄河上中游，以及部分湖区、牧区，按照中央既定的方针，要坚决把不宜种粮的土地退耕还林、还草、还湖，转而发展高价值的林果业、畜牧业、水产业。这是西部地区发展特色经济，进行生态建设的良好机会，一定要抓住。过去因粮食短缺，不得不以林地、草地、水面换粮，造成生态破坏。现在必须以粮食换林果、换畜禽、换水产品，这些比粮食价值更高，还能促进生态建设，实现可持续发展。

中部地区和东北粮食主产区，要放手发展粮食生产，多增产粮食。因为沿海经济发达地区、大中城市郊区和西部地区适当减少粮食种植面积后，它们就成了国内粮食的主销市场，从而扩大了粮食销售容量，使中部和东北粮食有了出路。这必将调动粮食主产区的积极性，进一步增产粮食，建立我国粮食的良性内循环。

这样，东部沿海发达地区和西部的部分山区适当减少粮食种植面积，有利于缓解当前供过于求的矛盾；中部和东北地区增加粮食生产，又可以保持全国供求大体平衡。同时，不同地区各展所长，互为市场，优势互补，提高了整体经济效益，又取得了生态效益，还形成了合理的生产布局，调活了全盘。

（二）不仅要调整生产结构，还要重视调整农民收入结构、就业结构、教育结构、农村金融资本使用结构。现阶段农民收入增长缓慢，一个重要的原因是农民收益的产业链条太短，靠农产品生产环节获得利润很有限。只有让农民分享了农产品加工、流通环节的利润，农民收入才能实现持续增长。这就需要实行农业产业化经营，特别要以发展合作制的龙头企业为重点来推进农业产业化经营。因为只有合作制的龙头企业才能真正同农民结成利益共同体，才能真正体现农业产业化经营的实质和标志。今后，家庭搞种、养，合作搞加工、销售，将是农业的基本经营模式。

我国的农业劳动力收入水平之所以低，另一个重要原因在于农村人口太多，搞种植业的劳动力太多，农业劳动生产率太低。应该逐步调整农民就业结构。主要是推动从事种植业的劳动力向农业的服务业和非农产业分流，扩大农民就业增收的空间。一是在农业内部挖掘就业潜力。一些发达国家农业产前、产后环节的就业人数，大大超过直接从事农业生产的人数。我国农业的产前、产后环节吸纳的劳动力太少，产中的劳力向两头转移，潜力很大，也很有必要。最好的办法是：建立以农民为主体的国家、集体、农民及其合作组织相结合的社会化服务体系。这样既可以有力地推动农业社会化服务体系的发展，又能为农民提供大量就业机会。二是扩展农业外部就业增收空间。主要是积极发展非农产业，加快小城镇建设，以及劳务输出等。目前和今后，农业剩余劳动力流向大中城市还会出现，但空间会越来越小。大规模转移农村剩余劳动力，还是要靠发展乡镇企业、加强以农产品批发市场为龙头的市场体系建设、加快小城镇建设，这方面的空间还很大。发展乡镇企业，应当在体制创新和产业结构调整方面下功夫。加快小城镇建设，要以县城和中心镇为重点扎扎实实地推进。

鉴于目前农村青年多数人有一定的文化水平，但缺乏科学知识，接受和消化技术成果的能力较低的状况，应调整农村教育结构，着力发展成人职业教育，提高农村知识青年的科技素质。可以考虑在农村有计划地开办一批农业中等专科学校或职业高中，农村初中毕业升不上普通高中的进职高，普高毕业升不上大学的进中专，使今后回乡就业的青年成为具有一定专业知识的有用之才。

有了人才，还需要有一定的资本，才能发展经济。目前不少农村能人和企业由于缺乏一定的资金难以一显身手，制约着生产经营的发展。同时，一些地方高利贷盛行，盘剥农民。为了改变这一现状，应调整农村金融资本结构。一是鉴于农村信贷资金长期不足的状况，应增加农村使用贷款的额度，加大农村金融资本的投放量。二是农村金融资本要重点支持调整农业结构，把农村能人、龙头企业和合作经济组织作为主要支持对象。扶持他们发展生产经营，可以启动民间资本，可以带动大批农民就业增收。

（三）不仅要调整农业和农村经济结构，还要调整经营方式。目前，我国农业的经营方式还大多是短缺经济条件下形成的"以产定销"模式。现在多数农产品供过于求，处于买方市场条件下，究竟如何发展生产，农民不知所措。靠直观感受，看什么赚钱就种什么，一哄而起，造成滞销；靠政府号召什么种什么，一种就多，多了又没有人负责；还有的地方强制农民种什么不种什么，其结果更糟。这就暴露了原有经营方式的局限性，亟待由过去的以产定销向以销定产转变。根据各地经验，主要是通过发展"合同农业""订单农业"，逐步做到以销定产，减少盲目性，提高经营效益。而农民真正要做到以销定产，必须通过加工、流通的龙头企业和其他中介组织。龙头企业先调查市场，找到商品销路和客户后，再给农民下订单，签订合同，把产销衔接起来。这种新的经营方式，对企业和农户都有好处。对企业来说，保证了符合质量标准的商品的稳定供应；对农民来说，生产什么、生产多少，都根据合同进行，减少了生产与经营的盲目性，收益有保障，又提高了农民进入市场的组织化程度。山东省安丘市农民"种合同菜""养合同鸡"已经成了时尚，全市种植的经济作物62%都是按订单生产的。群众说："合同农业"使农民种得放心、卖得顺心，企业买得称心。

（四）调整结构不仅要以国内市场需求为导向，还要关注国际市场。这是农业全球化发展趋势所决定的。农业和农村经济结构调整，必须利用国内、国际两个市场、两种资源，充分发挥我国的比较优势，扩大农产品的对外贸易。

一是应明确农产品出口方针。根据我国劳动力丰富、土地等农业资源匮乏的国情，应该出口劳动密集型的高价值产品，如畜产品、水产品、蔬菜、水果和农产品的加工产品等，并通过这些产品的出口，换回土地密集型农产品进口。实际上，出口劳动密集型产品，相当于出口劳务，增加就业；进口土地密集型产品，等于进口我国紧缺的水土资源。这应是我国农业对外贸易的方向。

二是应明确农产品出口的重点地区。沿海地区在参与国际农产品贸易竞争中，具有信息、技术、人才和区位优势，沿海地区主要发展创汇农业。这样，有利于促使沿海地区率先实现农业现代化，又可以腾出一块国内市场，为中西部地区发展商品生产扩展空间。

与此同时，还应该采取措施，推动"进口替代"。主要是对一些传统农产品，包括土地密集型农产品进行技术改造，提高其竞争能力，顶住国外农产品的冲击。

总之，调整农业结构，不同地区、不同资源条件，要有不同的发展模式，不能跟风，防止经济结构出现新的趋同。各有关业务部门，应做好信息、技术、金融等方面的服务，在政策上给予支持。在结构调整中，要充分尊重农民的生产自主权，力戒一切强迫命令，防止给农民造成不应有的经济损失。只要紧紧抓住市场需求，因地制宜，各展所长，互为市场，优势互补，一定能够取得成功。

扩大有利于农民增收的政策空间*

（2002 年 3 月）

朱镕基在九届全国人大五次会议上作的政府工作报告中，把"农民收入增长缓慢"列为当前经济和社会生活中亟待解决的头号问题，把"千方百计增加农民收入，切实减轻农民负担"列为坚持实施扩大和培育内需方针的第一要务，足见农民增收问题事关重大。

农业是国民经济的基础产业，是安定天下的产业。当今，我国农产品市场供应丰富，充分满足了人民消费需求，这是亿万农民对国家经济发展、人民生活改善和社会稳定做出的重大贡献。现在的问题是，怎样让做出重大贡献的农民得到应有的回报。近几年，农民一直被"收入上不去，负担下不来"所困扰，进而影响到国内需求的扩大，制约国民经济的持续发展。当前工业品供过于求，不少工业企业经营困难，城市职工下岗多、再就业难，根子亦在于农民收入少、消费不振、农村购买力弱。把农民收入抓上去，使消费增长起来，全盘皆活。

党中央、国务院对此高度重视，采取了一系列重大措施，收到了一定效果。但从整体上看，还没有从根本上解决问题。出路在于：一方面要下大力气坚决贯彻执行中央既定的战略和措施，包括加快农业和农村经济结构战略性调整，实施城镇化战略，以及退耕还林还草、农村税费改革、粮棉流通体制改革、加大对农业支持力度等重大举措；另一方面，还需要进一步扩大有利于农民增收的政策空间，从速改变"收入上不去，负担下不来"的困难局面，使务农者有利可图，调动起亿万农民的积极性，实现农业和农村经济的新发展。

那么，还有哪些可以扩大的政策空间呢？

---

* 本文系在九届全国人大五次会议小组会上的发言。

228

一、把合作制引进农业产业化经营，使农民分享农产品加工、流通环节的利润，增加收入

农村实行家庭承包经营，曾经使农业的发展一日千里，取得史无前例的辉煌成就。现在看来，只有家庭承包经营，还不是一个完整的农业经营体制，因而千家万户分散经营的局面越来越不适应市场经济的发展。解决这个问题的出路在于，在坚持稳定家庭承包经营的基础上，发展农户之间自愿联合的农产品运销、加工和生产、生活服务的经营体，即各种专业合作社和专业协会，以及各类合作制的加工、运销企业，做到分户生产，合作加工、运销，联合起来与市场接轨，形成一个完整的农业经营体制。

只有合作制才能使农民分享农产品加工、流通环节的利润，才能大幅度增加收入。现在推行的农业产业化经营，其基本形式是龙头企业加农户，而这些企业基本上都是以营利为目的的商业性龙头，农民把初级产品卖给它们，它们加工、销售之后所得利润与农民无关。因此，应当明确提出，把合作制引进农业产业化经营，大力扶持农村能人挑头，发展不以营利为目的的合作制加工、运销龙头企业，为农民获取更高的收益。纵观世界上发达国家，农产品加工、流通的大头皆为农民的合作制企业所承担，商业性企业只占一少部分。这是值得我们借鉴的。

把合作制引进农业产业化经营，并不是不重视商业性龙头企业，更不是排斥商业性龙头企业。商业性龙头企业虽然不能给农民分享加工、流通环节的利润，但它有利于解决农民初级产品卖难问题，有的还为农民提供种苗、技术等服务。对这类企业应一如既往地鼓励发展。我们国家大，2亿多农户，需要很多很多的龙头企业来带。因此，农业产业化经营，既要发展商业性龙头企业，又要提倡农民自我服务，发展合作制的龙头企业，多种形式的龙头企业共同发展，以满足千家万户的需求，加快实现农业产业化经营，适应加入世贸组织之后的新形势。

在农村兴办合作制的加工、运销龙头企业，将是乡镇企业的再造，会出现乡镇企业发展的新高潮。这样的乡镇企业，植根于农村、农业，坐落于原料产地，周围有大批廉价劳动力可用，再加以运用新技术，本

身就具有较强的竞争力。乡镇企业由过去从事一般加工工业转向农产品加工、流通，是产业方向的重大调整，不仅有利于增加农民收入，还必将为发展小城镇、扩大农民就业做出新贡献。国家应像当年发展乡镇企业初期那样，在税收、信贷等方面给予支持。

二、坚持农村信用合作社回归农民的方向，真正办成农民自己的合作金融组织，活跃农村经济

货币是经济运行的血液。货币供应量充足必然促进经济发展，经济活跃又会扩大就业，增加人们的收入。就农村来说，增加农民收入在于繁荣农村经济，繁荣农村经济的一个关键问题，在于金融资本支持农民特别是农村能人创业，发展种植业、养殖业和以种养业为原料的加工业、运销业，带动更多人就业。可是今天的农村金融，极不适应农业和农村经济发展的需要。国有银行改为国有商业银行以后，农村的网点收缩了，农贷总量减少了，农村合作基金会已经关闭，农村剩下信用社唱独角戏。信用社由于几十年转为官办的历史，机制不活，包袱沉重，管理不完善，满足不了农民对资金的需求。党中央、国务院在几年前就提出，把信用社真正办成农民自己的合作金融组织，至今还没有完成这项改革任务。农村储蓄资金大量流向城市、流向农外的问题长期不得解决。农民贷款难的问题日益严重，民间高利贷盛行。如此状况，很难谈得上发展农村经济、增加农民收入。

国内外的经验证明，农业和农村经济的发展，必须有为农民服务的专业金融组织。为农民服务的农村信用社弄到今天这个地步，一大教训是当初把民办改为官办，先是由农业银行管，后又转为人民银行管，管的结果就是今天这个样子。官办的另一种表现是，有些信用社的信贷业务为某些地方领导所左右，按长官意志放贷，再加上亲情放贷，很多项目有去无回，造成大量不良金融资产。历史证明，官办是不成功的。农村信用社回归农民，真正办成农民自己的合作金融组织的方向是完全正确的，应当坚持。现在有的提议把信用社改为商业银行应慎重考虑，那样会受利益驱使产生离农倾向，农村很可能连唱独角戏的也没有了。把

信用社留在农村、留在农业，真正办成农民自己的合作金融组织，关键在于要相信农民，帮助农民建立对信用社的民主管理和民主监督体制，聘用合格的金融专业经营人员，建立自律的行业管理组织，中央银行加强监管，农民是可以办好自己的合作金融的。

三、城市和国家有关部门应加强对民工潮的引导服务，扩大农民到农外就业，积极推进城镇化战略

"要富裕农民必须减少农民"，这已经成为全社会的共识。中央确定的城镇化战略，是解决这个问题的正确方针，是新时期城市带动农村发展的重大举措。现在的问题是，农民这头比较热，城市这头还是有点冷，很不适应。

应当看到，全国每年近亿人的民工潮是实施城镇化战略的有利条件。问题是，对农民自发地到城市、到发达地区寻求就业机会提供服务、提供方便，特别是为他们的权益提供保障，较为滞后。有的地方甚至对农民工实行歧视、限制、排斥政策，社会上乱收费、乱罚款，包工头随意克扣工资等损害农民工合法权益的行为缺少有效管理，几乎每个农民工都有一本酸甜苦辣的打工史。这同中央积极推进城镇化战略是不合拍的。

农民也是国民，他们在全国范围内就业，应当享受平等的国民待遇。何况农民到城市就业基本上属于填空补缺，多半干的是城市居民不愿干的活，是对城市经济、社会发展有益的，是对城市的贡献。城市对他们应持欢迎态度，积极提供就业服务。比如，建立规范的劳务市场，使劳务的供需双方直接见面，避免农民工盲目徒劳地奔波；农民工与城市居民应实行同等的就业条件和政策，取消对农民工不平等的就业限制，以及随意清退、收容、遣返等不正当做法；为农民工提供廉价租屋，加强社区管理，维持法纪秩序，保证社会稳定；保护农民工的合法权益，及时惩处随意克扣工资等一切损害农民工经济利益和人身安全的违法行为；对农民工的劳保、就医、子女就学、计划生育等事宜统筹考虑，纳入城市的统一管理，不留死角；创办农民工咨询服务、技能培训中心，使他们遇事有处问，遇难有处帮，就业有处学，为他们排忧解困；对符

231

合在城镇落户条件的农民工及时办理落户手续,积极稳妥地促进农民向非农领域转移。如此等等,不仅是城市有关方面应做的工作,也是国家劳动和社会保障部门应尽的责任,亟待以立法的形式进行规范化管理。同时,农村地区也要为外出打工、经商的农民搞好各项服务。城乡携手共同推进城镇化战略。

四、建议免除农业特产税,减轻农民负担,
提高农产品国际竞争力

我国农民种一般农作物有农业税,种蔬菜、种水果等有特产税,卖猪有屠宰税,还有乡村的"三提、五统"费,负担实在太沉重了。世界上绝大多数国家没有针对农民的税费,农业是无税产业。我们国家大,财力有限,完全效仿国外的做法一时还做不到。但是,逐步免除某种税赋、减少某些收费,还是有条件的。

近一二年,在农村税费改革试点中收费减少了,农业税和农业特产税没有动,农业税实际税率又提得比较高。似应考虑调整和完善农村税费改革方案,可否首先免除农业特产税。当初确定农业特产税这个税种,是为了调节和扶持粮食生产,现在粮食供过于求,情况变了,似无存在的必要了。农业特产税所涉及的农产品,都是我国具有出口竞争力的劳动密集型产品,征收特产税会增加成本,削弱竞争力,不利于扩大出口贸易。当前我国农业正处于结构调整中,免除特产税有利于促进结构调整。特产税免除后,生产和经营特产富起来的农民,可以按个人所得税征收办法纳税,城乡居民实行同一税种。浙江省已率先行动,从今年起免除农民的农业特产税,免除屠宰税,因此而减少的两税收入由地方财政消化。根据我国地区发展不平衡的情况,沿海发达地区可以效仿浙江做法,中西部免除农业特产税后财政减少的收入,可由中央财政转移支付来平衡。免税之举,农民可以直接得益,不会因中间环节七折八扣而落实不到农民头上。免税之举,对社会震动大,会收到凝聚人心、国家固本兴隆之功效。免税之举,可以降低农业成本,提高农产品国际竞争力,为应对入世的一条重要选择。

大包干精神就是农民的改革创新精神[*]

（2003 年 12 月）

中国的改革是从农村率先突破的，农村改革是中国改革的源头。

农村改革的成功，又接连带动和支撑着城市及其他领域改革的启动和发展，中华民族的历史由此揭开了新的一页。这是举世闻名的富有中国特色并极为成功的改革战略。

一

农村改革的标志性产物是大包干。大包干的首创在滁州、在凤阳、在小岗，中国农村改革的大旗是在这里举起的，是他们开辟了农村改革的先河。回想当年，大包干一出现，就像"十月革命一声炮响"那样，震撼了整个神州，从小岗开始，以星火燎原之势迅即燃遍中华大地，唤起亿万农民汹涌澎湃的积极性，使中国农业发展一日千里，创造了历史的辉煌。辉煌成就之一是，偌大的中国，在每年增加上千万人口、减少几百万亩耕地的情况下，农产品供求关系居然连续保持基本平衡、丰年有余，一举结束了我们这个人口大国不得温饱的历史，跨入建设小康社会的进程；之二是，正是由于农产品供给充裕，使国家有条件修正历史上毁林开荒、毁草种粮、围湖造田等一系列的过度农耕行为，实行大规模地退耕还林、退田还湖、退牧还草，恢复人们向往的山川秀美的生态环境，向全面建设小康社会迈进，这是出乎世人意料的。这一切，首先归功于大包干。

* 本文系在"弘扬大包干精神，全面建设小康社会——中国农村改革 25 周年理论研讨会"上的发言，原载《农民日报》2003 年 12 月 19 日。

二

大包干精神，就是农民的创造精神，也就是当今所提倡的创新精神。大包干的创新精神集中表现在，农民冲破阻碍生产力发展的"一大二公"的人民公社体制，创造了家庭承包经营的新体制，改变了落后的生产关系，解放和发展了生产力。弘扬大包干精神，就是弘扬农民的创新精神，弘扬支持农民创新的精神。支持农民创新，说起来容易，真正做起来并不那么容易，它需要领导者具有敏锐的洞察力去发现新生事物，需要领导者具有大无畏精神和魄力去支持新生事物。否则，思想不解放，固守陈规旧制，对新生事物视而不见，在新生事物面前畏首畏尾，必将一事无成。由此可见，当年支持大包干的领导者的大智大勇是多么的可贵！农民创新有功，支持农民创新者也有功。弘扬大包干精神，包括弘扬支持农民创新的精神。

三

创造是无止境的，整个历史都是人民创造的。弘扬大包干精神，就要坚持不懈地支持农民的创造精神、创新行动，推动农村不断发展，全面建设小康社会。

全面建设小康社会的核心问题是增加农民收入。农民收入上不去，就没有条件去全面建设小康社会。当前，我们面临的主要问题，正是农民收入多年增长缓慢。农村大多数农户的生活状况是"吃饱饭，没钱花"，谈何全面建设小康社会？

从我国人多地少的基本国情来看，如果8亿农民都固守农业，即使农产品全部实现"优质、高产、高效"，收入也是有限的。因此，农民在大包干之外，始终没有停止过追求增加收入的创造行动。他们除了过去创造的被誉为异军突起的乡镇企业之外，现在正在创造着值得全社会重视和支持的两大举动。

第一大举动是，全国有近1亿的农民，乘国家改革开放的东风，离土离乡，奔向城市，奔向经济发达地区，寻求农外就业，开辟非农产业收入，进而创造条件，逐步改变身份，由农民转变为市民。这个转变的行动，就是人们所说的民工潮，多年来绵延不断，一年比一年高涨。民工潮的重大意义在于，农村大批富余劳动力改变了祖祖辈辈死守一业、死守一方的传统观念，冲破长期在计划经济条件下形成的城乡二元结构，向城镇转移，向非农产业转移，创造城乡协调发展，加快实现现代化的美好明天。可喜的是，党中央、国务院审时度势，肯定了农民的创举，调整了经济、社会发展思路，先后提出实施城镇化战略，实施城乡统筹发展的方针，以及一系列关于善待农民工的政策。上至共和国总理，下至地方政府和各级有关部门，为农民工"讨"工资、撤销对农民工的歧视规章、改善农民工的工作生活条件、加强农民工的就业技能培训、允许农民工加入工会、解决农民工的子女就学问题、改革城乡户籍制度，等等。这一切，都顺应了形势发展，支持了农民的创造精神。现在的关键是，要不折不扣地全面贯彻落实中央的方针政策。农民亦是国民，他们在全国范围内就业，应当享受平等的国民待遇。目前，相当一些地方，对农民工的歧视问题还没有根本解决，农民工的基本权益得不到保障，尤其是恶意拖欠农民工工资的现象还没有得到有力整治。这说明对上亿农民的创造精神，对他们的创新行动与全面建设小康社会、加快现代化建设的关系缺乏足够的认识。同时，也反映了对上亿农民工这样一个巨大的群体，除了各级政府颁发的文件和领导人的讲话给予指导与支持以外，亟须以立法的手段给予规范化的支持、保护和管理，使农民的这项伟大创举取得成功，加快实现国家的城镇化和现代化目标。

善待农民工问题，不只是输入地的责任，输出地同样有责任。比如，做好输出前必要的培训；照顾好打工者家里的生产、生活和安全，免除其后顾之忧；他们在外遇到自己解决不了的困难时，输出地要出面协助交涉，帮助解决。输入地和输出地密切合作，城乡携手共同推进城镇化战略。

第二大举动是，在坚持家庭承包经营的基础上，支持农户自愿联合发展农产品加工、营销等合作经济组织，做到分户生产，合作加工、销售，形成一个完整的农业经营体制。我国农户占有的土地少，家庭经营规模小，即使将来大量农民转移到城镇和非农产业以后，留在农村的农户经营规模也大不了多少，所以农户只是生产和出售初级产品，收入仍然是有限的。要想大幅度增加农户收入，必须走合作加工、销售农产品的路子，使他们分享加工、流通环节的利润，并从加工业、流通业的发展中获取扩大就业的收益。同时，这种做法，把田头和餐桌之间拉了一条直线，使农户生产和市场需求接轨，是完善社会主义市场经济体制的一个重要组成部分。现在，我们提倡的农业产业化经营，就是这种产加销一体化的构架。可是，当今担负加工、销售任务的龙头企业，基本上是商业性的龙头，不是合作制的龙头，他们对农户出售的初级产品是一次性买断，加工、销售所得的利润与农户无干。这样的龙头企业，只是解决了农户卖难问题，有的还为农户提供一定的产中服务，但农户不能分享加工、流通环节的利润，其收入与加入产业化经营以前没有多大差别。因此，要想让从事种植业、养殖业的农户增加收入，必须明确地提出来把合作制引入农业产业化经营。就是说，在家庭承包经营的基础上，延伸一步，即联合建立加工、销售的合作经济组织；还可以再延伸一步，即从事不同产品加工、销售的合作经济组织分别联合起来，建立各种地区性和全国性的专业协会，这样就完善了社会主义市场经济条件下的农业经营体制。现在，专业合作经济组织在各地都有出现，但还没有像第一大创举那样，形成排山倒海之势，亟须加大支持力度，营造有利于其发展的客观环境。比如：统一全党全社会对农村发展合作经济组织的认识，为合作经济组织立法，对合作制企业实行税收、信贷方面的优惠政策，等等。发展合作制的龙头企业，并不排斥商业性龙头企业，应一如既往地鼓励发展。全国2亿多农户，是需要很多很多的龙头企业来带领的，合作制的龙头企业和商业性龙头企业竞相发展，才能满足广大农户的需求，才能加快农业产业化、现代化的进程。

可以预料，我国农民的第一大创举把农村过量人口转移到城镇和非农产业中去，第二大创举使留下来的农户在稳定家庭承包经营的基础上发展合作经济组织，简言之，一个是"走出去"，一个是"联起来"，农村全面建设小康社会就有希望了。

重在创造土地流转条件[*]

（2008 年 11 月）

    土地承包经营权流转问题，早在 1984 年的中央 1 号文件中就提出了鼓励耕地向种田能手集中，迄今已经 20 多年了。中央总结了各地实践中的经验，在党的十七届三中全会文件中提出：建立健全"一个流转市场"、肯定了"5 种流转形式"（转包、出租、互换、转让、股份合作）、提倡发展"3 种规模经营主体"（专业大户、家庭农场、农民专业合作社），初步形成了一套较为完整的流转模式，为加强土地承包经营权流转管理和服务指明了方向。

    随着工业化、城镇化不断推进，大批农村富余劳动力逐步进入非农产业，农村土地承包经营权流转量必定逐步加大，是农业迈上规模经营的必然趋势。但是，我们仍然要清醒地认识到，土地流转是一个瓜熟蒂落、水到渠成的自然过程，绝不能开快车、操之过急。一切事物的发展和变化，都是依一定的条件为转移。做好土地承包经营权流转管理和服务，应当把功夫下在扎扎实实创造流转条件上，而不是下达流转指标，规定流转进度，违背农民意愿强制推进流转。

    如何创造土地流转条件？当前比较重要的有三个方面：

    第一，建立健全土地承包经营权流转市场，为有条件流转的农户搭建一个公开、公正的流转平台。现在多数地方缺乏这样的平台，仍然是处于自发状态，即转出户自找接受对象、自议流转价格，往往是只有口头协议，没有规范的流转手续，给日后埋下不少纠纷或烦恼隐患。还有一些转出户一时找不到接受对象，或因流转价格不合心意，暂时在那里

---

    * 本文系 2008 年 11 月 26 日在村庄土地承包经营权流转研讨会上的发言，原载《农村工作通讯》2009 年第 1 期。

拖着，或临时请亲朋代耕，甚至抛荒，不利生产发展。这一切，皆因没有流转市场为他们提供交易信息、价格评估、办理具有公信力的流转手续等服务，这是当前影响正常流转的一个重要因素。为此，要为流转创造条件的话，首先要解决流转市场的缺位问题。

第二，为外出打工的农民创造条件，使他们逐步转变为职业工人、城镇居民，自愿与原来的承包土地脱钩、流转出去。一切事物都不是孤立的，是相互联系、相互作用的。土地流转在农村，流转条件在城镇，这是一个城乡联动的问题。没有城镇的配合，农村的承包土地是流转不起来的。

我们常讲的转移农村劳动力，其实质在于真正转移出去。现在 1.3 亿离家外出打工的农民，多数是游移在城乡之间，过着两栖生活，以后年龄大了，打工打不动了，又叶落归根，回到了农村，结果没有转移出去，农村人口没有减少，这不是我们的目的。我们的目标，是让更多的农民工能在非农产业立身，在城镇安家，既有利于国家工业化、城镇化，又可以使农村承包土地流转起来，发展规模经营，促进农业现代化。

农民工融入城镇的基本条件是：在城镇有稳定的职业、比较高的收入、固定的居所、可靠的社会保障。有了这些基本条件，农民工才能自愿离开土地。我们要想使农村富余劳动力转移出去，使土地流转起来，就要集中精力创造农民工融入城镇的基本条件，而不是其他。当然，也有一些农民工虽然不具备融入城镇的条件，但因家里没有劳动力，也采取不同方式把承包土地流转出去了，不否认这种必要的过渡。但这种流转关系很不稳定，遇到像当前的金融风暴，有些企业减员、倒闭，因此失业的农民工还是离不开家里的承包土地。从长远考虑，应当把着眼点放在积极为农民工创造融入城镇的条件上。

第三，制定强有力的政策，鼓励和支持有条件接受流转土地者，实施规模经营，发展现代农业。承包地有人愿意转出，又有人愿意转入，才能形成土地流转的良性状态。长期以来，农业比较效益一直偏低，不利于调动务农者的积极性，也不利于调动地方的积极性，许多农业大县至今没有摆脱"财政穷县"的困境。

社会上从事不同产业的劳动者都能取得社会平均利润率，各行各业才能协调发展。要使农业这个基础产业兴旺发达，使种地者愿意种地、愿意多种地，必须下决心解决农业比较效益偏低的问题。最近党的十七届三中全会通过的推进农村改革发展若干重大问题的决定，是解决这个问题的希望，是有利于土地流转、发展现代农业的喜讯。应当依据三中全会的有关规定，制定具体有力的扶持专业大户、家庭农场、农民专业合作社等规模经营主体的各项优惠政策，鼓励和支持他们多种地、种好地。

把以上三方面工作做好了，就为土地流转、规模经营、发展现代农业创造了瓜熟蒂落、水到渠成的条件，就会避免以往那些不重视创造条件、一味追求流转进度而不利于生产力发展的错误。

粮食篇

我国粮食生产的成就与前景[*]

新中国成立 45 年来，我国的经济建设取得了辉煌成就。其中倍受国内外赞誉的，是我国粮食生产长足发展，用占世界 7%的耕地养育了占世界 21%的人口，创造了举世瞩目的奇迹。人们可能不会忘记在新中国成立前夕，当时的美国国务卿艾奇逊说：中国人口使土地受到不堪负担的压力，人民的吃饭问题是每个中国政府必然碰到的第一个问题，一直到现在没有一个政府使这个问题得到解决。艾奇逊当时是站在敌视新中国的立场上，预言国民党没有解决这个问题，共产党也不见得能解决。今天看来，他的预言已经彻底破产，成了历史的荒谬之谈。

一、成就

45 年来，我国粮食的巨大成就主要表现在粮食生产的稳步发展和粮食购销体制建设两个方面。

从粮食生产方面来看：粮食产量大幅度增长，基本上解决了长期困扰我国人民的温饱问题，开始向小康迈进。

1949 年新中国成立时，全国粮食总产量（原粮，下同）只有 1132 亿公斤，人均 209 公斤。到 1978 年，全国粮食总产量达到 3048 亿公斤，比 1949 年增加 1916 亿公斤，同期全国总人口增加 4.2 亿，人均粮食增加到 317 公斤。党的十一届三中全会后，农村实行以家庭联产承包责任制为主的一系列改革，进一步解放了生产力，粮食总产量先后登上 3500 亿公斤、4000 亿公斤、4500 亿公斤三个台阶。1993 年，全国粮食总产量达到 4564 亿公斤，总量居世界第一位，人均 387 公斤，相当于世界

---

[*] 本文原载《求是》1994 年第 19 期。

平均水平，基本满足国内消费需要。粮食由长期短缺发展到总量平衡，这是一个伟大的历史性成就。

随着粮食产量的增加，粮食转化品——肉禽蛋奶等也大幅度增加，人民生活质量不断提高。从生产量看，猪牛羊肉产量 1949 年为 220 万吨，1993 年达到 3226 万吨，总量居世界首位，人均量接近世界平均水平；牛奶产量 1978 年为 88 万吨，1993 年达到 499 万吨；禽蛋产量 1982 年为 281 万吨，1993 年达到 1180 万吨。从消费量看，按全国计算，猪牛羊肉消费量 1949 年人均 4 公斤，1992 年达到 20.3 公斤；鲜蛋消费量 1978 年人均 2 公斤，1992 年达到 7.8 公斤，超过世界平均水平。

在发展粮食生产的同时，确立了大粮食的观念，面向整个农业资源，开发利用荒山、荒原、荒水、荒滩，以及发展庭院经济等，广开食物源、营养源，粮食以外的植物油、食糖、水果、蔬菜、水产品、林产品等都大幅度增加。水果产量 1949 年只有 120 万吨，1993 年达到 3011 万吨；水产品产量 1949 年只有 45 万吨，1993 年达到 1823 万吨。这样，既丰富了人民物质生活，又节省了粮食消耗，也增加了农民收入。

从粮食购销体制建设方面来看：我们确立并实现了国内生产基本自给为主，少量国际市场调剂为辅的粮食战略目标。从 1952 年至 1991 年的 40 年间，我国粮食净出口的年份有 11 年，每年十几亿、几十亿公斤；净进口的年份有 29 年，每年少则几十亿公斤，多则上百亿公斤。历史的经验告诉我们，粮食是关系国计民生的特殊商品，占世界人口 1/5 的大国不可能把"吃饭"问题寄托在国际市场上，寄托在别国的粮食盈余上，为此国家制定了一系列鼓励粮食生产的政策和措施，争取基本自给。近年来，这一目标已经实现，我国粮食供求总量基本平衡，通过国际市场在品种上做些调剂和补充。

建立了国家粮食专项储备制度，粮食安全水平明显提高。根据我国粮食生产已基本可以满足国内市场需要的新形势，1990 年国务院决定建立国家粮食专项储备制度，用以调节丰歉、平抑粮价，保证市场有足够的、稳定的粮食供应。目前储备粮食已达几百亿公斤。粮食专项储备制度建立以来，已经显示出它的重要作用。1991 年南方遭受严重水灾，粮食减产，国家及时安排一批专储粮，保证了市场供应，稳定了粮价，使灾区人人有饭吃，没饿死一个人；1993 年冬季局部地区粮价上涨过猛，国家又调用了一批专储粮，稳定了市场，安定了人心。

逐步建立与社会主义市场经济体制相适应的粮食购销体制。我国粮食购销价格和购销体制改革不断深化，不断发展。主要体现在：一是建立了粮食收购价格形成的机制。国家定购粮的收购价格，按照既要充分调动粮农的积极性，有利于逐步缩小工农产品价格剪刀差，又要兼顾城镇居民的承受能力的原则，合理确定。定购任务以外的粮食价格随行就市。如果市场粮价跌到国家定购价以下，粮食部门则基本上以国家定购价继续收购，防止"谷贱伤农"。二是形成一个稳定、合理的粮食销售价格。在收购价格的基础上，加上必要费用和合理利润，使粮食企业能够保本微利经营，调动粮食经营者的积极性，以利搞活流通，满足消费者的需要。三是粮食销价提高后，对城镇居民中少数低收入者实行定向补贴，保持他们的基本生活水准。这是一项重要的社会政策。四是加强粮食市场管理，建立"放而有管，管而不死，购销方便，调度灵活"的现代化粮食市场。

二、经验

45 年来，我国在发展粮食方面积累了丰富的经验，主要是：

第一，改善生产条件，提高科技水平。我国以有限的耕地解决了近 12 亿人口吃饭问题，主要的生产措施是改变农业生产条件和依靠农业科技进步，提高粮食产出水平。1993 年与 1949 年相比，我国粮食播种面积基本上没有增加，但粮食产量比 1949 年提高了 3 倍多。

为了减轻旱涝灾害对粮食生产造成的危害，我国一贯重视水利建设，集中了大量的资金和人力，兴建了一大批农田水利工程，为实行家庭联产承包责任制后农业增长潜力的释放奠定了基础。80 年代以来，改善农业生产条件进入了一个新的阶段。最突出的是，在继续坚持群众性的农田基本建设的同时，进行了以改造中低产田和适量开垦宜农荒地为主要任务，以增产粮棉油肉为目标，以山、水、林、田、路综合治理为手段的大规模农业综合开发。从 1988 年到 1992 年，全国累计完成中低产田改造面积 10848 万亩, 开垦宜农荒地 1511 万亩, 造林 1565 万亩, 改良草场 459 万亩; 新增粮食 171.6 亿公斤, 棉花 25.2 万吨, 油料 70 万吨, 糖料 97.7 万吨, 肉类 62 万吨。在国家项目的带动下, 一部分省还自办了"地方工程"和"农民工程"的开发。中央、地方和其他渠道累计在农业综合开发上投入资金近 200 亿元。贫困地区通过国家的以工代赈计划也进行了大规模的修田造地、人畜饮水等工程。经过 40 多年的努力, 我国农业的基本生产条件有了较大的改善, 抗灾能力有了明显提高。1992 年我国有效灌溉面积达到 72885 万亩, 占耕地总面积的一半, 是世界上耕地可灌溉面积比重最大的国家之一。

"科教兴农"是我国发展农业的一项重要方针。在过去 40 多年间, 我国农业从典型的传统农业逐渐向现代农业转变, 农民科学种田水平有了较大的提高; 良种、化肥、农药、农膜、机械等现代投入要素得到了广泛使用; 农业教学、科研、推广体系, 从无到有, 基本形成网络。几十年的实践使我们深深认识到: 农业发展靠科技, 科技推广靠人才, 人才培训靠教育。我国农业正在向着"农科教相结合"的方向发展。1992 年, 我国农业高等学校毕业生人数为 24922 人, 农业中等专业学校毕业生人数为 44951 人, 均为 1952 年的 10 倍多。农业科技人员, 1952 年只有 1.5 万人, 1992 年达到 41.4 万人。农业技术推广工作从 50 年代开始起步, 到 90 年代初已发展成拥有 18952 个机构、167900 人的庞大网络。还有向农民直接传输科技知识的各类学校、培训班、报刊等。全国水稻、玉米杂交品种得到大面积推广, 小麦等其他粮食作物品种不断更新换代, 化肥、农膜等现代投入要素普及广大农村, 新的高产栽培技术被广泛应用, 粮食亩产由 1949 年的 68.5 公斤提高到 1993 年的 275 公斤, 有力地促进了我国粮食生产的发展。

第二, 千方百计调动粮农的生产积极性。发展粮食生产的根本问题在于粮农要有热情、要有积极性。这种积极性是否高涨, 取决于种粮是否有效益。农民种粮有效益有两层含义, 一是粮食生产本身有效益, 二是使粮食生产派生出其他收入。

适当提高粮食收购价格, 是解决粮食生产的自身效益问题。40 多年来, 特别是党的十一届三中全会以来, 国家多次提高粮食收购价格,这对发展粮食生产、提高农民种粮积极性起到了决定性作用。以 1950 年粮食收购价格为 100，1993 年则上升到 968.4%。也就是说，粮食收购价格提高了 8 倍多。分阶段看，1978 年的粮食收购价格水平相当于 1950 年的 224.4%，而 1993 年的粮食收购价格水平却相当于 1978 年的 374%。但是，粮食收购价格的提高，除要考虑有利于调动农民积极性、有利于逐步缩小工农产品价格剪刀差外，还要兼顾城镇消费者的承受能力和国际市场的粮价水平，完全通过提价刺激农民种粮的积极性，是有一定限度的，必须在提价之外另谋良策。也就是说，要在粮食生产派生出的收入上做文章。我国在这个方面已经积累了不少成功经验：

——推广优良品种，提高粮食的高产优质品率，提高粮食产品的价值。长期以来由于我国粮食供不应求，粮食生产的第一位目标是产量。随着粮食供求趋于平衡，随着人民生活消费水准从温饱向小康的转换，社会对优质食品的需求越来越大，优质品对常规品种的价格优势日益明显。扩大优质品的生产，是提高粮食比较效益的一条重要途径。近年来优质粮面积不断增加，粮食生产正在向高产优质高效方向发展，将给农民带来更多的收益。

——改革耕作制度，提高复种指数，增加土地的产出量。这就要求在有限的耕地上尽可能多地创造物质财富。全国各地在不同条件下创造的形式各异的间作、套种、复种，做到一年多茬多收，就是增收的重要途径。我国当前耕地复种指数为 156.2%，比 50 年代初增加 26 个百分点，等于增加利用了 2.8 亿亩耕地。

——推行粮食生产的适度规模经营，提高粮食生产的规模效益。从长远看，要提高种粮的比较效益，提高农民种粮积极性，最终要靠扩大粮食生产的经营规模。据各地典型调查，经营粮田在 50 亩以上者，净收入可达万元。在我国一部分乡镇企业比较发达，农村劳动力大多数转入二、三产业的地方，粮食适度规模经营发展较快，已经成为提高劳动生产率、粮食商品率、种粮比较效益的重要发展趋势。

——发展畜牧业，走复合农业的道路。利用粮食和粮食作物秸秆发展畜牧业，走种植业与畜牧业结合的道路，既可在粮食收入之外增加畜牧业收入，又可以利用畜牧业提供有机肥料提高粮食生产能力。据粗略计算，全国每年生产4亿多吨粮食，同时也生产了4亿多吨秸秆，粮棉产区还有大量的棉饼、油菜籽饼、糠麸等副产品，为发展畜牧业提供了丰富的饲料资源，在农区发展畜牧业潜力很大。据统计，我国农区各省肉牛出栏头数占全国的比重已从1978年的65.9%上升到1993年的84.6%。1993年增产的53万吨牛肉中，农区各省占97.9%。农民人均畜牧业收入由1978年的12元上升到1992年的102元。畜牧业已成为粮棉产区农民收入的一个重要来源。

以上经验告诉我们，既要重视粮食价格对于调节粮农收入的决定性作用，又要重视粮价以外的增收途径，多方面提高粮农收益，调动粮农积极性，保持粮食生产的稳定发展。

第三，增加国家投入与提高农民自身积累水平和投入能力并举。我国粮食生产的发展，增加投入是一个重要因素。增加粮食生产投入，财政是主要来源。《农业法》规定财政用于农业的支出的增长速度，必须高于财政经常性收入的增长速度。我国各级财政、金融部门，对粮食生产大力支持，做出了重要贡献。今后随着国力的增强，还应不断增加对农业的投入。

但是，我们国家大，财力薄，一时还很难像发达国家那样投入更多的资金。因此，增加粮食生产投入，要注重发挥乡村集体和农民自己的力量。据统计，1952年全国农业生产资料零售额只有14.1亿元，1993年上升到1356亿元，其中大部分用于粮食生产。农业生产资料使用的大幅度增加，表明农民自身的积累水平有了较大提高，投入能力有了较大增强。如何提高农民自身积累水平和投入能力呢？各地积累了一些成功的经验：

一是发展多种经营。这是增加农民收入、增强农民积累能力的重要途径。农民普遍是用发展多种经营的收入，购买化肥、农药、农机具，发展粮食生产。特别值得重视的是，不少地方在调整结构，发展多种经营时，充分利用荒地、荒山、荒水、荒滩等非耕地资源，尽可能少占或不占粮田。这对我们这个人口多耕地少的国家来说，是极为重要的，是应当大加提倡的。

二是发展乡镇企业。异军突起的乡镇企业是我国农民创造的一大奇迹。1993 年全国乡镇企业总产值达 2.9 万亿元，占农村社会总产值的 73%，改变了农村的传统产业结构。乡镇企业的崛起，直接或间接地支援了农业。直接的支援，是指乡、村办企业直接补农、建农。1992 年乡镇企业以工补农建农资金达 105 亿元。许多乡镇企业发达地区，通过以工补农建农使农业逐步向现代化迈进。间接的支援，是指农民从乡镇企业得到工资、财政从乡镇企业得到税收，从而提高了农民和地方政府对农业的投资能力。1992 年乡镇企业工资总额达 1738.4 亿元；上交国家税金 636.9 亿元，占国家各项税收的 19.3%。此外，乡镇企业还将其利润的相当一部分用于农村各项公益事业，减轻了农民的负担，从而也起到了提高农民积累能力和投资能力的作用。

三是以城带乡、共同发展。城乡结合，发挥城市的辐射带动作用，支持农村经济的发展，已经在两个方面取得了明显成果：一方面是以城市的人才、技术帮助农村发展乡镇企业，通过乡镇企业的以工补农建农，间接地实现城市大工业对农业的支持和带动。另一方面是城市建立农副产品批发、贸易市场，让农副产品直接进城销售，既能繁荣市场，方便城市居民，又能增加农民的收入。1993 年全国城市集贸市场达到 16450 个，成交额 2562.4 亿元，农民从城市农副产品流通中得到相当的收入。

四是贸工农一体化经营。贸工农一体化经营的实质，是拉长农业的产业链条，将农产品加工和流通环节的利润留在农村，这是提高农业比较效益、增强农村资金积累能力的一个重要途径。贸工农一体化经营出现较早、发展较快的山东省诸城市，从 1985 年开始发展肉鸡贸工农一体化，后来又相继发展黄烟、粮油、蔬菜、果品、石材、食品、棉花、淡水养殖、桑蚕、食用菌、万寿菌等系列，共形成 12 条"产业链"。农副产品加工增值的效益十分可观。1993 年该市农业总产值 18.6 亿元，其中用于加工的部分约 15 亿元，通过加工实现产值 51 亿元，增值 2.4 倍。该市农民人均纯政入也因此从 1984 年的 476 元提高到 1993 年的 1240 元。贸工农一体化经营组织正在全国农村蓬勃兴起，将为增加农民收入，增强农村资金积累发挥重要作用。

五是以劳动替代资本，增加活劳动积累。我们国家多的是人，缺的是钱，将活劳动转化为资产是一条重要的积累途径。在农业生产中起重要作用的农田基础设施，其主体部分是人类活劳动的积累，它的作用体现在排灌能力的增强、土壤质量的提高、保肥保墒能力的获得、农田生态环境的改善等方面，它的价值等于投入的劳动工日与日工值的乘积。在农田基础设施这种类型的农业固定资产的形成中，用少量的货币资本可以牵动大量活劳动的投入，如农业综合开发、小型水利以工代赈等。国际上研究中国农村发展问题的专家曾指出，动员农村劳动力开展农田基本建设，是中国的一条成功经验。这条经验的运用，形成了农业最大的资本投入量，起过重要作用，目前仍在继续运用，今后还将发挥更大作用。

以上经验告诉我们，既要重视中央和地方财政对农业的投入，又要重视乡村集体和农民的资本积累与投入力量，建立多级投入体制，才能更好地推动农业和粮食生产发展。

三、前景

"国以民为本，民以食为天"。保证我们这个人口大国的吃饭问题，永远是头等重要的大事。从我国现实的国情来看，有以下几个不可忽视的制约因素：一是人口多，耕地少。全世界人均耕地 3.8 亩，我国只有 1.2 亩，处于世界最低水平。即使将宜农荒地 5.3 亿亩全部开垦出来加在一起，人均耕地也只有 1.5 亩。而人口以每年 1300 万左右的速度在增长、耕地则以每年 400 万—500 万亩的速度递减。二是农田水利建设不适应发展高产优质高效农业的需要，抵御自然灾害能力脆弱。现有的不少水利设施年久失修，设备老化，效益呈下降趋势。1975—1984 年，年均成灾面积（农作物产量比常年减产 30%以上的耕地）2.5 亿亩，成灾率（成灾面积占受灾面积的比重）40%左右；1985—1992 年，年均成灾面积达 3.5 亿亩，成灾率超过 50%，呈增长趋势。三是农业生产资料价格过高，农业成本不断上升，种粮比较效益低，不利于粮食生产发展。

鉴于以上情况，我国任何时候都要加强农业，加强粮食，要保持粮食生产以高于人口增长的速度不断发展，保证经济、社会发展的需要，保证提高人民生活水准、实现小康目标的需要。为此，应实行以下长远的基本政策：

（一）增加投入，不断提高耕地的产出率。到本世纪末粮食总产量要达到5000亿公斤，人均400公斤的水平，必须下决心增加农业投入，以防旱、抗洪、除涝为重点，开展群众性的农田水利建设和植树造林，兴建一批新的水利工程和防护林带，建设稳产高产农田，达到小灾不减产，大灾少减产的目标。

（二）科教兴农，提高农民文化技术素质，实行科学种田，把粮食单产提高到新的水平。要实现本世纪末粮食增长的目标，在耕地不断减少的情况下，必须通过提高复种指数，保持16.5亿亩以上的粮食播种面积，粮食亩产量提高到300公斤以上，比1992年提高40公斤。

（三）随着乡镇企业的发展，农村劳动力向非农产业大批转移。在有条件的地方，积极稳妥地发展耕地适度规模经营，逐步实现农业机械化和现代化，提高劳动生产率和粮食商品率。

（四）坚持大粮食观念。继续开发利用整个国土资源，发展粮食以外的食物生产，满足人们的需要。我国耕地少，但非耕地资源开发潜力还很大，食物生产的前景是广阔的。

（五）在生产的布局上要提高西北、西南省、区的粮食自给水平。由于农业生产条件比较差，西北、西南是粮食供给短缺的主要区域。这些地区人口2.6亿，粮食自给率70%左右，缺粮约300亿公斤。而且交通不便，调入粮食比较困难。应当有计划地开发这些地区的农业资源，增加粮食生产，提高自给水平。

（六）进一步完善粮食风险基金和粮食专项储备制度，提高国家粮食安全水平。在管理体制上，要把粮食部门的商业经营和政策性经营职能分开，建立旨在稳定粮食市场供应、稳定粮食市场价格的独立的国家粮食储备调节体系。粮食的储藏要由产区向销区和交通枢纽地带转移。

（七）继续严格执行计划生育和保护耕地两项基本国策。做好了以上各项工作，我国粮食生产的前景是光明的，保证全国人口吃得饱、吃得好是大有希望的。

粮食丰收后要继续坚持党的粮食政策[*]

（1996 年 12 月）

今年我国粮食又获得丰收，再次攀上一个新的高峰。同时，畜牧业、水产业和乡镇企业等多种经营保持两位数的快速增长，农产品有效供给继续增加，农民人均纯收入有新的提高。

粮食丰收说明了什么？粮食丰收又带来了什么？粮食丰收后应当做些什么？这些都是人们关心和议论的话题，也是关系明年农业能否持续稳定增长的重要问题。

一、粮食丰收说明了什么？

今年的粮食丰收，再一次证明党的粮食政策是正确的、成功的。尤其是今年粮食丰收是在国际上对我国的粮食问题争论不休，国内粮食前几年供求紧张的背景下取得的，具有特别的意义。

粮食丰收向世人显示了中国农业发展的光明前景。前两年，由于我国国内粮食供应比较紧张，粮食进口增加，加上 1993—1995 年连续三年世界性的粮食减产，国际市场粮价猛涨，中国人能不能养活自己的问题引起了世界上一些人的关注。我国粮食在去年增产 215 亿公斤的基础上，全国上下共同努力，今年又获得丰收。这充分说明我国粮食增产的潜力是巨大的，中国农民有能力生产自己国家所需要的粮食，中国人能够主要依靠自己的力量解决吃饭问题。这不仅以事实否定了中国人不能养活自己的悲观论点，而且使国际上一些人制造的中国粮食威胁论不攻自破。

---

[*] 本文原载《人民日报》1996 年 12 月 23 日第 2 版。

（一）粮食丰收说明处理好工农业关系是保证粮食和农业稳定增长的基本条件。多年的实践表明，只要控制好固定资产投资规模，保持工业的适度增长，增加对农业的投入，粮食和农业就会有一个好的收成，整个宏观经济形势就好；反之，如果固定资产投资规模失控，工业过快增长，农业的发展受到削弱，整个宏观经济形势就不乐观。这几年，党中央、国务院坚持深化改革，加强和改善宏观调控，有效地抑制了固定资产投资过快增长，同时采取一系列加强农业的政策和措施，各级党委、政府花很大精力抓农业，增加农业投入，特别是实行粮食省长负责制，对粮食连续两年丰收起到了重要作用。今后继续调整好工农业关系，是实现农业持续稳定增长、各业协调发展的重要保证。

（二）粮食丰收说明依靠政策调动亿万农民种粮积极性是非常正确的。这方面最重要的是调整了粮食价格。国家定购粮的综合收购价格在1994年提高40%的基础上，今年再次由每斤0.52元提高到0.67元，加上各地可以有10%的上浮，粮价将接近每斤0.74元，总体提价幅度约为42%。粮食定购价的提高，使之接近原来的市场价，极大地调动了广大农民的种粮积极性，这是今年粮食大幅度增产的决定性因素。农民种粮积极性的提高，主要表现在粮食播种面积的扩大上。前几年我国粮食播种面积，一直低于16.5亿亩的警戒线。今年全国粮食播种面积达到16.8亿亩，升到警戒线之上，再加上农民舍得增加投入，实行精心管理，这就为夺取粮食丰收奠定了良好的基础。事实说明，只要政策对头，使种粮有利可图，我国农民增产粮食的潜力是巨大的。事实还说明，中央适时果断地大幅度提高定购粮价格，并没有引起市场粮价上升和推动整个物价上涨，而是大大调动了农民积极性，促进粮食丰收，实现了供求平衡有余，稳定了市场价格。这是运用价格政策的成功之举。

（三）粮食丰收说明科教兴农的潜力是无穷的。今年我国粮食高产技术的推广有较大进展，如小麦统一供种、精量半精量播种和机械收获、水稻旱育稀植和抛秧、玉米地膜覆盖等技术都有较大面积的推广。我国虽然开发土地资源、增加耕地面积的潜力有限，但中低产田多，实施农业综合开发，提高土地产出率的潜力很大。据有关方面调查，今年我国夏粮亩产比去年增加10公斤，早稻的平均亩产比去年增加10.5公斤，秋粮亩产增加的幅度也比较大,据估算东北和内蒙古的粮食亩产比去年增加 20 公斤以上。应当看到,目前我国粮食单产与世界发达国家相比,仍有较大的差距。即使在国内比较,全国粮食亩产较高的省份可达 380 公斤,比全国平均水平高出 100 多公斤,比亩产最低的省份高出 200 多公斤。就是在同一类型的地区,粮食单产水平的差距也很悬殊,高的可达 500—1000 公斤,低的只有 200—300 多公斤。可见,现阶段即使没有什么重大的高新技术出现,只要把现有成功的高产技术推而广之,就可以实现较大幅度的增产。国外有的学者认为,依靠科技增产的潜力已达极限。这起码在我国现阶段是不符合实际的。

(四)粮食丰收说明水利、林业和农资供应对我国农业发展是至关重要的。"水灾一条线,旱灾一大片"。对城市和工业来说,水灾造成的损失最大;对农业来说,旱灾造成的损失最大。今年的粮食丰收,与全国特别是北方地区夏秋季雨量充沛有很大关系,当然抗灾得力也是重要因素。今年尽管洪涝灾害的成灾面积比去年增加 4000 多万亩,但旱灾的成灾面积比去年减少 5000 万亩,说明只要水利问题能解决好,我国粮食产量就能有大幅度的提高。我国农业生产不稳定,单产水平不高,与自然灾害的影响关系很大,从近 10 来年的情况看,在农业自然灾害中水旱灾害占到 70%,在水旱灾害中旱灾又占到 70%。旱灾是我国农业发展的头号大敌,解决缺水问题、节水灌溉问题是实现我国农业持续稳定发展的一个重大课题。山青才能水秀,林茂才能粮丰。这些年来,农田防护林、水土保持林有了较快发展,为农业丰收起到了屏障作用。今年化肥等农业生产资料供应充足,价格基本稳定,满足了农民需要,为粮食丰收作出了重要贡献。

二、粮食丰收带来了什么?

今年粮食丰收对国民经济和社会发展是非常有利的,为实施"九五"计划开好局起到了重要作用,也为改革和发展创造了良好条件。主要表现在以下几个方面:

(一)为改善宏观经济环境、抑制通货膨胀提供了重要的物质保障。

今年粮食获得丰收,再加上 1994 年下半年和 1995 年上半年国际市场粮价处于低水平时适时进口一部分粮食,总量平衡有余,市场粮价以及与粮食直接相关的食品价格相对稳定。在目前我国城乡居民食物消费支出占生活费支出 50%左右的情况下,粮食价格在物价总水平中可以说具有决定性的作用。今年全国物价涨幅降低到 6.5%左右,市场粮价稳定所起的作用是相当大的。

(二)为实现"九五"时期粮食增产目标增强了信心和决心。"九五"计划规定,到 2000 年我国粮食总产量必须达到 4900 亿公斤,力争实现 5000 亿公斤,任务是相当艰巨的。今年粮食总产量一举上升到新的高峰,进一步解放了人们的思想,大大增强了实现 4900 亿公斤、力争 5000 亿公斤目标的信心和决心。

(三)为粮食价格和流通体制改革创造了难得的有利时机。我们面临的粮改任务,是根据建立社会主义市场经济体制的要求,按照中央关于粮食价格和粮食管理体制改革的方向,真正确立在中央宏观调控下粮价由市场决定的价格形成机制,尽快建立起符合我国国情的粮食流通新体制。今年粮食丰收,粮源充足,市场稳定,市场价与国家定购价已经大体持平,这就大大降低了改革的风险,提供了改革的最佳机遇。

但是,也应清醒地看到,伴随粮食丰收也带来了一些值得注意的新问题:

丰收后有可能会产生放松农业和增加农民负担的现象。历史的经验教训表明,在粮食丰收、农业形势好转时,一是容易产生放松农业的思想,在财力、物力和精力的分配上减少对农业的投入;二是容易过高估计农民收入水平,加重农民负担。一旦如此,农业形势就可能逆转,粮食产量就可能掉下来,再度陷入丰收后出现波折的怪圈。这将直接危及 2000 年粮食增产目标的实现,整个国民经济和社会发展都要为此付出代价。

丰收后要警惕局部地区出现农民"卖粮难"和丰收不增收的现象。今年粮食丰收,农民手中的余粮增加,市场粮价稳中有降,在这种情况下,农民、销区经营者和产区粮食部门的心理都发生了变化。农民卖跌不卖涨,在怕粮价继续下跌的心理驱使下,有些甚至连家庭应储备的粮食也拿出来卖；销区经营者买涨不买跌，有的采取观望态度，等待粮价继续下跌；产区粮食部门见调销迟滞，担心经营亏损，有的缺乏组织收购的积极性。由于这三种逆向心理的作用，使市场信号失真，如果不能切实按照今年 10 月国务院在大连召开的部分地区粮食工作会议精神和《国务院关于做好当前粮食收购和储存工作的通知》的要求做好工作，就不可避免地会发生局部地区农民"卖粮难"问题。过去多年来是粮食定购价低于市场价，农民增加收入主要寄托在高于定购价的议价粮上。但是，今年粮食的市场价与定购价基本持平，有的地方有的品种的市场价格已经跌到定购价以下。由于去年市场粮价较高，农民对今年粮食预期收入的期望值很高，而实际收入水平与期望值产生了差距。如果不能切实按照国务院确定的措施制止议价粮价格继续下滑，会出现局部地区农民丰收不增收的危险。

今年丰收的某些因素的变化，增加了明年粮食稳定增长的艰巨性。主要是两个方面，一是由于目前国内粮食价格与国际价格旗鼓相当，明年不可能在价格上有新的举措；二是明年未必有今年这样有利的气候因素。因此，明年粮食生产稳中求进，需要作出极大的努力。

三、粮食丰收后应该做些什么？

粮食丰收为我们带来了较好的改革和发展环境。要保持这样的环境，必须继续坚持党的粮食政策，狠抓农业不放松，努力保持粮食生产稳定增长的势头。

（一）继续坚持加强农业、抓好粮食的方针不动摇。人口多，耕地少，粮食供给长期偏紧，是我们的基本国情；人口多，粮食需求量大，应主要依靠我们自己解决吃饭问题，是我们的基本政策。去年和今年的粮食连续增产，只是暂时缓解了我国粮食供求关系的紧张局面。历史的经验告诉我们，任何时候都不能对我们的粮食形势盲目乐观，看到一两年丰收就以为粮食过关了；也不能对主要依靠我们自己解决吃饭问题的方针消极悲观，遇到歉年、供求紧张就丧失信心。这两种思想都会导致放松粮食生产，都不符合党的粮食工作的基本政策。今年粮食丰收，是多种有利因素综合作用的结果,并非农业综合生产能力已经稳定地达到这样的水平。明年粮食生产要在巩固已有成果的基础上力争有更好的收成,需要付出巨大的努力。关键是要稳定粮食播种面积,继续增加投入,加强水利建设,大力推广优质高产技术,加大农业综合开发和山区综合开发力度,保证化肥等农资供应,夺取明年增产的主动权。同时,广泛利用非耕地资源努力发展非粮食的食品生产。

大力组织粮食收购,积极稳妥推进粮食流通体制改革。当务之急是,按照党中央、国务院的要求和部署,以保护价敞开收购农民余粮,千方百计使农民要求出售的粮食都能及时卖出去,能卖到一个合理的价钱,保护种粮积极性,这是关系到明年粮食生产发展的最现实的政策问题。同时,积极稳妥推进粮食价格和流通体制改革,这是促进我国粮食生产持续稳定增长的长远政策。

(二)推广上海经验,扩大粮食流通渠道。鉴于粮食系统这个主渠道购销任务重、压力大,可以考虑本着"一主多辅"的原则,建立多渠道、少环节、开放式经营体制,多几家参与流通,实行有序竞争。近两年,上海市改变粮食系统独家经营的局面,实行粮食系统、农垦系统和农业系统三家国有渠道经营粮食,形成竞争局面,大家在竞争中千方百计减少环节,改进服务,提高质量,综合经营,降低成本,增加效益。农业系统的公司去年购销粮食赚了数百万元,没有要财政分文补贴。农垦系统经营量大,所属的各个超市都卖粮食,而且组织大批零售车,为居民送粮上门,比农业系统赚钱更多,也没有要财政分文补贴。粮食系统在竞争中努力改善经营管理,开始扭转粮食商业性经营亏损、挂账的局面,出现可喜的新变化。整个上海粮食供应充足,市价平稳,市政府对低收入者又实行了定向补贴,各层次的消费者都很满意。总结推广上海经验,提倡管粮食生产的农业、农垦系统参与粮食的收购、加工、销售,作为主渠道的辅助,实行产、加、销一条龙经营。粮食、农业、农垦三系统,都是国有的职能部门,比较容易调控和管理,乱不了套。世界上发达国家的农业部门,没有只管生产不管流通的,这是一个值得重视的发展趋势。

(三)支持粮食主产区做好粮食转化工作。粮食主产区特别是玉米产区，要利用粮多秸秆多的有利条件，大力发展养殖业，大幅度增加畜产品和养殖水产品，在此基础上发展各种农、畜、水产品加工业，逐步由往外调运原粮变成往外调运肉禽蛋奶鱼及各种制成品、半成品，逐步建成全国食品工业基地。进而逐步改变目前沿海经济发达地区过多地依靠购进粮食发展养殖业和食品加工业的格局，发展适合自己的其他产业，使不同类型的地区都能充分发挥各自的优势。同时可以减少原粮运输量，缓解全国运力紧张的局面。今后除口粮外，其余饲料粮应逐步放在主产区就地转化加工增值，提高经济效益，增加农民收入，创造就业机会，扩大税收来源，改变"高产穷县"面貌，真正形成以粮食为基础的高效农业体系，确保我国粮食生产的长期稳定增长。

（四）建设高标准的、布局合理的仓储设施，增强储备调节功能。现在的一个突出问题是我国粮食仓储设施不足，有些又过于落后，布局也不尽合理，达不到吞吐调节的要求。当前就是因为库容的限制，影响了局部地区顺畅收购。为了改变这种状况，拥有充裕的仓储容量，使长时间储备的粮食有较好质量，中央和地方都将建设一批仓储设施。要有一定数量的高标准库房，如通风条件好、能自动倒仓、装卸自如等，重点部署在销区和交通要道。这样一次性投入可能比较大，但可以避免每年人工倒库，也可以减少粮食储存中的损失浪费，从总体上看是合算的。有了数量足、档次高的仓储设施，我们还可以在国际市场粮食价格低落时适当进口，国际粮价上涨时适当出口，使我国成为世界粮食安全的稳定力量。

建立以粮食为基础的高效农业体系[*]

（1995 年 4 月）

记者：西方有的学者预言，粮食短缺将取代军事侵略成为人类安全的主要的威胁。到 2030 年左右，中国将养不活中国人。不知你对这种说法有何看法？怎么看待我国粮食生产状况？

杨雍哲：对中国粮食问题作出过分悲观的估计是难以成立的。新中国诞生前夕，曾有人预言中国政府解决不了人民吃饭问题，现在我们不是以占世界 7%的耕地基本解决了占世界 22%人口的吃饭穿衣问题吗？根据有关部门和一些科研单位的预测，以现代科技水平和我国资源状说，到下个世纪人口达到最高峰值 16 亿时，粮食仍可保持基本自给。1993 年我国北方有粮田面积 8.4 亿亩，其中单产最高的是北京市，为 415.6 公斤；南方有粮田面积 8.1 亿亩，其中单产最高的是上海市，为 385.5 公斤。若南北方将来都分别达到京沪现在的单产水平，总产就是 6645 亿公斤；即使按人口峰值 16 亿计，人均也超过 400 公斤。随着农业技术的发展和优质高产粮食的开发，以及适量的进出口贸易的交换和调剂，中国靠自己解决吃饭问题是完全可能的，这也是我国政府的一贯方针。我们有理由相信，中国不会出现因大量缺粮而给世界带来麻烦。当然，这是非常不容易的事。这就要求我们始终要十分重视吃饭问题，任何时候都不能掉以轻心。"为政之要，首在足食"。足食才能安定，安定才能发展。今后，看各级领导者的政绩，应把这一条放在突出的位置。只要领导重视，政策对头，依靠科技，舍得投入，就一定能够解决好粮食问题。

记者：前一段有的地方提出"稳粮增收"，今年中央农村工作会议

---

* 本文系在接受《人民日报》记者采访时的谈话，原载该报 1995 年 4 月 26 日第 2 版。

提出增粮增收，一字之改，实际意义何在？

杨雍哲：进入 90 年代以来，我国粮食产量已连续几年徘徊。1990 年总产达到 4462 亿公斤，以后 4 年 3 减 1 增。纵观 5 年情况，我国粮食年均减少 3.2 亿公斤，处于停滞不前状态。另一方面，粮食需求量却在逐年增加，据有关方面测算，每年新增人口的口粮约 24.8 亿公斤，新增饲料粮约 108.5 亿公斤，新增工业用粮约 12.7 亿公斤。总计粮食消费量每年约需新增 146 亿公斤。这一增一减，是造成近年粮食总量偏紧，价格上涨的主要原因。前两年为了抑制粮食生产的下滑局面，强调稳定生产是必要的，但从长远看，只强调"稳"不强调"增"是不够的。今后粮食生产的指导方针应当把"增"放在首位。增字当头，稳在其中。前几年在增减之间之所以能维持住，一是国家建立了粮食储备制度；二是粮食以外的食物大量发展，人们的食物结构发生了很大变化。

记者：从计划经济向社会主义市场经济转变、传统农业向现代农业转变，必然有一个生产结构的调整过程，这和增产粮食的要求难免要发生矛盾。对这个问题应该怎样看？

杨雍哲：在我们这个 12 亿人口的大国里，保持粮食生产不断发展，关键是正确处理粮食与多种经营以及二、三产业的关系。过去搞"以粮为纲，其他砍光"，实践证明不行。后来提出决不放松粮食生产，大力发展多种经营，改变了农民收入增长缓慢状况，反过来又加大了农业投入，有粮又有钱。生产结构调整到今天，怎样继续调下去？1994 年粮食播种面积 16.4 亿多亩，已到警戒线以下近 1000 万亩。今后调整结构，内涵上应加一点新的解释，认识上要有新的突破。就是不能把调整结构理解为一味地减少粮田面积来发展高价值的经济作物，而是要提倡开发利用荒山、荒地、荒水、荒滩等非耕地资源，来发展多种经营，开辟更多的食物资源。粮食以外的食物大发展，能增加农民收入，丰富人们的餐饮，丰富人们生活，补充我国人口多而宜粮耕地少之不足，也是确立大农业观念和现代食物观念的具体表现。我们应当看到，劳动力资源和非耕地资源相结合是中国的一大优势。我们发展农业，发展农村经济，缺的是钱，多的是人。把大量的劳动力作为替代资本，开发非耕地资源，改造中低产田，向生产的广度和深度进军，就把我国的优势发挥出来了。

记者：中国的粮食，归根到底恐怕还是生产者的积极性问题。我们有什么办法能把这种积极性长期不衰地保持下去呢？

杨雍哲：核心问题是务必要做到生产粮食有利可图。粮食生产比较效益低，如果永远是低的，就没有可靠的基础。利从何来？

光靠提价也不行。粮食价格既要有利于调动农民积极性，有利于缩小工农产品价格剪刀差，同时还要兼顾到城市消费者的承受力。怎么办？我认为在价格合理的前提下，重要的在于要建立以粮食为基础的高效农业体系。这个体系就是：以粮食生产为基础，利用粮食及其副产品特别是大量秸秆发展养殖业，在养殖业基础上发展肉、禽、蛋、奶、皮、毛等加工业、运销业和服务业，形成产业链、企业群，实现多层次增值的高效目标，将富县与富民结合起来。使这些地方二、三产业建立在农业尤其是粮食生产基础之上，粮食生产愈发展，二、三产业就愈发达，反之也一样，结成一个生死相连的链条。

在经营上，随着农村二、三产业发展，有文化的青壮劳动力大量向非农业转移，种植业者整体素质出现下降的新趋势，粮食生产要向适度规模经营的方向发展，耕地向种田能手转移。沿海发达地区条件基本具备，应积极引导。中西部地区条件不太成熟，可多办贸工农一体化的经营实体，通过提供产前、产中、产后的系列化服务，使家庭承包保持生产的较高水平。

记者：国情告诉我们，我国资源潜力仍然很大，但因人口多，人均占有量在世界上属于低水平，这一状况，决定我们应当确立什么样的长远战略方针呢？

杨雍哲：应当建立资源节约型的农业。第一是节水，要大力开发节水灌溉技术；充分蓄存和利用天然降水。据专家介绍，世界上天然降水利用率最高的是以色列，达到85%左右。其次是日本，达到30%左右。我国仅为7.5%，大有潜力可挖。城市工业用水、生活用水也要节约。第二是节地，严格控制城乡各种非农业用地。第三是节粮，大力发展草食畜禽，发展秸秆养牛，发展草地养羊。减少粮食在收割、贮运、加工等环节上的损耗。工业和餐饮业用粮也要节约。建立资源节约型农业是个长期的任务，但必须从现在抓起。

记者：你说过，保证粮食供应，问题不光在生产，主动权在相当程度上掌握在实行计划生育的人手里，不知指的是什么？怎么解决这个问题？

杨雍哲：粮食问题必须把生产和人口控制放在同等重要位置同时加以考虑。中国人口的控制，难点在农村。要有新的观点和思路。从长远看，着眼点应放在积极发展乡镇企业即二、三产业，建立星罗棋布的小城镇上，让进入非农产业的农民成为小城镇居民，有利于提高素质，转变生育观念，从根本上解决我国人口问题。这样也能取得经济发展和社会发展的双重成果。总之，我们要确立完整的农村经济观，把粮食生产和人口控制统筹考虑，不能就粮食抓粮食。

粮棉主产区的困境、出路与对策[*]

（1993 年 8 月）

在现行体制下，生产粮棉越多越吃亏，贡献与回报很不相称。长远看，不从根本上扭转这种局面，具有战略意义的粮食和棉花的供给就得不到保障。为了弄清楚粮棉主产区为什么吃亏、出路何在以及需要哪些支持政策，最近我们对河南的扶沟、太康、鄢陵 3 个粮棉大县作了调查。这 3 个县年贡献商品粮 5 万—15 万吨，商品棉 2 万—5 万吨。作为对照，还调查了既是产粮大县、农产品加工业又有一定基础的项城县。现将调查情况报告如下：

一、困境

我国是一个幅员广阔的国家，区域之间的农业资源条件差异很大，满足农民自给性消费之外可供市场销售的大宗粮食和棉花主要集中在局部地区，这就是粮棉主产区。

建国 40 多年来，粮棉主产区为我国工业化作出了重大贡献。在今后的工业化进程中，我国农产品尤其是粮食和棉花的供给压力仍将长期存在，粮棉主产区仍然要承担提供商品粮棉的重任。但是，目前的经济格局严重地威胁着粮棉主产区继续发挥这种作用。粮棉主产区很难在市场经济的宏观环境中继续承担计划经济时代延续下来的义务。原因在于，承担这种义务，已使粮棉主产区在整个 80 年代的经济发展过程中日益落后于其他地区，陷入了一系列困境之中。

---

    [*] 本文系给国务院领导同志的调查报告（节选），原载《经济日报》1993 年 9 月 2 日头版。

困境之一：**农民收入增长缓慢，生活得不到进一步改善，生产得不到更好发展。**粮棉主产区农民收入水平大都低于全国平均水平。1992年全国农民人均纯收入为784元；而年出售9万吨商品粮、5万吨棉花的扶沟县仅为718元；年出售17.5万吨粮、4万吨棉花的太康县只有502元；年出售10万吨粮、2万吨棉花的鄢陵县只有512元。农民收入水平低就低在结构单一，来自非农产业的收入太少。以太康为例，1992年农林牧渔业所占份额高达88.6%，工副业仅占11.4%。而1991年全国农民人均纯收入构成中，农林牧渔业占65%，非农产业占35%。

以农为主的单一结构，对农民收入水平有两个不利影响：

一是农业比较利益低，来自农业的收入不可能有快速的提高。80年代以来，农业生产水平增幅很大，以致出现目前这种低消费水平下的农产品主要是粮食暂时供过于求的局面，从而决定了粮食市场可能持续疲软、价格很难上扬。目前主产区小麦集市价只有0.66元/公斤，有的粮农因急需用钱不得不以0.60元/公斤的价格卖给小贩，大大低于0.734元/公斤的合同定购价（含价外加价）。另一方面，农业生产资料价格不断上涨。一降一涨，使工农业产品价格剪刀差不是缩小了而是扩大了。据太康县的资料，1983年按定购价计算是1.32公斤小麦换1公斤尿素或1公斤柴油，按市场价计算是0.751公斤小麦换1公斤尿素或1公斤柴油；到1993年，按定购价计算是1.36公斤小麦换1公斤尿素，3.27公斤小麦换1公斤柴油，按市场价计算则是1.67公斤小麦换1公斤尿素，4公斤小麦换1公斤柴油。

二是农业风险大，来自农业的收入不稳定。1992年棉花因灾减产，棉产区农民收入普遍低于上一年。扶沟低106元、太康低74元、鄢陵低106元。农民收入随农业丰歉而上下波动是粮棉主产区的一大特征。

农民收入水平低而不稳，既限制了农民生活的提高，又阻碍了农业的扩大再生产，还不利于农村工业品市场的开拓。

困境之二：**现行扶持粮棉生产的政策和粮棉购销调存体制，使粮棉主产区发生价值流失。**为了销区的需要，产区首先要下大力量把粮棉生产出来，然后还要收上来、存起来。在这两个环节，产区都是吃亏的。

先看生产环节。产区政府在财力十分有限的情况下，仍要拿出资金投入粮棉生产。扶沟县为了引导农民种棉，每年要拿 240 万元财政资金补贴棉花种子，还要拿出 200 万元的技术推广费，除了县棉麻公司可以缴纳营业税外，县财政得益不多。

再看购销调存环节。现行粮棉奖售政策规定，每 50 公斤小麦奖 2.7 元的化肥差价，其中中央财政负担 1.35 元，地方财政负担 1.35 元。所谓地方财政负担，最终还是不论自销与外调一律由产区地方财政负担。近些年，粮棉尤其是粮食收购上来后往往难以及时调销，占压了资金和仓容，产区要负担利息、损耗和保管费用。扶沟县 1991 年因棉花压库多支付利息 1874 万元。太康县到目前为止粮食占压资金 1.15 亿元、棉花占压资金 1.24 亿元；项城县粮食占压资金 1.3 亿元；鄢陵县粮食占压资金 5000 万元。在买方市场的条件下，调入区消耗多少调多少，将库存压到最低限，将负担全部转嫁给产区。尤为严重的是，粮棉调销出去后资金又收不回来。到目前为止，河南全省棉花外欠 11 亿元、粮食外欠 8.6 亿元，仅鄢陵县还有 2100 万元的棉花应收款尚未收回。收购资金不能及时回笼，势必增加"打白条"的压力。

困境之三：粮棉商品量大、收购资金占用多周转慢，制约了主产区的经济、社会发展。在粮棉主产区，由于农民收入不高，城镇人口又少，因而储蓄量低、资金存量有限。1992 年末，太康县贷大于存 28684.3 万元、鄢陵县贷大于存 17917 万元、项城县贷大于存 25439 万元。贷大于存是粮棉主产区的一个普遍现象。但这并不表明粮棉主产区上了许多项目、发放了很多贷款用于投资。在信贷资金使用构成中，周转慢、效益低的收购资金所占比重过大，能用于各行各业开发性建设的贷款很少。1992 年收购贷款占全部贷款的比重，太康县达 50.4%、鄢陵县达 49.7%、项城县达 50.6%。粮棉主产区信贷资金使用的社会效益与经济效益很不相称。

困境之四：财政入不敷出，日常开支尚且难以维持，更无力支持建设。粮棉主产区的典型形象是，"粮棉大县、工业小县、财政穷县"。扶沟、太康、鄢陵都是财政补贴县，在定额补贴和各种专项补助之外，还发生赤字。1992 年扶沟县财政总支出 3764 万元，总收入 3321 万元，赤字 443 万元。太康县财政总支出 5482 万元、总收入 4276 万元，赤字

1206 万元。鄢陵县财政总支出 3792 万元，总收入 1935 万元，赤字 1857 万元。由于财政困难，干部和教师的工资不能按时发出，今年 6 月，扶沟、太康、鄢陵县机关干部工资才发到 4 月份，大部分乡干部工资只发到 3 月份。

财政困难的根本原因，是以农为主的产业结构。1992 年扶沟、太康、鄢陵的工农业总产值中农业都在 50% 以上，而全国工农业总产值中农业仅占 19.8%；在国民生产总值中，这几个县第一产业占 60% 左右，全国平均仅占 24%。粮棉主产区因财政困难，无力筹集匹配资金，丧失了很多投资机会。

困境之五：支持粮棉生产和整个农业发展的政策，向主产区倾斜得不够，与一般地区平享的政策也没有完全落实。这方面的问题可以归纳为两种类型，一是逐年拖欠，二是逐年减少。

逐年拖欠包括：一是粮棉"三挂钩"中的化肥、柴油。截至目前，累计拖欠扶沟县化肥 15429 吨，柴油 840 吨；拖欠太康县化肥 1 万吨，柴油 200 吨。二是棉花生产扶持资金。按国办发〔1991〕69 号文件规定，调出省外一担棉花奖 25 元生产扶持资金，1991 年和 1992 年，扶沟县共调出省外棉花 16125 吨，应奖励 806.25 万元；1992 年太康县调出省外棉花 15000 吨，应奖励 750 万元。省内调拨每担补助 6.4 元，也是一笔很可观的收入。但都未兑现。

逐年减少包括：一是农业基本建设投资。"七五"期间，项城县有 3 年农业基本建设投资超 1000 万元；"八五"时期以来，最高的年份也不到 400 万元，1992 年只有 300 万元。二是涉农事业费。扶沟县农口各单位从上级得到的事业费拨款，"七五"期间年平均为 67.8 万元，而 1991 年和 1992 年分别仅为 29 万元和 47 万元。

由于逐年拖欠和逐年减少投资，主产区的粮棉综合生产能力处于徘徊状态，很难上新的台阶。

二、出路

粮棉主产区既要摆脱困境、抓住机遇、加速发展，又要继续提供大宗商品粮棉。如何才能实现这双重目标？靠提高粮棉价格、调整产区与销区的国民收入分配关系，效果和前景毕竟有限。根本出路在于推进农业的三大变革，在不同层次上发展高效农业。

第一大变革，根据人多地少的资源结构特征，发展节地型种植业、节粮型畜牧业以及开发整个农业资源，扩大食物源。这是近期目标，各地都可以干，只要干就会适应市场需求，增加农民收入。

发展节地型种植业，是指在提高粮棉单产、增加总产、保证国需民用的前提下，腾出耕地发展用地少、用劳动力多、产值高、收益大的瓜果蔬菜等经济作物，尽力提高耕地生产率。扶沟县已有成功的经验。这个县在 80 年代前半期，以麦棉双熟套种的形式调整种植业结构，扩大棉花面积。自 80 年代中期以来麦棉套种稳定在 70 万亩左右，与此同时，推广农膜育苗技术，利用麦棉套种的空间发展瓜类生产；推广双膜覆盖、拱棚、塑料大棚和日光棚技术，发展冬季蔬菜；以矮化密植苹果新品种替换大冠稀植老品种。目前，全县大田三熟以上套种面积达到 40 万亩，双膜覆盖、拱棚、塑料大棚达 9 万多亩，苹果达 12 万亩。结构调整，效益倍增。单纯粮食轮作，亩净产值为 123 元；麦棉套种，亩净产值上升到 439 元；一般塑料大棚蔬菜为亩净产值 5000 元，日光棚蔬菜亩净产值万元左右。全国的种植业结构调整也是这个趋势，1992 年与 1978年相比，.全国粮食亩产提高了 98.5 公斤，因此在播种面积调减了 2 亿亩的条件下粮食总产提高了 1.38 亿吨，为增加经济作物播种面积和退耕还林、还牧创造了条件。

发展节粮型畜牧业，是指在种植业第一性生产的基础上，利用其秸秆等副产品发展动物的第二性生产，实现农牧结合。将作物秸秆转化为畜产品，是提高农区种植业效益的一个重要途径。我们调查的这 4 个县，各县都养黄牛 10 万—26 万头，扶沟、太康达到户均 1 头。畜牧业将成为农民的重要收入来源。

利用整个农业资源扩大食物源，在平原农区，是指在提高耕地生产率的同时，要注意开发利用荒地、荒水和庭院、村庄周围的休闲地、废坑塘等非耕地资源。扶沟县练寺乡张店村 620 户，庭院葡萄折合面积 200 亩，户均收入 800 元，庭院经济收入已占全部农业收入的 34.2%。

由此可见，不仅山区、丘陵地区要开发非耕地资源，平原农区开发非耕地资源的潜力也很可观。开发利用非耕地资源，对我们这样一个人多地少的国家具有非同寻常的意义。

从根本上讲，这第一步变革的实质是充分利用劳动力资源优势，发展劳动密集型的高效农业，通过扩大农业领域内的就业机会，提高农民的收入水平。

第二大变革，打破传统的单一农业结构，大力发展以农副产品为原料的加工业以及运销业，使一、二、三产业拉通联动，实现多次增值。这是中期目标，局部地区已经起步，条件成熟的地方可以推广。

我国已经进入工业化中期，完全有条件利用工业文明、工业手段来扩大农业的内涵，将传统的原料型农业改造为成品型农业。这是发展现代化高效农业的一个方向。

将加工视作农业生产的一个环节，是对传统农业观的一大革新。这一革新，使农业效益大幅度提高，为农业剩余劳动力开辟又一大市场、又一新天地。我们已经迈入从温饱向小康转换的发展阶段，随着人民生活水平的逐步提高，人们对能直接上桌、直接下锅的成品、半成品食品的需求越来越大。为了与国际市场接轨、发展创汇农业，更需要发展农产品加工业，像我们这样一个人多地少的国家出口原料型农产品是没有比较优势的。我们正处于向市场经济转换的阶段，要循着贸工农的顺序组织产业链条，即要根据市场需求发展加工业，根据加工业的需求安排农业生产。贸工农一体化，不仅是一种适应市场经济需要的有效率的经济组织形式，还应成为现代农业的指导思想。

农产品及其加工品，商品率不断提高、交易量日益增大，单靠原有的国合商业组织已很难适应需要，应积极培育新生的运销主体，鼓励农民组织起来进入流通领域。

项城县已迈出成功的一步。80 年代初在一个小饴糖厂和一个小酒厂的基础上合并改造而成的味精厂，现年产味精 6 万吨，可加工转化玉米 30 万吨，相当于两个项城县的玉米产量，玉米转化成味精后增值 2 倍以上，还为 8000 人提供了就业机会。全县在发展养牛业的同时，皮革企业发展到 1012 家，从业人数达到 3.5 万人，1992 年产值实现 3.6

亿元，今年可达到 7 亿元。在该县 1992 年的 14 亿元工业产值中，有 11.5 亿元是以农副产品为原料的，其他工业只占 2.5 亿元。全县从事务工、经商等非农产业的劳动力占总劳动力的 60%左右。这个县年财政收入 6000 多万元，除满足正常开支外，每年拿出 1500 万元的机动财力，发展农业和其他事业。实践证明，农产品加工业是传统农区步入工业化轨道的关键途径，是传统农区参与工业化进程的主要媒体。

第三大变革，引导农产品加工业和其他非农产业相对集中、连片发展，使经济工业化与人口城镇化同步推进，在部分劳动力稳定地脱离耕地以后，发展农业的规模经营。这是长远目标，也是农业的最终出路。

没有规模效益的农业不是真正的高效农业。从人民公社到家庭联产承包的制度变迁，使中国农业出现了一次飞跃，上了一个大台阶。但是，随着乡镇企业的大发展，部分农户、部分劳动力开始兼业经营，农业收入在家庭收入中的比重逐渐下降，农业日益成为副业。农业的副业化，不利于农业的技术进步和农业生产力的发展。其他单一经营农业的农户也因规模太小，农业难有新的突破。农业的新飞跃，寄希望于乡镇企业集中连片发展与小城镇建设相结合，寄希望于大批农村劳动力转向非农产业，成为小城镇的居民，逐步与耕地脱钩，带动农业实现规模经营，产生新的飞跃。相对集中、连片发展也有利于非农产业获得聚集效应。挖掘农业的规模效益和非农产业的聚集效应，是第三步变革的动力所在。不仅传统农区迟早要走这一步，其他地区也将循此发展。这是中国工业化和农业现代化的必然选择。项城县乡镇企业较发达的几个乡镇已有这个苗头。当然，大多数地区还不具备推进这一变革的条件。但我们应该有意识地引导事物朝这个方向发展，积极进行试点。

三、对策

扶持粮棉主产区实现农业上的三大变革，需要国家给予一定的支持。

我国的工业化程度还不高，财力有限，工业化国家对农业提供巨额补贴的经验我们学不起。考虑到中国的国情，制订支持政策应遵循以下原则：一是着重现有政策的落实、少开新口子；二是注重增强造血机能和自我发展能力；三是以粮棉大县为重点，不撒胡椒面；四是尊重市场经济的基本原则，不造成资源配置的扭曲。具体而言，建议采取以下对策：

（一）增加农业基础设施建设的投资，改善粮棉主产区的生产条件，把现有的耕地逐步建成旱涝保收、高产稳产的农田。豫东平原粮棉综合生产力自 80 年代中期以来没有大的突破，一亩麦棉套种基本上稳定在 250 公斤小麦、60 公斤皮棉的生产能力。气候好增一点，气候差减一点。如果农业基础设施没有根本的改善、农业技术没有新的突破，粮棉综合生产能力仍将在这个水平上持续徘徊。解决粮棉主产区农业基础设施建设投资问题，应从两方面入手：一是现行的商品粮基地县、优质棉基地县建设投资，要继续坚持下去；二是调整现有农业投资的投放范围，对增产潜力大、商品率高的主产区给予重点倾斜，可考虑将全国数百个粮棉大县作为倾斜范围。

（二）增加一笔扶持粮棉主产区农副产品加工业及其他乡镇企业发展的专项贷款。粮棉主产区收入低、储蓄少，满足农产品收购所需之外能用于其他方面的信贷资金有限，单靠粮棉主产区的自身积累，经济很难发展上去。国家应当增加一笔专项贷款集中投向这几百个粮棉大县。

同时，国家要把今后新上的农副产品加工项目布置到粮棉主产区，原则上不再安排到大中城市。应当看到，农副产品加工业向主产区转移，符合提高资源配置效率的要求，是大势所趋。这要作为国家的一项重要产业政策对待。

（三）加强粮棉新技术的研究、引进和推广，使粮棉品质能够适应国内外市场的需求。现在农产品市场疲软、价格低落的一个重要原因，是品质差、不适应市场需求。如小麦，做高级方便面断条，做面包掉渣。棉花纤维强度不适应纺织设备更新改造的要求。优质是高效的前提，提高粮棉品质刻不容缓。筹措所需资金，可考虑以下两种办法：一是调整现有农业投资的使用结构，适当提高用于改良品种、提高粮棉质量的投资比重；二是引导和鼓励销区和外商与产区挂钩，合资开发优质农产品。

（四）将棉花生产扶持资金改为产地税，理顺产销区之间的财政关系。现行每调出一担棉花，由调入省付给调出省 30 元（原为 25 元，今年又加 5 元）生产扶持资金的政策约束力太差，很难落实。建议改为类似烟叶产品税（38%）那样，用税收形式把它硬化，使棉区真正拿到手，划入地方财政收入。

（五）改革农产品收购资金和粮棉调销体制，除粮棉主产县自销部分外，凡调出县的粮食和棉花，实行谁收购、谁贷款、谁付息、谁出保管费用的办法。这是粮棉商品化、经营市场化的必然要求。这样，粮棉的购销调存与主产县脱钩，使产销区之间的经济关系市场化，从根本上扭转主产县调出粮棉越多越吃亏、而销区调入粮棉越多越占便宜的局面。

（六）将粮食预购定金、棉花贴息贷款的贴息部分像挂钩肥油改为价外加价一样，在收购时一次直接付给农民。粮食预购定金、棉花贴息贷款，发放手续烦琐、操作成本大、易被截留，又很难落实。可考虑从明年开始，将现行粮食预购定金和棉花贴息贷款的贴息部分改为合同定购的价外加价，政府只调控合同定购价这一个政策变量。粮食预购定金、棉花贴息贷款的规模与资金仍下达到产区，由农户根据自己需要到农行贷款，不搞一刀切。

（七）尽快建立粮食风险基金，扩大粮食收购保护价格的执行范围。现行粮食收购保护价格制度规定，保护价的实施范围限于原国家定购和专项储备的粮食。这项规定的缺陷是，在丰收年份，当国家按保护价收购合同定购粮食和专项储备粮之后，市场粮价有可能仍低于保护价。河南今年夏粮市场就是这种局面。建议扩大粮食收购保护价格的执行范围，如果按保护价格收购合同定购粮食和专项储备粮之后市场粮价仍低于保护价，国家应继续按保护价收购议价粮，直至把市场粮价拉动到保护价的水平，防止丰年出现谷贱伤农的问题。国家按保护价收购上来的粮食，在粮食市价上涨过多时抛售出去。由此产生的价差、利息、保管费用等由粮食风险基金补偿。

沿海经济发达地区的粮食生产
与适度规模经营*

（1994 年 6 月）

沿海经济发达地区发展耕地适度规模经营,在很大程度上要考虑有利于促进粮食生产发展，为国家提供充足的粮源。

一、"为政之要，首在足食"

国以民为本，民以食为天。保证 11 亿多人口吃饭问题，始终是我们国家的头等大事。古人云：为政之要，首在足食。历朝历代都是把"重农足食"作为治国安邦的纲要。新中国成立以来，党中央、国务院一贯重视粮食生产，我们创造了以占世界 7%的耕地养育 22%人口的奇迹，为我国社会稳定，民族自立，改革开放，经济发展奠定了坚实的物质基础。我们是世界上的人口大国，立足于粮食基本自给，是根本方针。吃进口粮食是靠不住的，因为国际市场没有那么多粮食供给我们，我们也不大可能拿出很多外汇去支付粮食进口，我们的港口和交通条件也没有那么大的能力接运很多的粮食，我们多数人民的经济水平也承受不了价格过高的粮食。因此，进口只能在基本自给的前提下，作为适当的补充和调剂。

---

　* 本文系 1994 年 6 月在杭州农业座谈会上的发言，原载《学习、研究、参考》1995 年第 2 期。

二、发展粮食生产要迎接两种挑战

粮食生产的重点在主产区，它是国家的商品粮基地。历史上有一句名言，叫"湖广熟，天下足"。说明过去湖北湖南一带是国家粮仓，只要这一带丰收，全国就可以足食。新中国成立以来，我们一直非常重视建设商品粮基地，现在全国每年的近 1500 亿公斤商品粮，主要是由五六百个粮食大县提供的。国家要掌握充足粮源，就要抓好粮食主产区工作。当前，我国粮食主产区面临着两方面的挑战。

一方面，在中西部地区的粮食主产区，由于乡镇企业不够发达，农民的收入、县财政收入水平不高，乡村以工补农的力量薄弱，地方、集体和农民在粮食生产上缺乏足够的投入，制约着粮食生产进一步发展。在这些地方，长期存在着"粮食大县、工业小县、财政穷县"的状况，不少县连公教人员的工资都难以正常发放，他们的贡献与得到的回报很不相称。这是中西部粮食主产区面临的挑战。迎战的方针是，在国家的必要扶持下，保证以粮食稳定增长为前提，全面发展农村经济，增加农民、集体和地方财政的收入，增强乡镇企业以工补农、建农的力量，支持粮食生产发展。许多地方正在向这个方向努力，发展快的地方已经取得明显效果。

在沿海经济比较发达地区，面临的是另一方面的挑战。这些地方的工业发展了，综合经济实力增强了，人民比较富裕了，另一种危险又出现了，就是有些地方粮田面积锐减，产量下降，粮食供求平衡发生了困难。1993 年冬季，东南沿海地区由于稻谷减产，市价一度暴涨，就是明证。这个方面的挑战亦是非常现实的，迫切需要解决。否则，随着经济的发展，由东到西逐步丢掉粮食，我们这个人口大国吃饭问题安系何处呢？迎战的方针，就是江泽民同志指出的，各级领导在思想上要高度重视粮食生产，做到"三个稳定，两个平衡"（稳定面积、稳定产量、稳定库存，总量平衡、地区平衡）。现在各地都在这么做。

那么，工业发展了，综合经济实力增强了，人民比较富裕了，是不是就注定要削弱粮食生产呢？从国内外的情况看，也不见得。从国际上看，经济最发达的七个工业国，美、英、法、德、意、日、加，都是农业发达的国家。除日本以外，都是农产品、粮食出口大国。日本虽然人多地少，但稻谷一直坚持自给有余，我去日本访问时，日本有关人士介绍，从国家安全的战略高度考虑，大米必须保持自给。从我们国内的情况看，沿海经济发达地区，并不都是粮食面积锐减，产量下降，出现萎缩现象。有一些县市，工业发展了，人民富裕以后，粮食的优势并没有丢掉。我今年去江苏调查，曾到苏南的吴江市。这个市十多年来一直保持着 10 亿公斤左右的粮食总产量，每年提供 1 亿公斤商品粮。还有，沿海工业大省辽宁，历史上也是吃调进粮、调进肉的大省。工业腿长，粮食腿短，是有名的"铁拐李"。近几年这个沿海工业大省，农村乡镇企业蓬勃发展，非农业产值占农村经济总产值的 70%。在这种情况下，它的农业不仅没有萎缩，而且长足发展，粮食、猪肉、鸡蛋、蔬菜从自给不足变为自给有余。我们应当认真研究总结国内外的经验教训，找出在工业发展，综合经济实力增强的情况下，继续保持和发挥粮食生产优势的出路和途径。

三、规模经营是发达地区提高种粮比较效益的重要选择

党中央、国务院决定，今年较大幅度地提高粮食收购价格，这对于缩小工农产品价格剪刀差，调动农民种粮积极性，促进粮食生产发展，将发挥重要作用。但是也必须看到，适当提高粮食价格是非常重要的，又不是唯一的。解决粮食生产问题，还需要作多方面的努力。比如：科教兴农，实现高产优质高效；加工转化，多层次增值；创造条件，发展粮田适度规模经营；出口创汇，资源转换；农业综合开发，开辟新粮源，等等。其中，在有条件的地方，发展适度规模经营，是解决粮食生产的一个重要选择。尤其是在沿海经济发达地区，非农产业的就业门路比较多，务工经商的收入比较高，粮食价格即使再提高，也很难满足这些地方粮农对收入的期望值，更何况提高粮食价格是有一定限度的，既要考虑调动粮农积极性，又要兼顾城镇消费者承受的能力，不可能提得太高。因此，单纯依靠提高粮食价格难以解决这些地区种粮比较效益低的问题，十分必要探索耕地适度规模经营的办法。现在看来，在沿海经济发

达地区发展耕地适度规模经营，提高劳动生产率，应当是与提高粮食价格，调动粮农积极性，促进粮食生产发展相平行的或者是更重要的一项措施。特别是在去年我国局部地区发生粮食涨价风波后，大家对沿海经济发达地区搞适度规模经营解决粮食生产问题更具有一种迫切感，比以前更加引起了人们的重视。

在发展耕地适度规模经营的时候，要从我们的国情出发，做到有利于促进粮食生产发展，为国家提供充足粮源。现在肉禽蛋奶、瓜果蔬菜、水产品生产的比较效益都很好，农民生产积极性也很高。因此，耕地的适度规模经营，提高劳动生产率，主要是解决分散种粮比较效益低的问题。而且我国粮田少，土地不能过多地转为非粮食生产。当然，多种经营是必须搞的，重点应当发展粮食和粮食副产品的加工转化、综合利用，以及其他不占用粮田的多种经营。日本在稻米主产区引进畜牧业，发展养牛，利用农副产品进行养殖转化，提高粮农的收入，他们叫复合农业。我国的种粮大户、村办农场，是不是要利用耕地搞一点多种经营，搞多少，这也不能绝对化，需要进一步研究。

四、发展规模经营要严格掌握条件，真正尊重农民意愿

在有条件的地方发展耕地适度规模经营，是多年来中央既定的一条明确方针，也是一个长远的发展方向。在一个地方是不是有条件搞耕地适度规模经营，根据各地的经验，主要把握三条原则：一是时机成熟，二是生产需要，三是群众自愿。时机成熟，也就是条件成熟，这是基本前提。许多同志认为，是否成熟，主要看农业上的劳动力是否绝大多数转入了非农产业，转入非农产业的劳动力是否有了稳定的职业、稳定的收入，乡村两级是否拥有比较强大的以工补农、建农实力，农业社会化服务体系是否比较健全等。有了这些基本前提，就产生了生产发展的需要和农民内心的要求。三条皆备，发展适度规模经营就瓜熟蒂落、水到渠成了。我今年4月到浙江嘉兴调查，那些乡镇企业发达村的支部书记讲，他们那里两元钱一斤谷也没有人愿意种了。这些地方农民对耕地的依恋心态已经淡化，发展适度规模经营的时机基本成熟。嘉兴市里泽乡

因势利导，发展了 15 个种粮大户，经营粮田 986.8 亩，户均 65.8 亩，1993 年每户平均纯收入 2.5 万元，最高的达到 4 万元，最低的 1.3 万元，所有的种粮大户都成了万元户。他们说："规模种田，越种越甜。"

在发展过程中，还要注意防止两种情况。一种是，时机成熟而我们工作滞后，就会丧失机遇，对农业发展将产生不利影响。有些地方，随着劳动力向非农产业大量转移，农民种田由专业变成兼业，由兼业又变成副业，又由副业变成了累赘、包袱。这个时候再不引导发展规模经营，接踵而来的就是粗放经营，耕地抛荒，粮食减产，农业萎缩。这就丧失了机遇。这一点我在下边调查时有深刻的体会。我调查过两个市，一个市不失时机地引导农民搞规模经营，生产得到了新的发展。另一个市听之任之，撒手不管，结果，发生了另外一种情况，即农民一家一户把承包的耕地转让给外地来的农民耕种。这个市的农委主任说，从一个千家万户又转让给了另一个千家万户，还是分散经营，还得再来一个把劳动力逐步转移到二、三产业的过程，才能慢慢产生规模经营的需求。他说他们丧失了一次机遇。还有一种值得注意的情况，就是当土地变成了房产、地产，开发价值大大提高的时候，实行土地规模经营就更加困难。在没有发展到房地产开发阶段的时候，土地比较容易集中，规模经营比较容易搞。这又是一种机遇。时机成熟，该搞不搞，工作滞后，不及时引导，对生产发展不利。当然也要注意另外一种情况，就是时机不成熟，条件不具备，操之过急，拔苗助长，这也不行。那样必将破坏生产力，给农业发展带来严重后果。这在历史上是有过深刻教训的。以上这两种情况，我们都应该避免。现在，对于全国绝大多数地方来说，尤其是中西部地区二、三产业很落后的农村，条件还不成熟，不仅是不能搞，连说都不能轻易说。你一说规模经营，就可能会引起人心惶惶，产生混乱。所以只能做不能说，而且只能在有条件的地方做，在有条件的地方说，这是历史的经验。

五、发展耕地适度规模经营要解决好三个问题

条件成熟，还要把工作做细。一是解决好耕地流转，二是采取适当

的经营形式，三是保证规模效益。

在有条件搞适度规模经营的地方，怎么样把群众不愿种的耕地相对集中起来，发展规模经营？也就是耕地如何流转。往往有两种情况，一种是农民不愿意种，愿意放弃承包权，这个比较好办；另一种是，农民不愿意种，又不愿意放弃。后一种情况说明，条件成熟并不等于群众自愿，而自愿还要我们做好工作，进行引导。为什么不愿意种又不愿意放弃呢？主要还是有后顾之忧，担心他现在从事的二、三产业不稳定，万一再退回来，没有后路。有的户宁肯倒贴钱把耕地交给别人种，也不愿意放掉承包权。对这种情况，浙江的经验是，在集体所有权不变的前提下，保留承包权，转移使用权。他们给转包户发个承包证，给接包户发个使用证，问题就解决了。这是浙江群众的创造。当然，解决耕地流转问题还有其他地方的好经验，有待进一步研究总结。

耕地相对集中以后，采取什么形式搞规模经营？从江浙一带看，基本上是以种粮大户为主的多种形式的规模经营。种粮大户承包经营的形式，符合家庭联产承包责任制的原则，它既保持了家庭承包经营的机制，又实现了规模经营的目标，发挥出更大的作用。家庭承包并不是落后的经营方式，发达国家的农业也是基本上采取家庭农场的形式。我们的一些国营农场也是以家庭承包为基础的。除了种粮大户以外，还有村办农场、农业服务站办农场等。总之，要从实际出发，因地制宜，灵活多样。从各地情况看，不论是村办农场、站农场，其内部一般也是包到人、包到户，不吃"大锅饭"，不走回头路。

规模经营效益的好坏，是成败的关键。规模经营大家都讲要适度，这是对的。适度是动态的，在不同的条件下，有不同的度。考核其是不是适度，主要看它的效益。看实行规模经营以后，是不是降低了耕地的单位面积成本，是不是提高了耕地单位面积的产出率，是不是使规模经营者与其他产业的经营者得到了大体相同的利润。不能光看劳动生产率是不是提高了，商品率是不是提高了。一般来说，把较多的耕地集中在一户手里，他的劳动生产率、商品率肯定会提高的。但耕地的单位面积产出率不比原来提高的话，社会总财富就不会增加，这样的规模经营就没有意义了。再一个是，要看粮食的规模经营者与从事其他产业的人比较是不是获得了大体相同或略高的利润。因从事粮食生产是与自然打交道，不仅劳作辛苦，而且生产和投入周期长、风险大，如果收入低于其他产业，就没有吸引力。从现在见到的种粮大户、村办农场来看，其纯收入一般都略高于当地务工者的收入。这就改变了种粮比较效益低的问题，有利于稳定粮食、稳定农业。使从事不同产业的人得到大体相同的平均利润率，是各个产业协调发展的基本条件。

六、规模经营要与农业现代化一起进行

发展规模经营应有更高的要求，更长远的打算，就是要帮助种粮大户、家庭农场、村办农场逐步向企业化经营方向发展。在初始阶段给一些补贴支持，是必要的、应该的。从各地的经验看，这些补贴和支持要逐渐由补收入转变为补投入，主要用于加强技术装备和基础设施建设，要有利于逐步提高其自身的积累和发展能力，有利于建立企业化经营的机制，有利于不断提高其市场竞争力，最终使其成为赢利的农业企业。实现企业化经营是一个长期努力的过程。规模经营的承包期要适当延长，有些地方三年左右短了一些。因为规模经营需要装备自己，需要投入，没有长远打算不行。企业化的规模经营还需要较高素质的经营人才。现在有些地方对种粮大户和农场管理者进行培训，值得提倡。从长远看，还应考虑对经营规模较大又比较稳定的种粮大户的子女，以及农场管理的后备人才，选送到农业中专、农业大专院校去培养，学完回来办家庭农场、村办农场，使他们成为合格的农场主、绿色企业家。

规模经营应当重视发展农业现代化。规模经营本身就是农业现代化的一种体现，在规模经营的基础上要实现农业机械化，要普及推广先进的农业技术。在经济比较发达的地区，搞规模经营靠雇工不行。靠雇工不光是成本高，经济不合算，而且在经济发达地区，没有那么多劳动力资源，需要的时候不一定能雇得到，万一违误农时，将造成经济损失，所以必须发展机械化。过去家庭分散种植、手工操作的农艺，已不适应规模经营的机械耕作，需要进行农艺改革。同时，还要引进良种，提高栽培技术，使粮食向优质高效方向发展，适应市场需求，提高经营效益。

　　发展耕地适度规模经营的前提条件是，大批劳动力转向二、三产业，这是完全正确的。还应当再加上一条，二、三产业的发展，要相对集中，和小城镇建设结合起来。农民不仅要进入二、三产业，而且要逐步进入小城镇。他们在小城镇有了稳定的职业、稳定的收入、稳定的生活居住条件后，随着户籍制度的改革，就有条件改变农民身份，成为小城镇的新居民。他们在小城镇安家落户了，没有后顾之忧了，就为与原来承包的耕地彻底脱钩创造了条件，为稳定发展耕地适度规模经营创造了条件，为农业的新飞跃创造了条件。

工业大省怎样实现粮食总量平衡有余[*]

（1994 年 8 月）

在我国一些沿海发达地区近年来粮食面积锐减、产量下降、供求平衡发生困难的时候，北方沿海工业大省辽宁，粮食生产却长足发展，一改长期靠调入为总量平衡有余，打破了"工业发展，粮食必然萎缩"的所谓"规律"，令国人刮目相看。

一、历史性的突破

辽宁省大中城市多、大中型企业多、非农业人口多，粮食和主要副食品历来靠调入。过去全省每年需要调入 12.5 亿公斤左右粮食才能维持低水平的供需平衡，肉、蛋等副食品的一半靠调入。人们曾经认为，工业大省，吃粮、吃肉靠调入是理所当然、天经地义的。可是，当年毛泽东同志对这种情况并不满意。他在 1958 年的成都会议上，尖锐指出，辽宁工业已占 85%，所以着重搞工业，没有注意农业，是"铁拐李"，农业短腿。

为了改变农业短腿的局面，辽宁历届省委、省政府作了长期努力，特别是 80 年代中期以来，进一步加大解决粮食问题的力度，到 90 年代初（1990 年）粮食总产突破 150 亿公斤大关，一举实现粮食总量平衡有余，由净调入变成净调出。1993 年粮食总产达到 169.5 亿公斤，比 1978 年增加 57.8 亿公斤，不仅外销关内，还开始出口。全省人均占有粮食 423.5 公斤，比全国人均水平高 38.5 公斤。从 1990 年到 1993 年，

---

　　[*] 本文系报送国务院领导同志的调查报告（节选），原载《经济日报》1994 年 11 月 21 日头版。

连续 4 年实现粮食总量平衡有余。1994 年虽然遭受特大灾害，粮食总量仍然可以保持基本平衡。几代人的梦想终于成为现实。

粮食多了以后，长期短缺的粮食转化品——肉、禽、蛋、奶也实现了自给有余。肉类产量 1993 年比 1978 年增长 4 倍多；禽蛋增长 12 倍多；奶类增长 5 倍多。历来在全国占有较大比重的水果和水产品，也有大幅度增长。1993 年辽宁人均肉、蛋、奶、菜、水果、水产占有量分别为 35.1 公斤、18.6 公斤、4.3 公斤、290.8 公斤、52.5 公斤和 38.5 公斤，均高于全国平均水平。不仅实现了自给，还可以外销。1993 年生猪开始进关。辽宁人自豪地说："东北虎"进关背肉的历史一去不复返了。

值得特别提及的是，辽宁地处我国北方，发展蔬菜生产的自然条件并不十分有利，但蔬菜生产同样取得了令人惊奇的成绩。全省利用塑料暖棚种菜的保护地面积达到 70 万亩，占全国近四分之一。做到全年生产，均衡上市。城市居民吃菜以白菜、萝卜、土豆"老三样"为主的格局得到根本改变，鲜细菜、时令菜应有尽有，满足供应。

广大群众对粮食、副食品市场货源充足、品种繁多、鲜活产品四季不断的局面非常满意。去年沈阳市所作的民意测验表明，市民最满意的是副食品市场繁荣。

二、关键在于省委、省政府的重视和领导

辽宁省农业发生历史性变化的根本经验，在于省委、省政府的重视和领导。

他们深刻认识到：农业腿短，使全省财政每年用于城市居民的粮食和副食品补贴逐年增加，最高曾达到 40 多亿元，影响到经济和社会的全面发展；农业腿短，使城市居民长期停留在"每人每月三两油、半斤肉、三斤大米、四斤面"的低供应水平，人民生活难以得到改善；农业腿短，使辽宁的一些轻纺工业和食品工业因原材料不足，发展速度明显落后于全国的平均水平；农业腿短，使农民收入水平上不去，既限制了对农业的投入，也限制了农村这个大市场的工业品销售量，拖了工业生产的后腿；农业腿短，是辽宁经济不能协调发展，在全国位次后移的直

接原因之一。

基于这些认识，辽宁省委、省政府下决心改变农业腿短的局面。他们决定把农业和农村经济作为国民经济战略重点来抓，进一步提高农业的基础地位，并提出各级党、政第一把手要亲自抓农业。明确指出，"不懂农业、不熟悉农村、不了解农民，不是一个合格的领导者"。要求全省各级计划、财政、金融、科技等有关部门密切配合，大力支持农业。这样，就形成了全省上下齐心协力抓农业的良好局面。

现在，大家回过头来看，农业和农村经济的发展，不仅保证了城乡市场的食品供应，保持了社会的稳定，而且对全省国民经济的发展起了巨大的推动作用。1993 年，农村社会总产值占全省社会总产值的比重，由 1978 年的 10%提高到 40%，短腿拉长了；随着乡镇企业的迅猛发展，1993 年全省工业产值增加额中，有 76.9%是由乡镇工业实现的；由于农村经济的发展，减少了财政的补贴，增加了财政收入，为对国有大中型企业实行"放水养鱼、休养生息"的政策创造了条件，据统计，1992 年和 1993 年两年，全省对国有大中型企业退税让利达 70 多亿元。现在全省上下、方方面面，一致赞扬省委、省政府抓农业抓得对，抓得好，抓到了点子上。

三、三项基本经验

辽宁省委、省政府抓农业的基本经验，体现在以下三个方面：

（一）下功夫改变农业生产条件、提高综合生产能力。辽宁和全国一样，旱涝两大灾害是制约农业高产稳产的主要因素。抓农业，必须从大力改变生产条件入手，下功夫开展农田基本建设，增强抗御干旱洪涝灾害的能力，这是领导农业的基本功。同时，着重提高科技水平和保护耕地，增强农业综合生产能力。

1. 开展大规模的农田基本建设。辽宁省在党的十一届三中全会后，由于实行了以家庭联产承包责任制为主的一系列农村改革和加强农业的各项政策，调动了农民积极性，粮食年产量最高曾达到 140 亿—145 亿公斤。可是，1985 年和 1986 年，辽河流域连续遭受严重的洪涝灾害，粮食减产 70 亿公斤，经济损失 70 亿元。省委、省政府痛定思痛，一致认为"辽河不治，辽宁不宁"，决心用 5 年时间整治辽河。同时，在全省范围内动员和组织农民，开展以防洪除涝、抗旱扩浇、改良土壤和水土保持为主要内容，以建设高产稳产农田为目的，以群众劳动积累为主要手段，以"大禹杯"竞赛为激励形式的大规模农田基本建设。

他们因地制宜，对不同类型的地区采取不同的治理措施，注重实效，不搞形式主义。对低洼易涝地有的开发水田，以稻治涝，有的修建排水沟渠，提高防涝能力。对于旱薄地，有的通过打机电井改为水浇地，有的改为水平梯田。

他们将群众性的农田水利建设与国家立项的农业综合开发项目相互配套，形成合力。以盘锦大洼小三角洲的农业综合开发为龙头，以辽河中部平原为躯干，带动辽西 300 万亩重点田和辽东 300 万亩酸性冷浸田的改造，形成全面农业开发的格局，发挥整体效益。

他们将群众性的农田水利建设与大中型水利工程建设相结合，进行了辽河干流整治、太子河治理，修建了观音阁水库、东风水库、富尔江引水工程、大洼三角洲平原水库，改造了病险水库。这些骨干工程的完成，提高了抗大灾的能力，增加了农业后劲。

他们将竞争机制引进农田基本建设，开展"大禹杯"竞赛。省财政每年拿出 740 多万元水利经费搞以奖代补，在"大禹杯"竞赛中，哪个地方搞得多、搞得好，就可以得到和使用更多的水利经费。把农田基本建设作为考核干部政绩的重要内容，连续 3 年得杯的县，主要领导干部晋升一级工资、记大功一次。

在过去 7 年间，农田基本建设坚持不懈，从不间断，取得了很大成绩。全省共投入人工 12.76 亿个，农村劳动力年人均投工 22.5 个，全省日出工最多时达 400 万人；完成土石方 35.2 亿立方米，年均土石方量相当于"六五"期间 5 年的总和；新打机电井 5.17 万眼；创造了实行家庭联产承包后开展群众性农田水利建设的新经验。全省 1 年累计增加水浇地 550 万亩，水平梯田 241.2 万亩，水土保持面积 2432.7 万亩，植树造林合格面积 1400 万亩。通过这些措施，全省粮食生产能力提高 35 亿公斤，占 1978 至 1993 年间全省粮食新增生产能力的 60% 左右。在一个省的范围内，连续数年开展如此大规模的群众性农田基本建设活动，是不多见的。

2．稳定科技队伍，推广先进技术。辽宁和全国一样，某些地方一度曾发生过对县乡科技推广机构"断奶"、科技人员"下海"的问题。但省里态度明确，及时进行纠正，指出科技服务队伍不能散，经费不能减，有偿服务的收入不上交，作为加强技术装备和改善职工生活的手段。全省 55 个农业县（区）全部建立了农业技术综合服务中心，1248 个乡镇建立了农业技术推广站，为粮食生产提供了大量技术服务。在技术服务中向农民普及科技知识，提高科技素质，增强向农业深度和广度进军的本领。目前全省优良品种的作物面积达 90.95%，农作物规范化栽培面积达 60%，配方施肥面积占 40%，科研成果应用率达到 82%，均处于全国领先水平。辽宁还充分发挥农业研究、教学单位在科技兴农中的作用。省农科院、中科院沈阳分院、沈阳农业大学，分别帮助阜新市、朝阳市、海城市发展农业生产，均取得了显著成绩。由于科技队伍基本稳定，科研和推广工作做得比较好，1993 年辽宁粮食平均亩产达到 371 公斤，比 1978 年的 224 公斤高出 66%，比 1993 年全国粮食平均亩产 275.5 公斤高出 35%。科技在增产中所占份额达到 30%—40%。

3．严格控制占用耕地。近年来沿海某些地区之所以发生粮食滑坡，一个重要原因是各种开发区、房地产过多地占用了宝贵的耕地资源。辽宁省在 1958 年到 1987 年间，年均占用耕地曾达 48 万亩，最高的年份为 60 万亩。他们吸取过去的教训，决心严格控制乱占耕地，开垦宜农荒地，实行节流与开源并举。全省 1987 年以来年均占用耕地控制到了 10 万亩以下，同时还开发了 100 万亩宜农荒地，保证了粮食生产的基础条件。

（二）各级政府舍得对农业增加投入，并实行一系列有利于增加农村内部资金积累的宏观政策，提高农民自我投资能力。农业的发展需要增加投入。辽宁省不搞"口号农业"，舍得增加农业投入。这些年来，除了中央政府的大力支持外，全省各级财政投入、信贷投入在不少方面都有相当的增长，对农业发展起了重要作用。

政府的投入是重要的，但毕竟为数有限，大量的投入还要依靠乡村集体和农民自己,建立多级的农业投入体制,这是由我国国情所决定的。就开展大规模农田基本建设来说,在过去 7 年间,省、市、县三级政府用于这个方面的投入共 10 亿元,而乡村集体和农民用于农田基本建设的投资则达 25 亿元(不包括劳务投入),比三级政府投入高 1.5 倍。

农民这么大的投资来自哪里呢?来自辽宁省所实行的一系列提高农村内部资金积累水平、增强农民自我投资能力的宏观经济政策。可以概括为"五路聚财":

1. 发展多种经营。靠发展多种经营增加农民收入、增强农民资金积累能力,是全国农村的成功经验。辽宁在稳定增加粮食总产的前提下,放手发展多种经营,实行农林牧副渔全面发展。特别值得提出的是,他们在发展多种经营时尽可能不挤占粮田,充分利用荒山、荒地、荒水等非耕地资源,做到增粮、抓钱同步发展。因此近几年辽宁粮食面积占农作物总播种面积的比重一直保持在84%左右,比全国平均水平高10个百分点。这是难能可贵、很有远见的。如锦西市利用山冈薄地发展果树195 万亩,全市 200 万农村人口,人均将近一亩,成了农民的"摇钱树"。由于发展多种经营,农业内部结构起了很大变化。全省 1993 年同 1978 年相比,种植业产值在农业总产值中的比重由 74.2% 下降到 51.5%,林牧副渔由 25.8% 上升到 48.5%。这是为农民开辟的第一条聚财之道。

2. 发展乡镇企业。国有大中型企业集中的辽宁省,通过与广东、江苏、山东等省的横向对比,痛感乡镇企业发展滞后,因此决心把它作为全省国民经济新的增长点来抓,加快发展速度。经过几年的努力,1993年,全省乡镇企业实现产值 1643.2 亿元,上缴税款 75.8 亿元,实现利润 126.9 亿元,提供补农、建农资金 5.5 亿元。乡镇企业为农村一半的劳动力创造了就业机会,1993 年工资总额达 92 亿元,占农民人均纯收入的 40%;县乡财政收入的 70% 来自乡镇企业。乡镇企业的崛起,改变了农村产业结构,农村经济中二、三产业所占的比重已由 1978 年的31.2% 上升到 1993 年的 76.2%。这是为农民开辟的第二条聚财之道。

3. 城乡结合、相互促进、共同发展。目前,理论界有一种观点认为,我国经济发展已经到了以工业支援农业、以城市支援农村的阶段。实际上,目前还难以完全做到。但是发挥城市和农村各自的优势,相互促进、共同发展，到处都可以做。辽宁率先在全国实行市管县的体制，确立抓城带乡、抓重带轻、抓大带小、城乡一体、共同发展的思路，加速城乡经济融合、促进城乡经济良性循环。这些年所取得的突出成果有两个方面：一是动员城市的人才、技术下乡，利用城市大工业的边角废料发展乡镇企业，承接城市大工业转移和为之配套的生产项目；二是打开城门，为农产品直接进城销售创造便利条件。当不少地方偏重于把城市珍贵的地皮拿去建酒楼、饭店的时候，辽宁的大中城市却舍得拿出地皮办农贸市场。如沈阳市先后在城区建立 5 个大型农副产品批发市场，占地 11.7 万平方米；建立 500 个农副产品零售市场，占地 120 万平方米；同时允许农民的毛驴车、手扶拖拉机有秩序地进入居民区销售鲜活农产品。现在全市消费的 2/3 的食用粮、3/4 的副食品是直接来自农村的，这部分农产品的流通利益就为农村所得。这是为农民开辟的第三条聚财之道。

4．拉长农业的产业链条，推进贸、工、农一体化。在农副产品原料生产的基础上发展加工业和运销业，使一、二、三产业拉通联动，多次转化增值，是提高农业比较效益、增强农村资金积累能力的一个重要途径。辽宁在这方面已经取得了一定进展，初步形成了畜禽、水果、蔬菜、粮食、食用菌等一批产加销一条龙、贸工农一体化的龙型经济，带动千家万户发展商品生产。现在全省规划在今后一段时期内要重点抓好粮食、林木、干鲜果、畜牧、水产品、中药材、蔬菜等方面的一条龙系列开发，建设 100 个大型龙头项目。在过去生产原料的基础上，发展加工和贸易，这是为农民开辟的第四条聚财之道。

5．以劳动替代资本，增加活劳动积累。我国农村缺的是钱，多的是人，将活劳动转化为资产是一条重要的积累途径。农业生产同样需要流动资金和固定资产。农业流动资金指的是用于购买化肥、农药、种子等经常性投入物的那部分资金。农业固定资产包括的内容，除了机械等工具外，还有农田基础设施。农田基础设施是从市场上买不来的，它是附着在耕地上的人类活劳动的积累，它的价值体现在排灌能力的增强、土壤质量的提高、保肥保墒能力的获得、农田生态环境的改善等方面，它的价格等于投入的劳动工日与日工值的乘积。在 1987 年到 1993 年的

7 年间，辽宁全省投入农田基本建设的人工为 12.76 亿个，按日工值 5 元计算，投入的活劳动为 63.8 亿元，相当于乡村集体和农民投入的物化劳动（资金支出）25 亿元的 2.5 倍多，相当于全省投入的物化劳动 35 亿元的 1.8 倍。由此可见，在农田基础设施这种类型的农业固定资产的形成中，人力投入起主要作用。用少量货币资本牵动大量活劳动投入，是我国农村建设的成功经验。农业综合开发、以工代赈等是这条经验的具体运用。这条经验与发展乡镇企业并举，是消化"民工潮"的最好办法。辽宁这几年之所以没有出现"民工潮"，原因就在这里。这是为农民开辟的第五条聚财之道。

"五路聚财"回答了近 7 年辽宁农民增加农业投入的力量所在。随着财路不断拓宽，路子越走越广，农民投入力量还会不断增强。由此可见，国家增加农业投入固然是极为重要的，但又不能把眼睛只盯在国家这一头，还要下功夫开拓增加农民投入的财路，这是符合中国国情的宝贵经验。

（三）千方百计增加粮农收入，保持粮食生产稳定增长。发展粮食生产，根本问题在于农民对种粮要有热情、要有积极性；这种积极性是否高涨，又取决于种粮是否有利可图。

让农民种粮有利可图，价格是个关键。党的十一届三中全会以来，国家多次提高粮食收购价格，这对发展我国粮食生产、提高农民种粮积极性起了决定性的作用。但是，粮食收购价格的制定，除要考虑有利于调动粮农积极性、有利于逐步缩小工农业产品价格剪刀差外，还得兼顾城镇消费者的承受能力，因此价格又不可能提得过高。所以通过提价刺激农民种粮的积极性，毕竟有一定的限度。必须在提价之外另谋良策。辽宁这几年的实践表明，价外良策还是不少的，增加粮农收入比较显著的有四个方面，可以概括为"四路增收"：

1. 推广优良品种，提高粮食的高产优质率。随着人民生活消费水准从温饱向小康的转换，社会对优质品的需求越来越大，优质品对常规品种的价格优势日益明显。扩大优质品的生产，是提高粮食比较效益的一条重要途径。鞍山市 1993 年优质稻种植面积达到 35 万亩，占水稻种植面积的 47%。我们实地察看的海城市西四镇 5.2 万亩水稻，优质稻面积已达 4 万亩，占 77%。据他们计算，种一亩优质稻比常规稻增加效益 100 元左右。玉米也将按照食用、饲用、工业用等不同途径开发优质高产品种。这是增加粮农收益潜力很大的门路。

2. 改革耕作制度，提高土地产出率。这条途径的实质，是在有限的耕地上尽可能多地创造物质财富。辽宁从来就是一年只种一季庄稼的地方。这些年来，他们在种一季有余、两季不足的地区，通过打井创造灌溉条件，发展小麦—玉米间作、小麦—大豆复种、小麦—蔬菜复种，既提高了粮食产量，又增加了农民收入。目前全省以水浇小麦为前茬作物的间作复种面积发展到 370 万亩，改变了辽宁不种小麦的历史，并涌现出 20 万亩"吨粮田"、200 万亩"双江田"（单产 800 公斤/亩）。据调查，一亩小麦—玉米间作能增加效益 200 元，一亩小麦—大豆复种能增加效益 200—300 元，一亩小麦—蔬菜复种能增加效益 500—800 元。

耕作制度改革的另一种模式，是在低洼易涝地区搞旱改水，发展水稻生产，每亩可以增产粮食 150—200 公斤。目前全省水稻发展到 1000 多万亩。历史上缺大米吃的辽宁，现在自给有余，成为"北国的江南"。

盘锦市是水稻集中产区，水稻面积 1993 年达到 113 万亩。他们利用稻田兼养河蟹，稻谷不少产，每亩河蟹又增收 2000 元左右。全市稻田养蟹今年发展到 15 万亩，如不受灾可以增加收入 3 亿元，全市 60 多万农村人口，人均 500 元。以稻田为养蟹载体，不仅避免了某些地区发生过的因挖鱼溏、蟹池而侵占粮田的现象，而且还有利于水稻面积的稳定。

水稻栽培技术的革新也使水稻生产降耗增效。最突出的是改人工插秧为抛秧的技术。过去人工插秧一天只能插 1 亩，现在一天可以抛 5 亩，而且腿不痛、腰不酸，大大降低了劳动强度。全省今年抛秧面积已达 40 万多亩。据盘锦市调查，抛秧因减少用工量、秧田面积和种子量，每亩降低成本 30 元；因入土浅、返青快、分蘖节位低，亩增产 96 公斤，增加效益 90 元。节支增效总计，亩增加收入 120 元。据农业界人士预测，明年稻田养蟹、抛秧是大发展的势头。

以上可见，通过耕作制度的改革增加粮农收入的文章是很多的。这是第二个增收门路。

耕作制度的改革,还使辽宁细粮产量从 1978 年的 21 亿公斤上升到 1993 年的 50 亿公斤,人均占有量从 57 公斤增加到 130 多公斤,结束了依靠玉米渣子和高粱米做主食的年月。

3. 发展种粮大户,提高粮食生产的规模效益。提高种粮效益,最终要靠扩大粮食生产的经营规模。辽宁随着乡镇企业的发展和农村劳动力向非农产业大量转移,在有条件的地方积极而又稳妥地发展粮食生产适度规模经营,取得了明显效果。据沈阳市调查,全市经营 50 亩以上的种粮大户 7685 个,经营耕地 51.7 万亩,户均年收入在万元左右,改变了种粮收入低的状况,有些地方出现争包耕地的现象。这是增加粮农收入的第三个门路。

4. 发展畜牧业,走种养业结合的道路。前面三条都是在粮食生产这个层面挖掘潜力,除此之外,还可利用粮食和秸秆发展畜牧业,走复合农业即种植业与畜牧业结合的道路。这样,既可在粮食收入之外增加畜牧业收入,又可利用畜牧业提供的有机肥料,提高粮食生产水平,实现良性循环。辽宁在这个方面取得了很大成功。1993 年辽宁畜牧业产值达 115.6 亿元(按 1990 年不变价),占全省农业总产值的 29.8%,比全国高 2.4 个百分点。

辽宁发展畜牧业还有很大潜力,一是每年外销的 15 亿—20 亿公斤玉米可以拿出相当部分用来发展畜牧业;二是按粮食与秸秆 1∶1.1 的比例匡算,全省农作物秸秆在 1800 万吨以上,可以饲养肉牛 600 万头。鉴于发展养牛的潜力很大,省里每年拿出 1500 万元贴息贷款支持购买粉碎机、切割机、液氮罐和修建青贮窖。1993 年全省黄牛饲养量已达 262 万头,比 1978 年增加近一倍。沈阳市大兴二村,由于畜牧业得到发展,每年亩施有机肥 3 立方米,耕地有机质含量从以前的 0.5%—0.7% 提高到目前的 3%,全村化肥施用量由以前每年 360 吨下降到 100 吨,玉米亩产一直保持 700—750 公斤的高产纪录,"种养加"结合发展,农民人均年收入达到 2500 元。

辽宁的农民认识到,"要想富,抓畜牧,粮仓变肉库"。这给我们一个启示,东北的玉米不一定都直接运销到南方,如果通过就地养殖转化为畜产品后再销往南方,这样既可节省运力,又可以增加粮食主产区农民的收入。东北的玉米带完全可以成为我国最大的肉牛带、生猪带。牛、猪的屠宰、皮毛加工，又为发展乡镇企业创造了条件。这是增加粮民收入的第四个门路。

"四路增收"是辽宁调动粮农积极性，促进粮食长足发展的又一条重要经验。"四路"增收的潜力还很大，"四路"之外的门道还多得很。由此可见，价格固然是调节粮农收入的决定性杠杆，但增加粮农收入又不能把眼睛只盯在价格上，还应下功夫大做价外的文章。

辽宁农业虽然已经取得很大成绩，但辽宁的同志认识到：辽宁粮食只是实现了总量平衡有余，个别品种结构仍不平衡，小麦消费量的 2/3 要靠调入；农业基础仍比较脆弱，今年遭受严重灾害，造成局部地区粮食减产；种粮比较效益低，种粮产区经济发展慢的问题仍在解决的过程中；辽宁部分农村乡镇企业还不发达，如果都达到东南沿海发达地区的富裕程度后，能不能继续保持农业尤其是粮食的优势，仍需努力探索得力的措施。他们的这些认识是清醒的、正确的，要继续保持和发展辽宁粮食的优势，农业的优势，确实丝毫松懈不得，还需要持续做出艰巨的努力。

调整农业结构不能牺牲粮食生产*

（1994 年 11 月）

目前，我国东南沿海地区经济高速发展，但是较为普遍存在的一个问题是，种粮面积下滑，产量锐减，供求不平衡。这次到了江门，像到了一个新天地似的。地处沿海的江门市，粮食生产始终保持着高水平的发展势头，因而农业与各行各业相互促进，协调发展。总的印象是：江门市既保持着广东"粮仓"的重要地位，二、三产业又保持着高速发展的趋势，这是很难得的。

江门市能有这样好的形势，根本的一条经验，就是市委、市政府对粮食、对农业的高度重视，加强了领导。只要党政领导对粮食、对农业的重要性认识充分了、重视了，就会采取各种措施和办法来加强它。江门市的经验中，有一个"三不牺牲"：即不牺牲粮食生产发展多种经营，不牺牲农业发展二、三产业，不牺牲农村发展城市。这是一个有远见卓识的发展思路。

在我们这个近 12 亿人口的大国里，怎样保持粮食生产的发展，把粮食作为保证国计民生的大事抓好？关键一条是正确处理粮食与多种经营以及二、三产业发展的关系。过去搞以粮为纲，其他砍光，是不对的。后来，中央提出决不放松粮食生产，大力发展多种经营，是正确的。但是，我们国家人口多，耕地少，宜粮面积有限，在调整农业结构时，又不能占用过多的粮田。为此，现在对调整农业结构这个概念的内涵要加一点新的解释，认识上要有新的突破，就是不要把调整结构理解为一味地减少粮田面积来发展高价值的经济作物，不要无限制地挤占粮田来发展多种经营，而是要提倡开发利用荒山、荒地、荒水、荒滩等非耕地

---

　　* 本文系 1994 年 11 月在广东省江门市农业调查座谈会上的发言。

289

资源，来发展多种经营。我认为这个问题是应该提出的时候了，不能老是在现有耕地这个小圈子里面打主意了。江门市"三不牺牲"是很有价值的。特别是不牺牲粮田发展多种经营，在我们国家具有特别重要的推广价值。我国国土辽阔，荒山、丘陵、水面、滩涂很多，潜力很大。要充分利用这些国土资源搞开发，大力开辟人们所需要的食物源、营养源。就拿江门市养鸵鸟来说吧，鸵鸟是吃草的，在生活条件很恶劣的情况下也可以生存，我们的荒山、荒坡这么多，有这么多的草供它食用，很有发展前途。从我国的国情来看，人口多，对食物的需求量逐年增加，养鸵鸟可以增加人民的肉食供应，开辟了一个新的食物源、营养源。从大粮食观念来看，一切可供食用的东西都应该视为粮食。过去，我们吃饭就是局限在粮食上，事实不然，粮食是需要的，但其他食品的数量多了，丰富了，可以顶粮食、顶营养、顶热量，既可以减少粮食消耗，又可以改善人们生活。发展鸵鸟就是带有这样一种性质，也就是跳出粮食本身的小圈子，为人们生存和发展寻求更多的食物源、营养源。人们食用的东西，几千年来就是那么多种，现在随着科学技术的进步，范围在扩大，数量在增加，满足人民生活的需要，这是非常重要的。我们要面向整个国土资源，开拓食物源、营养源的新领域。

江门市在二、三产业高速发展的情况下，保持了粮食的优势，保持了广东"粮仓"的重要地位，这里头的经验，就是在保持粮食优势的前提下，去发展多种经营，去发展二、三产业。在公路沿线的丘陵地带搞工业走廊，搞开发区、房地产，大型工厂、商店也尽可能少占不占耕地，这一点十分宝贵。这在我们国家来说，有着普遍的重要意义。江门市在提高农业效益方面，一是发展"三高"农业，二是发展规模农业，三是发展创汇农业。这三条都很好。江门对"三高"农业是相当重视的，从上到下普遍接受，并迅猛发展。创汇农业，由于地理优势，毗邻港澳，势头很好。效益农业包括适度规模经营也在逐步发展。我们参观的台山市 10 万亩水稻丰产示范片，其中有 1.3 万亩是种粮大户经营的，这是一种提高种粮效益，保持粮食发展的好办法。现在沿海地区农村大量的劳动力都转移到二、三产业了，耕地如果仍分散在千家万户，作为一种兼业、副业来对待的话，这个产业也就没有发展前途了。这种状况不改变，连原来的产出水平也难以保持，更不用说有新的提高、新的发展了。所以，在沿海发达地区，粮田适度规模经营应提到议事日程上来。

农业和二、三产业协调发展，这是非常重要的。我们国家现在农业和工业的发展速度是 1：5 左右，不够协调。要调整和优化结构。江门市能够协调发展，这是很好的。特别是台山市，新中国成立以来，粮食生产每十年上一个台阶，即增加 5000 万公斤产量。从 50 年代的 2.5 亿公斤，到 90 年代的 4.5 亿多公斤，每年向国家提供 1 亿公斤商品粮。台山整个经济高速发展，农业始终处于领先地位。台山的经验，整个江门市的经验，是很值得总结学习的。

坚持稳定和完善粮食购销政策*

（1995 年 12 月）

粮食购销政策，对促进粮食生产，解决人民吃饭问题，为全国稳定、改革、发展的大局创造条件，都具有密切关系和重要意义。人们对此十分关注。现就这个问题谈一些情况、认识和意见，同大家一起讨论。

一、从粮食形势看购销政策

如何评价我国现行的粮食购销政策，最好是看看粮食的形势怎么样，这是最有说服力的东西，是取得共识的基础。就今年的情况看，我国粮食形势有以下十个方面的积极变化值得重视：

一是农民种粮积极性空前高涨。今年全国粮食播种面积增加 150 多万亩，扭转了连续 4 年下滑的局面，总播种面积预计回升到 16.45 亿亩。在一些粮食主产区，农民抢着承包耕地，过去闲散未用的抛荒地也被垦复种粮。据国家统计局抽样调查，今年全国秋冬粮食播种面积比去年增长 2.3%。

二是今年全国南涝北旱，灾害频繁发生，预计粮食产量仍然可能达到原计划的 4550 亿公斤，比去年约增产 100 亿公斤左右。

三是虽然粮食的市场价格和国家的定购价格差别比较大，但是今年定购粮的收购进度快于往年，夏粮交售提前超额完成任务，出人意料。

四是省际的粮食交易增多了。东南沿海粮食销区，纷纷到粮食主产区洽谈贸易，建立长期稳定的供求关系。这是实行"米袋子"省长负责制以后的新的变化。产区与销区的余缺调剂，主要不再依靠计划调拨，

---

* 本文原载 1995 年 12 月 12 日《人民日报》《经济日报》《光明日报》。

而是依靠市场调节，推动了粮食经营向市场化方向发展。

五是市场上粮食和其他副食品供应丰富。尤其是大中城市，食品市场琳琅满目，可以说是要啥有啥。虽然有些品种价格高一些，这有多方面的原因。

六是各级地方政府保护耕地比过去更重视了。全国已从过去平均每年减少耕地 600 万亩左右，逐步降低到 300 万亩左右。各省永久性的农田保护区都在积极建立和不断发展。广东省划入保护区的耕地 3000 万亩，保护率达 80%。福建省保护率占到 84%。广东省还开展查荒、灭荒、复垦活动，把开发区、高尔夫球场等圈而未用的土地重新复垦种植 50 万亩。

七是各地对农业投入普遍有所增加。虽然与农业发展的要求还有差距，但是呈增加的趋势。

八是农业生产资料购销两旺。尤其是化肥，虽然价格比较高，农民仍然踊跃购买。全国 1—9 月化肥销售量比去年同期增长 10.5%。尽管国内化工企业开足马力生产，进口到货量超过历史最高年份，但仍然供不应求。这说明种粮有利可图，农民投入增加了。

九是农业大省发展粮食生产的劲头十足，积极领受全国到 2000 年力争增产 500 亿公斤粮食的任务。河南、河北、安徽分别计划增产 50 亿公斤。黑龙江计划增产 75 亿公斤，要完成全国增产 500 亿公斤的 15%；到 2010 年再增产 175 亿公斤，实现粮食总产 500 亿公斤，显示了这个农业大省发展粮食的雄心大志。同时，农业大省还提出了向农业强省转变的新目标，即在增加粮食生产的基础上，充分利用粮食的副产品和大量秸秆发展养殖业，以及相关的加工业、运销业，以改变高产穷省的状况，改变"产粮大县、工业小县、财政穷县"的状况。

十是乡镇企业和城市一些工贸公司介入农业，到农村投资，建立粮食生产基地和果品基地，兴办绿色企业。他们看到现在种植业有利可图，食品生产具有长盛不衰的市场前景，抓住这个有利时机，到农村去大片租用土地、荒山，利用当地的劳动力，种粮食、种大豆、种水果。据黑龙江同志讲，深圳一家实业发展公司，到该省合资开发 20 万亩粮豆生产基地。大连市一家贸易公司联合加拿大一家公司到黑龙江合资开发

18 万亩粮豆生产基地。江苏华西村到黑龙江肇东投资开发 1500 亩水稻基地。这是一个值得注意的社会投资新动向。

以上种种情况说明，我国当前的粮食大势是好的，国家现行的粮食购销政策是成功的。

二、关于几个问题的讨论

现行的粮食购销政策在执行过程中，由于某些方面情况的变化，也有需要研究和完善的地方。比如，现在国家粮食定购价格与市场粮食价格相比显得偏低。对这个问题怎么看？我国粮食的商品率约为 30%，按 4500 亿公斤产量计算，商品粮大体上是 1350 亿公斤左右。国家定购粮为 500 亿公斤，其中去掉农业税征实 100 亿公斤，也就是 400 亿公斤，约占整个商品粮的 1/3，其他 2/3 的商品粮已经完全放开。国家之所以要掌握这 500 亿公斤定购粮（包括农业税征实），主要是为了保证城市、大专院校、部队和农村灾民及贫困缺粮人口的供应。定购粮的使用权划归各省。1994 年的定购粮价格，国家是按照有利于调动农民种粮积极性、有利于缩小工农产品价格剪刀差和兼顾城镇居民承受能力三个原则确定的。就具体品种来看，当时水稻和玉米的定购价接近市场价，小麦的定购价还高于市场价。只是后来情况有些变化。1994 年因灾减产，近三年粮食连续净出口，总量有些偏紧。再加上化肥价格上涨过高，也推动成本上升。由于多种因素促使市场粮价上涨，与原来的定购价拉开了一个不小的差距。为此，中央和地方先后采取了三种补偿粮农的措施：一是继续放开议购粮价格，随行就市；二是允许地方财政在定购价格之外适当补贴，今年全国各地较为普遍地实行了价外补贴；三是提倡粮肥挂钩，今年不少省拿出一部分平价优质化肥供给承担定购粮任务的农民。通过放开议购粮价格、价外补贴、粮肥挂钩，使出售定购粮的农民得到一定补偿，再加上农民有强烈的国家观念，地方各方面工作抓得紧，做得好，今年定购粮的交售进度与去年差不多。

有的同志提出，什么是粮食地区平衡和省长负责制，为什么要实行这项改革？实行粮食地区平衡和省长负责制，也叫"米袋子"省长负责制，这是去年国务院粮食购销体制改革文件中提出来的。其本意是，省长（主席、市长）要负责本省（区、市）粮食的供需平衡。就是说，本省需要多少粮食，尽最大努力能种多少，产多少，能收购（包括议购）多少，购销相抵，是有多余还是有缺口，有缺口就到产区批发市场去购买或者进口，多余了就卖给销区或国家，为实现全国总量平衡做贡献。这就叫地区自求平衡，就是省长的责任和任务。各省为了履行好这项责任，必须稳定粮食播种面积，增加粮食产量，建立地方粮食储备。同时，中央加强宏观调控，通过了解和掌握各省粮食平衡盘子，协调主产区与销区建立稳定的供求关系，运用中央储备粮解决好特大灾害和平抑全国性粮价波动，来帮助各省实现粮食地区供求平衡。实行这项改革的目的，就是要发挥中央和地方两个积极性，共同努力解决好我们这个人口大国的吃饭问题。

有些同志担心，这样会不会产生各省自保，地区封锁？从现实的情况看，缺粮地区是需要购入粮食的，他不会搞封锁；产粮地区都想发挥资源优势，多种粮食往外卖。这是当前一个基本的趋向，所以不大可能封锁得住。地区封锁一般是社会粮食总量供给短缺的产物。过去没有实行"米袋子"省长负责制也曾多次出现过局部地区封锁，所以说地区封锁与省长负责制没有必然的联系。而且，产区搞封锁的结果往往是，把自己的粮食限制在一个省或一个地区的小范围内，失去外来买主，价格跌落，伤害当地农民利益；同时，逼得销区从其他产区或国外进口解决粮源，使封锁者又失掉了市场，最后是自己搬石头砸自己的脚。粮食主产区的明智之举应当是，抓住市场供求偏紧，价格看好的时机（销到外省的粮食都是按市场价），刺激生产，放活流通，多产多卖，并注意与销区建立较为稳定的贸易关系，这样，于己于国都有利。

有些同志担心，实行粮食地区平衡和省长负责制，会不会导致缺粮省丧失资源优势，搞粮食自给自足？这一点，中央一开始就明确指出，实行地区平衡绝不是去搞小而全，不是走自给自足经济的老路子。我国地域辽阔，情况千差万别，各省、自治区、直辖市的资源、条件不同，不可能样样产品都自给，也不应该要求大家样样都去追求自给。否则，就抹杀了地区的比较优势和资源差别，不利于经济的全面发展和整体效益提高。适宜生产粮食和有发展粮食潜力的省份和地区，应当大展所长，多增产粮食，提高粮食商品率，支持销区的需求，为全国粮食总量平衡作出积极的贡献。粮食不能自给的省份和地区，要充分挖掘潜力，尽力增加粮食生产，提高粮食自给率，同样是对全国粮食总量平衡的贡献。这项改革实行的效果是很好的。就拿广东省来说吧，去年遏制住了粮食滑坡，并略有增产。今年粮食面积增加 87 万亩，增产 10 亿公斤。同时，多种经营全面发展，预计糖蔗增长 18.5%，花生增长 4.1%，蔬菜增长 6%，水果增长 4.6%，水产增长 5.1%，肉类增长 7.7%，农产品及其加工品出口创汇增长 21.3%。没有出现填鱼塘、砍香蕉的现象。农民人均纯收入预计比去年增加 400 多元。他们说，今年"米袋子满，菜篮子丰，钱袋子胀"，是农民比较高兴的好年景。还有一个有说服力的例子，就是福建省，也是去年扭转粮食下滑并略有增产，今年再度增产，总产可达 90 多亿公斤，超过历史最高水平。同时，粮食以外的水产、水果、肉蛋奶和食用菌等食物总量达 659 万吨，比去年增加 70 万吨左右。今年农民人均纯收入预计可达 2000 元，比去年增加 400 多元。其他省的情况大体一样，可以说，没有一个省因增产粮食而丢掉多种经营使农民减收的。

有些同志担心，实行粮食地区平衡和省长负责制会不会导致主产省放松粮食生产？这一点，从前面粮食发展形势中已经得到回答，可以说主产省发展粮食生产的积极性空前高涨。全国几个粮食调出省，如河南、湖南、湖北、江西、安徽、黑龙江、吉林等，除黑龙江、吉林今年受灾，粮食产量与去年基本持平外，其他省都是增产的，特别是江西、湖南在受灾严重的情况下，仍然保持增产是很不容易的。同时，国家采取多种政策措施鼓励和支持主产省发展粮食生产。现在主产区以粮食生产为基础，大力发展养殖业，以及相关的加工业、运销业，同样可以达到繁荣地方经济、增加地方财政收入之目的。对主产省的大部分农民而言，种粮仍是最主要的生产项目，其他经营门路并不是很多。只要种粮有利可图，农民就会积极发展粮食生产。

有的同志担心，实行粮食地区平衡和省长负责制会不会扩大发达地区和内陆地区农民收入的差距？产生这一疑问的主要原因是，认为发达地区提高粮食自给率和增加进口后会减弱对主产区的粮食需求，从而造成主产区的粮食卖难，价格下跌。诚然，粮食收入在内陆主产区农民收入构成中占重要地位，种粮的收益水平在很大程度上与市场粮价息息相关，但是，主产区的市场粮价不会因实行粮食地区平衡和省长负责制而受到影响。从长远看我国人口增加、耕地减少、消费扩大的总趋势是不会变的，粮食供求的基本格局是偏紧的，粮食在多数年份将是卖方市场，发达地区即使提高粮食自给率，也不能完全满足需求的增长，这些地区对主产区粮食需求的绝对量不会减少。因此不必担心发达地区重视粮食生产后主产区的粮食没有销路、卖不出好价钱。在国家的宏观调控下，沿海发达地区会有适量的粮食进口，但只是作为国内市场难以完全满足需求的补充。另外，发达地区和内陆地区农民收入的差距主要差在非农产业上，完全靠粮食涨价来缩小两者的差距也是不现实的。

三、在稳定中继续完善

有的同志认为，从长远看，随着我国社会主义市场经济发展的逐步成熟和各方面的条件逐步具备，国家定购粮价格也应随行就市，由市场来决定，同时国家实行保护价制度，以维护农民的利益和种粮积极性。这种看法不无道理。但是由于现阶段这方面的条件还不完全具备，国家还需要继续实施现行粮食购销政策。

粮食地区平衡和省长负责制作为我国现行粮食政策体系中的一个组成部分，正式实施的时间不长，已经产生了积极的作用，应当坚持，当然也需要不断完善。

（一）适当提高定购粮价格。有些同志建议，明年适当提高定购粮价格，同时对低收入者实行定向补贴。考虑到现在定购粮价格与市场价格的价差过大，不同地区之间乃至农民之间承担的任务也不够平衡，生产资料价格又比较高，因此，随着情况的变化，适当调整定购粮价格是合理的。

适当提高定购粮价格，并不一定会对市场粮价有多大影响。一是市场粮价从根本上说是由供求关系决定的，从今年情况来看，粮食总产量比去年增加 100 亿公斤以上，国家又改变了近几年连续粮食净出口的局面，从国际市场进口了一部分粮食，市场供给总量比上年增加了。二是国家定购粮约占粮食商品量的 1/3 多，2/3 的商品粮销价已经市场化了，而且定购粮中有一部分已经按市场价格销售了。定购粮主要用于城镇居民口粮，而现在居民口粮大约一半左右是从市场上买来的。口粮以外的工业用粮基本上是按市价供给的。因此，提高定购粮价的影响很有限。三是只要粮食企业改善经营管理，力争缩小原粮与成品粮的购销差率，加上提价幅度又是适当的，就不会对市场粮价产生多少影响。四是适当提高定购粮价，调动农民种粮积极性，刺激粮食生产发展，有利于稳定市场粮价。

定购粮价格调整以后，销价相应调整，对城市低收入者和农村贫困人口实行定向补贴。这样做，正像有些同志所说的，区别对待，比实行普遍定量补贴政策效果好；又可以减轻财政负担，以及避免导致新的挂账。同时，粮食购销与低收入者定向补贴纳入两条线运行轨道，可以保证有效实施。

调整定购粮价格后，必须继续采取有效措施，稳定化肥价格，减轻农民负担，使农民得到完善粮食购销政策的实惠。

（二）在粮食主产区建立统一规范的粮食批发市场，发展正常的粮食贸易。实行粮食地区平衡和省长负责制以后，省与省之间的余缺调剂，主要不是依赖计划调拨，而是依靠市场调节去实现。中央文件规定，销区与产区之间粮食批量贸易只能在县以上粮食批发市场进行，而目前所说的县级粮食批发市场基本是粮食部门的粮油公司加各级粮库，真正有形的粮食批发市场很少。在这种情况下，购销之间基本上是一对一谈判，单线接头。这种做法弊端甚多：一是不能在市场竞争中形成公平合理的价格；二是单线交易，信息不灵，又不是公开交易，容易出现不正之风；三是销区粮食部门和企业要购买粮食，却找不到市场，只能在产区一个县一个县地到处跑，很不方便。为此，在产区建立若干一定规模的粮食批发市场很有必要，还可以促进产区以通讯、运输、食宿服务为主的第三产业的发展。为了促进产、销区粮食企业进入批发市场交易，应给入场交易者信贷、运输等方面以支持。

（三）把全国的粮食总量平衡建立在各省总量平衡的基础之上。省长负本省粮食总量平衡之责的途径除了提高本省的粮食自给率（或商品率）外，还有通过市场进行余缺调剂。而且各省实现总量平衡的具体途径（自给率、购入销出率）也不会一成不变。因此，全国粮食总量平衡的盘子必须是各省总量平衡的汇总，否则即使全国粮食总量是平衡的，具体到某一个省就不一定能保持总量平衡。因此，应采取以下措施：一是各省的粮食总产量、总需求量以及购入、销出量要有准确的测算，并上报中央主管部门；二是中央主管部门对省与省之间的大宗粮食流通，包括进出口计划，应有对口衔接的盘子，尤其要通过批发市场倡导产销之间签订长期的贸易合同，使双方解除"卖不了"和"买不到"的后顾之忧，给产销区双方提供稳定的预期，并为大宗粮食流通提供铁路运输和贷款的支持，提高粮食区域流通的有序度。实践证明，只要在中央宏观调控下，不封锁，不抢购，就不会发生产区的粮食销不出去，销区粮食买不进来的问题。

这几点完善粮食购销政策的设想和建议，仅供研究和决策参考。

粮食大省向富省强省转变的战略*

（1996 年 11 月）

欢迎同志们来我们国务院研究室交流情况，这对双方都是有益的。吉林省是我们国家的粮仓，贡献很大，也蕴藏着巨大的发展潜力。

一、大力抓好粮食的加工、流通，发展贸工农一体化经营

吉林省是一个产粮大省，在粮食方面有着得天独厚的优势，这是许多省份所无法比拟的。产粮多，如何使农民收益多，地方财政收入也多，这里大有文章可作。我国人多地少，经营规模小，劳动生产率低，靠卖原粮，效益有限，这就是发生"高产穷县"的原因。出路在于发展粮食加工、流通，提高附加值，多层次增加收益。现在原粮南运是暂时的，从长远说，不是运粮，是粮食就地转化，变成肉蛋奶鱼等高价值产品运出去。把食用粮、蔬菜变成免淘免洗的半成品、成品，实行小包装，以高价值的商品流向市场。有的制成营养品、药品等高技术含量的产品推向市场。这样，对生产者、消费者和国家都有好处。我去年到荷兰、丹麦考察，人家农业发展的链条是"从田头到餐桌"，就是说从产地运出来的东西是直接上餐桌的食品；不能直接上餐桌的，也是可以直接进厨房下炒锅的半成品。这样一条龙发展，把农产品加工业、流通业的利润留在了农村，留给了农民，农业比较效益大大提高，农村种地的和城镇做工的收入一样高。这样，以粮食生产为基础的高效农业体系就建立起来了，用提高种粮的比较效益使粮食稳定增长。我看农业大省的发展战略就在这里。

---

　　* 本文系 1996 年 11 月同吉林省政府调研室负责同志交谈粮食大省发展经济时的谈话要点，原载《农村工作通讯》1997 年第 1 期。

我前两年到辽宁、黑龙江作调查，有远见的人们就这样说："东北要想富，粮仓变肉库"。现在，人们的这种向往正在变成现实。在吉林，乃至整个东北，以粮食和其他农产品为原料的加工、流通龙头企业陆续出现，贸工农一体化经营的浪潮正在全国农村兴起。

二、运用合作制加快建立贸工农一体化经营的产业体系

贸工农一体化经营的形式是多种多样的，吉林省德惠市的德大公司就是成功的一例。我从有关资料上看，德大公司带动周围6县4800户农民为公司养鸡5000万只，转化粮食60万吨，增加了农民收入，增加了地方财政收入，既富民，又富县。这样的企业越多越好。但是，像德大公司这类企业，从全国来说数量有限，而2亿多农户需要很多龙头企业来带领啊！那么怎样又快又好地发展贸工农一体化经营的产业体系呢？除了欢迎多种形式的农产品加工、流通龙头企业介入农业外，还要大力支持农民自己组织起来办合作制的加工、流通龙头企业，这样发展就快了。德大公司这类企业，对农民的原料是买断关系，它加工、流通环节赚钱多少，与农民无关。这种企业的好处是解决了农民卖难问题，能为农民的原料生产提供系列服务，但农民不可能分享加工、流通的利益，而这一部分的利益却是大头。合作制企业就不一样了，它是农民自己的企业，加工、流通的利润都留在了农村，留给了农民，可以从根本上解决农业比较效益低的问题。合作制的龙头企业办起来了，又壮大了农村集体经济的实力，意义就更大了。

那么，依托谁来办合作制的加工、流通龙头企业呢？

一是乡镇企业。它是农民自己的企业，鼓励它大力发展以粮食和其他农产品为原料的加工业、流通业。这是粮食大省乡镇企业发展的产业方向，也是市场竞争的优势所在。使乡镇企业在原来以工补农、以工建农的基础上，走上以工带农的新路子。

二是农村供销社。农村供销社是农民的合作制企业，要改革，要有活力，就要适应新形势的需要，大办农产品加工、流通龙头企业，带动千家万户发展商品生产，大幅度增加农民收益，在新的实践中改变"官

商"形象，真正办成农民自己的合作经济组织。

三是依托农村能人，吸纳农民参股，办股份合作制的龙头企业。或者以现有的办得好的农民个人企业为基础，本着自愿互利原则，集体和农民参股，扩大经营规模，形成股份合作制企业。这是农村经济发展的新的增长点。

依托以上三种形式，还可以探索别的形式，发展合作制的加工、流通龙头企业，再加上德大公司等其他各种形式的龙头企业，我国农村贸工农一体化经营的产业体系就可以又快又好地发展起来，粮食大省有可能变成食品工业大省，农村经济就可能出现新的飞跃。

按照市场经济的原则完善粮食流通体制[*]

（1997 年 3 月）

国以民为本，民以食为天。保证 12 亿人口的吃饭问题，是保持我国社会稳定和经济发展的基本条件。解决好这个问题，一是要抓好粮食生产，为社会提供足够的粮食和其他食品；二是要抓好粮食流通，把粮食和其他食品顺畅地从产区供应到销区，满足消费者的需求。马克思主义认为，生产和流通是辩证统一的关系，生产决定流通，流通又反过来促进生产。近年来，我国又出现了粮食丰收而流通不畅的情况，说明现行的粮食流通体制亟待改革和完善。根据建立社会主义市场经济体制的总体要求和中央一系列指示精神，改革粮食流通体制，建立"一主多辅"的粮食流通渠道，对促进粮食稳定发展具有重要意义。

一、建立"一主多辅"的粮食流通渠道，是改变流通制约生产状况的关键

从多年的实践看，我国年度间粮食的供求是不均衡的，既有供求平衡有余的时候，也有供不应求的时候。历史的经验告诉我们，粮食出问题往往是在粮食丰收、供求平衡有余的时候。粮食多那么一点，就会出现流通不畅，主产区卖难，市场粮价跌落，"谷贱伤农"，导致来年粮食生产滑坡。这种"丰收后的滑坡"曾多次反复，几乎成了一个难以跳出的怪圈，这不仅挫伤了农民种粮的积极性，制约了粮食生产的稳定发展，也对整个国民经济发展带来不利的影响。这到底是什么原因呢？

从本质上讲，这种现象并不说明我们的粮食多得不得了，主要是粮

---

* 本文原载《求是》1997 年第 10 期。

食流通体制不顺造成的,当然也有仓容不足等实际问题。而且这种粮多,也主要是多在主产区,多在某一品种,属于结构性和区域性的多,并非普遍性的多。比如说去年丰收,粮食多一些,从地区来说,主要是东北三省和内蒙古等主产区多;从品种来说,主要是玉米多一些,大米基本平衡,小麦还不够用。要改变这种结构性和区域性的不平衡,只有改革和完善流通体制,做到货畅其流,在全国范围内实现粮食供求总量平衡。如果当年总量平衡仍然有余,就可以使用储备手段,把余粮全部收购储存起来,以丰补歉,实现粮食供求的持久平衡。去冬今春以来,中央决定增加专储粮收购计划数百亿斤,要求按照保护价敞开收购,搞活粮食流通,以保护农民积极性,再夺今年农业好收成。

为什么会发生粮食流通不畅呢?主要是我国在长期计划经济体制下形成的,粮食购销由国有粮食部门一家承办的体制,已经不适应社会主义市场经济发展的要求。主要表现在:一是随着粮食产量的逐年增长,商品量越来越大,区域之间的流通量越来越多,单靠国有粮食部门这个主渠道一家已难以承担。二是随着人民生活水平的不断提高,消费需求也不断变化,就吃粮来说,人们要求吃新鲜的、质量好的、经过加工和包装的,等等。对于这些新的市场需求变化,单靠国有粮食部门难以适应和满足,这几年粮食部门零售市场的占有率日益下降,就说明了这个问题。三是现行粮食流通体制经营机制不灵活,中间环节过多,流通费用过高,亏损、挂账增加,财政、银行承受不了,也已到了非改不可、不改不行的时候了。从以上情况来看,我国要做到坚持依靠自己的力量基本解决 12 亿人口吃饭问题的方针,不仅要抓好粮食生产本身,还要按照社会主义市场经济体制的要求,建立适应粮食生产发展和消费需求的流通体制,变流通制约生产为流通促进生产。

解决粮食流通不畅的出路何在呢?总的原则是在国家宏观调控下进一步发挥市场机制的作用,按照多渠道、少环节、开放式经营的方针,建立"一主多辅"的粮食流通渠道。就是说,以国有粮食部门为主,以用粮大户和供销合作社、农业、农垦等部门为辅,多渠道参与粮食购销,实行必要的有序的竞争。这样做的好处是:第一,粮食流通渠道多了,流量大了,流速快了,就能真正做到货畅其流,搞活粮食流通;第二,引进了市场竞争机制，大家围绕着提高经营效益，争先推出新鲜、优质的粮食及其加工品，努力改善服务，满足消费者的需求；第三，多渠道参与流通，国有粮食部门的零售任务会相对减少，但可以充分发挥其管好用好定购粮、储备粮，以及搞好粮食批发、市场调节等的重要作用；第四，粮食经营效益提高了，可以减少财政补贴，减轻财政负担，把省下来的这部分资金转移到国家经济建设上去；第五，多渠道分流粮食，还可以缓解国有粮食部门仓储设施不足的矛盾，充分利用社会闲置的仓储设施。

二、如何建立"一主多辅"的粮食流通渠道，完善粮食流通体制

"一主多辅"的粮食流通渠道，是指国家定购粮、储备粮由国有粮食部门这个主渠道收购，其余的商品粮由主渠道和农业系统、农垦系统、农村供销合作社以及其他经过批准的用粮大户组成的多渠道共同收购，一起参与经营。

应当肯定，国有粮食部门多年来经营粮食，执行政策性任务，做出了历史性的重大贡献。现在，按照政企分开、经营和储备分开、中央和地方责任分开、新老挂账分开的"四分开"原则，进行改革，加强管理，实行综合经营，使其焕发新的活力，继续发挥主渠道作用。同时，在新的形势下，按照建立社会主义市场经济体制的要求，增加粮食流通的辅助渠道，完善流通体制。从现阶段来看，增加粮食流通的辅助渠道，主要有三个方面：

第一方面，是农业、农垦系统和农村供销合作社介入粮食的流通，实行产、加、销一条龙经营，使商品粮从生产到进入市场坐上"直通车"。农业和农垦系统介入粮食流通，上海市首先突破，并一举成功，得到了中央的肯定。上海的做法是，改变国有粮食系统一家经营的局面，实行粮食系统、农业系统和农垦系统三家国有渠道经营粮食，形成竞争局面，大家在竞争中千方百计减少环节，改进服务，提高质量，综合经营，降低成本，增加效益。农业系统的公司购销粮食赚了数百万元，没有要财

政分文补贴。农垦系统所属的各个超市都卖粮食及其制成品，而且组织大批零售车，为居民送粮上门，经营量大，比农业系统赚钱更多，也没有要财政分文补贴。粮食系统也坐不住了，迅即采取措施，精心改善经营管理，扭转了商业性经营亏损、挂账的局面，出现了可喜的新变化。整个上海粮食供应充足，市价平稳，市政府对低收入者又实行了定向补贴，各个层次的消费者都很满意。

上海做法的重要意义在于：一是农业、农垦系统参与粮食的加工和销售以后，可以与消费者的需求直接沟通，从根本上解决了农业生产面向市场的问题。农业、农垦系统过去只管生产，不管流通，不了解市场，产需脱节。现在直接与消费者见面，实行产、加、销一条龙经营，真正做到了以市场为导向组织生产。二是生产、加工和销售连环发展，提高粮食生产本身的比较效益，从事粮食生产的劳动者收入大大提高。上海有些农场过去从事粮食生产的职工收入最低，现在由于实行产、加、销一体化经营，这些种粮食的职工年均收入达到 1 万元左右，已略高于从事二、三产业职工的收入。因此，把粮食加工、销售的利润留在农业领域，有利于稳定农业、稳定粮食，实现一、二、三产业协调发展。三是粮食加工业、销售业的发展，扩大了农村的就业容量，为农村大量剩余劳动力提供了用武之地，他们可以就地就近转移，不用都涌往城市了。发达国家的经验表明，发展以农产品为原料的加工业，不仅可以提高农产品的附加价值，而且可以扩大就业，从事农产品加工和流通的人比从事初级产品生产的人还多。以荷兰为例，从事农业生产的劳动者占全社会劳动者的 3.5%，而从事农产品加工业的劳动者占 17%，比务农的多4 倍。四是粮食加工、流通的利润留在农村，留在农业，增强了农业本身的自我发展能力，生产者就有钱对农业增加投入了，这是符合我国国情的。我们国家大，财力薄，对农业投入有限，农业自身有了实力，才能有扩大对农业投入的能力。五是农业、农垦系统可以将一部分有经营能力的行政和技术干部，分流出去办粮食加工、流通的经济实体，既使机关收到了减员增效之利，又为国家精兵简政、体制改革创造了条件。因此,实行多渠道经营粮食,不仅是解决当前流通不畅问题的重要途径,而且是一个带方向性的重要改革。

第二方面，鼓励和支持社会上的用粮大户，即以粮食为原料的大型饲料、食品、酿造、制药、化工等企业直接到产区去，通过正当形式购买粮食，使商品粮在收购环节就地分流。近年来，我国口粮消费量呈逐渐下降趋势，而饲料、食品、酿造、制药等方面的用粮数量越来越大。仅饲料加工企业每年大约消耗原粮 350 亿公斤左右，酿造企业约消耗原粮 250 亿公斤左右，加上食品、制药等行业，每年共约消耗原粮 1000 亿公斤左右。这一大块用粮，过去都是由粮食部门一家收购储存起来，然后再转卖给这些企业。这样做，环节多，粮食部门储存费用大，经营成本高，对经营者和用粮企业都不利。如果一部分大型用粮企业直接到产区购粮，商品粮就地分流，一是可以减少国有粮食部门收购储存量，缓解主产区仓容紧张的压力；二是减少粮食经营的中间环节，降低了经营成本；三是减少财政补贴，减轻财政负担。从长远看，这些用粮行业可以逐步在粮食生产区建立稳定的原料供应基地，这样不仅可以保证粮食原料的供应，更重要的是，这些原料基地可以按照不同加工行业的需要，种植适合加工业所需要的优良品种，提高加工产品的质量、产出率和经济效益。加工业按照市场需求搞加工，生产基地按照加工业的需要生产原料，形成科学合理的产业链，发挥整体效益。目前，国家已经从饲料行业做起，今年安排他们数十亿斤的粮食采购任务。如果取得成功，下一步其他用粮较多的行业也有条件这么做的话，可以想见，粮食在产地分流的数量是相当可观的，将大大缓解国有粮食部门这个主渠道的购销压力。

对用粮企业到产区采购粮食，产区应积极配合，提供方便；银行、铁路、交通部门在资金、运输方面要给予支持。在各方面的合力支持下，这项改革就可以顺利实施。

第三方面，支持主产区搞粮食就地转化，发展养殖业，逐步减少原粮的流通量，变成肉、禽、蛋、奶、鱼等转化品进入市场。我国人多地少，农业经营规模小，劳动生产率低，靠卖原粮效益有限，这是出现"高产穷户""高产穷县"现象的根本原因。解决这一问题的出路在于发展粮食转化、加工、流通，提高附加值，多层次增加效益。从长远看，粮食主产区不是把商品性的原粮完全运销出去，而应该逐步发展养殖业及其加工业，把相当一部分粮食就地转化成肉、蛋、奶、鱼等高价值产品；把食用粮变成免淘免洗并实行小包装的半成品、成品；把一些农副产品制成营养品、药品等高技术含量的产品推向市场。这样，对生产者、消费者和国家都有好处。荷兰、丹麦等农业发达的国家，在这方面为我们提供了成功的范例。其农业发展的链条是"从田头到餐桌"，就是说从产地运往城镇的食品是直接上餐桌的，有的是可以直接进厨房下炒锅的半成品。这样的一条龙模式，把农产品加工业、流通业的利润留在了农村，留给了农民，农业比较效益大大提高，农村种地者和城镇务工者的收入旗鼓相当，农业就可以保持稳定发展。粮食就地转化也是人民生活水平不断提高的需要。随着人民生活进一步改善，这种转化的比重会越来越大，而且转化得越多，就业容量也就越大，农民收入增加越多。其结果是，以粮食生产为基础的高效农业体系就建立起来了，农业这个国民经济的基础产业就能固若金汤。

在建立"一主多辅"的粮食流通体制过程中，应从各地实际出发，由点到面，稳步推进，积极探索适合当地情况的做法和途径，及时总结经验，不断完善。

三、坚持和稳定"一主多辅"的粮食流通渠道，并使之不断完善

建立"一主多辅"的粮食流通渠道，不仅是从根本上解决长期存在的丰收后粮食流通不畅的问题，而且是我国粮食流通体制的一项长远改革，不是权宜之计。因此，对建立起来的"一主多辅"粮食流通渠道，要保持稳定性和连续性，并使之不断完善，决不能时兴时废。

坚持和稳定"一主多辅"的粮食流通渠道，在宏观政策的指导上，不能再重复过去"多了放、少了统"的做法。在粮食多一些的时候，应当实行"一主多辅"，拓宽渠道，搞活流通，充分发挥多方面参与粮食购销的作用。在粮食供求偏紧时，也不要随意否定已经形成的"一主多辅"流通渠道，造成不必要的损失。这个损失包括两个方面，一是人力、财力、物力的损失，即多渠道已经建立的粮食经营组织、投资建设的经

营设施，处于无用之地；二是改革的损失，即已经形成的"一主多辅"流通渠道又回归为独家经营。这样，翻来覆去，改革将永无前进。还有一点要注意的是，多渠道参与粮食流通后，往往是在刚刚开始运行时，经验不足，缺乏规范化管理的措施，难免出现一些问题，甚至出现一点混乱现象，都是可能的。即使是这样，也不能因噎废食，而应加强市场管理，规范经营行为，引导他们走上健康发展的轨道。

坚持和稳定"一主多辅"的粮食流通渠道，要充分发挥国有粮食部门的主渠道作用。不能因为有了多渠道而削弱主渠道。要继续鼓励和支持主渠道完成每年的国家粮食定购任务和适当的议购任务，为保证市场的供应和稳定承担主要责任。同时，对主渠道要改变单一经营，实行多种经营，向集中配送的便利连锁店发展。对其分流人员，发展粮食深加工，改善服务，降低费用，扭转亏损，提高企业效益，并给予大力支持。坚持和稳定"一主多辅"的粮食流通渠道，多渠道经营者也要承担起一定的责任。这个责任就是，在平年或歉年粮食供求偏紧，经营利大时，积极参与粮食流通；在丰年粮食供求平衡有余，或者出现卖难，经营利薄甚至暂时无利时，仍要坚持参与流通，不能洗手不干，随意退出多渠道经营。这就是说，参与粮食流通的多渠道经营者，要承担一定的社会责任，不管粮食多了还是少了，不论是利大还是利小，都要始终参与，保持正常经营。对参与多渠道粮食流通的经营者，按照国家的有关规定，由有关部门进行必要的资格审定。要求他们具备应有的条件，在人员、资金、设备、场地等方面要达到一定的标准，规定每年应当保持一定的经营量，以加强对多渠道经营者的管理和调控。为了保持粮食市场的良好秩序，多渠道经营者不宜直接进村入户收购粮食，但是多数行业在粮食产区又没有基层网络或延伸单位，因此原则上可以通过产区的国有基层粮站统一代理收购，付给一定的代理费。多年来，国有粮食部门在农村已经形成了一个完整健全的粮食收购系统和设施，完全可以为多渠道提供社会化服务，没有必要每一个经营渠道都在产区另外建立一套自己独立的基层收购网络，那样做，势必造成很大的浪费。

坚持和稳定"一主多辅"的粮食流通渠道，还要加强国家的宏观调控。主要是充分发挥国家已经建立起来的粮食专项储备制度的调节作用。在丰年粮多时，如果"一主多辅"全部开动起来，仍然不能把社会上的商品粮吞进来，为了防止市场粮价跌落，出现谷贱伤农的问题，国家的粮食储备部门就要按照保护价敞开收购，使市场粮价稳定在合理的水平；在歉年粮少时，供求紧张，市场粮价上涨，国家粮食储备部门就要适时适量抛售储备粮，使市场粮价稳定在合理水平。通过这样的宏观调节，保护粮食生产者、消费者和经营者的利益，从而稳定"一主多辅"的流通体制。为此，应支持国家粮食储备部门，逐步建设充足的和具有现代水平的粮食烘干、贮藏设施，提高吞吐调节能力，从根本上解决因丰年粮食收不进、储不下，导致谷贱伤农的问题，保持粮食生产稳定发展。

调整粮食的区域种植结构*

（1999 年 6 月）

现在讲的调整结构，在粮食方面，多指调整品种结构和品质结构。我想，应该加上调整区域种植结构。

在粮食短缺年代，各个地区为了保障本地区的供给，大家同结构地发展粮食生产，这是符合当时情况的。现在，全国粮食充裕了，沿海经济发达地区和大中城市近郊区，不必与中西部地区同结构地发展粮食生产大中城市近郊区，人多地少，种粮成本高，在当前粮价较低的情况下，有的地方已经出现种粮亏本的情况；相反，国内外市场需要的高价值经济作物又没有更多的耕地去种植，难以满足消费者需求。这是造成沿海发达地区和大中城市近郊区农民收入增幅减缓的一个主要原因。

由于本来应当成为国内粮食主要销售市场的沿海发达地区和大中城市近郊区与中西部地区同结构地发展粮食生产，结果中西部粮食主产区的粮食生产失去了国内市场的拉力，又对主产区粮食购销企业的经营和主产区农民增加收入产生不利影响。

为此，建议调整粮食的区域种植结构，即：让沿海经济发达地区和大中城市近郊区放手发展国内外市场需要的高价值经济作物，适当减少粮食生产；让中西部粮食主产区以沿海发达地区和大中城市近郊区为粮食主销市场，拉动他们放手发展粮食生产。这样做，发挥了不同地区的比较优势，两方面的农民都能增加收入。

（一）促进这个粮食区域种植结构调整的政策。应采取以下政策：

1. 国家取消沿海发达地区和大中城市近郊区的粮食定购任务，或者保留粮食定购任务，暂停定购粮的收购，一旦需要时再恢复收购。

---

* 本文系 1999 年 6 月报送国务院领导同志的决策建议。

2．沿海发达地区和大中城市近郊区，不再每年层层下达粮食种植计划和增产指标，解除基层每年必须增产粮食的压力。

3．沿海发达地区和大中城市近郊区，引导农民除种植一些自食的口粮外，放手让他们按照国内外市场需求，种什么赚钱多就种什么，提高经济效益，但不能把耕地转为非耕地。

（二）这样做，会不会减少全国粮食总量，进而影响供求平衡？

1．沿海发达地区和大中城市近郊区粮食定购任务本来就不多，取消了或暂停收购无碍大局，国家可以从中部粮食主产区增加市场收购量来补上。

2．从整体上看，沿海发达地区和大中城市近郊区会减少一部分粮食生产，但它却成了国内粮食的主销市场，扩大了粮食销售容量，使中部主产区的粮食有了出路，有利于调动中部地区农民种粮积极性，进一步增加粮食生产。一边稍减，有利于缓解现阶段供过于求的矛盾；一边多增，又会使供求大体平衡。现在我国粮食处于产大于销的情况下，即使总量减少一点也不要紧。

3．改变不同地区同结构地发展粮食生产，可以使各个地区扬长避短，实行互为市场、经济互补，顺应市场规律，建立活跃流畅的我国粮食的内循环。

4．从中长期看，一旦国家粮食需求增长，供应偏紧时，市场粮价必然上升，种粮比较效益增加，又会拉动沿海发达地区和大中城市近郊区农民调整结构，减少经济作物种植面积，增加粮食种植面积，而且这种转变比较容易，成本也比较低。

总之，调整粮食的区域种植结构，可以提高全国农业的整体效益，对发达地区和欠发达地区的农民都有好处。同时，这种做法见效快，有利于加速实现增加农民收入的目标。

山东粮食区域种植结构调整调查[*]

（1999 年 9 月）

　　调整农业结构，增加农民收入，是当前农村工作的中心任务。新中国成立 50 年来，特别是经过 20 多年来的改革开放，农业发展进入了新阶段。新阶段的一项新任务，就是调整优化农业结构。农业结构调整的实质是，使农产品的总量和品质都适应市场的需求。通过调整调出一个高效农业，大幅度增加农民收入，进而提高九亿农村人口的购买力，拉动工业和国民经济增长。现在粮食供过于求，储备充足，为调整农业结构提供了难得的条件和机遇。山东结构调整着手早，效果明显，看了很受启发。

一、重视调整区域种植结构

　　在农业结构调整中，不仅调整品种、品质结构，还要重视调整区域种植结构，使不同地区扬长避短，发挥比较优势。像胶东及其他沿海经济发达地区，似应明确提出：面向国际市场需求，减少粮食种植面积，放手发展高价值的经济作物及水产品、畜产品，发展出口创汇农业。他们的地理条件和其他优势，有利于走向国际市场。在这方面，莱阳、龙口两市是榜样。我国人多地少，出口资源密集型的粮食不是优势，出口劳动密集型的高价值的瓜菜、水果、水产品、畜产品等是优势。从长远来看，我国粮食是基本自给，适当进口，大量出口的应是高价值的经济作物和水产品、畜产品。实质上，进口粮食等于进口

* 本文系 1999 年 9 月在山东省调查农业结构调整时的谈话要点。

313

水土资源，出口高价值的劳动密集型产品等于出口劳务。这应是农业对外贸易的方向。

二、不同地区要有不同的调整措施

（一）支持沿海经济发达地区调整农业结构应当采取的措施。

1. 不再强调沿海经济发达地区粮食自给自足。因为你要他在保证粮食自给自足的前提下进行调整，他就没有多少调整的余地。潍坊市的同志讲，吃当地的小麦，不如鲁西南的便宜；用当地饲料玉米，不如用东北的便宜。这个情况说明，区域种植结构的调整迫在眉睫。

2. 对沿海经济发达地区每年不再层层下达粮食种植计划和必须增产粮食的指标。

3. 减免对沿海经济发达市、县的粮食定购任务。荣成市的同志说，有的乡镇不种粮食了，粮食定购任务每年只得交货币顶。这个情况说明，伴随着农业结构调整，粮食定购任务亦需相应调整。

（二）保持足够的农业用地面积以保存粮食生产能力。在结构调整中，有一条是要强调的，即不要把粮田转作非农业用地，以保存粮食生产能力，将来一旦需要可以应变。

胶东及其他沿海经济发达地区减少粮食种植面积，发展出口创汇农业的同时，应大力支持鲁中、鲁西及其他宜粮地区放手发展粮食生产。为此，也可以考虑采取三条支持措施：

1. 国家实行粮食保护价制度，当市场粮价低于保护价时，国家按保护价敞开收购，保护粮农利益。

2. 增加粮食产区以水利为重点的基础设施建设投资，逐步做到旱涝保收、优质高产。

3. 支持粮食大县发展以饲料粮和秸秆为饲料的畜牧业、以农畜产品为原料的食品加工业，使粮食产区走出一条粮、畜、工结合发展的高效增收路子。

以此调动宜粮地区多产粮食的积极性。

三、通过调整提高农业整体效益

胶东及其他沿海经济发达地区减少粮食种植面积，鲁中、鲁西及其他宜粮地区增加粮食生产，这样有减有增，总量会大体稳定发展，而且东部变成了中西部的粮食的主销市场，双方可以实现互为市场、经济互补，对不同地区都有好处，从整体上提高了农业效益。

农业产业化篇

运用合作制加快推进农业产业化经营[*]

（1997 年 9 月）

改革是我国农村发展的动力。20 世纪 80 年代初期出现的家庭联产承包责任制，曾经使我国农业的发展一日千里，是农村改革的第一大浪潮。乡镇企业异军突起，改变和正在改变着农业和农村的面貌，可以说是农村改革的第二大浪潮。如今，农业产业化，也就是农业产业一体化经营，又在中华大地勃然兴起，称得起是农村改革的第三大浪潮。这一浪潮以贸工农一体化经营为特征，把前两个浪潮有机地联系起来，以工带农，将使农业形成完整的产业体系，推动农业实现新的飞跃。

一、实行农业产业一体化经营是农业发展的方向

农业产业一体化经营之所以说是我国农业发展的方向，可以从以下几个方面来理解：

农业产业一体化经营，有利于农业实现从计划经济体制向社会主义市场经济体制转变，从根本上解决农业面向市场的问题。农业产业一体化经营的核心，是建立贸工农一体化的产业体系。这个产业体系是贸字当头，把产品的销售放在了第一位，依据市场的需求兴办农产品加工业，依据农产品加工业的需要去组织农产品的生产。这是对过去"生产什么卖什么"的传统农业生产方式的根本性改革。农民生产的原料通过龙头企业的加工变成最终产品流向市场，农民进入市场坐了"直通车"，沟通了产销关系，真正做到了以市场为导向生产初级农产品。

农业产业一体化经营，有利于农业从单纯原料生产向完整的产业体

---

* 本文原载《人民日报》1997 年 9 月 8 日第 10 版。

系转变,从根本上解决农业比较效益低的问题。在传统计划经济体制下,农产品的生产在农村,加工和流通往往在远离产地的城市,而且产、加、销三大环节又分属不同部门管理,形不成完整的产业体系,形不成利益共同体,农民的收入只限于出售初级产品,不能分享加工、流通利润,因而农业比较效益低。建立贸工农一体化经营的产业体系,将关联产业纳入农业的范畴,是现代农业发展的基本规律。从发达国家的情况看,农业作为一个现代产业部门,不仅包括农产品的生产,还包括农产品的加工和销售。发达国家农产品加工业产值与农业产值之比大都在 3∶1以上,我国只有 0.5∶1。以食品工业为例,发达国家工业生产的食品约占饮食消费的 90%,而我国仅占 25%;发达国家食品工业产值通常是农业总产值的 1.5—2 倍,而我国食品工业产值还不及农业总产值的 1/3。再从我国目前所处的由温饱向小康过渡的发展阶段看,人们对成品、半成品等加工后的农产品的消费需求越来越旺盛,农业走向国际市场也对产品的加工、保鲜和包装等方面提出了很高的要求。国内外的情况均表明,农业必须从单纯原料生产向贸工农一体化经营的完整的产业体系转变;农产品必须在初级产品的基础上加工、转化,多层次增值;农民必须在出售原料的基础上分享加工、流通利润,以增加收入,提高农业的比较效益。同时,农产品加工业在农村就地发展,势必改变我国传统的农产品加工业的布局,提高资源配置效率。多年来,我国农产品主要是运到城市加工和销售。实现农产品的就地加工,既可以降低运输成本,又可以提高资源的综合利用率。如可以利用食品工业的副产品发展养殖业,增加有机肥料等。农村加工、流通业的发展,又可以开辟新的就业门路,扩大就业容量。现在,城市下岗人员多,就业容量有限,对农村剩余劳动力的吸纳能力在下降。将农产品加工业布局到原料产地,既能为农村工业化开拓新的领域,又能缓解农村剩余劳动力大量进城的压力。这些都有利于提高农业的比较效益。只有务农的劳动者与从事非农产业的劳动者的收入大体相当,都能得到社会平均利润,才能从根本上稳定农业,使一、二、三产业协调发展。

农业产业一体化经营,有利于稳定和完善家庭联产承包责任制,并通过分户联片生产、联合加工和销售的途径实现规模经营效益。家庭承包经营在过去的十几年中为我国农业的发展作出了不可磨灭的贡献,今后随着农业劳动者不断向非农产业转移,土地相对向种田能手集中,家庭经营规模会逐步扩大,但这是一个相当长的发展过程。而现在迫切需要探索在家庭分散经营的基础上实现农业规模效益的具体途径。实践证明,实行农业产业一体化经营,是家庭经营和规模效益二者兼得的一个好形式。龙头企业带农户,家庭作为农业生产和经营的基本单位的地位不仅没有削弱,反而得到扶持和加强。家庭与龙头企业的关系,不是工人与工厂的关系,而是一个产业链中上、下游之间的关系。家庭既要独立管理农业生产,还要处理与龙头企业的各种经济关系,其生产经营职能将随龙型经济的发展而扩大。另一方面,在生产资料的供应、先进适用技术的推广、市场信息的收集、产品的加工和销售等环节,如果由各家各户去干,没有规模效益;如果由龙头企业去干,则可获得潜在的规模效益,从而使家庭经营与规模效益统一起来。龙头企业辐射半径一般比较大,往往突破了社区的范围,形成较大规模的专业化生产基地和区域性支柱产业,充分发挥了区域经济的比较优势。跨村、跨乡、跨县甚至跨省的龙型经济,使统分结合的双层经营体制得到新发展。分,仍然表现为分户生产经营;统,则由原来村统一承担某些生产服务职能,发展为由龙头企业承担了,形成超社区的双层经营,规模经营。

农业产业一体化经营,有利于充分发挥我国农村劳动力多的优势,发展劳动密集型农产品及其加工品的出口贸易,换回廉价的初级产品,与国际市场实行资源交换。我国的基本国情是人口多,耕地少,但劳动力充裕。在农产品国际贸易方面的比较优势,是发展劳动密集型农产品及其加工品的出口贸易,或者进口初级产品经过加工后再出口,以劳动含量大、价值高的加工品来增加较多的外汇收入,再从国际市场购回价值相对较低的初级农产品,以补充国内市场的需求。这种以劳动换资源的办法,应是我国农产品国际贸易的基本方针。实现这个方针,就要推行农业产业一体化经营,建立有一定规模的、现代化的农产品加工业。现在,我国肉鸡、蔬菜等加工出口已经打开局面,为发展农产品加工出口贸易积累了经验。

农业产业一体化经营,有利于使用先进的科学技术,加快实现农业现代化。产业化的必然结果是农业专业化、商品化。商品农业，促使龙头企业及其带领的农户，为争取自己产品在市场上的竞争力和占有率，追求优质、高产、高效，大量采用现代的生产、加工技术和装备。农户连片种植、规模养殖，又为龙头企业提供现代技术服务和农户使用现代工具创造了条件。在推广使用现代技术和装备的过程中，劳动者的科技文化素质不断提高，反过来又加速传统农业向现代农业转变。

二、合作制是又快又好地发展农业 产业一体化经营的主要途径

建立贸工农一体化经营的农业产业体系，关键是要有大批起核心作用的龙头企业。这些龙头企业从哪里来呢？总的原则是，应鼓励多方面的、各种形式的农产品加工、流通企业介入农业，发挥龙头作用，带动千家万户乘风破浪，迈向市场。从加快推进农业产业一体化经营的需要来看，在多种形式的龙头企业中，应以农民自愿联合兴办的合作制的加工、流通企业为主体。为什么呢？

（一）可以尽快满足广大农民的迫切需求。近几年来，一部分国有的、股份制的、外资的和民营的加工、流通龙头企业介入农业，起了很好的作用，今后仍然欢迎有更多这样的企业到农村办加工基地。但是，从全国来说这样的龙头企业毕竟为数不多，面对 2 亿多汪洋大海的农户，难以满足他们的需要。从国内外的情况看，在家庭分散生产的基础上，依靠农民自己组织起来，采取合作制的办法，联合发展加工或流通，是又快又好地建立贸工农一体化经营的农业产业体系的主要途径。在日本和欧盟的一些发达国家，农场主的初级产品 80% 左右是合作社加工销售的，其他商业组织只占 15%—20%。我国这种加工、流通型专业合作社也已开始出现。山东省莱阳市农民兴办各类加工销售合作社399 个，已入社农户达 78.6%，满足了大多数农户迫切需要龙头企业带领的要求，对推进农业产业一体化经营起了积极作用。这是加快推进农业产业一体化经营的希望所在。

（二）可以从根本上提高农业的比较效益。在农产品加工、流通环

节推行合作制，能够确保农产品加工、流通环节的利润留在农村，返还到农民手中，实现"分利补农"的目标。其他类型的加工、流通企业，虽然能够为农民解决"卖难"，提供一定的生产服务，但由于与农户生产的原料一般是"买断"关系，企业加工、销售后所得利润，与提供原料的农户无干，农民没有分享，农业的延伸效益没有回到农业中来，农业比较效益低的问题没有从根本上得到解决。相反，合作制的加工，流通龙头企业与农民的初级产品不是"买断"关系，而是把农民提供的初级农产品进行加工、销售后，将其中大部分工商利润按农民提供原料的份额进行返还。国内的例子，如莱阳市的各类专业合作社按社员交售农产品的多少进行利益返还，1996年共向社员返还利润1300万元。再如，上海星火农场所属农业公司，实行大米产加销一体化经营，把大米加工和销售环节的利润留在农业，使种水稻的农工年人均收入达到万元，超过了农场从事二、三产业人员的人均收入。国外的例子，如丹麦的斯特弗屠宰加工厂，它是5000个养猪农户所共有的合作企业，规模是丹麦最大、也是欧洲最大的，1994年获利润2.05亿丹麦克朗，除留下6000万用于技术开发和其他经营费用外，其余全部返还给农民。又如，美国加利福尼亚州的蓝宝石杏仁协会，是由4200余个杏仁种植者组成的合作组织，入会会员生产的杏仁不问价格先交给协会统一分级、加工、销售，协会按统一的商标（蓝宝石）、合理的价格销售会员的产品，并把销售的纯利润扣除6%后全部直接返回给会员。这样，杏仁生产者不仅得到了初级产品的价格，而且将加工、销售环节的利润也拿到手。国际上凡是这样做的国家，国内凡是这样做的地方，务农劳动者的收入与从事非农产业劳动者的收入基本相等，大家都得到了社会的平均利润，从根本上解决了农业比较效益低的问题，从而提高了农业劳动者安心务农和增加农业投入的积极性。这是又快又好地推进农业产业一体化经营的关键所在。

三是可以发展壮大农村集体经济。发展农村集体经济，不仅是一个经济问题，而且是一个政治问题，关系到基层政权的巩固和农村社会的稳定。特别是对减轻农民负担，意义极为重大。现在沿海经济发达地区农民不感到负担重，各项基础设施建设和公益事业又发展得很快，基层组织的凝聚力、号召力和战斗力都比较强，主要原因在于这些地区农村集体经济实力较为雄厚，农村各项公益事业开支大都由集体承担了。农民负担过重的问题，主要发生在中西部地区，尤其是中部粮棉主产区。中西部地区要减轻农民负担，密切党群关系，增强基层组织的凝聚力、号召力和战斗力，同样必须发展农村集体经济。发展农村集体经济，不能走老路、"归大堆"，应探索新的形式，在分户生产的基础上，通过资本联合、劳动联合等形式发展农产品加工、销售方面的合作制经济。这种新型的集体经济是建立在家庭经营基础之上的，它不仅不排斥农户的个体利益，不否定农户的生产经营自主权，而且把单家独户的发展与集体的共同发展结合起来，走出发展集体经济的新路子。

三、要建设现代化的有一定规模的合作制龙头企业

在市场经济条件下，农产品加工的龙头企业，必须生产出质量好、价格合理的产品，才具有竞争力，才为消费者所欢迎，才能进入市场和占领市场。而做到这一点，加工企业必须使用现代化的加工技术和装备，必须具有一定的规模效益。因此，过去那种"土法上马""因陋就简"的观念就不适应了；那种一哄而起、"遍地开花"、乱上一些小项目，到处搞重复建设的做法也是要不得的。必须按照市场需求，以经济区域为单元，统筹规划，合理布局，有计划地上一些现代化的规模大一点的农产品加工龙头企业。这就要鼓励和扶持农民在家庭分散经营的基础上，利用合作制的形式，大家参股聚资作为资本金，再加上一定的贷款，以优秀的经营人才为依托，联合发展农产品的规模加工，实行贸工农一体化经营，走共同富裕的道路。

在农产品加工、流通领域推行合作制，并不意味着都要另起炉灶，应充分发挥现有合作经济组织在建立贸工农一体化经营的农业产业体系中的作用。一要充分发挥农村供销合作社的作用。党中央在关于农村供销社改革的决定中指出，农村供销社要真正办成农民自己的合作经济组织，成为农村综合服务中心。供销社应当抓住机遇，突破"一供""一销"的传统经营方式，开拓新的业务内容，积极兴办农产品加工、流通

的龙头企业，带动农业发展，为农民谋取更多利益。这既是实现中央要求的重要途径，也是供销社自身振兴的必由之路。黑龙江省以农村供销社为依托，兴办一批种植、养殖、加工的专业合作社，有40多万农户参加，占全省农户的10%左右，实行民主管理和利润返还制，形成利益共沾、风险共担的专业合作经济组织，受到农民欢迎。二要充分发挥集体所有制的乡镇企业的作用。乡镇企业，尤其是中西部的乡镇企业，应当调整产业结构,把建立贸工农一体化经营的农业产业体系作为自己的主攻方向。就是说，要依托农村资源优势，带头创办以农产品为原料的加工、流通龙头企业，带动千家万户发展商品经济。乡镇企业植根于农业，将农民的原料生产作为第一车间，续办加工、流通，使工农业连为一体，在过去以工补农、建农的基础上走向以工带农的新阶段。乡镇企业植根于农业，占有加工业的原料优势，而且原料运距短、成本低，综合利用率高，有利于提高市场的竞争力和占有率。乡镇企业植根于农业，可以避免与城市工业结构同化，形成自己的产业特色，重振雄风。三要发挥股份合作制的作用。目前，有的地方，以农村有技术专长和经营能力的能人为依托，联合周围农民，自愿结合，兴办股份合作制的农产品流通、加工企业，搞得很好；有的地方，农村个体、私营企业在农产品加工、流通方面搞得也很好。它们在促进农业发展、增加地方财政收入，扩大农村就业等方面都发挥了积极作用，应当继续支持其发展。从事农产品加工、流通的个体和私营企业，在扩大规模、加快发展步伐的过程中，往往会遇到资本短缺的困难。这时，在个体、私营企业经营者自愿的前提下，可以动员农民和集体参股，办成股份合作制的农产品加工、流通企业。这样，既可以为这些农村能人释放更大的能量创造条件，又为发展贸工农一体化经营增添了新生力量。

鼓励支持非合作制的大中型农产品加工、流通龙头企业，以不同形式吸纳农民参股，与提供原料的农民结成利益共同体。特别是农业、农垦部门创办的产、加、销"一条龙"经营的龙头企业要在这方面起带头作用。深圳市的康达尔养鸡（集团）有限公司，本着自愿互利的原则，吸收养鸡户以土地使用权和有关设施等参股，按股分红；承包养鸡，另得承包收入。农民比原来收入增多，很受欢迎。有些地方的龙头企业，把加工、流通的利润拿出一部分返还给提供原料的农民，密切了企业与农民的关系，稳定了龙头企业的原料基地。

四、从多方面支持农产品加工、流通龙头企业的发展

办好龙头企业是建立贸工农一体化经营的农业产业体系的关键，需要从多方面加强指导和支持。

在宏观政策指导上，当前应同步兴办加工和运销龙头企业，但就多数地方来说，应把兴办运销龙头作为重点。发展农产品加工要看条件。因为办加工龙头企业起点低了不行，起点高的话对人才、技术、设备、资金等要素的要求也相对较高，很多地方在起步阶段难以做到。不如从办运销龙头企业开始，先解决农产品卖难问题，等有了一定的资金、人才、技术积累以后，再办加工龙头企业。当然这也不是绝对的，如果有发达地区和大中城市的加工企业介入，有外商介入，一开始就办适销对路的加工龙头企业，也是完全可以的。

鼓励和支持城乡结合，发展农业产业一体化经营。随着农产品加工、流通龙头企业在农村的兴起，必然改变我国原有的农产品加工业布局。由于历史的原因，农产品加工业过去基本上都分布在城市，原料从遥远的农村运进，有些工人还要从农村招收，比较效益越来越低，随着经济的发展，这种局面已经难以为继，产业转移势在必行。对此，应因势利导，提倡城乡联合，在原料产地发展农产品加工业。这样，使城市的市场、人才、设备、资金和农村的原料、场地、劳动力等优化组合，互惠互利，共同发展。

通过农村金融改革，加强对农业产业一体化经营的支持。在提供资金支持方面，中央已有明确指示，要求农业银行把发展农业产业一体化经营、建设龙头企业作为资金投放的重点，其他商业银行也要积极扶持龙头企业的发展。农业银行对此高度重视，采取了有力的措施。农村信用社与农行脱钩后，按照中央的要求，办成农民的合作金融组织，以支持农民发展种植业和养殖业为主要任务。还有各级财政支农资金，也应把扶持贸工农一体化经营的龙头企业作为一个重要方面。财政部为此出

台了农业产业一体化经营专项资金，重点支持龙头企业。在政策方面，中央指示，所有发展农业产业一体化经营的龙头企业，都可以享受国家对现有农业企业的优惠政策。

办好龙头企业的关键在于拥有合格的技术和经营人才。这些人才从哪里来呢？在农村经济发展过程中脱颖而出、率先致富的农村能人是比较现实的人才资源，要尽可能发挥他们的作用。要积极扶持发展农村职业教育，培养更多的新人才。同时，还可以打开国家机关这个人才库，特别是农业、农垦部门，根据中央关于参与粮食等农产品加工、流通，实行产加销"一条龙"经营的精神，分流一批干部，去领办龙头企业，既有利于补充农村人才的不足，推进贸工农一体化经营的发展，又为机关精兵简政、机构改革创造了条件。

在家庭分散生产初级产品的基础上，农民合作加工、销售，是农业发展的基本模式。对这种合作经济形式，以及其他形式的农村合作经济，应予加强研究，并考虑制定合作经济法，保障和促进其更好地发展。

农业产业化经营的实质在于使农民得利[*]

（1999 年 5 月）

人是建设有中国特色社会主义伟大事业的决定因素。亿万农民的积极性是我国农业和农村经济发展的根本动力。调动农民积极性的核心问题，是保障农民的物质利益。也就是说，随着生产的发展，要不断地提高农民的收入和生活水平。用最通俗的一句话来讲，就是使务农者有利可图。从长远来说，还要逐步使从事农业的劳动者与从事非农产业的劳动者都能得到社会的平均利润。这样，农业的基础地位才能巩固，农业才能持续稳定地发展，农业和整个国民经济的其他产业才能协调发展。从现在的情况来看，城乡居民收入差距还是很大的，1998 年全国农民人均纯收入 2162 元，而城市居民人均可支配收入是 5425 元，相差一倍。实现马克思主义关于各种不同产业的劳动者都能得到社会平均利润的要求，还将是一个长期的任务。这个问题，要随着生产的不断发展逐步解决。不然的话，种地人总是收入少，与干非农产业的差一大截，不利于农业稳定发展。千里之行，始于足下。当前搞农业产业化经营的一个实质性问题，就是要使农民从中得利。

一、增加农民收入是当前农业和农村工作的重中之重

大家都知道，今年农村工作有两个重点：一个是增加农民收入，另一个是保持农村的稳定。中央指出，这是关系全局的两件大事。

我认为，在增收和稳定这两个重点之中，增加农民收入是重中之重。

---

　　[*] 本文系在农业部农业产业化经营高级研修班上的讲话，原载《经济日报》1999 年 8 月 4 日第 5 版。

道理很简单，只有农民增加收入，生活水平不断提高，生活越过越好，这才是保持农村稳定的前提和物质基础。这样做，也是从当前的实际情况出发的。近几年农业连续丰收，不少农产品供过于求，市场价格下跌，农民收入增长减缓。这是在农业生产发展、人民生活水平提高基础上出现的新问题。农民收入增幅减缓，会导致三个问题：一是制约农民生活的进一步改善；二是制约农民对农业再生产的投入；三是制约农村购买力增长，难以拉动工业和国民经济的持续发展，不利于实现今年国民经济增长 7%的目标。为什么这样说呢？这是由我们的基本国情决定的。我国 12 亿多人口，9 亿人在农村，这 9 亿人口收入上不去，生活水平提不高，就难于稳定大局。国家财力有限，农业发展的投入相当大一部分靠农民自己，农民收入不增加，不利于农民扩大再生产。12 亿多人口的大国，是一个大市场，这个大市场的潜力在农村，农民收入不增加，购买力上不去，很难对工业和国民经济的持续发展产生强大拉力。

农民收入增长减缓，是农业和农村经过 20 年改革之后，在新的发展阶段碰到的新问题。在农产品短缺年代，农民收入少是因为生产的商品少、没有更多的东西可卖。今天的情况完全不同，是产大于销，这就是在生产不断发展的基础上出现的新问题。农产品销售不畅，有供过于求的问题，也有农产品的品种、质量不完全适销对路的问题，后者就是人民生活水平提高后出现的新问题。对于新形势下出现的新问题，必须寻求解决问题的新思路。

二、实行农业产业化经营是增加农民收入的一条重要途径

既然农民增收是农业和农村工作的重中之重，那么，如何解决这一问题呢？出路是多方面的。实行农业产业化经营是一条重要途径。因为解决农民增收问题，单靠增加农产品数量，或者单靠提高农产品价格，都行不通。那么出路何在？一是抑制生产的发展；二是调整思路，促进新的发展。两者相比，后者是正确的，也是中央要求的、支持的。所谓调整思路，就是把农业和农村经济发展，从过去农产品短缺年代的单纯追求数量，转移到调整和优化结构，以提高产品的质量和效益为中心的

轨道上来。就是说，农业要由数量型转变为数、质并重型，这是我国农业发展史上的一次重大转变。

现在就农产品数量来说，全国供求基本平衡、丰年有余，重点是在提高质量和经济效益上下功夫。供过于求的数量，没有质量的数量，不仅效益不佳，也是对资源的一种浪费。我们国家人口这么多，水土资源那么少，生产更要讲求适销对路，讲求经济效益。解决这个问题，就要调整和优化农业结构。

就生产方式来说，单纯搞种植业尤其是粮食生产，在人多地少、经营规模比较小的条件下，收入是有限的。如果改变农户单纯搞种植业的生产方式，实行种、养业复合发展，就是说把种植业产品通过养殖业转化为高价值的肉、禽、蛋、奶、鱼销售出去，农民收入会大幅度增加。在种、养业复合发展基础上，要追求更高的利润，就要上加工业，提高种、养业产品附加值，农民收入会出现又一个大幅度增加。种、养、加连锁发展，就把农业的产业链条从田头拉到了餐桌。就是说，把农产品变为最终商品推向市场，从农村出来的商品可以直接进厨房、上餐桌。这就是生产、加工、销售一条龙，这样的农业，才能称得上是完整的产业，高效的产业，与其他产业部门协调发展的产业。这也就是我们现在讲的农业产业化经营。

农业产业化经营的基本特点，是贸工农一体化经营。贸工农一体化的提法很好，贸字当头，把市场放在第一位，根据市场需要搞加工，根据加工的需要搞种养。这样的经营特点，使农产品真正做到顺应市场需求，有利于解决农产品卖难问题，而且能卖上好价钱。这是第一个特点。产业化经营的第二个特点，是种植业、养殖业、加工业、销售业连锁发展，这样的经营体制就能使农民多层次增加收入。最近我读了一本名为《21世纪日本农业政策的基本方向设想》的书，书中讲到日本开展多种多样的生产、加工、流通相结合的生产方式，以此提高农产品附加值。我1995年曾去荷兰、丹麦考察，荷兰从事农业的劳动者占全国劳动者的3.5%，但从事农产品加工的劳动者占17%，比务农的劳动者多4倍。这样，劳动者的收入必然大增。第三个特点，是产业化经营为小规模生产的农户带来现代科学技术的投入和应用，必然导致农产品优质高产，增加收入。第四个特点，就是产业化经营使农产品加工业就地发展，改变了国家原有农产品加工业布局，为农民提供了新的就业领域，增加农民收入。第五个特点，是农业产业化经营带动运输业、邮电业、金融业、生活服务业等关联产业的发展，从而促进了农村社会发展，小城镇发展，为农村人口向非农方向转移开辟了广阔前景，农村人口的农外收入将逐步增加。第六个特点，是产业化经营发挥了农村人多的优势，以劳动密集型的产品及其加工品出口创汇，和国际市场实行资源交换。我国人多资源少，以劳动密集型的农产品及其加工品出口换汇，实际上等于劳务输出，是我国农业外贸的方向。总之，对于农业产业化经营是农民增收的重要途径问题，应从更广阔的领域理解它、认识它、开发它。

农业产业化经营不仅使农民增加收入，还会为农村经济的经营体制带来新发展、新变化。这个新变化，就是龙头企业为农户提供系列化的综合服务，往往是跨社区的，发展了以家庭经营为基础的双层经营体制当中的服务层次。双层经营，一层是农户家庭承包经营，另一层是社区的即乡村集体经济组织为农户提供的服务。可是从现实的情况看，大多数地方集体经济比较薄弱，缺乏向农户提供服务的条件。那么，产业化经营中大批龙头企业的出现，补充了社区集体经济组织为农户提供生产服务不足的空间，而且不少龙头企业的服务面超过一个村、一个乡，甚至一个县的范围，跨社区地大面积服务。在一定意义上说，这是在家庭承包经营基础上的服务层次的新发展。

三、合作制是保证农民增加收入的主要形式

农业产业化经营使农民增加收入，主要体现在农民分享农产品加工、流通环节的利润。这是农业产业化经营的一个重要标志。如果做不到这一点，对农民来说，参与产业化和不参与产业化就没有质的变化。因此，党的十五届三中全会通过的《关于农业和农村工作若干重大问题的决定》指出：要引导"龙头企业"同农民形成合理的利益关系，让农民得到实惠，实现共同发展。朱镕基同志在 1997 年 10 月听取全国供销合作总社改革汇报时说，他到过新西兰、荷兰、丹麦及北欧一些国家，

看了许多合作社企业，利润是分给农民的。如果不这样的话，农民是永远富不起来的。农民家庭搞种养，合作发展加工和销售业，分享加工和销售业的利润，是农民能够真正富起来的根本出路。我们今后在农村要办这种农工贸一体化的合作性质的企业。朱镕基同志的这番话，把这个问题讲得非常透彻。在去年 12 月召开的中央农村工作会议上，温家宝同志在讲到农业产业化经营时说："要采用合作制和利润返还等形式，建立合理的利益分配机制，使龙头企业与农民结成利益共同体。"从党中央的《决定》和中央领导同志的讲话精神看，都提倡在农业产业化经营中，运用合作制来保证农民增加收入，主张从体制上、从制度上来解决这个问题。这就是农业产业化经营的一个实质性问题。抓住这个实质，就体现出产业化经营的标志；抓住这个实质，才能调动亿万农民参与产业化经营的积极性；抓住这个实质，龙头企业跟农民就结成了利益共同体。这个利益共同体，对农民来说是增加收入，对企业来说，是有了稳定、优质的原料基地，可以提高农产品加工质量和产出率，增强市场竞争力、增加企业效益。

要做到这一点，就应以合作制的龙头企业为主体来推进农业产业化经营。合作制企业的宗旨就是对社员不以盈利为目的，赚了钱扣除企业的成本和扩大再生产的费用以外，利润都是返还社员。《21 世纪日本农业政策的基本方向设想》一书里也提到这一点，他们提出：应促进农业生产者参与农产品加工、流通领域，推进农业与食品产业的合作。从我国的情况看，有了合作制，才能够更快地推进产业化经营。农民不等不靠了，自己联合起来办龙头企业，一大批有专业知识和经营才能的农村能人就会脱颖而出。现有的龙头企业，属于农民自己的合作制龙头企业很少，但会逐步发展起来，因为它体现着农民的利益和要求。至于领办企业的人才问题，只要观念一转变，人才就在面前。农村经过 20 年的改革开放，一大批有经营才能的农村能人到处涌现。前年我去吉林省调研，省里同志介绍长春市有一个转业军人丛连彪，他创办一个能够屠宰15 万头牛的肉牛厂，带动 1050 户农民养牛；榆树市有位农民叫陈云莲，她创办了一个辣椒购销公司，带动 5100 户农民种辣椒，产品销往 10 个城市；梨树县农村经纪人一年推销生猪 57 万头，占全县生猪销量的一半。其中最多的一个经纪人一年推销 10 万头。农村有很多这样的能人，关键在于我们深入基层，去挖掘他们、起用他们、支持他们去领办龙头企业，并以此为突破口，放手依靠农民发展社会化服务，建立以农民为主体的，国家、集体和农民及其合作经济组织相结合的社会化服务体系。这个口子打开了，农业社会化服务体系建设就加快了，进而促进农民分工分业，拉动大批的农业劳动者走向农业社会化服务的领域。这样，不仅解决了农业生产本身的服务问题，而且为大批农村富余劳动力开辟了新的就业领域。

从现在的情况来看，在农业产业化经营的龙头企业中，多数还是商业性经营，对农民的初级产品一次性买断，加工、销售以后的利润不返还农民。但这样的龙头企业，收购了农民的产品，解决了卖难问题，有些企业还为农民提供抵偿服务，有的通过实行保护价形式给农民带来一定利益。这都是很好的，应当肯定的。我们提倡办合作制龙头企业，并不排斥商业性龙头企业，对这种企业应一如既往地给予鼓励和支持，形成以合作制龙头企业为主体、多种龙头企业共同发展的局面，满足农民的需要。

四、办龙头企业一般应先从流通做起，突破当前卖难这一突出问题，为农民增收服务

当前农产品卖难的原因是多方面的，有产品供过于求的问题，有产品质量不高、不适合消费需求的问题，还有一个重要原因是农产品流通不畅。因此，搞活流通是当务之急。

解决流通问题，要着眼于农民，鼓励发展以农民为主体的农产品销售队伍，国有商业、供销合作社都是很重要的，但还不足以解决农民的卖难问题，还要放手依靠农民自己，打破卖难的困扰。党的十五届三中全会明确指出：培育农民自己的流通组织，提高农民进入市场的组织化程度。这是一个很重要的观点。

办流通领域的龙头企业，投资比较少，见效比较快，容易做得到。先从流通起步，通过搞流通来积累资金，积累经验，为下一步发展农产

品加工企业创造条件。很多地方一开始就办农产品加工企业，缺乏资金和管理经验，再加上技术水平低，生产出来的产品质量不高，没有市场竞争能力。所以从大多数地方来说，先从流通做起，为逐步搞农产品加工积累资金和经验。加工企业要求技术起点高，投资又多，难度比较大，不能操之过急，不具备条件就不能贸然发展。

当然要搞活流通，还要有其他配套措施。比如，要开辟"绿色通道"，就是要清除运输线上的种种非法关卡和乱收费、乱罚款，保证农产品运销的畅通无阻，使全国农产品形成一个统一的大市场，各地的产品相互交流，相互补充，满足人民生活的需要，从整体上提高农业的效益。另外，借鉴国外的经验，也可以在城市开辟农产品的专业销售市场。我去过法国巴黎，巴黎市区有农产品的直销市场，就是在巴黎周围150公里直径内，农民可以把产品直接运到巴黎市内指定的市场上销售，满足城市中低档收入水平的消费者需要。巴黎的直销市场一星期办两天，地点、摊位是市政府统一规划、设置，罢市后有专人打扫清理。现在北京有早市，上市的农产品既新鲜又便宜，很受市民欢迎。《21世纪日本农业政策的基本方向设想》里，也提出强化生产环节与流通、消费环节的联系，扩大产地直销、本地直接流通与消费者直接结合的生产与消费。我们农产品也应直接伸展到大中城市去，城乡合作在城市开辟农产品的销售市场。城市的农产品批发市场，还可以搞配送中心，把农产品送到各个居民区的零售点，使居民能够买到价格便宜、新鲜的蔬菜、水果。把过高的中间费用减下来，对生产者、消费者都有利。这样的做法，就突破了城乡分割，实行城乡交融，互惠互利，共同发展。

五、加强宏观调控，实现农产品的供求平衡，保证农业稳定发展，农民稳定增收

宏观调控是解决供求关系的手段。通过这种调控，使生产和需求保持平衡，避免生产大起大落，既保护了生产者的利益，又保护了消费者的利益。供不应求，价格飞涨，对消费者不利；供过于求，价格低落，对生产者不利。怎样解决这两个不利，就要靠宏观调控，通过调控使农

产品供求大体平衡，这样能保证生产的稳定发展和农民稳定增收。

宏观调控有两种：一种是政府的调控，一种是民间的调控。在国外，政府的调控是在农产品少的时候通过提高价格刺激生产的发展，农产品供过于求的时候，通过休耕抑制生产，或者通过补贴促进农产品出口。我国这几年也积累了一系列的宏观调控经验。过去农产品短缺时，曾几次大幅度提高农产品价格，刺激农产品发展。这几年连续丰收，东西多了，出现卖难，国家采取了对粮食、棉花实行保护价收购制度，建立粮食专项储备调节制度，建立风险基金制度等。可以说，我国对付"少"和"多"这两种情况都有了办法。

除了国家的调控以外，还有民间的调控。在国外，一般是通过专业协会来调控。我去年1月份到加拿大考察，看了一个牛奶专业协会，它的调控办法是，首先要把国内外市场需求了解清楚，即国内能够消费多少，每年能出口多少，对国内和国外这两个销售的数量弄准确后，按需求总量再增加4%来确定生产量，并把这个生产量作为配额，落实到各个养牛户。需求总量上加4%，是为了保证需求总量100%地完成。养牛户按配额向加工企业交售牛奶。对超过配额的牛奶，收购价格低于配额牛奶的一半，从而约束过多生产；如果销售出现困难，造成损失时，由牛奶生产者共担。配额还能交易，你不愿养奶牛了，可以将配额转让给别的农户，也就是说，没有配额不能养奶牛，调控是很严格的。

还有个例子可以启发我们，世界上石油输出国联合起来成立的一个组织，名叫欧佩克，其主要任务是协调石油的供求矛盾。石油出口国今年1月份原油每桶卖10.74美元，2月份每桶油是10.62美元，到3月份价格迅速回升到每桶油12.36美元。什么原因呢？就是由于欧佩克组织在维也纳通过了一项限产保价的协议。我前几年看到一篇浙江省江山市成立砖瓦协会的报道，很受启发。江山市的砖瓦厂1992年发展到19家，红砖的产量是3.21亿块，超过当地市场需求1亿多块，销售价格跌到成本之下，19家砖瓦厂个个亏本。怎么办呢？大家联合起来成立个砖瓦协会。协会开会，来个限产保价，砍掉1亿块供过于求的红砖，把砍掉的指标落实到19家砖瓦厂，使生产量和需求量衔接起来，价格浮上去了，企业都扭亏为盈。人称这是江山市的"欧佩克"。

　　之所以举这几个例子，是想说明一个问题，我们现在农产品供求之间出现的矛盾，除了政府的宏观调控以外，要充分发挥民间专业协会的调控作用。各种同类的农业产业化龙头企业，可以联合起来成立专业协会，来协调供求关系，实现生产稳定发展。专业协会还可以研究开发新产品，共同交流经营管理经验，解决单个龙头企业解决不了的问题。专业协会还可以代表所有的这类龙头企业和政府对话，商讨发展政策，反映企业的要求。由此看来，农业产业化经营的链条不只是龙头企业+农户，在龙头企业之上还应加上专业协会。这样，链条就拉全了。这也是国际上的成功经验，我们应该借鉴。

把农业的产业化链条从田头拉到餐桌[*]

（1998 年 7 月）

在农业连年丰收、农产品出现"买方市场"的形势下，新华社以发展"餐桌经济"为题，组织系列报道，有利于促进农业面向市场，从过去单纯追求产量向产量、质量、效益并重的新阶段全面转变。"餐桌经济"不只是服务于 3 亿城镇人口，还有生活已有很大改善或已经富裕起来的 9 亿农民。随着小康的来临，"餐桌经济"富有巨大发展潜力。

一、田头连接餐桌的重要意义

餐桌就是农产品消费的终点站，餐桌上的食品真实地反映着消费者对农产品的需求和变化。所以，餐桌是农业生产适应消费需求的结合点。明确提出这个问题，可以使农民站在田头，盯住餐桌，把生产和市场连接起来。其结果必然促进农业生产方式的历史性转变——从过去生产什么卖什么，到餐桌上需要什么就生产什么，从根本上解决生产与消费隔层、脱节的问题。

这个转变有利于突破当前农产品卖难、市场价格滑落、农民增收减缓的困扰。这一困扰是连年丰收后出现的新问题。其中，固然有某些产品和某些地区暂时供过于求的问题，但更重要的是一些农产品本身不完全适应市场的需求。再加上市场体系不健全，流通不畅，又加剧了卖难。在这种情况下，除了国家采取适当的保护、支持政策以外，主要出路是根据餐桌的需求调整生产。在农产品适销对路的情况下，就可以突破"卖难"，增加农民收入。农民收入增加了，对提高农村购买力，开拓工业

---

* 本文系 1998 年 7 月新华社记者专访。

消费品市场，扩大国内需求，保证今年国民经济 8% 的增长速度，具有特别重要的作用。

这个转变拉长了农业的链条，从田头拉到餐桌，使农业形成真正完整的产业，高效的产业，与二、三产业协调发展的产业。从世界上发达国家的经验看，农业要高效运转，都是把种植业生产的饲料粮、秸秆等物质，通过养殖业消化掉，变成肉蛋奶鱼，再进行深加工，最后端上餐桌。我国的农业也必须走从田头到餐桌这条路。

这个转变意味着我国农业发展将实现一次历史性的重大转折。经过近 20 年的改革开放和经济发展，人民生活由温饱迈向小康，由追求"吃饱"转向"吃好"，农业在这个大的历史背景下正在由追求产量为主悄悄地转入产量、质量、效益并重的新阶段。消费需求的变化很大，比如品质不高的早籼稻、春小麦，城里人不愿吃，农民也不愿吃，肥猪肉、肥鸡也不像过去那么畅销了，低品质的橘子、苹果也不好卖了。相反，小包装的洗净菜、免淘米、分割肉、方便面、速冻饺子、汤圆等食品销量越来越大。如果无视这个变化，生产就跟不上形势的要求了。近年来，农业在这方面有了很大的进步，但从总体上看，生产不适应市场需求的现象仍然存在。生产方面单纯追求产量的惯性不止，必然与数量、质量并重型的消费需求撞车，那么出现卖难、价格跌落、收入下降的局面就难以避免了。

为什么会忽视这个变化？有一定的历史原因：一是在长期短缺的经济环境下，产品不愁卖不出去；二是在计划经济体制下，销售与生产脱节。农民对市场的变化得不到直接、切身的了解，不少人还停留在"生产什么卖什么"的阶段。政府农业部门过去只管生产，不管流通，体制上的问题没有得到最后解决。因此，农业生产者站在田头，盯住餐桌，农业生产的指导者抓起从田头到餐桌这条完整运转的链条，就事属必然了。

二、多途径实现田头与餐桌的连接

依餐桌需求调整和发展农业生产，起码包含 6 个方面的内容：

（一）调整结构。主要是压缩滞销产品，增加畅销产品。1997年国务院研究室农村司的同志做过一个分析，发现当年我国粮食作物总播种面积基本稳定，种植结构发生了新的调整，表现为三增三减：大豆、中晚稻、冬小麦播种面积比1996年增加，大豆增加1000多万亩，中晚稻增加700多万亩，冬小麦增加近800万亩；早籼稻、春小麦、玉米等播种面积减少，早籼稻减少约150万亩，春小麦减少140万亩，玉米减少1400多万亩。这种调整是市场经济条件下农民对价格信息的敏感反应，是农民种田进步的表现。今年仍然保持着优化结构的趋势。

（二）改良品质。早籼稻生长期短、产量高，在粮食短缺年代为平衡全国粮食供求做出过重要贡献。今后早籼稻也不能完全抛弃，应着力改良品质。浙江省从1994年开始，每年由省财政拨款80万元，组织科技部门攻关，选育良种，现已筛选出8个优质高产品种，种植面积已达早籼稻总面积的25%，他们打算用几年时间把早籼稻品种全部更新。可以预料，在政府的组织指导下，农民调整结构，改良品质的积极性和科技人员的技术支持相结合，我国将很快出现农业生产顺应餐桌需求的新局面。

（三）过腹转化。就是发展饲养业，把粮食和各种副产品就地过腹转化，实现二次增值。这样就大大减少了原粮的收购量、仓储量、调运量，减轻国家负担。农民种养结合，收入大增，有机肥也多了，地越种越肥，生产成本下降，形成良性循环。这种转化家家户户都可以干，潜力很大。盛产玉米的东北有一个口号："东北要想富，粮仓变肉库"，讲的就是这个转化的重要意义。

（四）储藏保鲜。农产品具有很强的季节性，如果在收获季节集中抛售出去，市场容量有限，难免出现卖难，卖不上好价钱。现在有些农产品出现的"卖难"，不一定是反映总体的过剩，而是上市期过于集中，使供应量一时超过市场容量。有的地方，农民在苹果收获时挖窖储起来一部分，等到淡季时再卖出去，价格就提高了一倍。有的地方，在蒜薹采收季节，大量入库冷藏，春节时上市，价格提高了两倍多。在发达国家，农场主一般都有粮食储藏设施，目的就是为了适时适价出售。通过储藏保鲜，既能使农产品均衡应市，又能使农产品增值，利国利民。为此，要注意帮助农民培养储藏习惯，支持农民建设储藏设施。

（五）发展加工。食品加工业需要一定的资金、设备、管理、技术，要求比较高，难度比较大，应谨慎从事。根据以往的经验教训，一是技术起点要高，确保加工出来的产品质量好、成本低，具有较强的市场竞争力；二是对加工企业要统筹规划，合理布局。一句话，千万要防止遍地开花，决不能搞低水平重复建设。

（六）搞活流通。农产品及其加工品进城镇、上餐桌，离不开流通。现在由于流通不畅，不少农产品产区卖不掉，销区又买不到。搞活流通的一个关键是，撤销运输线上的非法关卡，打破地区封锁，开辟"绿色通道"，形成全国统一的大市场，利用地区间的经济互补性，发挥农业的整体效益。

以上六条，条条都通向"餐桌经济"，条条都是农业增效、农民增收的途径，各地都有成功的经验，需要很好地总结推广，在实践中进一步创造发展。

三、放手让农民进入田头连接餐桌的服务领域

实现田头与餐桌的连接，应在政府的指导支持下，放手依靠农民及其合作组织去实践。在流通领域，凡是国家放开价格、放开经营的农产品，农民都可以参与经营。改变过去依赖国家包、农民等的状况，农业社会化服务体系建设进程就大大加快了。

农民进入服务领域是农业面向市场的需要。生产和需求不能割裂。生产者需要了解消费者的需求，但又不是说所有的生产者都进城入户观察餐桌，而是通过与消费者直接打交道的农民服务专业户以及合作组织为生产者反馈餐桌需求信息，引导生产发展，沟通产销关系。吉林省的一些农民在这方面做得很出色。长春市转业军人丛连彪兴办一个屠宰公司，年宰肉牛 15 万头，带动 1050 户农民养牛。榆树县农民陈云莲兴办的一个辣椒购销公司，带动 5100 户农民种辣椒，行销 10 大城市。梨树

县农民经纪人年推销生猪 57 万头，占全县生猪年销量的一半，最多的一个人一年能推销 10 万头。他们在市场上闯荡，知道什么样的产品符合市场需求，他们的信息反馈很受农民欢迎。

农民进入服务领域是分流农村剩余劳动力的需要。人们都说农村劳动力多，实际上，多就多在种植业上。从事农产品加工、转化、储藏、运销等环节的农民，不是多，而是少，需要大发展。带泥土的菜、带皮的原粮等不能再直接进城镇了，把它变成可供下锅、上桌的食品，需要多少劳动力啊！商品经济必然导致分工。发展养殖业、加工业、储藏业、运销业，能消化很大一部分农村剩余劳动力，并且实行就地就近为主转移，这是符合我国国情的一条大政策。

农民进入服务领域是建立农村新的经营体制的需要。家庭经营种植业、养殖业，农民合作经营以种养业为原料的加工业、储藏业、运销业，使生产初级产品的农民又分享加工、流通利润，这是农业发展的方向。世界农业发达国家在这方面提供的成功经验可以借鉴。

四、政府有关部门要转变职能加强引导和支持

发展"餐桌经济"，也给政府有关部门转变职能提出了新的要求。当前，农民迫切需要在以下几个方面得到引导和支持。

（一）提供市场价格信息。在现今条件下，农民很难对全国不同地区的市场价格有及时、全面、清楚的了解，而市场价格是农民决定产业方向和商品流向的基础，亟须统一提供。就像现在每天有成千上万的股民坐在电视机前观看股市行情那样，农民也渴望在电视和广播里得到农产品的市场价格信息。

（二）提供良种和技术。农民发展"餐桌经济"，需要很多优良品种，政府有关部门应加强科研和推广工作。同时加强市场管理，严防假冒伪劣种子流入农村。

（三）扶持农产品加工、储藏、分级、包装、运输等装备的生产。这在当前是个弱项，亟须跟上。

（四）为农产品运输开辟"绿色通道"。要坚决撤销一切乱罚款、乱收费的关卡，取消形形色色的市场封锁，尽快形成全国货畅其流的统一大市场。

（五）在大中城市规划开辟农产品批发市场、农产品早市，给生产者和消费者提供便利。在此基础上，还要考虑制定农产品流通和市场管理法规，依法治市，切实保护农民合法权益。

发展配套成龙的社会化服务*

(1984 年 1 月)

普遍实行了以家庭联产承包为主要形式的责任制,充分调动了农民分散经营的积极性。当前农民新的要求是:为他们提供大量的生产前、生产中和生产后的社会化服务。

一、发展社会化服务的迫切性及其重要意义

社会化服务之所以成为当前农民的迫切要求,这是因为:

(一)普遍实行家庭联产承包为主要形式的责任制以后,有许多事情是一家一户想办而办不到、办不好的,或者办起来是不合算的。譬如,杂交制种,不可能家家搞种子田,户户设隔离区。植物保护,家家户户买药治虫治病,就没有植保专业队伍测报准确、防治及时、节约、安全、效果好。物资供应,家家户户东奔西跑买化肥、买柴油、买配合饲料,多费工、多花钱、影响生产。还有水、电设施和大型农机的管理使用,农产品的大规模加工、储藏和远程运销等,都不是单个农户所能干得了的。因此,这些都需要有人统一办理。特别是一部分缺少劳力、缺少技术、缺少资金的困难户、烈军属,更需要有人帮助,提供社会化服务。

(二)由于调整农业内部结构,大力发展多种经营,农、林、牧、副、渔、工、商、运协调并进,农村劳力组合突破了单一经营粮食的状况,向分工分业发展,并出现了大批专业户、重点户,他们为了精心地经营好自己的拿手专业,迫切要求提供其他环节的社会化服务,摆脱"小而全"的局面,实行专业化生产,提高商品率。

---

* 本文原载《农村问题论坛》1984 年第 37 期。

（三）随着整个农村自然资源的全面开发，荒山、荒沟、荒坡、荒滩、荒水的利用，农村生产领域不断扩大，新的生产项目越来越多，这对祖祖辈辈主要是种粮为生的农民来说，十分渴望在技术、资金、供销等多方面提供服务，支持他们向生产的广度深度进军，开拓勤劳致富的新门路。

（四）在当前传统农业向现代农业迅速转化的时期，一项新技术的推广应用，可以使生产大幅度增长，可以生产出适销对路、能卖好价钱的优质产品，所以农民已不满足传统经验，出现了从来没有的"科学热"。杂交水稻，温室育秧，化学除草，地膜覆盖等新技术，一二年或二三年就可以在一个县的范围内推开。好化肥，好农药，良种鸡、猪、兔，配合饲料，供不应求。特别是那些没有新技术就不可能再有新突破的高产地区，要求提供技术服务的呼声更高。

在这个新的历史条件下，社会化服务在原有基础上迅速发展。许多县、乡、社相继办起了农技、种子、植保、畜禽、水产、饲料、茶果、农机、水利、会计、供销等专业性的服务公司、服务站、服务队，出现了不少从事生产服务的专业户、重点户和科技示范户。有些县城开设了农业技术推广中心，建立了养牛、养鱼、养花等协会。集镇上、庙会上、农贸市场上设有技术咨询服务处。农牧渔业部门的机关、科研单位和院校的大批技术人员下乡下田，同社、队农民技术员相结合，为千家万户提供技术服务。还有粮食、商业、食品、金融、供销合作社等部门，为农民解决信贷、物资、产品加工、推销等问题，都做了大量工作。

社会化服务的蓬勃兴起，为农村合作经济和专业化商品生产的发展，带来了具有深远意义的变化。主要是：

通过提供服务，统一解决一家一户解决不了的难题，使分散经营的家庭承包经济增加了新的"统"的内容，为最大限度地挖掘家庭经营的潜力提供了更为有利的条件，做到有分有统，统分结合，把集体经营的优越性和家庭经营的积极性都调动起来，进一步完善了合作经济。

通过提供服务，使封闭、半封闭式的家庭、小组经营向开放式的社会化方向发展，由"小而全"的经营方式向"小而专"发展，大大提高了家庭、小组生产的专业化程度，提高了劳动生产率，提高了经营效益。

通过提供服务，把千家万户联结起来，对小规模的经济实行大规模的指导，减少生产的盲目性，更好地为国家的需要和市场的需要服务，提高了经济效益。

通过提供服务，更有效地推广使用先进的科研技术成果，向农民普及科学技术知识，生产出大量的品质优良、适合消费者需要的产品，加快传统农业向现代农业转化，自给、半自给经济向商品经济转化。

通过提供服务，逐步建立起来一支从事社会化服务的专业队伍，从农业内部分离出来，使整个生产过程形成分工协作、相互依存的新格局，向商品性、社会化的生产方式发展。

这些，对农村实行生产专业化、服务社会化，对加快农村经济的发展，对建设现代化的农业，都具有十分重要的意义。

二、实行公办、民办并举，建立国家、集体、个人多层次的服务体系

农村各项生产服务的需要量很大，而现有的服务力量同实际需要相差很远。据全国从事农技、种子、植保、兽医、农机、水产、经营管理等七个服务系统的统计，国家、集体的服务人员共有 107 万人，占农村 3 亿劳动力的 0.3%。世界上农业发达的国家，一般是农业生产的服务者多于直接生产者。如美国从事农牧业原料生产的劳动力是全国劳动力的 3%，而从事农牧业产品加工和销售服务的劳动者则占 19%，后者比前者多 5 倍以上。我们则相反，前者比后者多，基本上处于"小而全"的半封闭式经济。为了适应家庭经营和发展商品生产的需要，必须放手发展社会化服务，实行公办、民办并举，国家、集体、个人一齐上，建立多层次的服务体系。

从当前发展的情况看，有些项目是需要国家办的，如农作物杂交制种、供种。在土地承包到户后，农户缺乏独立制种条件和制种技术的情况下，一般由县种子公司统一组织制种、供种，纯度高，质量好，成本低。还有信息指导、信贷投放、物资供应，也主要依靠国家去办。有些项目，如植保服务，则适合国家指导、集体去办。一般是县植保部门负

责病虫害测报，提供有效的防治方案，为社队培训防治人员，配合生产资料部门搞好农药和药械的供应。社、队植保专业队（组），在县植保部门的指导下，为农户承包防治服务，实行连片的机械喷洒，收取合理费用。其他种、养业技术服务，畜禽的疫病防治，饲料的加工生产，农副产品的加工、储藏、运销等，国家、集体、个人都可以干。

在这方面，特别引人注目的是，当前农村一批能工巧匠开始进入服务领域，大显身手。有不少专业户、重点户由于善经营、技术高、收入多、影响大，周围请教的、参观的越来越多，逐步发展为技术服务专业户。他们承包的田、塘、茶果园，以及饲养的畜群禽群，成了技术示范基地或种苗供应基地。他们的服务领域宽广，有的跨村跨队，有的跨社跨县，不受行政区划限制，哪里需要就到哪里去。

这些服务专业户、重点户的出现，弥补了国家和集体服务力量的不足，适应了广大农户的需要。而且不用国家投资，办得又快又好。那些具有各种服务专长的能人，农村到处都有，只要有正确的政策，把他们从一家一户的小天地里请出来，最大限度地施展其能量，为千家万户服务，将为社会创造更多的物质财富。这在国家技术人员少，一时又培养不出那么多的情况下，具有十分重要的现实意义。因此，当前应该把发展民办服务提到重要的位置上来。

国家服务，集体服务，再加上个人服务，这种多层次的服务体系，符合我国农村现阶段迫切需要服务而服务组织又相当薄弱的情况，可以充分发掘和利用社会上各方面的服务力量，来满足广大农户的要求。历史经验证明，多头多路地竞相为农民提供服务，要比独家经营好得多，它可以产生好的服务态度，好的服务质量，好的服务效益，可以给农民带来方便，带来实惠。服务者通过竞争，可以改进和加强经营管理，农民可以从竞争中鉴别、比较，选择最佳服务。这样，就可以在实践中逐步产生出经济效益好，受农民欢迎的服务体系。为此。当前凡是"独家经营，归口管理"搞不了、搞不好的服务项目，都应当允许别人去干，提倡一切有条件为农民提供服务的部门、集体和个人，都来积极参加服务。

民办服务发展了，并不是说国家的服务机构没事干了。除了直接参加一部分服务，作出榜样，搞好重点以外，还需要拿出相当的精力加强农民技术员、服务专业户和科技示范户的技术培训和技术指导，提供必要的服务手段，搞好技术储备，当好他们的参谋和后盾。不少服务专业户原来搞自己那个小摊摊时还可以，一面向群众，扩展经营，已有的知识、经验和服务手段、设施都不适应。尤其是随着技术承包服务的发展，农户的技术水平也越来越高，他学会的就不再包了，他不懂的新问题则要求包，这就需要承包者不断更新知识，不断提高服务本领。因此，国家、集体应从各方面对农民技术员、服务专业户和科技示范户给予帮助和指导，搞好为服务者的服务。通过种种帮助和指导，使成千上万的个人服务跟国家、集体的服务单位联结起来，形成一个庞大的社会化服务网络，伸向村村队队，服务到家家户户。

三、统一领导，分工合作，为农民
提供成龙配套的社会化服务

农民由自给半自给生产转向商品生产以后，要求为他们提供的服务是多方面的，包括信息、良种、技术、资金、物资、购销、加工、储藏、运输等等，这就需要农业、商业、粮食、金融、食品、轻工部门和供销社，以及一切与发展农村经济有关系而又有条件为农民提供服务的部门，大家都来为农民服务才行。而且，很多生产项目，特别是需要一定资金、技术、设备的开发性生产项目，必须由多部门有机配合，同步为农民提供整套的服务，才能上得快，才能出效益。

当前一个突出的问题是，服务单位不协调，服务项目不配套，影响商品生产的发展。有的地方，农民养奶牛、奶羊积极性很高，但是由于冷藏加工跟不上，鲜奶又运销不出去，结果喂猪、喂鸡，甚至白白倒掉。有些地方，农、牧技术人员为农户搞种、养业的技术联产承包，很受欢迎，可是他们所需要的化肥、农药、配合饲料等供应不上，缺乏必要的物质手段，想多包又不敢包。至于因为购销服务跟不上，农民卖难的问题则更为普遍、严重。这些都说明，一环不通，全盘难活。说明缺这少那，零散不全的服务，不适应商品性、社会化生产的要求，不能提高经济效益。因此，必须加强统一领导，组织各有关部门，密切配合，协调行动，围绕产、供、销全过程的需要，提供成套的服务，才能满足农民的要求。

在这方面，有些地方为了寻求解决问题的途径，开始摸索到了一些新鲜经验：

（一）由党政领导机关出面拿总，组织各有关部门通力合作，同步为农民提供成套服务。湖北孝感地区根据专业户、重点户和各种经济联合体产前、产后的需要，组织县、社粮食、财政、银行、合作、食品、水产、林业、兽医等部门联合举办服务公司，集信贷、商业、技术等众多职能于一体，通过跟农民签订"产、供、销、帮"的合同，提供信息、资金、种苗、物资、技术等服务。通过公司的服务把分散的、零星的、封闭的"两户一体"联结起来，形成商品生产基地，促进了农村经济发展。现在全地区"两户一体"已占总农户 21.4%，全区 43%以上的商品粮来自他们，还出现了不少 1 万斤蛋户，2000 斤鱼户，1000 斤蜂蜜户，500 只鸭户，50 只羊户，10 头牛户。

（二）在农村经济体制改革的试点中，把同一生产项目的多头服务单位实行合并，或联合经营。四川有些县就是这样做的。简阳县商业局经营生猪的食品公司，1983 年 10 月份划归县畜牧局领导，实行横向联合。过去一家管"生"，一家管"杀"，互不协调，矛盾甚多。合并后实行产、供、销一条龙，人才、资金、设施统一利用，做到以产保购，以购保销，以销促产，大大方便了群众，促进了生猪发展。据联合后 7 个月的统计，生猪调出量比上年同期增长 1 倍，企业利润增长 2.3 倍。

有横向联合，也有纵向联合。邛崃县把农业、外贸部门管茶叶生产、经销的干部和县、社、队的 39 个茶叶加工厂（点）联合起来，于 1981年 3 月成立了邛崃县茶叶公司，财务上分级核算，从扶持茶农生产到茶叶收购、加工、推销一条龙。两年来，茶叶收购量由 1980 年的 30 吨增加到 1982 年的 249 吨。去年茶农获得公司购销后的返还利润就有 27.9 万元。

还有植保部门和生产资料部门的联合。新都县过去农业部门的植保公司管治虫治病，供销社的生产资料公司管供应农药和药械。管药的不治病，治病的不管药，供需脱节，常常是药不对路，供不及时，既影响生产，又造成积压报废。植保公司如果自己经营农药，缺乏资金、库房和经营管理人员，还会削弱本身业务。为此，县植保公司和生资公司去年元月实行联营。植保公司每年10月提出下年用药的品种、数量、时间，生资公司按质、按量、按时、按品种进货供应，盈利两家分成。如果药品两年销不出去，植保公司要承担积压资金的部分利息。经过一年实践，两家密切合作，购进的药品对路，数量适当，供应及时，不仅有效地保证了植保服务，而且生资公司扭转了过去逐年亏损的局面，第一次盈利1.2万元。

（三）一个单位开展综合经营，独家为农民提供成套服务。在这方面，供销社做得比较好。河北省望都县供销社，为了帮助农民发展当地有三百多年历史的名产——辣椒，向农民提供资金、物资、技术、收购、推销等全套服务，并同农民实行联营，利润分成，辣椒迅速发展。全县种植面积由1980年的8000亩增加到1982年的3.2万亩，收购量由1435吨增加到3735吨，农民收入由224万元增加到700万元，还从农商联营中分得返还利润15.2万元，发了辣椒财。

国营农场也是为农民提供综合服务的重要力量。重庆市26个经营奶、茶、果、鱼的国营农场联合建立的长江农工商联合公司，为周围3000个生产队的农民提供资金、种苗、技术、加工、购销服务，每年为农民购销、加工牛奶3000吨，柑橘5000吨，茶叶250吨，近四年农民从农场加工、销售服务中获得返还利润即达500万元。

以上三种做法，效果都是很好的。它的共同特点是，把产前、产中、产后的各项服务配套成龙，全部社会化了，使农民不愁供、不愁销、不愁买、不愁卖，全心全力从事专业生产，劳动生产率和商品率大大提高，经营效益显著增长。这三种经验，对各地具有重要的参考价值。凡是服务部门比较健全，但缺乏统一组织和指挥，服务不协调、不配套的地方，应由党、政机关统一领导，确定一个综合部门统一组织，使各个分散的服务部门密切合作，协同一致地为农民提供成套服务。凡是同一服务项目的多种服务部门，因力量分散，又相互扯皮，不利于发挥其应有作用的，也可以学习四川的经验，从体制上加以改革。这一点，农业部门已经开始这样做了。现在全国已有 290 个县把农技站、植保站、土肥站、科研所、农技校等分散的技术服务部门，合建为农业技术推广中心或技术服务中心，发挥了很好的作用。凡是处在群众中的基层供销社、社队企业和国营农场，特别是在那些服务工作不健全的边远地区和山区，要允许他们打破部门分工的限制，支持他们跨行跨业综合经营，从多方面提供生产服务，满足农民的需要。

四、坚持自愿互利原则，用经济办法发展社会服务

在普遍实行了联产承包责任制，家庭、小组掌握了生产自主权以后，农业生产的指导和服务也开始从依靠行政手段转向使用经济办法。它的特点是：根据生产的需要和群众要求提供服务，通过签订合同的形式承担服务经济责任和收取一定的服务费用，依靠优良的服务质量和服务效益吸引群众，不搞行政命令。因为这种服务是要收费的，人们也称它为有偿服务。

这种有偿服务，有利于提高服务的经济效益，促进社会服务的发展。有偿服务是建立在自愿互利的基础上，你服务的态度好，质量高，给农民带来的实惠大，农民就欢迎你服务，聘请你服务。你服务得不好，经济效益差，农民有权停止你的服务，另请高明。这样，就从根本上避免了过去"瞎指挥"和强迫命令的弊病。有偿服务对生产服务的经济效果负责，把服务者和农民双方的利益结合起来了，可以加强服务的责任感，可以加强群众的监督和检查，有利于提高服务的质量和效益。有偿服务还可以使农村大批具有各种服务专长的能工巧匠逐步发展为以生产服务作为谋生的手段和职业，有利于使生产服务向专业化、社会化发展。国家、集体的技术人员，在生产服务中收取一定费用，可以使他们得到一定的物质鼓励，可以弥补技术推广部门事业费的不足，增强服务力量。有偿服务还可以促进服务人员钻研技术，学习本领，不断提高服务队伍的素质。不少地方推行有偿服务后，对社队农民技术员实行自愿报名，统一考核，择优录用的制度。一年下来，技术不过硬，农民不欢迎，则自动停聘。这样，把过去社队干部安插的不适合当技术员的人淘汰了，

把真正有本事的人选拔上来了。

国家业务部门、技术推广部门平时对广大农民进行科学技术普及、教育工作同有偿服务是有区别的，不能什么都向农民收费，增加负担。有的地方，搞了几次广播讲座，举行了几场报告会，印发了一些技术宣传资料，也要收服务费，农民有意见，称之为"禾捐""技术税"。今后国家对农民普及科学知识，实行智力开发，对贫困地区的技术支援，还是要继续坚持和加强的，不能把这些国家应尽的义务同有偿服务的收费项目混淆起来。国家科技人员，既要抓好点上工作，又要照顾面上工作，点面结合。大量的有偿服务工作，在国家技术人员指导下，主要依靠农民技术员和服务专业户去做。要帮助他们总结交流服务经验，不断更新技术知识。

服务项目和形式，要因地制宜，灵活多样，做到适合不同地区不同水平的农民的需要。比如种、养业的技术联产承包，可以搞生产全过程的联产承包，也可以只承包农民难以掌握的复杂技术和新技术的专项承包，如杂交制种，病虫害防治，育秧供秧，低产田和茶果园改造，新肥新药应用，地膜覆盖，以及新的开发性经济项目等。有的地方，考虑到一家一户产量不好核实，难以联产奖赔的情况，经与农民商量，也有实行按技术服务的数量和质量收费的办法。产品加工、储藏、推销，可以收服务费，也可以实行联营，利润分成。总之，要从实际出发，根据生产需要和农民要求确定服务项目，规定合理的收费办法，并公布于众，由农民自主选择，不强加于人。

五、组织和发展社会服务应当成为农村工作部门的重要任务

当前，农民发展商品生产的积极性空前高涨，但是社会服务跟不上，是一个尖锐的矛盾。特别是信息指导，生产资料供应，农副产品的加工、储藏、推销极为薄弱，很不适应，农民买难、卖难的问题一直得不到满意的解决，影响商品生产发展。

现在摆在我们面前有两种可能性：如果为农业生产的各项社会服务

迎头赶上，做得好，配合得好，就可以保护和进一步发挥农民的积极性、创造性，促进农村商品生产的发展和经济的繁荣；如果各项社会服务老是跟不上，农民已经高涨起来的积极性就可能受到压抑，甚至挫折，阻碍商品生产的发展。这是应当引起我们严重注意的问题。一切上层建筑都要为经济基础服务。各级农村工作部门，以及同农村经济发展有关系的各行各业，都应当想农民之所想，急农民之所急，自觉地、主动地把自己的思想和工作转移到为农业为农民服务的轨道上来，争取第一种可能性，避免第二种可能性。同时，还应当看到，过去我们的一些章程、制度，包括贷款发放、物资供应、产品购销等，都是面对社、队集体的，现在实行以家庭联产承包为主要形式的责任制以后，也应抓紧进行必要的改革，以适应形势发展的需要。

农村政社分设后，社队的基本任务应当从过去直接组织和指挥生产转变到大力开展社会服务上来。实行家庭联产承包责任制以后，社队组织生产、统一分配、集中交售农副产品等职能基本上转移到了农户，这方面的事不多了。而农户特别是专业户、重点户所迫切需要的社会服务，却缺少人去做。因此，根据形势的发展变化，及时把社、队的主要工作转移到生产服务上来，是时代赋予社队的新的历史使命。凡是实行了这种转变的，工作就生机勃勃，非常主动，大受欢迎。相反，则冷冷清清，脱离群众。

当前，有两种情况是值得注意的：一种是，认为现在什么都"包"了，没有什么可"统"的了，因而对农民迫切要求统一办理的事情也不去办，对生产发展是不利的；另一种是，看到农民有"统"的要求，但不知道怎么统，往往采取过去惯用的老办法，不是自上而下一声命令的"统"，就是依靠行政手段往一块"联"，挫伤群众的积极性，对生产发展同样是不利的。正确的做法应当是：从生产发展需要出发，本着自愿互利的原则，统一解决分散的家庭经营解决不了的问题，并且通过解决问题、开展服务，把家庭、小组经济联结到国家宏观经济的周围，不是干涉人家的经营自主权，也不是合到一起重开"大锅饭"。一句话，不是把农民"管"住，而是为农民服务。至于服务的内容，要从实际出发，需要什么，就搞什么，不需要什么，就不要早早地戴个什么"公司"的空帽子，搭个空架子，而没有实质性的内容。服务的方法和形式，要适合不同地区的情况和条件，可以灵活多样，不强求一律，但要讲求效益，什么形式效果好，群众欢迎，就采取什么形式。

当前，我国农村社会化服务正处在发展阶段，总的来看，服务体系还不健全，服务项目还不够多，服务面还比较小。现在的问题是，如何不失时机地抓住农民新的要求，把生产服务广泛地开办起来，使家庭经营和专业户生产同社会化服务相辅相成，协调发展，充分发挥合作经济的优越性，促进商品生产的发展。

建立以批发市场为中心的农产品流通体系[*]

（1991 年 11 月）

一、大发展带来的新问题

我国农村实行改革开放以来，9 亿农民的积极性空前高涨，现代化物质技术投入和数十年来基础设施建设的作用充分发挥，农业经济出现了划时代的发展。这个发展的一个主要标志是，已经由传统的自给性农业跨入商品性农业发展新阶段。

（一）商品性农业带来的重大变化。一是农产品的商品率大大提高。目前全国农副产品商品率已经达到 60% 以上，其中棉花 90% 以上，油料、糖料 70% 以上，基本实现和接近实现商品化。农民生活消费中商品性消费超过 65%，其中衣着用品 98% 从市场上购买，基本实现商品化。二是农产品通过市场流通的品种越来越多。全国直接计划管理的农产品最多时曾经达到 100 多种，现在已经减少到十几种。就是说，除了几个关系国计民生的品种外，绝大多数已经放开经营，通过市场流通。全国农副产品批发市场已经发展到 1300 多个，城乡农产品集贸市场发展到 72000 多个，从事农村商品流通的人员 600 多万个。在农村经济领域中，计划经济与市场调节相结合的运行机制正在形成。三是跨区域的商品交换量空前增加。在全国 960 万平方公里的土地上，东西南北中，粮棉肉菜果，广泛交换流动，特别是蔬菜瓜果的跨地区交换量越来越大。在北方几乎到处可以看到南方生产的香蕉，在南方则几乎到处可以看到北方生产的苹果。全国各地利用地区差、季节差，互通有无，

---

* 本文原载《求是》1991 年第 24 期。

发展统一市场,食品供应琳琅满目,一年四季可以吃新吃鲜,人民生活丰富多彩。

(二)流通滞后的不利影响。以上三个方面的急剧变化,标志着我国农业商品生产的长驱发展,而且主要是发生在改革开放这十几年间。短时期内的巨大变化,必然伴随着不适应这个巨大变化的新问题。最突出的表现在,商品生产的飞速发展,与原有的、落后的购销、储藏、运输等流通手段和流通设施形成很大反差,发生了尖锐地矛盾。特别是近几年连续丰收,粮、油、糖等许多农产品到处出现"卖不掉,储不下,运不走"的困难,生产者、经营者和主产区的地方政府都吃不消。它清楚地表明,我国农业发生了流通滞后于生产的问题。这就是大发展带来的新问题。马克思在《资本论》中曾经指出,商品生产以商品流通为前提,因卖不出去而积压起来的商品就会把流通的流阻塞,相反,出售越迅速,再生产过程就越流畅。从我国的现实生活来看,流通滞后的直接后果:一是农民生产的商品换不成货币,购不进所需要的生活、生产资料,影响群众生活的安排,更重要的是影响再生产的实现;二是农业商品生产的主产区为了解决农民卖难,尽力组织收购,但购进来的商品又不能及时调销出去,占用了大量资金,影响着各行各业的发展,同时又背着沉重的利息包袱,造成经营企业严重亏损,地方财政也压得喘不过气来,再生产难以为继;三是由于农产品卖难造成市场价格低落,有些地方农民增产不增收,甚至减收,购买力下降,大批工业品在农村这个广阔的市场上销售不畅,是当前工业企业产成品积压,效益上不去的一个重要原因。这些情况说明,流通滞后于生产,不仅直接影响到农业的持续稳定发展,同时也影响到工业以及整个国民经济的发展。因此,下大决心搞活农产品流通,把农民手中的商品换成货币,提高农民的购买力,是增加农业投入,促进生产进一步发展的关键,又是开拓农村市场,促进工业发展,搞活大中型企业的一个关键。这就是大发展带来新问题,解决新问题促进经济更大发展。因此,搞活农产品流通不仅仅是农村工作中的一项重要任务,而且也是整个经济战线的一项重要任务。

二、出路在于深化改革

农产品的显著特点是，一方面它关系到 11 亿多人口吃饭的头等大事，是经济发展、社会安定、国家自立的基础，不能不加强管理；另一方面，它品种繁多，数量巨大，相当一部分又是鲜活产品，又不能管得太多太死。根据计划经济与市场调节相结合的原则，总结多年来的经验教训，总的要求应当是，随着农村商品经济的发展，适当缩小指令性计划管理，完善指导性计划管理，更多地发挥市场机制的作用。近年来，适应农业生产力发展的要求，我国农产品流通体制的改革已经迈出了可喜步伐，取得了显著成绩。按照党中央关于改革开放的总方针，取消了农产品统派购制度，调整了购销政策，对粮食等关系国计民生的重要农产品建立储备制度；改革了计划管理体制，放开了鲜活农产品价格，扩大了农产品市场调节范围，使水果、水产等许多农产品迅速发展；改革了单一的流通渠道，建立多渠道、少环节的流通体制，使市场日趋活跃繁荣；全国商业企业推行了承包经营责任制，供销合作社努力改"官办"为"民办"，积极恢复其"三性"；建立了一批农副产品批发市场和众多的初级市场，初步形成了以国合商业为主体的多种经济形式、多种经营方式、多种流通渠道的新的农产品流通格局。这些改革对于促进农村商品经济的发展，方便人民生活起了重要作用。但同整个农村经济发展的需要相比，这些改革还是初步的，当前农产品流通滞后问题仍然十分突出，很不适应，需要在多方面深化改革，进一步搞活农产品流通，实现流通和生产的统一。

解决流通问题，不能只在流通领域中做文章，要在生产开始时就研究解决流通问题。也就是说，首先要使生产适应流通的要求，做到商品适销对路，符合市场和消费者的需要。从某种意义上讲，就是要求把卖难解决在产前。这是农业由自给经济和产品经济过渡到商品经济必然要实现的一个重要转变。农民过去是为了吃而生产，现在是为了卖而生产，这就要求干部和农民都要树立商品经济观念。有了这个观念，就能够自觉地面向市场需求搞种植，在种植的基础上搞转化，发展饲养业，再以种、养业为原料发展加工业，实行一种二养三加工，这是农业向商品化、

354

高产高效发展的基本途径。

我国人民的生活水平正在由温饱向小康过渡，不是"瓜菜代"的时期了，人们在吃饱的基础上要求吃好，对农产品的品种、质量的选择余地增大了，要求提高了。比如：粮食的直接食用量逐步减少，粮食的转化品——肉禽蛋奶鱼等需求量逐步增加；白菜、萝卜等大路菜的食用量逐步减少，鲜菜、细菜、反季节菜和异地瓜果的需求量逐步增加；优质农产品即使价格高一点也有人要，劣质产品即使价格低也是难销。还要看到，现在的家庭结构日趋小型化，夫妻双职工的多，生活节奏加快，对净菜、净米、各种熟食制品、分割肉和小包装等加工品的需求越来越旺。满足这些需求，不仅可以方便居民生活，还有利于减少城镇污染，缓解运输紧张状况。这些消费需求的变化说明，农业生产必须把生产优质产品、粮食转化产品和各种加工产品放在重要地位，这样可以打开市场销路，有利于搞活流通。

当前的卖难问题，流通滞后固然是主要问题，但农产品不完全适合市场需求也是原因之一。解决流通问题，要从生产抓起。生产要跟着市场需求转，改变种什么、卖什么的传统做法，不能只讲产量，不讲品种，不讲质量，不讲效益了。农业不仅仅是生产粮食的，不仅仅是"吃饭产业"，还是发展商品经济，使广大农民富裕起来，奔向小康的基础产业。如果让一些农民年复一年"粮仓是满的，钱袋是扁的"，就必然要影响农民的积极性，影响农业的发展后劲，最终生产是稳不住的。根据各地经验，农业走高产高效的路子，应当"种、养、加"一条龙发展。这样，不仅有利于开拓市场，而且可以增加农产品的附加值，使农民增产增收。种植业和养殖业相结合，秸秆"过腹还田"，有机肥增加，化肥使用量减少，耕地肥力提高，生产成本下降，农业可以实现良性循环。由原料生产向加工工业延伸，可以拓宽和加深生产领域，为农民创造新的就业机会，为乡镇企业发展开辟道路，为地方财政开辟财源，从根本上改变"高产穷县"的面貌，增加农业发展后劲。发展"种、养、加"和其他产业时，除了要以市场为导向之外，还要注意从当地的资源优势出发，重点发展那些能够带动群众脱贫致富，有广阔市场前景的拳头产品，能够形成县乡财政收入来源的支柱产业。各个地方，可开发的资源是不少的，可以上的项目也是多种多样的，如果什么都想干，搞得零星分散，很难形成气候，也不利于推广科学技术，不利于开展社会化服务。应当抓住主要的、有市场竞争力的商品，统一规划，成片开发，系列加工，产销成龙，形成一定规模的商品基地。这是发展商品生产值得重视的经验。

在端正生产面向市场的方向之后，还要解决商品如何从农民手里走上市场的问题。我国农村实行家庭联产承包为主的责任制以后，商品生产的主体分散化，产生了小规模生产与社会化大市场的矛盾。农民自产自销，只适宜于那些零星分散、就地消费的商品。那些大批量、跨地区的商品销售，必须由专门从事经营活动的经济实体来承担，为农民提供产、供、销系列化服务，把分散经营的商品生产者同社会化大市场连接起来。这是商品经济发展过程中必然要出现的社会分工。目前各地涌现的不同形式的产供销一条龙、贸工农一体化的经营组织，是商品经济发展中的新生事物，发挥了很好作用。

从各地的经验来看，一般是有两种做法，第一种做法是，县乡两级政府的有关经济技术部门转变职能，独立的或联合的为农业提供多种多样的社会化服务，逐步办成经济实体，自给自足，减少财政负担，待条件成熟时再从行政机构系列中分离出来，向企业化转变，做到"小政府，大服务"，这是县乡政府机构改革的方向。第二种做法是，更多的地方，现阶段则应提倡县乡政府的农工商等多种部门和多种企业，组织商品生产的"大合唱"。就是说，要突破隶属关系的界限，突破不同所有制的界限，突破行政区划的界限，农工商贸各行各业有机地联合起来，为农民提供产供销系列服务，实行贸工农一体化经营。这也是一个改革性的突破。这个突破，谁也不代替谁，谁也不吃掉谁，妙在联合。这样，参与联合的各个单位的上级领导机关都能接受，而且又解决了现实条块分割、产销脱节、制约商品经济发展的困难，使多种部门、多种服务功能、多种服务手段集结一体，优势互补，形成商品经济发展的合力，为农民提供产前、产中、产后系列化服务，不再是过去那种"铁路警察，各管一段"的局面了。这种做法是适合我国的国情的。因为我们国家大，财力有限，如果大家都各自为战，样样从头搞起，项项自己拿钱，也没有那么多的资金，又重复建设，事倍功半。所以要提倡"大合唱"的经验。这类经验，不仅解决了当前商品经济发展中的难题，而且经过一个阶段的实践之后，将为县乡体制改革打下基础，为向第一种做法过渡创造条件。为了结成散不了，垮不掉的"合唱队"，必须坚持互惠互利的原则。产供销、贸工农一体化的多部门结合，就有一个利益调节问题。如果有的有利，有的没利，没利的就会洗手不干，合唱队就唱不下去了。一般是加工企业利润比较高，其他环节的利比较薄，有的甚至没利，相互之间需要有个调节。有些地方联合体的联合不持久，有的半途而散，生产不能稳定地发展，就是利益调节没有解决好。要结合得持久稳定，结合得富有活力，就得有"黏合剂"。这个"黏合剂"就是调节利益关系，就是"合唱队"成员之间要搞互利互惠，共同发展。

同时，县乡政府还要改变领导方法，解决适合领导大合唱的指挥问题。过去是分管生产的就是管生产，分管资金的就是管资金，分管物资的就是管物资，分管销售的就是管销售，大家各管一段。现在有些县在领导方法上有所改革，就是根据经济发展的需要，按产业、按产品组织实施商品经济的领导，形成了一种新的领导方法。譬如有的县建立了粮食、棉花、蔬菜、畜牧、果品专业领导小组，分别由一名县级负责人任组长，有关部门负责人任成员，各围绕一项产业专抓专管。既抓生产，又抓流通，实施全面领导和全程服务。专业领导小组的建立，不仅形成了适应商品生产要求的领导体系，强化了指挥服务功能，而且较好地避免了部门间的摩擦，理顺了条块关系，推进了贸工农一体化经营。为了推动这方面工作的开展，最近国务院决定，国营商业、外贸企业、供销合作社、农产品加工企业、农业（畜牧、水产）科技推广部门、乡镇企业等部门和单位，凡有条件的都可以不受行政区划的限制，牵头或参与产销一体化经营活动。国家统一经营和国家定购部分以外的农产品，可以通过产销一体化经营组织，使产区与销区挂钩，以销定产，签订合同，建立稳定的供求关系，形成合理的区域分工。

有了商品通向市场的组织和渠道以后，建设市场就是重要的问题了。这是农业由产品经济转到商品经济所面临的一项新任务。我国农副产品除了关系国计民生的少数几个品种由指定部门统一经营和国家定购部分以外,绝大多数已转入指导性计划管理或市场调节的范围中。适应改革需要,近些年农产品的市场建设有较快发展,对促进农产品流通发挥了积极的作用。但是,面对多种多样的、数额巨大的农副产品,要实现在全国范围内顺利交换,货畅其流,现有的市场还是远远不够的。因此,必须继续发展多种形式的农产品初级市场,同时有计划地建立若干主要农产品的国家级和区域性的批发市场,逐步形成以批发市场为中心的农产品市场体系,形成网络齐全、功能完备、交易活跃、高效统一的市场运行机制。批发市场的建设,应在政府统一组织协调下,有关部门参加,做出发展规划,保证布局合理,避免重复建设,并纳入经济、社会发展的总体规划,作为公共事业来办。鉴于国家资金有限,应在统一规划下,鼓励多方兴建,多渠道筹资,调动各方面兴办批发市场的积极性。但要防止向企业和农民摊派,增加负担。现在批发市场多为现货交易,在此基础上,对于重要的大宗农产品,应逐步引导向中远期合同和期货贸易发展,这是避免农产品产销脱节、大起大落的重要问题,有利于农业的持续稳定发展。

我国幅员辽阔,不少地方交通不便,要适时地把农民生产的商品集运出来,销售出去,必须建立多渠道、少环节的流通体制。供销合作社和国营商业是公有制经济在农产品流通中的主导力量。要搞好流通,就必须办好供销合作社和国营商业。目前,供销合作社和国营商业遇到了许多困难,出现了市场占有份额缩小、经济效益下降的严峻局面。造成这些困难的原因是多方面的,其中最根本的是企业缺乏活力,在多渠道、多成分的激烈竞争中处于不利地位。改变这种状况的根本途径,在于深化改革,转变经营机制,在改革中求生存,在竞争中求发展,增强企业活力,充分发挥在农产品流通中主导地位的作用。在继续坚持发挥供销合作社和国营商业主渠道作用的前提下,还要鼓励农村集体经济组织和农民个人以多种方式组织起来进入流通领域,这不仅有利于搞活农产品流通,而且对发展第三产业具有重要的意义。据有关资料介绍,在农业发达的美国,一个农业生产者,为其提供产前服务的有3人,产后服务的有9人。我国的情况恰恰相反,生产者大大剩余,为生产提供服务者严重不足。我们应当运用各种形式组织和引导农民进入流通、服务领域。

商品经济的基础是社会分工。随着农村商品经济的发展，直接从事农业生产的劳动力所占的比重将会逐步减少，转入流通服务和其他非农产业的劳动力会越来越多，逐步改变目前大批劳动力困守在狭窄耕地上的畸型结构，这是必然的发展趋势。农村商品经济的发展牵动劳动力向流通服务领域转移，劳动力的转移又将促进经济的进一步发展，这是相辅相成、互为推动的关系。我们应当因势利导，积极采取相应的政策和措施，引导劳动力的合理转移，促进新型产业的创立，推动国民经济的全面发展，这对增加农民收入，实现小康目标，进而逐步实现农业现代化，具有重要意义。

三、关键是加强宏观调控

在社会主义有计划商品经济中，农产品无论是指令性计划管理的，还是指导性计划管理的，以及完全由市场调节的，总的来说，都应当是有计划的，要做到总供给与总需求的基本平衡。就搞活农产品流通来说，必须在计划经济与市场调节相结合的原则下，加强政府的宏观调控，促进余缺调剂，实现产需平衡。

1990年国务院决定建立专项粮食储备制度，就是宏观调控的一项重大措施。按照马克思的观点，没有储备，就没有流通。农产品生产是季节性的，而市场是需要周年均衡供应的；农产品生产基本上是露天作业，受自然条件的约束比较强，有丰年、平年，也有歉年，而市场供应是年年都不能短缺的，而且随着人口增加和人民生活水平的不断提高，市场消费量还要不断增长。因此，除了发展生产外，必须建立农产品的储备制度，解决季节调节、丰歉调节问题，以保持市场稳定，保护生产者和消费者的利益。同时还有重要的战略意义。由于我们国家大，除了中央储备外，地方也要有一定的储备，经营者和生产者也要有储备，建立多级储备体制。除了粮食储备外，对其他关系国计民生的重要农产品，亦应保持适量的储备。今年我国发生这么大的洪涝灾害，没有饿死一个人，没有成批灾民外流，市场粮食不缺，粮价稳定，社会稳定，很重要的一条是手中有粮，心里不慌。去年建立的专项粮食储备制度已经显示出巨大作用。

　　加强储藏、运输等基础设施建设，是实行宏观调控的重要手段。由于我国过去基本上是吃当年粮，不少年份还要吃点进口粮，仓储设施不足的问题，不是很突出。遇到近几年这样连续丰收，仓储设施就显得严重不足，又年久失修，普遍出现了储粮难。储不了，就收不进，又造成农民出售难。因此，国家决心加强粮仓建设，"八五"期间将要增加数百亿斤的仓储能力。国务院还决定，今后国家基本建设计划中，要较大幅度地提高农产品流通设施的建设投资比例，对重要的储备库和公路建设由国家和地方安排专项资金。除了中央、地方和经营企业进行储藏设施建设外，应当放开政策，鼓励集体和个人建设储藏设施，经营储藏业务，同时允许各行各业仓储设施向社会开放，实行栈租制，按企业化经营，把储藏设施作为一项产业来办，改变单纯依赖政府的传统做法。运输是生产过程在流通过程内的继续。我国交通运输落后也是影响流通的一大难题。发展交通运输事业是90年代国民经济建设的一个重点。当前，除了大力挖掘铁路、公路、水路运输企业潜力，充分发挥其作用外，要放开政策，积极鼓励发展集体的、民办的运输力量，作为社会主义运输事业的有益补充，并加强管理，保护其合法经营活动。总之，我们国家大，财力薄，办任何事情都要考虑调动各方面的积极性。

　　为了建立全国统一的农副产品市场，促进商品流通，保持市场的供求平衡，政府的有关部门要加强市场需求的预测，了解和掌握各地市场的价格和供求情况，通过有效形式及时向农民和运销企业发出信息，引导生产和流通。据一位美国经济学家介绍，美国早期的做法是每天早晨通过收音机把全国市场情况、农产品价格告诉各地农民，使大家了解市场行情，促进流通。这有一定道理。只有大家了解了各地市场的供求状况，了解了哪里价格高，哪里价格低，才能及时进行余缺调节，把商品经营搞活。我们现在面临的问题，一方面是市场发育不足，产销双方接触少，流通不畅；另一方面，对市场缺乏计划指导，如需求预测、提供信息、组织和引导产销挂钩等服务跟不上。农产品基本上停留在现货交易上，农民往往凭着感觉走，看见生产什么赚钱，大家一拥而上，很快出现生产过剩。有些地方，对市场需求缺乏准确预测，盲目号召生产什么，不生产什么，常常出现引导过剩，过剩的结果是"谷贱伤农"。更有甚者，有的地方内、外贸经营单位，东西少时抬价、提级、加奖抢购，生产刺激起来以后，市场一旦发生变化，又撒手不管，甚至签了合同也不算数，风险全压在农民身上。以上种种，常常造成生产大起大落，供求关系动荡不安，伤害生产者和消费者利益。我们是社会主义有计划商品经济，应当把握总量平衡，尽可能消除市场调节的盲目性给生产和供应造成的不利影响和损失。解决这个问题的关键，在于准确预测市场需求，力争做到以销定产，实现产需平衡。

为了有利于商品流通，还要采取行政的、法律的手段，打破地区封锁，撤掉一切滥设的关卡，制止一切乱收费、乱罚款的不法行为，维护农产品的正常流通秩序，在全国范围内做到东南西北，货畅其流，繁荣市场，丰富人民生活。农产品流通涉及农业、商业、外贸、财政、金融、工商、税务、公安、交通等许多部门，应由各级政府加强领导，做好组织协调工作，促进多部门通力合作，相互支持，步调一致，把深化改革，搞活农产品流通的事情办好，促进农村商品经济的更大发展。

农科教与企业联手推动农业产业化经营[*]

（1997 年 10 月）

首先对中国农学会召开的全国农科教与企业联姻研讨会表示祝贺。这次会议的题目定得好，农科教结合本来就很好，又与企业联姻，携手推进农业产业一体化经营就更好。还可以考虑，在联姻的基础上逐步兴办技术成果市场，使产需见面，供求结合，科技成果就可以加速转化为生产力。

农业发展靠科技，科技推广靠人才，人才培训靠教育。这三句话反映了农科教结合是建设现代农业的一个规律，是中国以及世界上农业经济发达国家的共同的实践经验。我国去年发表了粮食白皮书，向世人宣告，中国能够主要依靠自己解决人民的吃饭问题。为什么敢这样说呢？就是寄希望于科技。回顾新中国成立以来近半个世纪，人口增加 6.8 亿，耕地增减相抵净减少 0.44 亿亩，人均占有耕地由 2.7 亩降低到现在的 1.16 亩。为什么能够创造出以占世界 7% 的耕地养活了占世界 22% 的人口这一举世瞩目的成就？归根到底就是依靠现代科技和物质投入提高了耕地的产出量。现在每亩粮食产量是解放初期 4.4 倍，一亩顶过去 4 亩多。从这个意义上讲，科技就是耕地的替代品。

中国人多地少，依靠科教兴农更具有特殊重要的意义。近几年农业连续丰收，粮食年总产量已达 5000 亿公斤左右，究其原因，一是党中央、国务院一系列加强农业政策的成功，二是依靠了科技和教育的力量。事实胜于雄辩。原来对中国粮食持悲观态度的美国世界观察研究所所长布朗先生，于今年 3 月份在瑞士召开的一次国际著名的年度性科技论坛

---

　　* 本文系 1997 年 10 月在全国农科教与企业联姻研讨会上的发言，原载《中国农学通报》1998 年第 1 期。

会的招待会上说："我吃惊地发现，《华盛顿邮报》使用'中国将使世界挨饿'的标题取代了我原书的标题，我未授意《华盛顿邮报》这样做，我的书也没有隐含这样的意思。"美国《科学周刊》8月22日发表一篇文章，标题是"重新播种绿色革命的希望"。文章提出人类最终能够养活自己吗？经与非洲、亚洲、欧洲和北美的培育植物者、农作物生理学家及遗传学家咨询的结果是：人类最终能够养活自己，科学是可以养活世界人口的。怎么依靠科学养活世界人口呢？文章提出的途径是，通过开发"精密耕作"技术，使每一块耕地单位面积产量的潜力得到挖掘。何谓"精密耕作"技术？文章说是指从播种到收获整个过程中的每一个步骤都加以优化的方法。这与我国几十年来创造的模式化高产栽培技术的实践类似。可见，世界上有识之士所见略同。

怎样把科技成果运用到实践中尤其是农业产业一体化经营当中呢？这次会议提出农科教与企业联姻，合力推进农业产业一体化经营，就是一条重要途径。

我国的农业已进入了新的发展时期。新时期的标志之一就是实现农业产业一体化经营，使整个农业形成贸工农一体化的完整产业体系。这是农业发展的方向。如何使农科教与企业联手，合力推动农业产业一体化经营，我这里提出三个问题，与大家一起讨论。

一、农业产业一体化经营要真正使农民得利

近年来，各地农业产业一体化经营如雨后春笋般地发展，形势很好。那么，如何引导它更好发展，重要的问题就是要真正使农民从中得利。这是农业产业一体化经营的题中应有之义。农民得了利，农业产业一体化的发展才有活力，才有生命力。目前，农业产业一体化经营的龙头企业，在原料问题上与农民大都是一次性买断的关系，农产品加工、流通所得利润，与农民无干了。龙头企业仅仅是解决了农民卖难问题，为农民提供一定的产前和产中服务，这也好。但我们所说的真正让农民得利，还不能到此为止，是要农民分享加工、流通环节的利润，获得农产品的延伸效益。这样才能使种地种粮的农民增加收入，也就是我们常说的提

高农业的比较效益。不然的话，产业化与不产业化，农民都是出卖原料，没有根本变化，他就觉得意思不大了。要做到这一点，就要鼓励、支持农民采取合作制的办法，联合起来搞加工、流通。供销合作社是农民自己的合作经济组织，乡镇企业是农民自己的企业，应带头兴办农产品加工、流通龙头企业，中西部的乡镇企业更应如此。乡镇企业要在过去以加工补农和以工建农的基础上，走向以工带农的新阶段。现在，对各种形式的龙头企业搞农副产品的加工、流通都欢迎，同时要鼓励和引导非合作制的龙头企业，运用合作制的办法处理与提供原料的农民的利益关系。有人说，原料作为初级产品入股，龙头企业加工销售后再算账，再给农民分利，农民心里不踏实，担心企业赔了怎么办，不情愿。这个问题也有解决办法，就是有些地方采取的"一次买断，二次结算"。就是说，买农民原料的钱照付，加工、销售后的利润再做分配。这样，原料钱农民先拿定了，尔后还能分得加工、流通的利润，他就高兴了，接受了。龙头企业把原料生产当作自己的"第一车间"，农民把龙头企业看成自己的企业，结成了真正意义上的利益共同体。

二、农业产业一体化的发展要着力建设
一批现代化的有一定规模的龙头企业

现代化就要高起点。用先进的加工技术和装备来武装龙头企业，推向市场的产品才有较强的竞争力，这就要依靠科技了，要农科教与企业联姻了。龙头企业不能遍地开花，乱上一些小项目，搞重复建设。要合理布局，建设有一定规模的龙头企业。这样起点高、规模大，才能取得好的效益。现在农业产业一体化热度很高，特别要注意这个问题。从前国有企业出过这个毛病，乡镇企业也出过这个毛病，现在农业产业一体化决不能再来一个新一轮的重复建设。

三、培养一批高素质的人才

无论是农产品的生产、加工和流通都需要人才。人才从哪里来？一

是搞好基础教育，这是长期的。二是现在回乡的高中生、初中生很多，不少人都有三五年的劳动实践，农业中专应选招他们，通过专业培训，将是如虎添翼。农业大专院校也可以考虑开办短训班，培训农村有文化、有实践知识的优秀青年。不然学了文化知识，而没有专业知识、没有管理才能，在农村也发挥不了作用。农村经过多年来的改革开放，还涌现了一大批能人。这些能人，是农村经济的增长点，是带领农民致富的火车头，是发展龙头企业的希望。对这些能人进行必要的现代技术和管理知识的培训，就可以在发展农业产业一体化经营中发挥领头雁的作用。

农业产业化经营与供销社的改革发展*

（1998 年 8 月）

　　党的十五届三中全会通过的《中共中央关于农业和农村工作若干重大问题的决定》把农业产业化定位在"是我国农业逐步走向现代化的现实途径之一"，定位是很高的。农业产业化在全球来说，都是发展农业、农村经济，实现现代化的主流。根据我们国家经济发展的要求和十五届三中全会精神来看，我国实现农业、农村经济现代化的现实的途径，就是在家庭承包经营的基础上，采取合作制的方式，联合起来搞农产品的加工和销售，这样，就形成了农业的产业化经营，把农业这个产业的链条一直从田头拉到了餐桌。这才是一个完整的产业，一个高效的产业，一个和二、三产业协调发展的产业。现在农业的链条是半截子，农民搞种养业，种养业的初级产品卖了以后，拿到城市的加工业去加工，而加工、销售以后的利润与农民无关。农业既不是一个完整的产业，也不是一个高效的产业，又不能和其他二、三产业协调发展。现在，农民一年只有2000多元纯收入，城市居民有 5000 多元收入，差距是很大的。解决这个问题，就是要搞产业化，把农业链条从田头一直拉到餐桌，使农业的最终产品从农村出来后，可以直接上餐桌、下炒锅。这样，农业这个产业就是一个完整的产业，不是半截子产业，而且是一个高效的产业。由于把农产品加工、流通利润留在农村，留给农民，农业本身的效益就大幅度上升了，农民的收入就会大幅度提高。在发达国家，农业劳动者的收入与二、三产业等非农产业的劳动者的收入都是旗鼓相当的。农业劳动者的收入能与非农产业劳动者的收入做到旗鼓相当，就实现了马克思所说的，不同产业劳动者的都能拿到社会的平均利润率。这样各个产业才能稳定、协调发

　　* 本文系在河北考察时的谈话要点，原载《河北供销信息报》1998 年 11 月 23 日第 1 版。

展。现在，搞农业的收入比搞非农产业的收入低一大截子，所以，农村稳不住，不愿搞农业，人往外走，这影响了农业的稳定，影响了农业这个基础产业与其他产业的协调发展。解决这个问题，消灭城乡差别，消灭工农差别，实现农业现代化，就是要走农业产业化经营这条路。

农业产业化本质的要求，就是要农民分享加工和销售环节的利润。现在，大家对这个问题的认识是有差别的，有的认为有一个加工、购销龙头企业，带动农民去发展种养业的初级产品，能够联起来就是产业化。联起来是好事，能够解决农产品的卖难，把产品销售出去。但产业化的本质要求没有实现，农民的初级产品仍然处于一次买断，加工、流通的利润农民没有分享。这样，农业仍然是一个不完整的产业，不是高效的产业，难以和二、三产业协调发展。

农业产业化的本质就是要让农民得利，得利形式就是让提供原料的农民得到加工、流通环节的利润，实现途径就是合作制。只有合作制，才可以做到这一点。其他常规的、传统的商业经营方式，都是一次性买断，不给农民返利的，实现不了产业化本质的要求。我在吴桥看的铁城辣椒专业合作社，做得就很好。收农民的辣椒每公斤9—10元，专业合作社得到的利润，再按农民交给专业合作社辣椒的数量返还，每公斤再返还2元钱。所以说，合作制是实现产业化本质要求的基本经济制度和经济形式。合作制能够在中国实现农业产业化，进而实现现代化的过程中作出重要贡献。

河北省供销合作社三年来向农业产业化进军，这个大方向是完全正确的，取得了很大成绩。我从北京到霸州一直到石家庄，一路下来，专业合作社和龙头企业到处可见，确实取得了很大成绩，并且积累了丰富的经验。这就为农村经济的发展，为供销合作社事业的改革与发展，作出了重要的贡献，引起了省内外的关注和重视。几年的工夫，取得了很好的成绩，积累了丰富的经验，应该很好地总结一下。河北省供销合作社进军产业化，我看了以后，很受启发的有以下几个方面：

第一，供销合作社进军产业化，推动了农业的产业化经营，促进了农业和农村经济的发展。如霸州蔬菜20万亩，有10万亩是供销合作社带动发展的。任丘800万只鸡，有500万只是供销合作社组织发展的。

献县绣品厂带动了 5000 多户，这是一个没有院墙的大企业，为农民脱贫致富作出了很大贡献。东光县 70 万只兔子，全是供销合作社搞起来的，还有鹿、小尾寒羊。供销合作社在推进农业产业化经营、促进农业和农村经济发展中的成果非常明显。

第二，供销合作社进军产业化，给农民带来了收入的大幅度增加。去年，全省供销社为农民增收 3 个亿，返利 1000 多万元。解决了农民卖难的问题，使农产品能及时进入市场换回货币；由于是合作制经济，又适当向农民返利，没有返利的地方也都在价格上给农民优惠，增加了农民收入。你们说"富民兴社"，这是很确切的。

第三，供销合作社进军产业化，使自身从中获得了新生。我每看一个龙头企业或专业合作社，都考察它的出现给原来的基层社、县级社带来了什么变化，结果都是带来了业务的扩大，利润的增加，人员的分流就业，原来资产的盘活利用，社风社貌、精神面貌都焕然一新。可以说，供销合作社在进军产业化当中获得了新生。

第四，供销合作社进军产业化，在某种意义上来讲，是参与了农村双层经营体制的建设。所谓双层经营，是指以家庭承包经营为基础，它之上还有一层，过去只限于集体经济的统一经营、服务。而我看，供销合作社进军产业化，是进入了双层经营的服务层。每一个专业合作社、龙头企业，都向农户提供系列化的服务，从提供优良品种、技术指导，到按保护价格收购、加工和销售产品，一个龙头企业、一个专业合作社下面都联结了几十户、几百户、上千户、上万户农民。双层经营在农业产业化当中得到了一些新的发展，就是跨出社区实行更大的联合与合作，为更大范围的农民提供统一经营性的服务。供销合作社进入了双层经营的服务领域，而且这个领域远远超过一个村这样的小社区统一经营、服务的范围。我个人认为，双层经营的服务层，事实上有了新服务发展，不局限于社区集体经济所搞的服务，还有合作经济的服务，而且它可以跨社区，为大范围的农户提供统一经营性的服务，这是一个新的发展。

第五，供销合作社进军产业化，使农业社会化服务体系建设有了一个可靠的载体。农业产业化发展当中的龙头企业和专业合作社，承担了农业社会化服务体系建设的重任。怎样建设社会化服务体系？只空喊不行，要有具体途径、具体载体。这个具体途径就是产业化，具体载体就是龙头企业和专业合作社。这次看的所有的龙头企业和专业合作社，都是向农民提供系列化服务的。我刚才讲的良种供应、技术指导、制定保护价格，对产品的收购、加工、推销，都是这种系列化的全程服务。农业和农村经济社会化服务体系，通过产业化有了龙头企业和专业合作社后，就有了解决的具体途径和形式。

从宏观上来讲，供销合作社进军产业化，发挥了以上五个重要作用。那么，供销合作社是如何在农业产业化中获得新生呢？

第一点，在进军产业化中实现了转轨，找到了与农民新的凝聚点。过去是单纯的商业经营，现在转向合作制的轨道，解决了过去"联合社不联合，合作社不合作"的问题。

第二点，在进军产业化中扩大了自己的经营业务量。抓住了农业和农民在农产品生产、加工和销售环节上迫切需要解决的问题，方向对了，就大大发展。过去的业务量，农产品购进额占社会购进额的比重由51%降到了16%，占商业部门购进额的比重由55%降到26%。这次调查研究，我们看了10个基层社，进军产业化后，都进入农业和农村经济发展的主战场，业务量大大增加，利润也提高了。调整了经营结构，自身就发展起来了。

第三点，在拓业分流方面发挥了重要的作用。在向产业化进军以后，供销合作社的一些富余人员都有用武之地了。"拓业分流"这个提法很积极，不用下岗了再待岗，再去找新岗位。拓业分流是在进军产业化中扩大自己的业务量，自然就解决了人员分流问题。

第四点，盘活了原有资产。进军产业化后，业务量增加了，战场扩大了，原来闲置的资产盘活了，得到了充分利用。

第五点，进军产业化后供销合作社的地位和状况发生了变化，又恢复到了"黄金时代"。沿途参与产业化经营的供销合作社，都是朝气蓬勃，干部精神面貌焕然一新，地方党政对他们的工作都给予高度评价，给予很大的关注和支持。

供销合作社在进军农业产业化中，有以下几个问题值得进一步探讨和研究。

第一，强调分利和民主。给农民返还利润，使之成为受益者；实行民主管理，使之成为决策者。这两条能不能做好，是关系供销合作社改革的关键。这次看到的专业合作社都分利了，龙头企业有的分利了，有的还是买断，有的给了些优惠，但没有分利。分利作为一个方向，逐步做到，也不能急。但是，这个方向要明确，没有这一条，合作制的优越性就体现不出来，农业产业化的本质就体现不出来。

第二，重视跨社区的发展。吴桥铁城镇辣椒专业合作社，除了在铁城这个镇范围内发展外，根据镇外农民的要求又在其他乡镇布了 5 个点，突破铁城，进入其他乡镇，甚至山东德州的农民也跑来要求跟他们挂钩。这种发展方式，符合经济发展规律，而且能够推动基层社之间展开竞争，谁有能耐，谁有办法，谁就可以得到更大的发展。过去，总是规划中心社怎么建立呀，基层社搞合并呀，不如采取这种竞争的方式，自然形成中心社，形成大社，这是很重要的。

第三，借鉴国外经验，在专业合作社和龙头企业之上建立专业协会。龙头企业多了，能否在一个地区、在全省逐步成立各种协会。通过协会的办法，把相同的产业、相同的龙头企业联合起来，自己协调产业的发展，解决发展中的困难和问题。而且可以通过协会统一研究发展过程中需要解决的问题，向政府和社会有关方面反映。这样，基层社抓专业合作社，县级社抓龙头企业，省、市社抓协会，三层整体推进。

第四，探讨各种形式的联合与合作。党的十五大和十五届三中全会提出了劳动的联合和资本的联合。从下边看，还有产品的联合与合作，即专业合作社把农民的产品集中起来，通过加工、销售，有的地方是给所有提供初级产品的农民都返一点利，有的地方是社员多一点、非社员少一点。还有在新河听到的，农民自愿把农产品给你，用产品入股。这就是说，我们有资本的联合、劳动的联合，是否还可以有产品的联合。这是一个新问题，值得探讨。

第五，关于把基层社办成专业合作社的联合社问题。专业合作社发展后，基层社成为专业合作社的联合社，这个设想很好。现在，基层社又出来一个专业合作社，基层社部分人员、资产进入了专业合作社，能否形成联合社，希望今后在发展过程中继续探讨。

扩大农民就业在于支持农村能人创业[*]

（2001 年 3 月）

农民收入上不去，负担下不来，消费一蹶不振，是关系全局的大问题。三者之中收入是打头的。收入上去了，消费随之上扬，七亿农村人口将成为扩大内需、拉动国民经济持续发展的巨大力量。

增加农民收入的关键在于扩大就业。当前，在农民继续到乡镇企业和外出打工就业的同时，应当积极开辟新的就业领域，多渠道转移农村剩余劳动力。特别是当前到乡镇企业和外出打工就业幅度下降的情况下，开辟新的就业领域更为迫切。

扩大就业的广阔天地是使过多的农业产中劳动者向产前、产后的服务业转移。现在农村一方面是人多没事干，另一方面是有事缺人干。缺人干的事主要是农产品的推销、加工，以及为生产提供信息、技术、良种、市场、中介服务等。农村人多是多在生产领域，为产前、产后服务的人寥寥无几。这些服务靠城市工商企业、农村供销社是远远满足不了需求的，根本的出路是鼓励和引导农民分工分业，即从生产领域分流出大批人马，进入产前、产后的服务业，把这个缺口补起来。这样，第一，可以尽快打破农产品卖难的困扰；第二，有利于增加农民收入；第三，可以沟通产销关系，带动农业结构调整；第四，产前、产中和产后三个环节连为一个链条，发展了产业化经营；第五，为生产服务的产业发展起来，并相对向小城镇集中，使小城镇的发展以繁荣经济为前提，使农民先有就业岗位再转为城镇居民。一举数得。这种发展模式的特点是，把扩大农民就业与农业自身发展的需求紧密结合起来，使新生的乡镇企业驶入为农业服务的轨道。从世界上发达国家的情况来看，从事产前、

---

[*] 本文系 2001 年 3 月在一次研讨会上的发言。

产后服务的劳动者远远超过产中劳动者。如果我国从事农业产中劳动者的大头转向农业和农村的服务业，将从根本上改变农业和农村面貌，改变农民低收入状况。

农村能人是带领农民向农产品加工业、推销业及其他服务业转移的火车头。经过20多年的改革开放，一部分具有一定专长和善于经营的能人已经先富起来了，并且都有进一步发展的意愿。其中有些人，在个人致富的基础上，或扩大种养业经营规模，或办起了农产品加工、销售等企业，包括农产品出口企业，以不同形式带动更多的农民就业，发展商品生产。这些能人可以说是农村的宝贵财富，是重要的人才资源，发展农业产业化经营的龙头企业，带动农业结构调整，扩大农民就业，增加农民收入的希望主要寄托在他们身上。城市工商企业导入农业，以公司加农户的方式带动农业发展是十分重要的，但毕竟是少数，难以满足偌大农村的需要，因此，大量的龙头企业还是要依靠农村的能人来创办。

深化农村金融改革是支持能人兴办龙头企业的关键。能人办企业最需要的是金融支持，但他们最困难的又是难以得到金融的支持。其深层原因是农村金融服务与农村经济发展的需求相差甚远。金融服务滞后，制约着农村经济发展，进而制约着农民扩大就业和农民收入增长。朱镕基同志今年3月5日在九届全国人大四次会议上的报告中提出，要继续深化农村金融改革，积极探索适应农村经济发展要求的农村金融体系，是完全正确的。现在，农业银行为农业放贷减少了，在基层的网点收缩了，农村互助基金会撤销了，信用社的改革搞了多年，至今没有成功，农民贷款空前困难，不少地方民间高利贷盛行。很多农村能人，就是因为缺少资金，想干一番事业又干不起来。已经干起来的，往往因为资金不足，一直停留在小打小闹的基础上。农村能人创业兴旺不起来，农民扩大就业是不可能的。因此，今年农历初五刚过，民工潮即滚滚而来，大批农民涌向城市，寻求就业机会。现实情况说明，改变农村金融现状迫在眉睫。改变农村金融现状，必须采取坚决有力的措施。中央早就提出，要把信用社改革为真正是农民自己的合作金融组织，但时过多年，至今没有改过来。农村自办的互助基金会撤销了，信用社改革又没有成功，农民指靠谁呢？岂不贻误大事！应当总结教训，采取断然措施，加快信用社改革。国有农业银行，既然定性为农业银行，不能因为改为商业银行而脱离为农服务的大方向，不能收缩为农服务的合理网点，应当和改革后的信用社一起，担当农村金融的主力军。朱镕基同志报告中提出，其他金融机构要加强对农业和农村经济的支持，是完全正确的，但应当规定支持的具体要求。世界上有些国家，规定非农业金融机构每年放贷总额中要有一定的比例用于农业，这种做法值得借鉴。还有，多年来农村信用社各项存款大大高于农户贷款，资金净流出的问题一直没有得到解决。国家财政用于农业的资金有限，农村金融资金又不能"取之于农户，用之于农户"，是不利于加强农业基础地位的。此外，还要促进资本市场对农业的支持，对够条件上市的农业产业化龙头企业，应优先批准上市，为增加农业投入开辟新途径。总之，对农村金融方面存在的种种问题，应通盘考虑，系统解决，支持农业和农村经济发展，扩大农民就业领域，增加农民收入，进而实现扩大内需、促进国民经济持续发展的宏观目标。

生态建设篇

环境保护与农业的可持续发展[*]

（2004 年 10 月）

20 世纪 90 年代中期以来，我国农业发展取得了辉煌成就，主要农产品的供求关系从长期短缺转变为总量基本平衡、丰年有余。以此为标志，农业发展进入以结构调整为主线、以增加农业收入为基本目标、走可持续发展道路的新阶段。新阶段农业结构战略性调整的重要内容，是利用农产品供给充裕的有利条件，对农业生产中一系列不利于环境保护的行为，主要是对农业资源的过度利用，如毁林开荒、毁草种地、围湖造田等过度农耕行为进行纠正，推动农业走上"优质、高产、高效、生态、安全"的可持续发展道路，既发挥农业为衣食之源的产业功能，又发挥农业改善环境的生态功能。

在新的发展阶段，我国农业和农村经济要走可持续发展道路，必须在发展战略上进行历史性的重大调整。

一是利用粮食等农产品供给充裕的条件，在长江上游、黄河上中游及其他生态脆弱地区大规模实行陡坡耕地退耕还林还草，在长江中游地区实行退田还湖，在西北部草原实行退牧还草，增加林草植被和湿地，加强生态恢复和建设。

长期以来，我国农业发展史，实际上是一部边际土地开垦史。特别是明清时期，大力开荒造田、扩大耕地面积是应对人口增长的主要手段之一。在明清时期，人烟稀少甚至人迹罕至的山区是农业开发的重点区域；在河湖纵横的地区，人们与水争利，围垦湖面以及滨江濒湖的洲滩；在东部沿海地区，人们采用围垦荡地的办法以扩展耕地；在北方农牧交汇地带，通过屯垦戍边、移民实边、放垦蒙地，也进行了大规模垦殖。

---

* 本文原载《求是》2004 年第 5 期。

20世纪50年代以来，先后在黑龙江三江平原、新疆和华南地区有计划地组织大规模垦荒，在其他江河、荒原、沼泽和丘陵地区也开展了规模不等的垦殖活动。1952—1990年，全国累计开垦荒地53772万亩，其中80%是1970年以前开垦的。草原地区由于牲畜超载、过度放牧，草原退化严重。

过度垦殖、过度放牧带来一系列问题。一是导致水土流失。据第二次水土流失遥感调查，20世纪90年代末，全国水土流失面积达356万平方公里，占全国总面积的37.1%，其中水蚀165万平方公里，占全国总面积的17.2%；风蚀191万平方公里，占全国总面积的19.9%。二是导致江河行蓄洪能力下降。仅20世纪50年代以来，鄱阳湖区便围垦了620万亩湖区面积，2000多公里长的湖岸线缩短了近一半，湖容损失45亿立方米。特别是长江重要调蓄洪区的第二大淡水湖洞庭湖，也因围垦缩小面积3成多。1998年，长江流域发生特大洪涝灾害，直接经济损失达1245亿元。引发长江水灾的一个重要因素是围湖造田。三是导致草原退化严重。目前天然草原产草量平均比20世纪60年代下降40%—50%，草原平均超载30%—50%，个别地区高达300%。草原生态环境局部改善、整体恶化的趋势尚未得到扭转，草原退化以每年3000万亩的速度递增。这些问题已引起各方面广泛关注。现在必须利用20世纪90年代中后期粮食等农产品充裕的有利条件，实施大规模退耕还林、退田还湖、退牧还草生态建设工程。

退耕还林。1999年开始在四川、陕西、甘肃三省试点，2002年全面实施，已累计完成退耕还林4770万亩，荒山造林4877万亩，中央投入累计达232亿元。规划在2010年前退耕还林2.2亿亩，宜林荒山荒地造林2.6亿亩。工程建成后，工程区将增加林草覆盖率5个百分点，水土流失控制面积13亿亩，防风固沙控制面积15.4亿亩。这是50多年来，我国涉及范围最广、任务量最大、农民参与度最高的生态建设工程。

退田还湖。1998年以来，为治理长江水患，我们实施了"平垸行洪、退田还湖、移民建镇"的方针。5年来的"退田还湖"，已使第一大淡水湖鄱阳湖面积由3950平方公里"长"到了5100平方公里，第二大淡水湖洞庭湖面积增长了 35%，恢复到 60 年前的 4350 平方公里。两大湖区为此搬迁的移民相当于三峡移民的 1.4 倍。两大湖泊的扩容，改善了长江流域的生态。目前，长江干流水面恢复了 1400 多平方公里，增加蓄洪容积 130 亿立方米。这是历史上自唐宋以来第一次从围湖造田转变为大规模的退田还湖。

退牧还草。从 2003 年起，用 5 年时间，在蒙甘宁西部荒漠草原、内蒙古东部退化草原、新疆北部退化草原和青藏高原东部江河源草原，先期集中治理 10 亿亩，约占西部地区严重退化草原的 40%。"退牧还草"将采取禁牧、休牧和划区轮牧 3 种形式进行，实行草场围栏封育，适当建设人工草地和饲草料基地，大力推行舍饲圈养。力争 5 年内，使工程区内退化的草原得到基本恢复，天然草场得到休养生息，变过牧超载为以草定畜，达到草畜平衡，实现草原资源的永续利用，建立起与畜牧业可持续发展相适应的草原生态系统。

二是利用大陆幅员辽阔、生态类型多样、自然条件差异明显的优势，修正过去不同地区都追求粮食自给的做法，遵循比较优势原则，大力推进有利于环境的农业区域布局调整。

农业结构战略性调整的一个关键，在于优化农业区域布局，即在市场需求的基础上，不同地区凭借各自的比较优势，发展有市场竞争力的产业和产品，实现经济效益和生态效益的最大化。在市场经济条件下，讲求发挥区域比较优势是极为重要的，无区域则无特色，无特色则无优势，无优势则无竞争力。目前不少地方从实际出发，提出发展特色农业，就是这种新趋势的体现。

这样的调整，遵循"有所为，有所不为"的原则，选择和发展当地具有比较优势的产品。从微观上讲，突出了地方特色；从宏观上讲，形成科学合理的生产布局和专业分工。其结果，避免了结构趋同、供过于求、浪费资源，又不能满足市场多样化需求的弊端。当前我国农业东、中、西三大板块的不同结构调整，就是具体体现。在东部沿海经济发达地区和大中城市郊区，面向国内外市场需求，适当减少粮食种植面积，积极发展高价值经济作物，发展有特色的出口创汇农产品；在西部山区，特别是长江、黄河上中游，以及部分湖区、牧区，把不宜种粮的土地退耕还林、还草、还湖，发展高价值的林果业、畜牧业、水产业，发展有特色的生态经济，实现可持续发展；在中部和东北粮食主产区，以东、西部和城市为粮食主销市场，继续发展粮食生产，并以粮食为原料大力发展畜牧业、食品加工业，把粮食大省转变为畜牧大省、食品工业大省，走出一条富民强省新途径，实现农民种粮也能富的愿望。这应是中部和东北粮食主产区坚定不移的发展战略。这样，东部沿海发达地区和西部山区适当减少粮食种植面积，发展特色农业，既可以发挥区域优势，又能增加农民收入；中部和东北地区继续发挥固有的粮食优势，多生产粮食，保持粮食供求基本平衡，保证粮食安全。不同地区各展所长，互为市场，优势互补，提高了农业整体经济效益，又取得了生态效益，还形成了合理的生产布局，调活了全盘。

这样的调整，对生态环境来说，将带来三大明显效益。一是遵循区域比较优势原则，科学合理地进行生产布局，总体上做到宜农则农，宜林则林，宜牧则牧，顺应了自然规律。二是适当调减了不宜种粮的耕地，转向发展林木、牧草、养殖水面，增加了防止水土流失的常绿面积。三是把以农为主的结构调整为农牧结合的结构，畜牧业得到发展，增加大量优质有机肥，必将减少化肥用量。

三是以"优质、高产、高效、生态、安全"为目标，调整农产品品质结构，修正过量使用化肥和农药，推行"无公害食品行动计划"，提高农产品质量和市场竞争力，改善生态环境。

化肥和农药的施用是农业发展史上的重大变革。极大地提高了农作物的产量，缓解了粮食和其他农产品的紧张局面，为经济的稳步发展创造了条件。但是，化肥和农药的过量和不当施用也带来了许多弊端，其中一个最大的弊端是造成了环境污染，导致农业生态系统的失衡。美国生物学家蕾切尔·卡逊著于上个世纪 60 年代的《寂静的春天》，揭示了农药大量施用对环境造成的危害，并由此引发了现代环境保护运动。现在，人们越来越认识到，化肥和农药像一把双刃剑，对农业的发展既有有利的一面，也有不利的一面。特别是过量施用化肥和农药，不仅使有毒、有害物质通过土壤、水体等途径影响环境，而且也影响到农产品的品质和安全性。

为解决这些问题，近年我们提出了发展"优质、高产、高效、生态、安全"农业的要求，在强调农产品数量充足的基础上，更加重视农业的可持续发展和农产品的卫生安全水平。在提高农产品卫生安全水平方面，一个重要举措是推行"无公害食品行动计划"。该计划自 2001 年起在北京、天津、上海和深圳进行试点，2003 年全面实施，主要内容是：以农产品质量标准体系和检验检测体系建设为基础，以"菜篮子"产品为突破口，以市场准人为切入点，从产地和市场两个环节入手，通过对农产品实行"从农田到餐桌"的全过程质量安全控制，用 8—10 年时间，实现主要农产品生产和消费无公害。在该项计划中，重点推广生态防治技术；筛选、推广高效、低毒、低残留化学农药，严禁在蔬菜、水果、茶叶等时限性强的农产品生产中使用高毒高残留农药；推广平衡施肥技术，严格控制氮肥施用量。

四是以推进天然林保护等六大工程为重点，全面开展植树造林、封山育林活动，修正牺牲生态发展经济的老路，到本世纪中叶，使全国森林覆盖率由现在的 16.5%提升到 26%，充分发挥林业的生态屏障作用，重建整个生态系统。

从 20 世纪 80 年代初期开始，我国加强了林业建设，进一步发动全民义务植树，开展重点工程建设。特别是"三北"防护林、长江防护林、沿海防护林、平原绿化等植树造林，使全国人工林达 7 亿亩，占全球27 亿亩人工林的 26%，规模居世界第一。20 世纪后 20 年，林业建设取得较大成绩，实现了森林面积和蓄积量的"双增长"，森林覆盖率从80 年代初的 12%提高到 90 年代末的 16.5%。但从总体上看，目前全国森林面积过少、缺林少绿仍是最突出的环境问题之一。

加强林业，是调整农业和农村经济结构的重要内容。这几年我们大幅增加对林业的投入，在整合以前的建设工程的基础上，启动实施了六大重点工程。一是天然林保护工程，主要是通过严格执行停伐减伐规定，森林队伍变"砍树人"为"栽树人"。使天然林资源得到保护、恢复和发展。二是退耕还林工程，主要是将不适宜耕种的陡坡耕地退出耕作，植树种草，使这些地区的水土流失问题得到有效解决。三是"三北"和长江中下游地区等重点防护林体系建设工程，主要是因地制宜、因害设防地营造各种生态防护林体系,使这些区域类型各异的生态灾害得到集中治理。四是京津风沙源治理工程,主要是通过划定禁牧区、实施生态移民、推行围栏舍饲、开展种树种草、改进耕作方式、合理利用水资源等综合措施,保护、恢复和发展沙生植被,使北京及其周围地区的风沙危害得到有效遏制。五是野生动植物保护及自然保护区建设工程,主要是通过抢救濒危珍稀物种、修复典型生态系统、扩大自然保护面积等措施,使野生动植物资源、湿地资源、生态多样性得到切实保护。六是速生丰产用材林基地建设工程,是前五项工程的基础和前提,主要是通过在自然条件优越、不对生态环境构成影响的地区,采取集约经营的办法,发展各种用材林和其他商品林基地,逐步缓解木材等主要林产品供应紧张的局面,减轻生态保护压力。

以上六大工程,内容涵盖造林绿化、水土流失治理、防沙治沙、生物多样性保护和木材培育,范围涉及全国97%以上的县,规划造林超过11亿亩,将对整个生态环境的改善发挥巨大作用。在加强人工治理的同时,通过封山育林育草,充分发挥自然界自身的恢复功能,寻求低成本治理之路。

五是实施城镇化战略,修正过去的城乡二元结构,以工业化带动农村过量人口向城镇迁移,构筑经济、社会协调发展的新格局,减轻人口对农村和生态脆弱地区资源环境的压力,促进生态系统逐步修复。

人口对环境的影响是多方面的。不仅人口总量超过环境容量会导致环境破坏,人口分布不合理也会加剧环境脆弱地区的环境退化。2002年我国人口城镇化水平仅39%,既低于工业化水平,也低于其他同等发展程度国家和地区的城镇化水平。大量人口滞留农村,使农村环境问题日益凸现。在农耕文明时代,随着人口数量的增加,人类不断从文明的中心迁移到适宜农耕的地方;随着条件优越地方的减少,人类又不断向条件较差、甚至不适宜农耕的边际土地迁移。人类每一次向边际土地迁移,不可避免地要对生态环境造成新的破坏。在"一方水土养不活一方人"的地方,不仅农民生活贫困,而且环境也在继续恶化。同时,分散的乡镇工业造成的环境污染也逐年增加。调整人口布局、乡镇企业布局,是保护环境的必由之路。

　　调整人口布局，最重要的是实施城镇化战略，使人口在工业化和城市化进程中向作为经济文化中心的城镇迁移。实施城镇化战略，是实现农业现代化的基本前提，就我国农村现状看，农业劳动者那么多，农村人口比重那么大，是实现农业现代化的门槛，迈不过这个槛，很难现代化。在人多地少的条件下，即使农产品全部达到优质高产高效，增加农民收入的空间也不大。因此，解决非农化和城镇化严重滞后问题，城乡人口比例严重失调问题，是农业现代化和农民增加收入的根本途径；是实现城乡协调发展、促进整个经济社会发展的长远之计；是改善生态环境，人与自然和谐相处的一条重要出路。在现阶段农村产业结构战略性调整中，不仅要调整农业和农村经济结构，还要相应调整城乡人口结构、农村劳动力就业结构，也就是调整社会结构。这就要发展非农产业，加快小城镇建设，转移农村人口，转移农村劳动力。据预测，2020 年我国将基本实现工业化，城镇化水平将从目前的 39%上升到 55%，农业劳动力比重将从目前的 50%下降到 35%—30%。务农的人少了，才有条件扩大经营规模，使用先进的生产工具和科学技术，提高劳动生产率，增加农民收入，走向现代化。这就是人们常讲的，要使农民增收，就得减少农民；要使农业现代化，就得改变城乡二元结构；要改善生态环境，就得使过多的农村人口向城镇集中。

　　调整人口布局，还须实施生态移民、扶贫移民，使生活在环境极为脆弱地区的农民向生存条件更好的地区迁移，促进生态保护和恢复。早在 20 世纪 80 年代，甘肃省定西地区和宁夏回族自治区西海固地区的部分贫困农民，就在政府的帮助下向条件较好的甘肃省河西走廊及其他适宜的地方搬迁。近年来，长江中游地区在开展退田还湖的同时，还开展了移民建镇，把大量生活在低洼易涝地区的农民迁移到条件较好的地方，既有利于行蓄洪水，又有利于提升农民生活水平。内蒙古、云南、广西等地区，把生活在条件恶劣地方的农民迁移到条件较为优越的地方．既有利于减轻迁出地的环境压力、促进环境改善，又有利于提高扶贫效果、促进农民脱贫致富。

　　坚定地沿着生产发展、生活富裕、生态良好的方向走下去，需注意以下几点：对退耕农民、退牧牧民、生态移民和转产林工要长期给予政策支持，直至扶助他们建立起新的、替代的收入来源，实现经济自立；推进政府主导的重点生态建设工程，必须遵循自然规律和生态规律，因地制宜、宜乔则乔，宜灌则灌，宜草则草，保障乔灌草所有者、经营者依法享有的权益，并要注意加强工程建设的管理，提高公共资源的使用效益；推进农业区域布局调整、促进农产品质量安全水平提高、推进农村人口向城镇转移，必须遵循经济规律，充分发挥市场机制的作用；更新粮食安全观，当粮食和其他大宗农产品出现短缺时，不能走回头路，不能重新毁林毁草围湖种粮，而是应当通过加强基本农田保护、加强农业基础设施建设、加强农业科技研发等途径提高平原和江河中下游地区的粮食生产能力，以及充分利用国际市场。

林业可持续经营与发展战略*

（2002 年 8 月）

为了做好《中国可持续发展的林业战略研究》项目的需要，中国林业专家团，于 2002 年六七月间，对马来西亚、新西兰、澳大利亚三国林业进行考察，寻求可借鉴的经验。三国林业可持续经营与发展情况，对我们确有启发，感触较深的是以下几个方面。

一、保护天然林，发展人工林

市场对木材的需求主要转向依靠人工林提供，是三国的共同趋势。这样的发展战略，有利于实现既加强生态环境建设，又满足商用木材需求的双重目标。

严肃而坚定的保护天然林是三国一致的立场，越来越多的民众也不愿看到对天然林的过度砍伐。新西兰的要求比较严格，他们规定：对国有天然林禁伐，实行绝对保护；私有天然林经农林部发放许可证可以择伐，实行严格控制。澳大利亚提出合理保护天然林的方针。所谓合理，即除对 12%的特殊林种（包括风景林、水源林、防护林等）实行绝对保护外，其余天然林允许合理采伐。马来西亚把天然林列为永久保存林，但允许合理采伐。他们永久保存的概念是：天然林是永久存在的，林中的每一棵树不是永久存在的，不是一棵也不砍的。正是林中树木不断更新，实现着森林的永久存在。这就是他们处理天然林永久保存与合理采伐之间关系的道理。

三国在保护天然林的同时，都大力发展人工用材林。新西兰早在

---

* 本文系对马来西亚、新西兰、澳大利亚三国林业的考察报告，成文于 2002 年 8 月。

20 世纪的二三十年代开始，就利用退化耕地和废弃土地植造人工林，现在已经发展到近 180 万公顷，人工林提供的商业用材已经基本满足国内消费和出口的需求。澳大利亚人工林占全国林地 1%，提供的商用木材占 50%。他们决定继续利用不适宜农用、牧用的土地和矿山复垦土地、荒地发展人工林，要求到 2020 年由现在的 150 万公顷发展到 300 万公顷。马来西亚也在利用退化的稻田和荒地加快人工林的发展，计划由现有的 25 万公顷发展到 220 万公顷，逐步实现商用木材主要依靠人工林提供的目标。

我国是一个少林的国家，生态环境严重恶化，党中央、国务院决定，停止天然林砍伐，大规模实行陡坡耕地退耕还林、荒山造林，总体上对林业实行保护与发展并重的战略，是完全正确的。参考三国情况，今后我国林业的可持续经营与发展，似应提出："严格保护，积极发展，科学培育，合理利用"的十六字战略方针。严格保护，指的是对天然林、野生动植物和湿地等实行严格保护。积极发展，指的是对人工林和其他绿色产业要积极发展。科学培育、合理利用，指的是不论人工林还是天然林，都应当科学培育、合理利用。只讲保护、发展，不讲利用，哪有林区地方政府和亿万林农保护、发展林业的积极性？！保护、发展并不排斥科学、合理的利用，科学、合理的利用又会反作用于保护、发展，二者是辩证的统一，而不是对立的。据此，应对我国的林业政策做某些必要的调整。

（一）变绝对保护为严格保护下的合理利用。鉴于我国天然林长期过度采伐的历史情况，当前停止砍伐，严格保护，是必要的。但从长远考虑，借鉴三国做法，似可区别对待，除对天然林中的特殊林种（包括风景林、水源林、防护林等）实行绝对保护外，其余的天然林应当实行在严格保护下合理利用的方针。把天然林的永久保存与永续利用结合起来，是相辅相成的。有的林业专家认为，"明智的（有节制的、符合科学规律的）利用，不仅可以不损伤天然林的生态功能，有时还是优化天然林结构、使其充分发挥生态功能的必要措施（如抚育伐、卫生伐和附加补植珍贵树种的林分改造等）"。世间万物皆有生有灭，树木也不例外。林中树木临灭之前，通过人工干预方式合理采伐利用，促进天然更新，可以变自然的新旧交替为人工促进新旧交替。林中树木的这种新旧交替、吐故纳新，正是森林的活力所在，正是森林永久保存的条件，又可以为社会提供木材，为天然林管护者提供经济收益，为林区地方政府提供税收，为国家减轻实施天保工程的财政负担。因此，建议把天保工程的绝对保护政策，调整为在严格保护下合理利用的政策。

（二）适当延长退耕还林补贴期限，同时发展林下经济，以短养长。大规模的陡坡耕地退耕还林、荒山造林是我国生态建设史上之壮举，农民积极性很高。但对国家规定80%的退耕地造生态林，农民心有疑虑：一是生态林成材慢，周期长，国家对退耕地的粮、款补助为8年，时间短了；二是成材后不能伐，得不到经济收益，粮、款补助届时又停了，退耕后的生计将发生问题。这对农民发展生态林有一定影响。为此，建议调整政策：第一，适当延长粮、款补助期限，直至树木成材、有了收益时为止；第二，树木成材后，经法定部门许可，应准于林农按照可持续经营方式采伐，并自主处置林产品；第三，采伐后及时更新，保持林子的生态功能，并不得改变林地用途。有鉴于此，生态林之称谓似乎亦应考虑调整，并提出严格的环境要求。

无论是生态林还是经济林，都可以仿效新西兰的做法，鼓励农民在林下种植固氮植物，在我国主要是种植多年生的耐阴、低棵豆科牧草，既能固氮养树，又能防止水土流失，又可以做饲料，发展畜牧业；或者是仿效马来西亚的做法，在林下种植藤本植物，发展编织业。这样，以短养长，复合经营，使退耕农民增加更多收益。

（三）开放荒山使用权，并适当放宽使用期限。为了加快荒山造林步伐，除了既定的退耕农民"一带二"（退耕还林1亩，绿化荒山2亩）的做法以外，荒山造林应向全社会开放，公开拍卖宜林荒山使用权，鼓励城乡一切有条件的人，特别是工商企业，投资荒山造林，"谁造、谁管、谁受益"。这是实施全社会办林业的重大举措。三国的国有林地基本上都是租给私人公司经营，租期一般为70年（两个轮伐周期）。考虑到我国多数地区干旱缺雨，树木生长周期长，宜林荒山使用期放宽到100年为宜。

（四）适当发展短周期、速生丰产的工业用材料。考虑到我国粮食等大宗农产品供过于求，又面临着加入世贸组织之后国外优质廉价粮食的冲击和压力，在当前农业结构的战略性调整中，不能只在粮食与经济作物之间打转转（如粮多了种菜，菜多了再种粮等），可以考虑在适宜发展速生丰产用材林的地区，拿出一部分低产薄地，采取林工一体化方式，发展短周期、速生丰产的工业用材林，主要搞我国紧缺的、进口量较大的纸浆、纸张等，用节省的外汇进口一部分饲料粮和食用的储备粮，利用两个市场两种资源实行有利于我们的国际交换，于国于民都合算。

二、实行林业产、加、销一体化规模经营

林业的产业化经营是三国的共同特点，不论是国有林地还是私有林地，基本上是由林业公司以不同形式实行产、加、销一体化的规模经营。

马来西亚天然林多，人工林少，林地基本上为国家所有，公司经营，向政府交税。新西兰天然林的 77% 为国家所有，雇用专人，实行绝对保护，管护费用列入政府财政预算。人工林基本上为国有，现在绝大部分已出售给私人公司经营，土地所有权仍为国有。私有林地一般以出租或委托形式交公司经营。澳大利亚各州的林业局为政企合一体制，负责国有人工林的种植、管理、采伐、加工、销售等一体化的商业运营，同时负责国有天然林的合理采伐和更新。林业局对人工林实行综合性统一经营，并不是每个环节都直接经营，如造林、管护、采伐等一般都分别承包给不同的专业公司去做，包括科研开发项目也承包给科研单位去做。澳大利亚私有人工林比重小，如昆士兰州 18.1 万公顷人工林，其中私有林只占 3 万公顷。澳方介绍，私有人工林逐渐上升，国有人工林出租给私人公司经营，是发展趋势。

在对三国林业产业化经营的考察中，新西兰的两类林业公司对我国具有借鉴意义。

一类是以雄狮林业公司为代表的龙头企业，实行营林、采伐、加工、销售一条龙经营。公司拥有林地 28.6 万公顷，大部分是租用的国有林地，一部分是从土著毛利人那里租来的，按年付租金，租期 70 年。公司需要的原木 80% 来自公司自有林地，其中绝大部分原木由公司自己

加工，销往中国的原木占8%。这样的现代化企业，租用国有和私有林地，运用先进技术，实行规模经营，充分显示了林业是高效产业的水平。

另一类是以塔波湖土著毛利人林业信托公司为代表的龙头企业。这个公司经营着26万公顷人工林。林下的土地为6000户、共1万名毛利人所有，土地上的人工林原来是政府投资营造的，收益归毛利人与政府分成，信托公司统一经营。毛利人选出11名代表参与公司董事会管理，聘请一位有专业知识的白种人任总经理。公司每年经营所得利润，扣除政府因投资造林应得份额、公司当年运营费用和来年投入以外，其余的按照万名林地所有者各占林地面积的多少进行分红。该公司已经办了10年，按照林业可持续经营原则，每年伐木48万立方米，给毛利人年分红约250万新元。现在只卖原木，以后准备搞加工。这个公司实际上是一个毛利人土地入股分红的合作制企业，它把数千户的小私有林联合在一起，实行科学的统一经营，表现出明显的优越性。

我国除国有林以外，大规模退耕还林、荒山造林，都是依靠农户进行的，如果统一规划、指导、服务跟不上，很可能出现树种五花八门，林木零星分散，管理参差不齐，经营不成规模，产品不成批量，不利于商业化运作，很难获取好的效益。因此，我国民营林业应当实行龙头公司带农户的产业化经营。

经营方式要因地制宜，灵活多样。参考新西兰的做法，农户可以把承包土地出租给龙头公司，既收租金，又为公司出劳务，或外出打工，拿双份收益；也可以将承包土地向龙头公司入股，按股分红，同时向公司提供劳务，或外出打工，另取报酬。更多的可能是像我国农业产业化经营那样，林农的林地作为龙头公司的原料基地，按照公司统一规划种树、管树，接受公司的技术服务，林产品由公司统一收购、加工、销售；或者是支持农民自愿结合，组织林业专业合作社或林业专业协会，由合作社或协会统一为农户提供种苗，分户种植、管理，联合防治病虫害，统一销售产品。产业化经营必将提高林农的组织化程度，有利于政府对退耕还林和荒山造林的规划、指导、检查、监督，国家对退耕还林的粮、款补助也可以通过龙头公司发放到户，比现在通过基层干部面对千家万户会好得多。

林业的产业化经营宜及早介入，便于龙头公司或专业合作社统一规划，农户联片种树，形成商业规模。介入太晚了，农户分散造林，树种、林分零星分散，就很难整合了，不利于产业化经营。

林业产业化经营的发展，是扩大社会就业的一个前提。除了现有的工商企业投资发展林业以外，还要支持农村能人、县乡机关干部、离退休职工、林业技术人员、林业大专院校毕业生，到农村去创办林业龙头公司，创办林场，创办林业合作社，既可以推动林业发展，又可以带动农民就业，又为县乡机构改革、干部分流、毕业生就业开辟一片新天地。

国家对从事林业的龙头公司和林农应实行优惠政策，调动他们积极性。澳大利亚的做法是，工商企业赚的钱用于植造人工林，给予免税；人工林成材后，企业出售所得纯利润再用于造林，仍予免税。他们的这种做法，值得参考。目前，我国的当务之急是，把林农过重的税费负担减下来。考虑到我国生态建设任务繁重，又十分艰巨，除了在税收方面给予优惠外，还应当为投资林业者提供部分财政贴息的长期贷款。据新西兰介绍，人工林的年回报率在 12% 左右，在成材采伐前，活立木可随时上市交易，使长周期的产业在必要时也可以提前出售受益。我国在适当时候也可以考虑开放活立木交易市场，消除人们对经营长周期产业的疑虑。此外，在我国更为紧迫的是，确立和保护林业龙头公司和林农的正当权益，赋予他们林地经营自主权、采伐更新权、林产品处置权，取消民营商品林采伐限额和垄断收购，林业部门主要是在采伐方式、伐后及时更新、不改变林地用途等方面实行严格监督。

在澳大利亚，除了有鼓励全社会投资造林的政策以外，还有强制性的政策。他们规定，凡是排放物有污染大气的企业和汽车，一律收取造林费。按照他们的排污量计算出收费额度，收取的造林费交林业公司造林，作为交费者向林业公司投资造林的股份，将来有收益时按股分红。这种做法，对人有启发，有利于拓宽社会投资造林的思路，值得研究。

三、科研与市场需求密切结合，
加快林业技术创新和科研成果转化

新、澳两国林业科研机构普遍转制，使科研与市场需求密切结合，加快了林业技术创新和科研成果转化,尤其是在培育优良树种和林业可持续发展的标准化管理方面做得比较出色。

在新、澳两国看了他们两个近百年历史的国家林业研究所,已经转制为商业化经营 10 年了。现在从政府得到的经费不多了,而且是带着研究项目下达,通过竞争才能得到。转制后,有专人调研市场,科研项目的针对性更强了,与市场需求结合更紧密了;科研人员积极性、创造性、责任心都提高了;开发新技术的研究加强了,出成果快了,成果转化率提高了。他们说,总的看利大于弊。不利的方面是,科研人员的自由度小了,他们想做的探索性研究少了,担心长期基础性研究受影响。

新、澳两国林业科研的一个突出特点,是以培育优良树种为重点的全方位研究。两国从 20 世纪的二三十年代开始,大量引进、改良和培育适合本国条件的人工林优良树种。新西兰从国外引进数百种树种,经过 50 年的筛选培育,确定从美国加州引进的辐射松为人工林的主要树种,发挥了重要作用。现有人工林的 90%为辐射松,其成材快和材质好享誉国内外。澳大利亚引进、筛选的湿地松、加勒比松也很好,加上本国的桉树,形成人工林的主要树种。两国科研机构在下功夫引进、培育人工林的优良树种的基础上,开展育苗、整地、抚育、采伐、加工等系列化、全方位研究,以满足市场的多样化需求。

马、新、澳三国林业转向可持续经营与发展之后,林业可持续经营标准、环境质量标准、木材认证标准的科研和实施,提到了重要日程,并积累了一套科学管林的成熟经验,给考察团留下了深刻印象。

参考三国情况,我国林业科研当前似应强调以下几个问题:

(一)应当肯定我国正在实施的科研机构转制的方向是完全正确的,要坚定不移地贯彻执行。过去我们常讲科研成果转化率比较低,但对其中原因分析不够,实际上相当一部分科研成果不能转化为生产力,主要原因是与生产需求、市场需求脱节,派不上用场。转制可以使科研与市场需求密切结合,更好地为林业发展服务。只有把那些具有市场开发条件和能力的应用性研究转制,才能把国家有限的科研经费集中用于长期的基础性研究和公益性研究,为林业的长远发展服务。

(二)林业科研一定要把培育优良树种放在第一位。植树造林,种苗先行。我国大规模退耕还林、荒山造林，迫切需要大批优良种苗。我们国土辽阔，情况千差万别，又需要提供适合不同土地条件的优良种苗。优良种苗能不能满足市场需求，是决定造林进度和质量的一个关键因素。因此，培育、繁育优良种苗，是当前林业战线的一项紧迫任务。

种苗的繁育和供应，应突破林业系统单一育苗、供苗的体制，鼓励有一定专业知识的农村能人和社会人才进入育苗领域，在严格质量监管条件下，发展种苗专业户、种苗场、种苗公司。

同时，实行市场供苗，林农自主择优选购苗木。这样，引进竞争机制，一能丰富苗源，二能形成公平价格，从根本上解决苗少、质次、价高的问题。多主体繁育苗木的发展，可以分流一部分农民从事种苗业，扩大社会就业，增加收入。林业部门要适应形势的发展，转变职能，政企分开，把从事种苗繁育经营的业务分离出去，进入市场，不再直接操办种苗的繁育和供应，而是大力扶持整个社会种苗产业的发展，加强种苗产业的指导和行业管理，使其更好地为我国林业发展服务。

（三）研究林业可持续经营的标准化管理应提上日程。参照国外的成熟经验，制定符合我国情况的森林可持续经营标准、森林环境管理标准、木材认证标准，使林业经营者有章可循，便于执法部门检查、监督，有利于提高全社会对林业可持续经营的意识。

四、林业宜实行统一管理

三国林业管理体制，有统管的，有分管的，权衡利弊，林业作为一个完整的产业，实行统一管理为好。

马来西亚是统管体制。国家成立林业委员会，一位副总理为主任，各有关涉林部门为成员，协调各州林业发展，制定和调整林业政策，日常工作由初级产业部负责，并重视充分发挥行业协会的作用。森林的营造、管护、采伐、加工、贸易由公司经营，公司之上有林业可持续发展委员会、木材工业委员会、木材认证委员会等行业协会，为公司提供咨询、指导、服务。考察中看到的木材认证委员会、木材工业委员会的工作颇具特色。木材认证委员会是非盈利机构，主要任务是为企业提供认证咨询，制定认证标准，处理森林经营者和木材出口企业的认证申请，认证后发许可证，有效期为 5 年，每 6 个月到 12 个月检查一次，监督森林经营者和木材出口企业严格按照林业可持续发展标准运行。木材认证委员会的经费，来自政府提供的一笔基金每年产生的利息。木材工业委员会的任务是，为加工、出口企业服务，主要是帮助企业取得出口许可证，为企业提供国际市场信息，开拓市场，指导企业提高木材加工水平等。其经费取之于出口企业。看来，充分发挥行业协会作用，可以使国家林业行政主管部门从大量的直接管理事务中解脱出来，处于超脱的间接管理地位，有利于转变职能，集中精力依法行政。此点，值得借鉴。

新西兰和澳大利亚是分管体制。新西兰的农林部林业局管林业政策，国家环境保护局管森林保护。澳大利亚农业、渔业和林业部协调各州林业发展，制定和调整林业政策，林业的具体管理由各州负责。州里是分管体制，林业局管人工林的商业化经营，政企合一；天然林归环保局管理，其采伐更新又由林业局负责，但要按照环保局的严格标准去做。如果发生火灾、虫灾、病灾，是哪个局管的林由哪个局负责。一个林业为什么分为两家管理呢？对方介绍，一是有利于提高专业化管理水平，二是可以制约因利益驱使对森林过度采伐。事实上难免产生一定的矛盾和冲突。

联系我国情况，还是统管为好。一是天然林、人工林仅是林种的不同，林业作为一个完整的产业，应当统一管理；二是林业的经营基础是产业化，投资主体是营林、采伐、加工、贸易一体化的经营，科研单位是营林、采伐、加工、营销全方位研究，如果上层管理机构是分割的，上下不一致，上层建筑不适应基础，是不利的；三是在市场经济条件下，特别是我国加入世贸组织之后，目前存在的林业部门只管林业生产，不管林产品加工和进出口贸易的体制，产需脱节，亦应改变，实行统管。

实行统管体制，主要是管宏观的规划协调、政策导向、法律规章、检查监督等，不再是直接的、政企不分的管理，而且很多事情逐步交给行业协会去做，彻底转变林业行政部门职能，集中精力依法行政。

有偿使用草场和建设家庭小草库伦
是牧区有利于生态建设的重要改革[*]

（1989 年 8 月）

一、牧业大丰收带来的新问题

1989 年内蒙古自治区畜牧业发展超过历史最高水平。全区牲畜总头数达到 4750 万头（只），比历史最高的 1982 年增长 12.6%。

这个大发展是在近两年连续大旱的情况下取得的，是了不起的。其原因主要是 1987 年国务院召开的全国牧区工作会议以来，内蒙古自治区各级领导和广大牧民进一步加强了发展牧业的各项工作，特别是在积极发展牧区商品经济的方针下，合理调整畜产品收购价格，发挥了巨大作用。现在，供销社收购的绵羊毛每斤 5.1 元，山羊绒每斤 85 元，不论是养一只绵羊或是山羊，仅绒、毛一项年收入就达 50 元左右，五口之家有 30 只羊就可以解决温饱，50 只羊可以脱贫，百只以上就是富户，群众养羊积极性空前高涨。许多牧民为了多养羊，家里发展起了养猪，解决一部分或大部分肉食，少的一户养一二头，多的五六头。真是草原罕事。

牲畜大发展显示了牧业生产的巨大潜力，同时也带来了很大的压力。所谓压力，就是长期以来草原建设投入少，欠账多，沙化、退化严重，载畜量每况愈下。特别是 1988 年到 1989 年连续大旱，许多地方牧草矮小枯黄，产量大减，因而 1989 年牲畜大发展带来了草场严重超载。喜中有忧。据赤峰市的巴林右旗、克什克腾旗、阿鲁科尔沁旗和哲里木

＊ 本文系 1989 年 8 月报送国务院领导同志的调查报告（节选）。

盟的奈曼旗共 4 个旗的调查，超载牲畜 109 万羊单位，为现有牲畜的 18%。赤峰市超载 654 万羊单位，占现有牲畜的 46%。

草场严重超载，导致 1989 年秋后将被迫大幅度提高出栏率，以多杀多卖减载，否则将进一步加剧草场退化，冬春因饥饿而大批瘦弱死亡，配种推迟、减少，1990 年将会出现牧业生产大滑坡。为此，赤峰市 1989 年计划出栏 200 万头（只），占现有牲畜的 30%左右，比往年多出栏 10% 以上。

1989 年牲畜大发展带来的草场超载、多杀多售，向我们提出了两个新问题：一是，出栏这么多牲畜的收购资金和市场如何安排？这是当务之急。二是，草场建设已经到了非抓不可的地步，这是从现在开始应长期努力的问题。

二、组织好牲畜及时出栏是保证牧业
丰产丰收和持续稳定发展的关键

牲畜超常出栏虽然是被迫的，但有其积极而重要的意义。第一，这是大发展中的新问题，是巨大成绩面前的困难，是十年改革的成果，是好事情。第二，有利于增加牧民收入，保护草场，保持牧业持续稳定发展。第三，更重要的是，可以增加市场肉类的有效供给，对当前改善人民生活，平抑和稳定市场物价，从而稳定大局，是一个重要支持、重要贡献。

保证牲畜大幅度适时出栏，除了牧区要动员牧民解决惜售思想以外，就外部条件来说，关键有两个：

（一）尽快筹集足够的收购资金。牧区每年有两个收购旺季，一个是上半年的羊毛、羊绒，一个是秋后的牲畜出栏。资金紧张是影响收购正常进行的主要障碍。据四个旗的调查，1989 年羊毛、羊绒产量 5130 吨，共需收购资金 11372 万元，到 7 月末已收购羊毛羊绒 4255 吨，价值 9332 万元，其中给群众现金 5756 万元，占 61.6%；打白条 1928 万元、转存款支票 1148 万元、转为信用社股金和截交陈贷 500 万元，即群众拿不到现金的部分共 3576 万元，占 38.3%。这四个旗现在还有 825

吨羊毛、羊绒没有收购上来，供销社想收没钱收，群众想卖不愿卖（因不给现金）。而收购上来的 4255 吨羊毛羊绒，又因加工企业拿不出钱，只调出 105 吨，其余全压在供销社手里。经济运转不过来，成了死水一潭。据了解，这种现象不是这四个旗所独有，赤峰市收购羊毛、羊绒10250 吨，价值 1.4 亿元，其中给群众现金 8000 万元，占 57.1%；打白条等拿不到现金的部分 6000 万元，占 42.9%。群众买生产资料、生活资料、盖房子、娶媳妇、治病等急于用钱，天天围逼供销社、银行兑现白条子，弄得下不来台。有鉴于此，现在地方各级干部忧心忡忡，担心秋季牲畜出栏量大，需要资金更多（仅赤峰市约需要 3 亿元左右），如果再打白条，群众不卖，牲畜坐栏难出，冬春活活饿死，将遭受巨大损失。

（二）安排好市场。超常出栏实非常年原有销售市场所能容纳，必须开辟新的市场，扩大销售渠道。主要去向有两个，一是安排城乡市场肉食供给；二是为草多畜少的牧区和秸秆多而又适宜养畜的农区调剂一部分活畜。为此，地方各级政府正在想方设法解决这一问题，赤峰市专门成立了销售（出栏）牲畜办公室，并制定了北畜南调的规划和多渠道放开销售的优惠政策。

以上两个问题，均非地方政府所能完全解决的，银行、商业、畜牧部门应尽力协助，主动同内蒙古有关部门和出栏多的重点盟（市）联系，帮助解决实际困难。

三、草场有偿使用是依靠群众自力更生发展草业的出路

1989 年牲畜大发展把草畜矛盾进一步推到十分尖锐的程度。牧区干部深刻体会到，牧草就是牲畜的"粮食"，没有牧草就没有牲畜，草原建设是畜牧业发展的基础。不然的话，牧区牲畜很难跳出"夏膘抓不上，秋膘抓不足，冬春瘦弱死亡"的恶性循环。现在制约牧业发展的因素是多方面的，但草原建设跟不上牲畜发展是最主要的因素，这个问题不解决，其他问题都谈不上。

近几年飞播牧草，人工种草，围栏育草，造林护草等，都是成功的，

很有成绩的。但面临的一个严重问题是,建设速度赶不上沙化退化速度。巴林右旗近十年草原建设速度平均每年 10 万亩左右,沙化速度却达到 16.5 万亩,年年出现"赤字",现在沙化退化草场占可利用草场的 79%。这是一个普遍现象。长此以往,牧民将丧失生存、发展的资源。

草场建设上不去的根本原因,是牲畜为户有户养,草场为集体所有、大家使用,群众有养畜积极性,没有建设草场的积极性,都来吃草场这个"大锅饭"。在部分干部中,一提建设草场,就伸手向上要钱,而国家财力有限,地方财政也很困难,无力增加更多的投入。因此,草场建设缓慢。

阿鲁科尔沁旗和巴林右旗从 1987 年以来试行和推广的草场有偿使用,是依靠群众自力更生建设草场的新路子,有可能打开草原建设的新局面。

所谓草场有偿使用,这两个旗的大体做法是:第一,草场划分到户。以嘎查(村)为单位,把集体所有制的草场使用权,按人口(或以人口为主兼顾牲畜头数)落实到户,承包种公畜的专业户可以多划给一点。第二,以草定畜。把使用权划分到户的草场,按照预先测定的产草量所确定的等级,计算出各户草场的产草总量和合理载畜数量。第三,按畜收费。阿鲁科尔沁旗的做法是:各户实有牲畜凡在核定的草场合理载畜数量以内的,以绵羊为单位,每只收草原使用费 0.2—0.3 元;牲畜头数超过核定的合理载畜量的 1%—15% 叫一般超载,超过部分每只收费 3—5 元;超过合理载畜量 15% 以上的叫严重超载,超过部分每只收费 6—8 元。各旗、苏木(乡)的具体做法不完全一样,也有按使用的草场面积收费的,收费标准也不尽相同。第四,草场使用权长期不变,可以继承,有偿转让,但不许买卖或占作他用。第五,因草场建设得好而升级的,经核定批准后,可以相应增加合理载畜量。对严重沙化退化的废弃草场和沙丘,谁建设、谁种草、谁受益。第六,草原使用费由嘎查(村)征收,在苏木(乡)财政所立户储存,统一管理,作为草原建设专用基金,统筹安排使用,不得挪用。

这种做法的明显好处有三:一是有利于草原建设;二是有利于草畜平衡;三是有利于合理调整畜群结构,提高个体产出率、出栏率、商品率。这对于历来无偿使用草场，用草不管草，单纯依赖国家投资建设草场来说，是一项重大改革。试行过这项改革的阿鲁科尔沁旗的巴彦诺尔苏木 1988 年在 6 个嘎查实行草场有偿使用后，一年收费 3.6 万元，其中 1 万多元用于人工种草，2 万多元用于围栏封育，加强了草场建设。开始，养畜多的户认为：牲畜下放时大家分得一样多，政府号召勤劳致富、先富光荣，现在我们养畜多了得多拿钱，有些意见。当讲清楚多养畜多用草多交费的合理性，以及多交费有利于草场建设，可以养更多的畜，增加更多的收入以后，大家就想通了。养畜大户旺吉洛，有 700 个绵羊单位，需要交草场有偿使用费 1300 元，思想打通后愉快地交付了。因此，只要做好思想工作，只要对超载牲畜加收的费用适度，不会打击养畜大户和规模经营的积极性，而且可以调动他们种草的积极性。巴布道尔吉一家养羊 500 多只，超过核定的载畜量 200 多只，自己投资5000 元，围封 1000 亩半流动沙丘，进行种草。同时，这个苏木还有 31 户集资联合围封 4000 亩半流动沙丘，都是当年围封当年种草。一部分少畜和无畜的贫困户，可以向畜多户出租草场，打草卖草，增加收入。但是也有个别地方宣传工作做得不够，对超载畜又收费过高，出现养畜大户转移牲畜的现象，及时进行了纠正。

阿鲁科尔沁旗和巴林右旗，经过两年的典型试验和多点试验以后，草场有偿使用已经全面推开。阿鲁科尔沁旗的旗长算了一笔账：全旗现有牲畜到 1989 年底出栏后约有 240 万个绵羊单位，其中属于合理载畜量范围以内的 200 万只，每只收 0.2 元，可收费 40 万元；属于一般超载的 30 万只，每只收 3 元，可收费 90 万元；属于严重超载的 10 万只，每只收 6 元，可收费 60 万元；三笔相加共可收费 190 万元，即使刨除各种特殊情况，也能收到 150 万元，而国家每年给这个旗的草原建设投资只有 20 万元，相当于国家投资的 7.5 倍，是一笔十分可观的草原建设基金，是依靠群众自力更生建设草场的巨大力量。

与草原有偿使用现象出现的同时，另一个值得欣喜的事是，一个群众性的家庭小草库伦建设正在兴起。所谓家庭小草库伦，就是牧民户在定居区旁边围封一个 30 亩左右的地方，打上一眼井，种上水浇的青贮或干贮玉米、高粱，高产优质牧草，可以解决一般牧户所拥有的 10 多头牛和 50 多只羊越冬越春的补饲问题。牲畜多的户有围封 50 亩或上百亩的。一般井旁都种一点菜、瓜、豆，改善人的生活。这里草原的优势是地下水位高，许多地方三、五米以下即可见水。打一眼井和安一个小水泵，需花 1500 元左右，一般户以自筹为主，国家支持一点，就可以干起来。当年开发当年见效。在现阶段冬春牧场吃不饱的情况下，可以种草为牲畜补饲，将来草原逐步建设好了，草充裕了，可以种植饲料，为出栏牲畜育肥。这是牧民由天然放牧向种草养畜变革的开始，有利于恢复草原植被和生态建设。

草原有偿使用和家庭小草库伦建设，是解决草畜矛盾的可行途径。征收草原使用费建设草原，同征收耕地占用税开发农业资源一样，是一项重要改革，如能在牧区推广开来，草原建设因此而获得较快发展，对于牧区少数民族经济振兴和中华民族团结安定，对于逐步改变我们这个缺粮大国 90% 的肉类来自农区、肉类中 80% 以上又来自高耗粮的猪肉的不合理结构，都具有重要意义。尽管这项改革还有待于完善，但它是个发展方向。最近，内蒙古自治区决定在阿鲁科尔沁旗召开草原有偿使用现场会。建议有关部门对此也给予关注，组织力量研究推广，使我国草原建设走出一条新路。

实践证明，1987 年国务院批转的全国牧区工作会议纪要是完全符合牧区情况的。

关于加速推广三倍体毛白杨的调查报告[*]

（1999 年 1 月）

北京林业大学运用高新技术手段，经过 15 年的科研攻关，成功培育一种具有国际领先水平的优良树种——三倍体毛白杨。它的研究成功，解决了长期以来我国北方林业尤其是工业用材林发展缺乏优良树种的难题，将大大加快我国北方造林绿化的步伐，给林业发展带来一个革命性的变化，具有重大的生态、经济和社会意义。最近，我与国家林业局及有关方面的同志一起，到三倍体毛白杨推广基地——河北威县进行了实地考察，就如何加速推广，促进北方林业发展问题进行了认真研究，现将情况报告如下。

何谓三倍体毛白杨

毛白杨是我国重要的杨树品种，分布在北方广大地区，但繁育周期长，生长速度慢，不适应林业快速发展的需要。如何在保持以至提高毛白杨优良特性的同时，加快其繁育和生长速度，一直是林业部门和科研工作者攻关的目标。承担"六五"至"八五"国家科研攻关任务的北京林业大学朱之悌教授及由他主持的毛白杨研究所的研究人员，在原林业部和北林大的支持和领导下，经过 15 年的潜心研究，采用细胞染色体工程等高科技手段，对普通毛白杨的遗传基因进行了优化改造，培育成功一种全新的毛白杨新品种——三倍体毛白杨。这种新品种，是在普通毛白杨的细胞核中增加 19 根加速生长发育的染色体，并用染色体部分替换的方法，换走了原来相对劣质的染色体，使毛白杨的染色体从质量

＊ 本文系 1999 年 1 月报送国务院领导同志的调查报告。

上和数量得到改良，染色体总数由原来的 38 根增至 57 根，因其染色体数为性细胞染色体基数 19 根的三倍，故名三倍体毛白杨。目前，北林大已培育出适应不同地区和不同用途需要的 30 多个优良的三倍体毛白杨无性系，其中 6 个已通过鉴定并应用于生产。同时，还研究出了一套与良种配套的繁殖技术——"毛白杨多圃配套系列育苗技术"，使繁殖系数三年从 1 株扩繁至 100 万株。良种+良法的研究成功，很好地解决了毛白杨生长慢、繁殖难的问题，为加快毛白杨的发展和植树造林步伐奠定了基础。

三倍体毛白杨具有强大的速生丰产优势

三倍体毛白杨自 90 年代初鉴定问世以来，已在山西、河北、河南等省推广，最多的山西达 2000 万株。我们在河北威县实地考察时，看到三倍体毛白杨 5 年生的树就相当于 10—15 年生的普通毛白杨，而且三倍体毛白杨外观也比普通毛白杨好，树皮青青，叶片大而浓绿，给人一种赏心悦目的感觉。三倍体毛白杨生长速度之快给我们留下深刻的印象，当地的干部群众对三倍体毛白杨也赞不绝口。这些地方的实践证明，三倍体毛白杨具有普通白杨所无法比拟的速生、优质、高效三大优势，此外，三倍体毛白杨还具有较强的抗逆性，对传统的叶锈病、褐斑病和煤烟病基本免疫，对天牛等害虫也有较强的抗性。

（一）速生。三倍体毛白杨速生优势非常明显，平均每年胸径生长量都在 3—4 厘米以上。**一是育苗快**，普通毛白杨育苗需要两年以上，而三倍体毛白杨当年育苗，当年出圃，年初 4 月插条，秋季树苗可达 4 米高，直径 2.5 厘米，就可以移栽出去，育苗周期比普通毛白杨缩短一年。**二是生长快**，普通毛白杨苗栽植后严重蹲苗，前 4—5 年长得很慢，而三倍体毛白杨树苗栽下去，没有蹲苗期，当年可以长到 5 米高，胸径 4.5 厘米；3 年树高可达 12—15 米高，胸径达 9—12 厘米；5 年树高可达 20 米左右，胸径 15—20 厘米，是轮伐造纸的最佳时期；长到 10 年左右，就可以做胶合板、轻体家具材了。可以说是一年成树，3 年成林，5 年成材。

（二）优质。三倍体毛白杨材质很好，不但没有因速生而降低品质，而且材性还有改善。三倍体毛白杨木材白、不空心、纤维长，可造新闻纸、胶印书刊纸，而且纸张的物理性能良好。它的得浆率比较高，纸浆本色白度就达 53%，稍加漂白可达 70%，能大大降低造纸成本，减少造纸的环境污染。若三倍体毛白杨生长 8—10 年，胸径可达 30 厘米以上，木质细密，与椴木相似，是造胶合板的好材料。

（三）高效。三倍体毛白杨速生、优质，具有比较高的经济价值，发展三倍体毛白杨，于国于民都是有利的。对农民来说，种植三倍体毛白杨，可以较多地增加收入。据测算，一株三倍体幼苗仅需 1 元多钱成本，5 年生时材积为 0.1—0.2 立方米，按 400 元/立方米计算，价值 40—80 元，平均每年增值 8—16 元。如果农民栽种一亩毛白杨（每亩 100 株），5 年可生长木材 10—20 立方米，价值可达 4000—8000 元，平均每年每亩收入为 800—1600 元，比一般的经济林和种植业效益都高。对国家来说，发展三倍体毛白杨可以提供大量纸浆材和胶合板，减少进口，节省外汇。现在，我国木材不足，每年要花巨额的外汇从外国进口。随着天然林停止砍伐和封山育林政策的实施，木材缺口会进一步扩大。大量进口木材，不仅给我国的外汇收支平衡带来压力，而且国际市场也没有那么多的廉价木材供给。通过发展三倍体毛白杨及加工业替代进口，可以形成一个几百亿乃至上千亿元产值的大产业，可以创造大批的就业机会。

总之，大力发展速生、优质、高效的三倍体毛白杨，既生产了木材又绿化了国土，既可富民又可富国，既有经济效益也有生态效益和社会效益，一举数得。

三倍体毛白杨最适宜栽种的区域是黄河中下游

三倍体毛白杨可以种植的区域很广，在降雨量 300—1000 毫米的北方都可种植，其中最适宜种植的是黄河中下游地区，面积达 100 多万平方公里。黄河中下游两岸及滩区有大面积的荒地、滩地可以种植毛白杨。特别是小浪底控制性水利工程完成后，将有更多的荒滩、荒地暴露出来，增加了种植面积。

发展三倍体毛白杨最好是重点突破,首先进军黄河滩。在黄河中下游滩区(主河道和行洪区之外的部分)、黄河故道等地种植三倍体毛白杨,沿黄河两岸建立一条 2000 公里长的三倍体毛白杨林带。这既是一条巨型绿化带,又是一条经济带,还是一条旅游带,使黄河这个千百年来中华民族的"心腹大患"变为心腹之利,形成富国富民的黄金地带。

(一)绿化带。建设这条毛白杨林带,使昔日的荒滩变绿洲,在中华腹地筑起绿色长城,在中原大地树起巨型的农业屏障。毛白杨树冠高大,可以防风固沙,保持水土,调节气候,从根本上消除黄河滩区尘暴和沙漠化侵袭,为农业的发展提供有利的环境条件。

(二)经济带。建设毛白杨林带将加快黄河两岸贫困地区的脱贫步伐和经济发展。黄河两岸,尤其是黄河故道,多为沙丘、沙冈、沙垄,土地瘠薄,农民比较贫困。栽种三倍体毛白杨,比种植粮食和其他农作物效益高,是一条比较现实的农民脱贫致富之路。有了毛白杨,就可以兴建木材加工、造纸、胶合板等毛白杨系列加工产业,这样黄河两岸就可以形成一个强有力的支柱产业和一条新兴的经济带。昔日备受黄河水患之苦的人民可以富起来,不毛之地变成工业用材林基地,为人民造福。

(三)旅游带。建设毛白杨林带可以为人民提供休闲度假、森林旅游场所,使昔日灾区变乐园。黄河荒滩变为绿洲,将使黄河两岸景色大大改观,有林有水就可以吸引游人。可以在林区内适当种一些苹果、葡萄等水果,以及蘑菇、木耳等,供游人观赏、采摘和林间采集;搞一些住宿设施,供游人野营;建一些晒台,让游人享受森林浴,回归大自然;还可以搞一些钓鱼池、狩猎场和其他休闲娱乐设施。不少发达国家都是这么做的,效果很好,值得我们借鉴。

加快三倍体毛白杨发展的设想与建议

(一)加强规划引导。鉴于在黄河滩区和黄河故道发展三倍体毛白杨在生态、经济和社会发展等方面具有的重大意义,建议以国家林业局为主,联合国家轻工业局,并商水利部、国土资源部等有关部门,进行勘察、设计，提出绿化黄河滩、建设工业用材林基地的工程方案，提请国家计委、国家经贸委列入国家生态建设和基础设施建设规划，作为一个重要项目给予支持。

（二）以产业化方式推进这项工程建设，形成加工企业、科研单位、林农利益共享的良性开发机制。三倍体毛白杨的种植和开发利用，不宜再沿用传统的以行政部门层层下达任务，农民义务植树的方式，而应在政府的统一规划下，通过市场机制运作。具体设想是，由具有较强实力的大中型木材加工企业与林科教单位和林农以股份合作制方式组成三倍体毛白杨开发经营公司。开发公司统一承租荒地，统一规划开发；林科教单位提供良种、技术指导、人员培训；农民承包种植，与公司签订期货合同，成材后售给公司，同时公司还可收购农民利用"四旁"绿化、河渠绿化、田间林网、房前屋后种植的毛白杨；由公司进行加工转化增值，利润三方分享。这样就把各方面利益连在一起，企业发展，农民致富，科技开发获益，地方政府收税，几方面都得到兼顾。同时，又在实践中探索产学研结合的新路子。

（三）与国有企业改革结合起来，修旧利废。木浆厂、造纸厂要充分利用现有的木材加工企业和设备，不搞重复建设。现在我国造纸等木材加工设备大量闲置，不少企业开工不足或濒于倒闭。毛白杨加工业的发展，不应再建新厂子，再铺新摊子，而是结合国有企业改革，通过资产重组等方式，把原有的企业和设备利用起来，搬迁到原料产地来办。这样可以救活一批国有企业，盘活一批国有资产。

（四）建立和健全有效的保护机制，保持和提高三倍体毛白杨的优良品性。三倍体毛白杨这一优良品种来之不易，如何能在长期无性繁殖、源源不断地满足苗木供应的同时，保持其原有的优良种性和纯度而不至于混杂、退化，并且不断地更新换代、推陈出新，是三倍体毛白杨发展过程中需要注意解决的大问题。国际国内已有不少因缺乏有效的管理制度而使优良品种逐步退化以至自我消亡的前车之鉴。解决这一问题，一是建立中央、省、县三级繁育推广体系。在国家林业局领导下，在北京建立国家级原种繁育中心，在沿黄（中下游）各省建立扩繁中心，在有关县建立商品苗生产销售中心。二是实行许可证制度。对经审查后符合条件的省级扩繁中心和县级商品苗生产销售中心发放经营许可证；在国家工商局注册三倍体毛白杨商标，出售的每棵树苗上均要有此标志，如果不符合质量要求，农民也可以索赔。这样既保护了科研单位和科研人员的知识产权，又使农民放心，也便于工商部门、技术监督部门打击假冒伪劣苗木经营。

（五）设置专门的机构，加强统筹协调。为了在黄河中下游筑起中华腹地的绿色长城，建议在国家林业局属下成立"中国毛白杨研究开发协会"，由国家林业局牵头，国家轻工局等有关部门以及有关专家、企业家参加，统筹协调科研、生产、加工开发事宜。这个专业协会要新事新办，协助政府工作，但不向国家要编制、要资金，切实改变过去那种办一件事就要国家成立正式机构，要编制、要钱的状况。这是一个新尝试，为改革与发展创造经验。

退耕还林应积极稳妥推进*

（2000年3月）

在我国西部大开发中，党中央、国务院把生态环境保护和建设置于重要地位，特别是明确提出陡坡耕地要有计划、有步骤地退耕还林还草。对于这个问题，中央的方针之明确，态度之坚决，扶持力度之大，是前所未有的。

回顾历史，几千年来人们从砍树铲草、种粮糊口，到今天退耕还林还草，可以说是我国农业发展史上的一个重大转折。从过去以林草换粮到今天以粮换林草，是西部农村产业结构的历史性变迁。

这个转折和变迁，使农业的发展顺应了大自然的规律，将逐步摆脱因过度开垦所受到的大自然的惩罚；以粮换林换草，发展林果业、畜牧业等高效农业，将为农民带来更高的收益；林茂草丰，生态环境宜农宜人，整个经济社会将实现可持续发展。这是一件具有深远意义的大事。

没有可持续发展就没有人类的生存和发展。威胁人类生存发展的不只是战争、饥荒、瘟疫，还有土地沙漠化。山上无树，地上无草，水土流失，国土沙化，沙进人退，谈何生存？！谈何发展？！因此，陡坡退耕，植树种草，重现山川秀美、青山绿水，是真正意义上的农村产业结构的战略性调整。实现这个战略性调整，必须实行积极稳步推进的方针。一定要做到：既要退得下，又要稳得住，防止退而复耕、走回头路。在这方面是有历史教训的。过去国务院曾明文规定，坡度在25°以上的土地不能农耕，已经开垦的要退耕，但禁而不止，想退耕的退不下来，退下来的也稳不住，原因何在？关键在于当时粮食短缺，农民要吃饭。现在，国家粮食充裕了，创造了前所未有的退耕的物质条件。下一步的工

---

* 本文系2000年3月在九届全国人大三次会议小组会上的发言。

作，一是要把这个物质条件保持下去，不能中断；二是要按农民退耕还林还草所需要粮食的数量和时间提供补贴，不能中断。这两个"不能中断"是至关重要的。宁夏西吉县发生过这么一件事：曾经由联合国粮食计划署无偿援助西吉县百万亩生态防护林工程，按5年的期限设计，也采取以粮代赈的办法，工程5年完成，供应农民的粮食期限也是5年。5年后，防护林已初具规模，可是以粮代赈停止了，而防护林还没有产生直接的经济效益，结果农民又都砍树种粮，生态林就这样被毁了。这个故事给我们的教训有两个，一个是给农民补粮的期限短了；另一个是只搞生态林，不搞经济林，没能及早为农民建立新的生计条件。接受历史教训，积极稳妥地推进退耕还林还草，应有以下的思路和做法：

一是陡坡耕地退耕还林还草，要与缓坡耕地搞坡改梯同时并举。退耕的是陡坡地，不是所有的坡地。陡坡地退耕，缓坡地建设梯田，把缓坡地由"三跑田"（跑水、跑土、跑肥）变成"三保田"（保水、保土、保肥），再加上增加科技投入，以缓坡梯田多产粮食来支持陡坡地退耕，在国家大力扶持的同时，建立农民自力更生转换产业结构的条件。为此，在陡坡耕地退耕的同时，决不能放松对缓坡地的坡改梯。

二是陡坡耕地退耕还林还草，应以还经济林、经济草为重点，为农民换取更大的经济效益。退耕的地都是粮田，农民是靠它吃饭的，如果都搞生态林、草，长期不见收益，而粮补又不能无限期地补下去，农民生计何在？其结果必然复耕，使退耕徒劳无功。因此，退耕还林主要是种果树，种竹子，以及其他经济林木；还草主要是搞人工牧草，圈养牲畜。这样，对农民来说，退耕后能及早获得收益，对国家来说，可以缩短补贴期限，减轻负担，又有利于巩固退耕还林还草的成果。

三是科技服务要跟上，为退耕的农民提供优良的树苗、草种、畜种，搞好技术咨询和指导。尤其是果树苗，必须保证是优质苗木，不然的话，种上五年七年，产果时再发现是劣质苗木，将是劳民伤财，会给农民造成很大损失。无论是林果业、畜牧业，都是商品生产，质量是第一位的，在优质的前提下求高产，实现优质、高产、高效。优质苗木、草种的供应是决定退耕进度的一个条件。

四是因地制宜搞好规划，有规模地发展。什么地方适合种什么树、什么草，都要请专家勘察规划，不能盲目种植。无论是发展经济林还是种草养畜，都要在适宜地带成片发展，保持一定的规模，既便于科技服务，又为建立专业化商品生产基地打下基础，为日后产品加工、流通创造条件。

五是运用产业化方式推进，由龙头企业和农民专业合作社组织开发，为"个体承包"农户服务。只有"个体承包"，没有为"个体承包"农户提供服务的经济组织，是有困难的。国家对退耕的粮钱补贴应通过龙头企业和农民专业合作社落实到农户，优质树苗、草种、畜种的发放和种养指导，包括将来产品的推销，都由他们去组织落实。国家对为"个体承包"农户提供服务的龙头企业和专业合作社，可以考虑在一定时期给予免税，银行给予贷款支持。为了解决领办龙头企业的人才问题，可以考虑结合县、乡体制改革，精兵简政，分流一批有专业知识和管理才能的干部去领办龙头企业和专业合作经济组织，献身西部大开发，为生态建设服务。

退耕还林要正确处理生态效益
与经济效益的关系*

(2001 年 3 月)

退耕还林还草是西部生态环境建设和农业结构战略性调整的重点。一年来，中央以粮食换生态的优惠政策，极大地调动了西部农民退耕还林还草的积极性，广大基层干部和群众普遍要求加大退耕任务，加快还林还草步伐。

从退耕还林还草的试点地区看，有一个突出的问题：农民强烈追求经济效益，希望陡坡地退耕后多还经济林，这与国家规定的多还生态林是个矛盾，出现了"国家要'被子'，农民要'票子'"的现象。国务院规定生态林一般应占还林总面积的 80%左右；去年 11 月我所到的贵州省规定生态林比例不得低于 70%，经济林不得超过 30%；据省林业厅的统计，已经退耕的地方实际上还经济林的比重占 40%。这些已经退耕还林的地方，都是国家的试点地区，还林所需要的种苗一般是由林业部门统一提供的，如果下一步实行种苗补助费到户，由农民自主购苗还林的话，恐怕还经济林的比重比现在的 40%还要大。

农民为什么要求多还经济林呢？道理很简单，这些退耕地原本是他们生存、发展的依托，退耕后国家给的补助粮只能解决吃饭问题，但是没钱花，仍然是穷，还了生态林，成材慢，又不许自行砍伐，换不成钱，所以希望多还经济林，见效快，效益高，能增加收入，脱贫致富。

农民的这种心态应当说是有道理的，值得我们重视和对待。从贵州省各级干部对退耕还林还草的认识和态度来看，是同农民的想法相呼应

---

* 本文系 2001 年 3 月在九届全国人大四次会议小组会上的发言。

的，他们对退耕还林还草提出了一个响亮的口号："退得下，还得上，稳得住，能致富"。这与农民的要求可以说是一脉相承。农民退耕还林还草以后，如果得不到经济收益，不能使他们因此而脱贫致富，这个退耕自然是稳不住的，更难以发展。从国家来说，同样期望通过退耕还林还草，转换农业结构，不仅构筑生态屏障，还要为农民尽早建立新的生计。目前我们国家粮食是阶段性的过剩，从长远看，随着人口不断增长，消费水平不断提高，粮食供求趋势是个紧平衡状态，不可能使国家对农民退耕的粮食补助无限期的补下去，而且单靠这点补助也不能满足农民脱贫致富的愿望，只能作为政府支持农民转换农业结构的过渡性举措。从实质上看，农民与国家愿望是一致的。

那么，有没有办法使生态效益和经济效益统一起来呢？据有经验的林、草专家讲，是可以统一起来的。

生态效益和经济效益统一的前提是：因地制宜，科学规划，宜林则林，宜草则草。宜林土地，还要做到适地适树，即适合搞生态林的就搞生态林，适合搞经济林的就搞经济林。一切以实地勘察和科学规划为依据，既不能不顾实际情况，自上而下层层下达生态林和经济林的硬性比例，又不能放任自流，由群众盲目种植。一定要尊重科学，讲究效益。对退耕土地按照因地制宜的原则，实行统一规划，确定还林的由林业部门组织实施，确定还草的由农业部门组织实施。总的来说，我们国家人口多，农业资源少，追求生态效益和经济效益的统一，尽可能获取双重效益，使有限的国土能生存众多的人口，是符合国情的。

生态效益和经济效益的结合办法有三种：第一，因地制宜多种经济和生态效能兼有的树种。例如：黄柏、油茶、竹子、银杏、杜仲、核桃、板栗、刺槐、乌桕、柿子等乔木，还有花椒、沙棘、茶叶、黄栀子等灌木。这些林木，既具生态效益，又有经济效益，二者可以兼得。第二，凡适宜种经济林的地方，应间种矮棵的耐阴性的多年生豆科牧草，建立复合生态体系。经济林，一般密度不大，为防地面水土流失，间种矮棵的耐阴性的多年生豆科牧草，既能保持水土，又有可观的经济收益。同时，用挡水固土性能较为强的柠条等灌木护埂锁边，做到水土不出林。第三，凡适宜还草的退耕土地，尽可能种植多年生人工牧草，如苜蓿、三叶草、黑麦草等，发展圈养牲畜。种牧草见效快，效益好。草能全部覆盖地面，多年生草又不需耕地，水土保持效果好。种人工牧草，无论是用于养畜，还是出售干草、草粉，收益都比较高。从试点地区看，退耕的土地还林多，还草少，有的地方全部还了林，没有还草。因此，宜林则林，宜草则草的原则，还需要进一步强调。

退耕还林还草，转换新的产业结构，关键在于要有充足的优质种苗供应。从试点情况看，市场种苗价格过高。基层干部普遍反映国家发放的种苗补助款不够用。之所以出现这种情况，是种苗不适应市场需求，是供求矛盾产生的。再进一步追溯，是供苗体制问题。现有苗圃基本上是林业系统创办的，单一供苗体系，苗源有限，很难满足大规模退耕还林还草和绿化荒山的需要，苗价自然飙升，国家的种苗补助金自然不敷应用。解决问题的出路在于改革，改变单一育苗体系为多主体育苗体系，鼓励有专业知识的农民和社会人才进入育苗领域，发展种苗专业户、种苗企业。同时，实行市场供苗，农民自主择优选购苗木。这样，引进竞争机制，一能丰富苗源，二能价格公平，从根本上解决"苗少、价高、补助金不够用"的问题。多主体育苗的发展，又可以分流一部分农民从事种苗业，扩大农民就业增收领域。把种苗作为一项产业来办，是时代的需要，不仅是现阶段退耕还林还草需要大量种苗，面对我国生态环境建设的长期任务，种苗供应也是长期的任务，尤其是随着城镇化的发展、城乡人民生活水平的提高，都需要大量林、草、花卉来绿化、美化城乡环境和家庭生活。林业部门，适应形势的发展，转变职能，不宜再直接操办种苗的生产和供应，而是大力扶持种苗产业的发展，加强种苗产业的指导和行业管理，使其更好地为我国生态环境建设服务。

新世纪指导林业工作的革新之举*

（2002 年 11 月）

开展中国可持续发展林业战略研究，充分体现了国务院领导驾驭经济工作的革新精神。研究取得的成果，对新世纪的林业发展具有重要指导作用。

一、体现了国务院驾驭经济工作的革新精神

中国可持续发展林业战略研究制定了今后 50 年林业可持续发展的战略目标，很具有前瞻性。这是国务院在指导经济工作做法上的革新。一改以往经济工作中头痛医头、脚痛医脚的做法，中国可持续发展林业战略研究从长远的发展前景来观察经济发展的内在的客观规律，看得很远，看得很深。新中国成立 50 多年来，社会主义现代化建设中有很多成功的经验，但也有相当多的教训。一个深刻的教训，就是缺乏长远的规划、长远的战略研究。缺乏长远研究的基础，决策过程中就容易临渴掘井、仓促上阵，往往有相当大的盲目性，使具体的行动背离客观规律，给经济建设造成相当大的浪费和损失。

2001 年 6 月，国务院领导在全国林业科学技术大会上，提出了新时期我国林业发展必须面对和解决的 7 个战略性问题，作出了开展林业宏观战略研究的重要部署。在国务院领导倡导、主持和指导下，由国家林业局组织各路专家开展了中国可持续发展林业战略研究，制定了未来 50 年林业发展的思路和轨迹。有了这样的战略研究，国家制定具体计划、项目，就会目标明确、思路清晰，符合国家宏观大局和客观规律，

---

* 本文系记者专访，原载《中国绿色时报》2002 年 11 月 5 日第 1 版。

各种决策就能收到好的效果。

这种革新精神还体现在政府决策尊重知识、尊重人才。林业战略研究约请了 60 余位院士专家、300 多位科研人员参与，把林业和与林业相关的多学科的专家学者都邀集进来。这样大的一个精英队伍，专门搞一项研究，这是很了不起的。充分实行决策的民主化、科学化，体现了进入新世纪国务院领导同志驾驭经济工作的革新行动。

二、开拓出了林业可持续发展与国家宏观大局的关系

中国可持续发展林业战略研究的重要成果，就是在国家生态建设的全局上，在国家经济、政治、文化建设的全局上，给林业以准确的定位，把林业发展在国家宏观大局中的地位和作用开拓出来。这是林业工作具有重大历史意义的行动。

林业战略研究的成果具体表现在林业战略思想的核心"三生态"，即生态建设、生态安全和生态文明。

生态建设，就是确立林业以生态建设为主的可持续发展道路。由于过去对森林资源利用过度、保护不足，造成生态脆弱，影响到林业在内的整个国民经济的可持续发展。解决这一问题，必须以生态优先为主导思想，把保护森林、发展森林放到"为主""优先"的地位。同时，生态建设为主和生态优先理念并不排斥经济效益和社会效益。过去我们对林业是利用过度、越用越少，森林数量和质量下降，其社会效益、经济效益也随之下降。只有把森林资源保护起来、发展起来，才能产生更多的经济效益和社会效益，才能更好地发挥林业的生态和产业两大功能。

生态安全，就是要建立以森林植被为主体的国土生态安全体系。把林业发展与国土安全联系起来，这是在一个很开阔的思路上，认清林业与国家宏观大局的关系，是林业工作上一个很大的开拓。在人类发展史上，一般认为战争、瘟疫影响国家安全。但随着生态脆弱和环境恶化，水灾、旱灾、沙灾等自然灾害频繁袭击，从实践中人们已经看到没有森林的保育和林业的发展，国土安全就没有保障。

生态文明，就是要建设山川秀美的生态文明社会。这是对林业与社

会进步发展关系的明确定位，把林业与文化、林业与社会文明进步联系起来。跨入新世纪，我国已进入全面建设小康社会，开创经济发展、生活富裕和生态良好的文明发展道路，建设山川秀美的生态文明社会已成为人民群众的自觉追求，而生活环境的好坏，生活质量的高低，一个重要的差别就在于有没有森林。

"三生态"战略思想的提出，使林业在国家宏观大局上有了准确定位，显示了林业在国家政治、经济、文化各个方面发展中的重要地位和内在联系，对全社会认识林业、积极参与林业建设是一个极大的促进。按照林业战略研究制定的"严格保护，积极发展，科学经营，持续利用"的战略方针，本世纪中叶"山川秀美"和林业可持续发展的宏伟目标一定能够实现。

要重视新农村的生态建设[*]

（2006 年 10 月）

良好的生态环境，是人们解决温饱以后，乃至吃穿住等物质条件提高以后，追求生活质量和生命质量的第一要素。因此，社会主义新农村的生态建设具有重要地位，是新农村建设的重要组成部分。

一、新农村的生态建设是造福全社会的事业

新农村的生态建设，不仅造福于农民，而且对城市居民和全国生态环境的改善都有密切的关系。

从一个村子来说，建设良好的生态，将为农民打造一个优良的宜居环境。村中院内，茂密的林果，鲜艳的花草，使人赏心悦目，延年益寿。

对城市居民来说，新农村的生态建设，将为他们打造一个休闲度假的农家乐园，在农村兴起一个新的旅游产业，城乡两利。

就全国来说，把 60 多万个行政村、300 多万个自然村，都建设成生态村，在广阔的国土上形成近 400 万个绿岛，对防止沙尘，改善气候，美化环境，增加林产品，将发挥重要作用，利国利民。

所以说，新农村建设，是造福全社会的事业。

二、新农村的生态建设应当有丰富的内涵

森林是陆地生态系统的主体。新农村的生态建设，主体当然是林业。既为生态建设，又非单一的林业，应当是以林为主，林、果、花、草合

---

* 本文系 2006 年 10 月 16 日在国家林业局干部培训班上讲课的部分内容。

理配置，构成一个完善的新农村生态体系。

就林业来说，也不是单一的林种，应当细化为：庭院林，围村林，河、塘、道路林，农田防护林。从农户的房前房后，到村庄的四周，河、塘、道路的两旁，农田的防护屏障，均配置不同特色而又适宜的树林，构成新农村一道完整靓丽的田园风光。

既然林业是新农村生态系统的主体，那么，林业部门就应当义不容辞地牵头研究和规划新农村的生态建设，这是目前迫切需要解决的一个课题。中国林科院在城市林业发展方面，为北京、上海等城市做过很好的研究规划，希望在新农村生态建设方面，也能立题研究，做出新的贡献。

三、新农村的生态建设应当追求生态效益
和经济效益的双重功能

这是我们的国情决定的。我国人口多、土地资源少，在有限的土地上当然应该追求生态和经济的双重效益。而且，林业本身就具有生态和产业两大功能，全面发挥林业功能，可以为农民和社会获取更大利益。

新农村的生态建设，应从单一生态功能向生态和产业的复合功能发展。生态经济学理论的一个重要论点，就是强调生态效益与经济效益相统一。事实也证明，生态不与经济结合，即没有经济效益的生态，是不可持续的。比如新农村的庭院林，就应当以果树为主，春天花香满院，秋天果实累累，生态效益与经济效益俱佳。我在海南省海口市三江镇大湖村看到，农民利用房前屋后的空地，种香蕉、杨桃、波罗蜜、荔枝、龙眼等热带水果，每户年均收入万元左右。新农村的其他树种，包括围村林，河、塘、道路林，农田防护林，都尽可能选用生态经济型树种，为农村和农户索取最大收益。

扶贫开发篇

由救济式扶贫到开发式扶贫的重大变革*

（1990 年 5 月）

一、中国八十年代反贫困面临的形势和任务

贫穷不是社会主义。反贫困是中国政府的一贯政策。进入 80 年代以来，中国农村由于实行了一系列重大改革，经济发展很快，农民收入大幅度提高，到 80 年代中期，绝大多数人过上了温饱生活，部分地区开始向小康生活迈进，反贫困取得了巨大进展。

但是，由于社会、经济、历史以及自然、地理方面的原因，各地发展很不平衡，仍有部分地区温饱问题尚未完全解决。到 1985 年底，全国农村人均纯收入 200 元以下（低于当时全国农村人均纯收入的 50%）的贫困人口仍有 1.1 亿人，占农村人口总数的 13.1%，其中人均年纯收入 150 元以下的特困人口近 4000 万，占农村人口总数的 4.4%。这些贫困人口分布较为集中，具有明显的区域特征。他们基本上聚居在过去的革命老区、少数民族地区、边远地区，习惯上叫"老少边穷"地区，涉及 699 个贫困县，其中有 430 个贫困县分布在集中连片的贫困地区，占贫困县的 61.5%。这些贫困地区多数位于经济开发相对落后的中部和西部地区。

中国农村的贫困分布反映了经济开发的不平衡性。东部开发早，基础好，比较富庶；西部开发晚，基础差，比较贫困。但中、西部资源丰富，物产丰饶，有广阔的开发前景。因此，80 年代的扶贫开发工作，不仅关系到民族团结，社会安定，而且关系到开发利用中、西部资源，

　　* 本文系 1990 年 5 月在菲律宾"亚太地区缓解贫困研讨会"上的发言，原载《中国农村经济》1990 年第 8 期。

有利于国民经济的长期协调稳定发展,是中国经济发展总体规划的一个重要组成部分。

根据贫困人口规模和分布的变化情况,中国 80 年代后期反贫困的重点集中在一亿人口的"老少边穷"地区,而中央政府重点扶持的范围,又进一步集中在自然条件最为恶劣,开发难度最大,收入水平最低,贫困发生率最高的 21 片共 331 个贫困县。

二、中国政府反贫困的主要措施

——加强领导。1986 年 6 月,国务院成立了国务院贫困地区经济开发领导小组。国务委员陈俊生兼任组长,原农牧渔业部部长林乎加为顾问,国务院有关部委,包括计划、财政、银行、农业、林业、水利、商业、教育、卫生等部门,各有一名领导同志参加领导小组为成员。领导小组的主要任务是:组织调查研究,制定反贫困的方针、任务和政策;规划贫困地区经济开发的产业重点,资金、物资投放的方向和方式;协调解决有关贫困地区开发的重大问题;督促检查工作,总结交流经验。领导小组下设办公室,负责处理日常事务。贫困面较大的省、地、县也分别建立了贫困地区经济开发的组织领导机构,列入政府行政序列。

——确定目标。贫困地区的经济开发是长期性的历史任务,必须分阶段提出实施目标。国务院确定在 1986—1990 的五年间,即中国第七个五年计划期间,扶贫开发的目标是:解决大多数贫困地区人民温饱问题。同时,国家及各省、自治区都把贫困地区的发展作为一项专门内容列入国民经济发展计划,给予重点照顾。1988 年,国家计委和国务院贫困地区经济开发领导小组,共同组织国务院各部门和各省、自治区政府编写贫困地区的《2000 年科技、经济、社会发展规划》,以保证贫困地区经济开发的计划性、科学性与系统性。

——增加投入。为保证预期目标的实现,国务院在 1986—1990 的五年间,每年新增加了 10 亿元人民币的扶贫专项贴息贷款,加上原来已有的各项扶贫开发资金,使国家每年的扶贫开发资金总数达到 40 亿左右,其中财政拨款 10 亿元,信贷资金 30 亿元。此外,国家还以优惠的价格向贫困地区投放了经济开发所需要的物资。各省、自治区也相应增加了资金物资投入。

——实施以工代赈。从 1985—1987 的三年间，国家共拿出价值 27 亿元的粮食、棉花、布匹，实施以工代赈，帮助贫困地区修筑公路，解决人畜饮水问题，兴办小型农田水利。从 1989 年开始到 1991 年，国家安排了价值 6 亿元的工业品，从 1990—1992 年又安排价值 15 亿元的工业品，继续实行以工代赈，改善生产、生活条件。

——制定优惠政策。国家和各省、自治区分别制定了旨在减轻贫困地区负担，支持经济开发的政策。主要有：减免没有解决温饱的贫困户的农牧业税；免征国家重点贫困县的能源、交通建设基金；鼓励外地到贫困地区兴办开发性企业，包括林场、畜场、电站、采矿、工厂等，五年内免征所得税；贫困地区一切农、林、牧、副、土特产品，都不再实行统购、派购办法，改为自由购销；国民经济发展对贫困地区实行倾斜政策，有计划地安排一批能开发利用贫困地区资源、带动经济发展的骨干项目。各省、自治区也根据自身的情况，制定了更多的优惠政策。

——反贫困的社会化行为。政府动员各行各业、社会各界，发扬扶贫济困精神，以各种形式帮助贫困地区经济开发建设。投入反贫困的有各级党政机关、群众团体、民主党派、人民解放军、大中专院校、科研单位、城市企业等，非常广泛。仅国务院所属机构中，就有 36 个部门定点联系帮助贫困地区进行开发工作，各级地方政府也都派出工作队，上山下乡，蹲点扶贫，社会各界每年都有大批志愿人员，包括教授、专家、科技人员、教师、医生、研究人员、能工巧匠、企业家，到贫困地区传授技术，培训人才，解决问题。这在一定程度上缓解了落后地区开发建设与技术、人才奇缺的矛盾，提高了扶贫开发的质量。同时，在农村既实行允许一部分人和地区先富裕起来的政策，又提倡先富裕起来的人和地区帮助贫困户和贫困地区，走共同富裕的道路。

三、中国政府反贫困的重要改革

——首先，实行由单纯生活救济转向新的经济开发的方针。历史上的扶贫，常常是没有饭吃给救济粮，没有钱花给救济款，没有穿的给救济衣，吃完花完穿完再向政府要，打了消耗战，而且使贫困地区养成"等、靠、要"等单纯依赖政府的惰性。应当肯定，必要的救济是需要的，但把扶贫资金、物资大多用于生活救济，效果是不好的。吸取历史教训，扶贫开发必须从改革入手，从发展着眼，彻底改变过去那种单纯生活救济的方法，实行新的经济开发的方针：即充分调动贫困地区广大干部群众的积极性，发扬自力更生、艰苦创业的精神，在国家必要的扶持下，利用当地自然资源，进行开发性的生产建设，发展商品经济，解决温饱，摆脱贫困。这是新中国成立以来扶贫工作的一个带有根本性的转变。

——确定正确的产业开发模式。在解决温饱阶段的产业开发选择上，坚持以种植业、养殖业和以种养业为原料的加工业为重点，兼顾其他资源型和劳动密集型产业，如小型采矿业、手工编织业、劳务输出等。这样，投资少，见效快，可以为千家万户提供广阔的就业门路，有利于尽快解决群众温饱问题，又能为市场增加食品等有效供给。这对人口众多、就业不足、开发资金短缺的大国来说，具有重要意义。发展种、养业，实行统一规划，连片发展，形成一定规模，并有良种、技术、加工、储藏、运销等系列开发的社会化服务相配套的商品生产基地，有重点地发展本地资源优势的拳头产品，使每个县逐步建立起二三个能够带动地区经济发展、群众脱贫致富、县财政重要收入来源的支柱产业。

——扶贫资金相对集中，按项目投放管理。国家每年投放到贫困地区的40亿元扶贫资金，来自财政部和不同的金融部门。为保证效益，要求改变过去平均分散的使用办法，确定各项扶贫资金和物资，按照"统一规划，统筹安排，渠道不乱，性质不变，相对集中，配套使用，确保效益，各记其功"的原则使用。使用方式是按项目投放管理。为此，拟定了项目管理办法，加强了项目的前期论证，执行中的监督检查和项目效果的评价工作，建立了项目负责人制度。这套办法的贯彻实施是对过去传统方法的巨大挑战。经过几年的工作，效果是显著的，资金利润率达到15%的项目占40%以上，效益差的项目不到10%，而且有效地克服了少数地方贪污、挪用和搞非生产性建设的弊端。但在项目管理的规范化上和人员素质的提高上，还需做大量的工作。为此，设立了中国贫困地区经济开发服务中心,为区域经济发展和项目开发提供信息、人才、技术、加工、运输、供销等服务。

——兴办扶贫经济实体。鉴于过去把扶贫资金直接分配到户,对那些素质低,缺乏专门技术和经营能力的人,很难取得理想的效果。因此,改变资金、物资的投放方式,依托农村能人、各类龙头企业,使用扶贫资金,兴办扶贫经济实体,开发扶贫项目,安排贫困农民就业,带动贫困户发展商品生产。这样,突破了就贫困户解决贫困户问题的传统做法,使生产要素优化组合,提高了资金使用效益和还贷能力。据各省、区的统计,直接投放到扶贫经济实体的扶贫贴息贷款占该项贷款总额的63%以上。

——发展发达地区和贫困地区的横向联合。就是说,组织和引导发达地区与贫困地区联合开发贫困地区的自然资源,实行企业间大跨度的横向联合。大多数贫困地区资源丰富,劳动力充裕,又有相当数量的开发资金,就是缺人才,缺技术,不会经营管理企业。发达地区有人才,有技术,会管理企业,但原材料缺乏,资源不足,劳动力紧张,经济发展受到限制。把双方联合起来,可以扬长补短,互利互惠,共同发展。为此,制定了横向联合的优惠政策和办法,每年拨出一定的专项资金,重点支持发达地区与贫困地区联合开发的工业项目。

——大规模培训经济开发的管理者和劳动者。贫困地区经济开发归根到底是人的智力开发。从长远看,发展基础教育是提高劳动者素质的基本途径。就当前摆脱贫困来说,必须改变过去单一的资金投入,实行资金、人才、技术综合输入。其主要方式是大规模培训管理者和劳动者,发展以农村知识青年为主要对象的职业技术教育和成人教育,创办职业中学,为贫困县配备科技副县长,大力组织科技扶贫,向农民普及推广实用技术。国务院贫困地区经济开发领导小组专门设立了全国贫困地区干部培训中心,近3年内直接培训干部1万多人,各省、自治区都培训了大批干部和农民。这样,使贫困地区经济开发与智力开发同步发展,治穷与治愚密切结合,提高经济开发的效益。

——成立中国扶贫基金会,依托中外民间力量,开辟扶贫资金第二渠道。多年来,中国用于贫困地区的开发资金,主要来源于银行的政策性贷款和国家财政。为了多方面筹集资金，增加投入强度，1989 年成立了"中国扶贫基金会"。基金会成立以来，面向中外民间人士、企业家、国际组织和港、澳、台同胞、海外侨胞，宣传介绍中国贫困地区开发情况，欢迎和接受对贫困地区开发的各种资助和支持。

——扶贫开发与实行计划生育结合。贫困地区人口增长过快，人口发展和经济发展不协调，是造成贫穷的重要原因之一，也是长期扶贫而不能脱贫的原因之一。因此，坚持把加快贫困地区经济发展和控制人口过快增长统筹规划，同时做好。任何只考虑生产问题，不考虑人口问题，都不是完整的经济观。扶贫开发与计划生育结合的关键，在于教育群众树立优生优育，提高人口素质，发展生产力，才能脱贫致富的新观念，改变"多子多福"、靠多生孩子维持生计的旧观念。同时，扶贫开发的一些基本政策和措施，要做到有利于实行计划生育，而不能鼓励多生。

四、中国反贫困的成果和前景

经过几年的艰苦努力，中国缓解贫困的工作取得了明显的成功。但是，由于国家之大，情况千差万别，还有少数地方温饱问题不能完全解决，主要是西南、西北自然条件恶劣、社会发育低、工作难度大的一些少数民族地区、深山区、多灾区、人畜饮水困难地区、地方病高发地区。已经解决了温饱的地方，标准低，不稳定，灾害和市场波动引起的返贫率有 15%—20%。由于资金不足，贫困地区的基础设施建设异常落后，目前还有 1300 万人、700 万头牲畜饮水困难；贫困山区近一半的村不通公路，近一半的户用不上电；97%的贫困县不同程度流行地方病；文盲、半文盲率高达 35%。生产、生活条件很差。

为此，国务院明确提出，扶贫开发是一项长期、艰巨的历史任务，批准了国务院贫困地区经济开发领导小组关于 1991—2000 年的新的十年扶贫开发计划。同时，确定国家对贫困地区资源开发实行倾斜政策，有重点地安排一批骨干项目；现有各项扶贫开发资金、物资保持不变，投放期延长到 2000 年，并随着国家经济和财政的发展再相应增加，以及其他一些重要政策措施。这样，再经过 90 年代的努力，到本世纪末，在全国实现小康目标时，贫困地区要达到：稳定地解决温饱问题，多数农户过上比较宽裕的生活，初步改变贫穷落后的面貌。

应该说，中国从根本上改变贫困地区落后面貌的任务是十分艰巨的。但从未来发展看，贫困地区有着巨大的经济潜力和广阔的开发前景。可以预言，经过中国政府和贫困地区广大干部群众持久不懈地努力，最终解决贫穷落后问题的伟大历史性事业必将实现，贫困地区必将摆脱贫困，走向富裕。

我国反贫困的强大武器[*]

（1998 年 10 月）

党的十五届三中全会把加大扶贫攻坚力度列入《中共中央关于农业和农村工作若干重大问题的决定》中，对解决农村贫困人口温饱问题作出了新的部署，充分体现了党中央对扶贫攻坚的高度重视和对农村贫困人口的亲切关怀。这是对尚未解决温饱的几千万农村贫困人口的极大鼓舞，对他们自力更生、艰苦奋斗、改变贫困落后面貌将产生极大的激励作用。这是对全党全社会关注、参与扶贫攻坚的强大动员和有力号召，扶贫力度将加大，解决温饱的步伐将加快。这是实现共同富裕目标的具体体现，有利于社会主义精神文明建设。认真学习、深入领会这次中央全会的精神，对做好农村扶贫工作将起到巨大的推动作用。

一、扶贫攻坚难度越来越大，
但反贫困有利条件越来越多

从党的十一届三中全会到十五届三中全会的 20 年中，我国农村改革和发展取得了巨大成绩，农业和农村经济全面发展，农民生活大大改善。这 20 年，是我国经济发展最快的时期，也是没有解决温饱的贫困人口减少最快的时期。据国家统计局统计，我国农村没有解决温饱的贫困人口从 1978 年的 2.5 亿人减少到 1997 年底的 5000 万人，大多数贫困地区的生产生活条件有了明显改善，生活水平和生活质量逐步提高。

（一）党中央领导下的扶贫开发的基本经验。主要有：一是大力推

---

* 本文原载《中共中央关于农业和农村工作若干重大问题的决定学习辅导讲座》（人民出版社、经济科学出版社 1998 年 10 月版）。

进农村改革，全面发展农村经济。党在农村的基本政策取得成功，极大地促进了农村经济的发展，广大农民从改革中得到实惠，多数农民靠改革政策解决了温饱问题。家庭联产承包责任制的推行，农产品收购价格的连续大幅度提高，调动了农民的积极性，使农业生产潜力得到发挥，主要农产品大幅度增长，农业出现了一个又一个的增长高峰期。1978年到1985年是重大农村改革政策相继出台的时期，也是没有解决温饱的贫困人口减少最快的时期，从2.5亿人减少到1.25亿人，平均每年减少1780多万人。二是开展专项扶贫工作，把扶贫开发政策从一般农村政策中独立出来，把解决农村贫困人口温饱问题作为一个专题来对待。80年代中期开始，中央相继制定了开发式扶贫的方针和一系列有利于贫困地区发展的政策，制定了《国家八七扶贫攻坚计划》等专项计划，不断扩大扶贫专项投入，从上到下成立专门机构负责操作和贯彻落实。扶贫开发的一系列专门政策，在减少贫困人口方面发挥了重要作用。三是动员全社会扶贫济困。伟大的扶贫力量蕴藏在人民群众之中，扶贫攻坚需要这种力量的支持。从中央到地方各级党政机关以不同方式定点联系、直接参与扶贫开发，为动员全社会力量扶贫济困发挥模范带头作用。各民主党派和工商联，大专院校和科研单位，发挥人才众多、技术密集、联系广泛的优势，开展科技扶贫和智力开发，帮助贫困地区培训人才、推广技术、沟通信息、发展经济技术合作。发达地区利用技术、人才、市场、信息、物资等方面的优势，通过经济合作、技术服务、吸收劳务、产品扩散、交流干部等多种途径，帮助贫困地区发展经济。人民解放军和武警部队，各级工会、共青团、妇联、科协、残联积极参与扶贫开发。由于各方面的共同努力，全国农村没有解决温饱问题的贫困人口从1985年的1.25亿人减少到1997年的5000万人，平均每年减少600多万人。

（二）未解决温饱问题的贫困人口扶贫难度大。经过20年的努力，没有解决温饱的贫困人口数量逐步减少，目前剩下的这部分贫困人口解决温饱的难度越来越大。表现在：一是地域偏远。贫困人口集中分布的区域远离城市和发达地区，远离市场中心，交通不便，信息闭塞，得不到辐射和带动，不利于商品经济的发展。二是自然条件恶劣。目前剩下的还没有解决温饱问题的贫困人口，集中分布在深山区、石山区、荒漠区、黄土高原区、边疆地区、地方病高发区以及水库库区，耕地匮乏，干旱少雨，无霜期短，灾害频繁，生态恶化。其中有极少数人生存空间狭窄，一方水土养不活一方人，需要搬迁移民、异地谋生。三是基础设施不足。贫困地区水利基础设施薄弱，农业基本上是靠天吃饭，抗御水旱灾害的能力很低，有 2000 多万人常年饮水困难。有的地方至今不通电，即使通电的地方，电网老化，损耗过大，电价太高，农民用不起。公路密度低，路况差，一遇下雨、下雪常常交通中断。四是社会发育落后。贫困地区传统落后的社会习俗很多，观念陈旧，有的甚至仍处于刀耕火种阶段。五是文化教育卫生落后。受教育的程度低，卫生状况差，地方病严重，使贫困人口的整体素质与反贫困斗争的需要不相适应。六是财力薄弱。贫困地区一般是民穷县也穷，财力普遍薄弱，缺乏自我发展能力。

（三）扶贫工作的有利条件越来越多。虽然扶贫攻坚的难度越来越大，任务十分艰巨，但办法总比困难多，面临的有利条件也越来越多。要坚定扶贫攻坚的信心。一是党中央、国务院高度重视。这次中央全会重申和强调了扶贫攻坚的一系列方针政策。在新一届政府召开的国务院第一次全体会议上，强调和重申本届政府的主要任务之一就是努力实现基本解决农村贫困人口温饱问题的目标。地方各级党委和政府的决心大，对今后几年的扶贫开发已作出具体部署。农村贫困地区广大干部群众有尽快解决温饱、进而脱贫致富的强烈愿望。二是随着整个国力的增强，会大幅度、多渠道增加扶贫投入。经济发展的一个重要原则是效率优先、兼顾公平。因此国民收入再分配也有条件向扶贫倾斜。1998 年新增信贷资金 10 亿元、财政资金 5 亿元、以工代赈资金 10 亿元，使中央扶贫资金总量达到 183 亿元的历史最高水平。今后扶贫资金还会进一步增加。三是贫困人口越来越少，便于集中使用财力物力，人均扶贫投入强度会大幅度提高。同时，加强扶贫资金使用的监督检查，严禁挪用，保证效益。四是十多年的扶贫开发工作已积累丰富经验。对不同地区、不同类型的贫困，基本上都有解决的办法。五是当前的宏观经济政策为扶贫带来新的机遇。为克服亚洲金融危机的影响，中央决定增加基础设施建设投资，扩大内需，刺激经济增长。这将有利于贫困地区改善基础设施条件，为目前解决贫困人口温饱和今后的长远发展创造条件。也将增加对贫困地区劳务的需求，特别是以工代赈，直接增加贫困农户的劳务收入，有利于他们尽快解决温饱问题。

二、扶贫攻坚的目标是基本解决农村贫困人口的温饱问题，而非彻底脱贫

现阶段扶贫攻坚的目标究竟是什么？国务院于 1994 年 3 月颁布实施的《国家八七扶贫攻坚计划》明确指出："从 1994 年到 2000 年，集中人力、物力、财力，动员社会各界力量，力争用 7 年左右时间，基本解决目前全国农村 8000 万贫困人口的温饱问题。"由此可知，现阶段扶贫攻坚的目标是解决温饱问题，而非解决脱贫问题。解决温饱与脱贫是有区别的。这要从温饱标准谈起，把与解决温饱相对应的实际生活状况描述出来。温饱是一个形象说法，即穿得暖、吃得饱，也就是衣御寒、食果腹、房避风雨。这是人类生存最起码的条件，与绝对贫困是同一个概念。我们可以把绝对贫困线等同于温饱标准。按国家统计局的测算办法，绝对贫困线包括食物贫困线和非食物贫困线两部分，其中食物贫困线按维持人类生存所必需的热量计算，非食物贫困线按食物贫困线的一定比例折算。中国营养学会提供的中国居民人体热量数是：正常摄入量为人均每天 2400 大卡，最低限度不得低于 2000 大卡，如果人体热量不足正常热量的 80%就要发生浮肿等营养不良症，不足正常需要量的 70%就会危及生命。可以按人均摄入热量 2100 大卡作为维持基本生存的最低标准。这个方法，首先考虑了人们基本生活中最主要的食物消费部分，同时也考虑了衣着、住房、教育、医疗等方面的消费。测算结果是，1985年绝对贫困线为 206 元，随着物价指数的上涨，1997 年上升到 640 元。这个收入水平只能保证最低的生存需要，称不上富裕。由此可见，即使越过了温饱线，生活也并不富裕，谈不上脱离贫困。脱贫意味着致富，没有富起来，怎么能叫脱贫呢！温饱只是致富的基础和初级阶段，从温饱到富裕还需要一个长期奋斗的过程。因此不能把解决温饱与脱贫等

同，混为一谈。从这个意义上讲，扶贫是长期任务。搞清楚这些，可以消除一些误解。比如，有的提出"不能把贫困带入 21 世纪"，有的认为"温饱问题解决了，就算脱贫了"，有的宣传报道把解决温饱与脱贫等同，都是不确切的。

还需要明确的是，温饱问题只是基本得到解决，而非一个不剩地都得到解决。这主要是考虑到两点：一是国家大，情况千差万别。不可能所有的地方都达到同样的发展程度。二是由于天灾人祸等不可抗御的因素，每年都会使一些人暂时"返贫"。这两种情况，在任何国家、任何发展阶段都是存在的。今年的自然灾害比较严重，受灾的贫困地区"返贫"率就会提高，一些经济发展水平较高的地区受灾后也会有少数人暂时进入贫困行列。为此，现阶段扶贫攻坚的目标是"基本解决"，不可能做到一个不剩地完全解决。做到"基本解决"，就是一项了不起的成就。

扶贫攻坚要坚持实事求是的原则。不能脱离实际提过高的要求，也不能为赶进度而降低标准，更不能搞形式主义、弄虚作假。在加大扶贫攻坚力度，扎扎实实地做好工作，尽了最大努力的前提下，如果仍有极少数贫困人口没有完全解决温饱问题，也不能降格以求。当然，也不能为了继续得到扶持而人为压低收入水平。国家明确规定，对率先达到解决温饱目标的贫困县，现有的扶贫资金和优惠政策在一定时期内继续保持不变，以资鼓励。

三、坚持扶贫到户是扶贫攻坚的要领

《决定》中强调指出要扶贫到户。为什么要如此强调？因为，不到户，就没有抓住目标，等于打乱仗，其结果必然是事倍功半。强调扶贫到户是中央的一贯政策。1987 年 10 月国务院《关于加强贫困地区经济开发工作的通知》指出："把贫困户尤其是贫困户中衣不蔽体、房不避风雨、食不果腹的'三不户'作为重点，摸清底数，明确对象，为贫困户建立档案，县建簿、乡造册、户立卡，限期解决温饱问题。"1994 年 3 月《国家八七扶贫攻坚计划》要求："扶贫项目必须覆盖贫困户，把效益落实到贫困户。"1996年9月中央扶贫开发工作会议上，江泽民同志指出："以贫困村为重点，以贫困户为对象，把扶贫任务分解到村，把扶贫措施落实到户，做到真扶贫，扶真贫。"会后发出的《中共中央、国务院关于尽快解决农村贫困人口温饱问题的决定》指出："必须把贫困乡、村作为扶贫攻坚的主战场，把贫困户作为扶持的对象，而不能不分贫富，平均扶持，一定要做到：领导联系到村，帮扶对口到村，计划分解到村，资金安排到村，扶持措施到户，项目覆盖到户，真正使贫困户受益。"然而，对扶贫到户的要求，在落实中还有一定的差距。有的贫困人口从扶贫项目中受益不多，仍是扶贫工作存在的一个突出问题。这个问题必须得到很好的解决。

怎样才能到户？首先，扶贫项目必须到户。扶贫开发应以种养业的项目为主，不能把扶贫投入大量用在工业项目上，这方面是有深刻教训的。现阶段扶贫攻坚的目标是解决贫困户温饱问题，而种养业项目投资少，见效快，覆盖面大，家家户户都能参与，有利于尽快解决温饱。同时，有条件的地方，发展以种养业产品为原料的加工业，以及其他资源型和劳动密集型项目。不能只是热衷于大办一般性工业项目，单纯追求地区经济增长，忽略与增加贫困户收入、解决温饱直接相关的种植业、养殖业项目。

第二，资金到户。面向众多贫困农户的种养业项目，每一笔贷款的规模都比较小，承贷对象分散，操作起来工作量比较大。这就要求资金发放部门不怕麻烦，下功夫把工作做细致、做扎实。同时，把提供良种、技术指导、产品销售等各项服务工作做好，增强贫困农户的经营能力，提高资金使用效果，保证按期归还贷款。这些都是保证资金到户、按期还贷的重要举措。扶贫资金到户要实事求是，因地制宜，多种模式，讲求实效。特别是要认真总结实践已证明行之有效的资金到户模式，结合实际，加以推广。由农业产业化的龙头企业牵头，指导和带动贫困农户建立多种经营生产基地，以合同为纽带，利益共享，风险共担，可以提高贫困农户资金使用的安全性和回报率。由扶贫经济实体承贷扶贫资金，按比例吸收贫困户劳力就业，靠务工收入解决温饱问题，也是一种资金到户。小额信贷更是资金到户的新经验。

第三，帮扶到户。项目、资金到户后怎样管好用好？如何保证产生最大效益？一个好的办法就是对贫困户进行帮扶，为他们出主意，想办法。要发动广大干部、党员、先富起来的农户帮扶贫困户。如辽宁省辽阳市处以上干部与3000个贫困户结穷亲，帮扶到户。河南省鲁山、伊川、南召等县实施"万人帮万户""一帮一"和"三帮一"工程。湖南省动员5万多名干部职工与6万多户贫困户结穷亲，实行一对一帮扶。这些都是有效的形式。帮扶到户与项目、资金到户相结合，既可以使帮扶工作有实际内容，避免流于形式，又能够加强项目和资金的监督，提高项目成功率和资金的安全性。

第四，移民开发到户。在剩下的尚未解决温饱问题的贫困人口中，确有极少数人生存条件极端恶劣，土地严重超载，一方水土养不活一方人，需要搬迁移民，异地谋生。这几年，有些地方就是这么做的。甘肃省定西地区和宁夏的西海固地区已迁出60多万人，加上广西、广东、河北、浙江、山东等地，全国已有100多万人通过移民开发比较稳定地解决了温饱。历史经验证明，移民要取得成功，必须坚持三条：一是多采取近距离移民方式。迁移距离过远，农民生活上不习惯，与迁入地的关系难处理，即使一时迁出，也很容易出现返迁的问题。二是有的地方可松动式移民。按照农民自愿的原则，根据本地实际情况，实行有计划的松动式搬迁移民，迁一部分，留一部分。这样，迁出的农户解决了温饱，留下的农户也相应增加了土地等资源，改善了生产和生活条件，使两部分人都有了生存和发展的空间。三是移民一般以两步走为宜。劳动力先去，暂时两头有家，在移民点有了稳定的收入和生活条件后，再全家搬迁。总的来说，移民一般投入较大，应实事求是，量力而行。

四、小额信贷是坚持扶贫到户的新经验

《决定》中提出，小额信贷扶贫到户是今后做好扶贫工作的一项重要措施。小额信贷是目前国际上通行的一种扶贫到户模式，起源于孟加拉国。小额信贷采取新的农户组织方式及管理手段，将信贷资金发放到最贫困的农户手中。这种扶贫模式得到国际社会的广泛关注和肯定，目

前有 50 多个国家进行了试点和推广。小额信贷的最基本特点：一是鼓励贫困农户在自愿的基础上建立信贷合作小组，以相互担保代替抵押担保，使最贫困的农户可以得到贷款；二是小额贷款，整贷零还，连续放贷；三是建立农户小组，贫困户直接参与，互助、互帮、互学、互督；四是在提供信贷资金的同时提供项目指导和技术服务。从这些特点可以看出，小额信贷模式解决了贫困农户因缺少担保或抵押而得不到正式金融组织贷款的问题，还通过严密的组织体系把贫困农户凝聚在一起，起到了互帮互学、增强信心、振奋精神的作用，增加了贫困农户的人力资本。

小额信贷扶贫到户在我国已多点试验，并获得成功。自 80 年代后期开始，我国的一些研究人员陆续向国内介绍小额信贷的经验，国内有关扶贫部门和一些国际组织以不同方式在我国进行了不同类型小额信贷的试验，涉及 20 多个省区市的 100 多个县。特别是 1994 年以来，有 10 多个省区市在近百个县使用国内扶贫资金开展小额信贷扶贫的试点工作，其中规模较大的有云南、四川、陕西、河北等省。如云南省成立了由扶贫办、财政、银行、妇联、共青团等十多个部门参加的小额信贷协调领导小组，财政、妇联、共青团等部门直接承贷小额信贷试点资金，通过本系统在 25 个贫困县分别组织农户实施。陕西商洛地区在政府和有关部门的领导和监督下，由适当的合作组织具体操作，仅 1997 年就将 5066 万元扶贫信贷资金直接发放到 5.1 万户贫困农户手中。从各地实施小额信贷试点的情况看，普遍取得明显效果：一是资金直接入户率高。小额信贷明确规定，资金只贷农户，不贷企业；只贷贫困户，不贷非贫困户。由贫困户组成小组，小组成员之间互相监督，保证了扶贫资金用于真正的贫困农户。二是项目成功率高。由于小额信贷资金主要用于直接解决群众温饱、增加农户收入的种植业和养殖业，加上提供技术服务和指导，因此项目成功率高。三是贷款偿还率高。由于项目成功率高，加之农户之间实行联保，贷款偿还率大大高于银行其他类型贷款。到目前为止，各试点地区的资金按时还贷率都在 90%以上。这就解决了多年来扶贫资金难到户、扶贫贷款难偿还的两个老大难问题。在各试点地区，小额信贷扶贫方式受到基层干部和贫困农户的热烈欢迎。

小额信贷开创了扶贫到户的新局面，是我国扶贫工作的深化和发展。但这种贷款方式与传统的扶贫信贷资金发放方式有很大的不同，涉及一系列非常敏感的金融政策问题。在今后的试点和推广过程中，应注意以下几点：一是积极稳妥。凡没有进行试点的地方，要积极组织试点，不能贸然推广。已经试点并取得成功经验和较好效果的，要认真总结，规范发展，逐步推广。小额信贷比较复杂，关系千家万户，要精心组织，不能怕麻烦，把工作做细做实。由于涉及的部门多，在宏观上要加强协调，有计划、有步骤、有组织地进行，切忌一哄而起。二是因地制宜。在试点和推广过程中，既要借鉴国外经验，也要学习国内好的做法，从实际情况出发，在借鉴的基础上创新。要同已有的扶贫到户经验相结合，同财政扶贫资金和以工代赈资金的使用相结合，使贫困农户既有人来包扶，又有生产经营资金，还能改善基础设施和生产条件。三是遵循政策。开展小额信贷，要符合国家现行的金融政策法规，遵循扶贫资金使用的基本原则和有关规定。要加强对小额信贷的监测和管理，及时发现和纠正操作过程中出现的问题，使其健康发展。

五、依靠科教，实施智力开发，是扶贫的根本

扶贫开发归根到底是贫困人口的智力开发。贫困农户之所以贫困，除资源、资金等物质资本不足外，另一个重要原因是缺文化、缺技术，人力资本也较为贫乏。人力资本贫乏，导致对为数本来就不多的物质资本利用效率低下；物质资本利用效率低下，经济落后，反过来又制约着科技教育事业的发展，使人力资本得不到增加。打破这个恶性循环，出路在于发展科技教育事业，对贫困农户实施智力开发，增加他们的人力资本。智力扶贫是扶贫的根本。发展经济学中的人力资本理论认为，对人力资本进行投资，具有很高的回报率，是发展中国家经济发展的关键。我国一些扶贫开发成效明显的地区的经验也表明，依靠科教，组织农民培训，推广实用技术，是确保扶贫项目成功、尽快解决温饱的重要保证。十多年来，扶贫开发部门对智力开发、人员培训是重视的，许多地方提出"治穷先治愚""扶贫先扶志"，创造出"扶贫开发，培训先行""谁

干培训谁，干什么培训什么""对扶贫干部普遍轮训"等经验。在把这些成功经验继续发扬光大的同时，今后还要扎扎实实地做好两方面的工作：

（一）要尽快普及初等教育，发展中等教育，不能再出现新的文盲。接受初等教育，掌握最基本的文化知识，是智力开发的起点，是人力资本开发的基础。现在的情况是，老文盲没有扫除完，新文盲又不断产生。要下决心普及初等教育，把产生新文盲的口子堵住。基本普及九年义务教育是对全国而言的，对少数贫困地区来说，要集中力量普及小学教育，积极发展中等教育。国家有关部门和社会各个方面，对贫困地区的教育事业是重视的，今后还会继续给予支持。"九五"期间，国家财政已安排39亿元的资金，地方还要配套部分资金，由各级教育部门实施"贫困地区义务教育工程"。这项工程的重点是覆盖贫困村、贫困户。"希望工程"在募集国内外资金、推动贫困地区义务教育方面发挥着不可替代的巨大作用，应继续办好。

（二）要大力开展对贫困地区在乡知识青年的各类扶贫开发实用技术培训。要根据扶贫开发的需要，采取多种形式，首先在知识青年中普及实用技术。贫困农户家中的小学、初高中毕业生，复员回乡军人，年轻有文化，改变贫困落后面貌的愿望更强烈，是贫困农家的希望所在，是贫困地区的希望所在，要把他们作为智力开发、科技培训的主要对象。科技培训与技术推广相结合，可以做到学以致用，调动贫困农户参与培训的积极性。中央和地方有些部门的事业经费中有一部分是用于技术培训与技术推广的，如农业部门的"丰收计划""温饱工程"，科技部门的"星火计划"，这些公共资源的配置很需要向贫困地区倾斜，在贫困地区多安排一些培训与推广项目。

六、以更加灵活的政策调动贫困地区干部和群众反贫困的积极性和创造性

社会主义初级阶段的中国，最基本的特征是不发达，农村尤其不发达。因此，要遵循党的十五大精神，在整个社会主义初级阶段，始终把

加快发展生产力作为农村工作的中心，采取更灵活、更有效的政策措施增强农村经济活力。相对一般农村而言，农村贫困地区更加不发达，因此要有比一般农村更为灵活、有效的政策，以调动干部和群众反贫困的积极性。中央扶贫工作会议和《国家八七扶贫攻坚计划》对贫困地区规定了一系列扶贫开发的政策，概括起来主要有以下几方面：

（一）人才使用要更加灵活。贫困地区要解放思想，更新观念，大胆启用农村有各种专长和富有经营之道的能人。以公有制为主体、多种所有制经济共同发展，是我国的一项基本经济制度。在这个总原则的指导下，贫困地区在发展集体经济的同时，应放手扶持农村能人发展个体、私营等非公有制经济和股份合作制经济，带动其他贫困农户发展生产。以公有制经济为主体是对全国、整体而言，贫困地区个体、私营经济的比重稍大一些也是合乎实际的。要结合机构改革，鼓励和支持县乡机关中有一技之长、有志于扶贫开发的人员，分流出去，以多种形式创办或领办扶贫经济实体，如利用农业资源开发建设农场、牧场、林果园、水产养殖场，以及其他资源型、劳动密集型的非农产业，把机构改革和推动贫困地区经济发展结合起来。

（二）机构设置要更加适合贫困地区的实际情况。贫困地区财政自给能力比较弱。这既有经济落后的因素，也有财政供养人数太多的因素。越是贫困的地区，吃"财政饭"的人越多。不仅县级机构人员过多，乡镇一级的机构人员也比较多。根据中央《决定》精神，实行精兵简政。这样，减了机构，减了人员，减了开支，就等于增加了财政收入，增加了扶持经济发展的实力。精减下来的人投身经济建设，创造物质财富，又将有力地推动贫困地区经济社会发展。

（三）干部任用与考核要实事求是。为保持扶贫攻坚的有效性和连续性，在扶贫攻坚阶段，贫困地区县乡干部队伍尤其是主要领导干部要保持相对稳定。对提前或如期完成解决群众温饱任务，有突出成绩的，予以重奖和重用。对贫困地区干部政绩的考核标准应不同于一般地区。省对贫困县、贫困县对贫困乡进行工作部署时，重心要放在解决贫困人口温饱问题上；要以解决温饱人口的多少，作为检查、考核其工作的主要内容。不按对一般县、乡的要求对待贫困县、贫困乡，把贫困县、贫困乡从各种与扶贫无关的达标升级、评比排队的压力中解放出来，以利于集中精力扶贫攻坚。贫困地区应根据实际情况决定自己的工作要求和方式。

（四）财税政策要从实际出发。中央会逐步加大对贫困地区的财政转移支付力度，在完善中央对省、自治区财政转移支付制度的同时，省、自治区也会尽快建立和完善对县的二级转移支付制度，为贫困地区提供更大的财力支持。各级政府把扶贫资金列入财政预算，保证用于扶贫开发。对所有尚未解决温饱问题的贫困户，按照农业税条例的有关规定，减免农业税和农业特产税。对国定贫困县新办企业和发达地区到贫困地区兴办的企业，自获利之日起三年内免征所得税。

（五）投资政策要有一定的倾斜度。党的十五大指出，国家要加大对中西部地区的支持力度，优先安排基础设施和资源开发项目，鼓励国内外投资者到中西部投资。贫困地区应用足、用好这个大政策。对贫困户和扶贫经济实体使用扶贫信贷资金，要从实际出发，在保证有效益、能还贷的前提下，贷款条件适当放宽。国有商业银行，每年安排一定的信贷资金，在贫困地区有选择地扶持一些效益好、能还贷的项目。中央和地方安排开发项目时，向资源条件较好的贫困地区倾斜，在贫困地区兴办的大中型企业，要充分照顾贫困地区的利益，合理调整确定与当地的利益关系。国家制定和执行产业政策时，要考虑贫困地区的特殊性，给予支持和照顾。

（六）其他方面政策也应灵活运用。对贫困地区的进出口贸易和边境贸易，坚持同等优先的原则，列入计划，重点支持，充分利用其资源优势，如药材、无污染的山野菜、矿产等资源优势。根据提高效益的原则，使用好国家专项解决水库移民温饱问题的资金。对所有尚未解决温饱问题的贫困户，免除粮食定购任务。贫困地区应很好利用国家财政部门的粮食自给工程，提高粮食生产能力。运用粮食风险基金对耕地不足、吃返销粮的贫困农户以适当补贴，搞好基本农田建设，支持他们陡坡地退耕还林、还草，调整生产结构，建设生态环境。

七、支持贫困地区加强基础设施建设，
为区域经济发展、脱贫致富创造条件

支持贫困地区加强基础设施建设，既是扶贫攻坚的重要措施，又是为这些地区今后长远发展奠定基础、逐步缩小地区间发展差距的重要之举。贫困地区基础设施落后，导致抗御水旱等自然灾害的能力不强，农副产品加工、储藏、运销困难，市场发育迟缓，商品流通不畅，二、三产业难以发展。这是长期未能解决温饱问题的重要原因，也是解决温饱不稳定、"返贫"率高的重要因素。今后即使解决了温饱，如果基础设施上不去，经济也难以繁荣。因此，《国家八七扶贫攻坚计划》提出：有条件的地方人均建成半亩到一亩稳产高产的基本农田，基本解决人畜饮水困难，绝大多数贫困乡镇和有集贸市场、商品产地的地方通公路，消灭无电县，绝大多数贫困乡用上电。近年来贫困地区的基础设施条件有所改善。以广西为例，1994年到1997年的4年中，不仅解决了364万农村贫困人口的温饱问题，还修建了人畜饮水工程4007处，解决了229万人和160万头大牲畜的饮水困难；砌墙保土和新建梯地138万亩；新修公路4089公里，解决了334个乡、1597个行政村不通公路的问题；新增输变电线路6861公里，解决了891万人的用电问题。尽管各地都取得了一些成绩，但贫困地区基础设施条件差的状况尚未得到根本改观，还需下大功夫继续加强基础设施建设。

基本农田建设是贫困地区基础设施建设的重中之重。一方面，基本农田建设是解决口粮的关键。贫困地区或多或少有一定的耕地资源，但坡度太大、土壤瘠薄、单产很低。如果经过努力，人均建成半亩到一亩稳产高产基本农田，再加上使用良种、良法和增施化肥，是可以解决吃饭问题的。另一方面，基本农田建设是治理水土流失、减缓江河泥沙淤积的重要途径。贫困地区多位于江河上游，由于耕地缺乏、口粮长期得不到解决，导致毁林开荒、陡坡种植。据专家测算，水土流失的60%源于坡耕地。这次国家根治长江、黄河水患的整体思路中，一个重要方面是搞好上游地区的退耕还林还草。只有把基本农田建设好，提高粮食生产能力，口粮问题得到解决，贫困地区的农民才不会在陡坡开荒，才

能真正做到把坡度过高、水土流失严重的劣耕地还林还草。可以说，建设基本农田、解决口粮问题，是贫困地区退耕还林还草、加强生态环境建设、保持水土的前提。扶贫开发要配合这项工作。基本农田建设，主要是坡改梯、旱改水，对资金投入的要求并不高，主要是靠农民自己的劳动投入。

水、电、路建设是贫困地区基础设施建设的主要组成部分。解决人畜饮水、农田灌溉等水利问题，要因地制宜，因陋就简，以较少的投资取得较大的效果。近年来一些地方通过修建小山塘、小水窖、小拱坝等小型水利设施，解决了缺水问题。特别是甘肃省，大规模实施"121"雨水集流工程，成效明显。"121"的意思是每个农户打两口水窖，发展一亩经济作物。据统计，截至1996年9月底，甘肃全省有26.73万户达到工程要求，完成集流窖52.56万眼，建集流场3716.19万平方米，既供人畜饮用，又能浇地抗旱，缓解了干旱少雨对贫困地区经济发展的制约。国家为加强基础设施建设，今年增发了1000亿元国债。这对贫困地区的公路建设、农村电网改造是个良好机遇。贫困地区的公路建设，要重点修筑县乡之间的公路和通往商品产地、集贸市场以及为扶贫开发项目配套的道路。路通、电通，外部的人才、资金、技术、信息就会通畅地流向贫困地区，贫困地区的商品和劳动力就会便捷地走出去。

以工代赈是贫困地区基础设施建设的有效方式。自1985年以来，国家先后实施了多批以工代赈项目，在改善贫困地区公路、人畜饮水，以及办学、医疗条件等方面取得了很好效果，深受贫困地区的欢迎和社会各界的好评。据统计，从1985年至1995年，全国通过以工代赈方式，共修建道路21.4万公里，使1500个乡和1万个行政村通公路；修建桥梁2万座；解决了4090万人和3300万头大牲畜的饮水困难。贫困地区经济发展程度还不高，农民生活还不富裕，劳动力资源丰富，农民愿意接受较低的实物报酬参加公共工程劳动，应抓住这个机遇，认真用好国家以工代赈的投资。

从根本上改善贫困地区基础设施条件，要靠国家大型项目的带动。往往是一个地方摆上一个大项目，会带动大批农民就业，会带动相关产业发展，农村面貌会很快得到根本改善。《国家八七扶贫攻坚计划》规定：中央和地方安排开发项目时，应向资源条件较好的贫困地区倾斜；中央和省、区在贫困地区兴办大中型企业，要充分照顾贫困地区的利益，合理调整确定与当地的利益关系。要总结京九铁路建设的经验。在规划京九铁路建设时，就充分照顾了带动大别山、井冈山等老区的经济发展。为了对京九沿线贫困地区经济发展做贡献，对全国区域经济协调发展做贡献，这么做是值得的。

八、扶贫攻坚是党中央领导下的全社会行动

实现共同富裕是党的宗旨，解决温饱是全社会的责任。邓小平同志说："一部分地区有条件先发展起来，一部分地区发展慢点，先发展起来的地区带动后发展的地区，最终达到共同富裕"（《邓小平文选》第三卷，第 374 页）。实现这个构想，有两条途径：一是随着发达地区经济发展增加税收，通过中央财政转移支付给贫困落后地区；二是发达地区直接对口扶持贫困落后地区。也就是说，从中央政府来讲，要坚持效率优先、兼顾公平的原则，在国民收入再分配时尽可能考虑贫困落后地区和扶贫的需要，增加扶贫投入。另一方面，从发达地区以及社会各方面来讲，要本着互惠互利和共同发展的原则，积极投身扶贫开发的伟大行动。这一点，在过去的扶贫工作中发挥了很好的作用，今后会继续动员发达地区和社会各方面参与扶贫济困。

做好组织东部沿海省、直辖市对口帮扶西部贫困省、自治区工作。东西互助是促进东西部优势互补，缩小差距，逐步实现共同富裕的重要途径。中央曾经作出决定，在对口帮扶西藏和三峡地区的工作按原有安排继续执行的同时，组织发达省、市对口帮扶西部 10 个贫困省、区。具体安排是：北京帮内蒙古，天津帮甘肃，上海帮云南，广东帮广西，江苏帮陕西，浙江帮四川，山东帮新疆，辽宁帮青海，福建帮宁夏，深圳、青岛、大连、宁波帮贵州。这项工作效果很好，大多数省、市认真负责，态度积极，非常努力，很有成绩。仅 1997 年，发达省、市向西部 10 省区捐款 4 亿多元，赠送了大量物资，签订合作项目 1029 个，协议投资近 60 亿元。但进展不够平衡。今后发达省、市仍需从共同富裕、

协调发展的大局出发，继续扩大帮扶规模，提高帮扶水平，落实帮扶措施。对口帮扶应讲求实效，任务要落实到县，协作要落实到企业和项目。可以组织富裕县和贫困县结成对子，进行经济合作，开展干部交流。可以动员富裕县的企业到西部贫困县去，利用人才、技术、信息、市场、管理、资金等各种优势，在互利互惠的基础上与贫困县共同开发当地资源。

中央和地方党政机关及有条件的企事业单位，带头参与扶贫攻坚，不仅有助于促进贫困地区的经济发展，而且有利于密切党和政府同群众的联系，锻炼干部，改进机关工作作风。截至1997年底，有124个中央党政机关和大型企事业单位，对口帮扶334个国家重点贫困县，占592个国定贫困县总数的56.4%。其他国定贫困县和省定贫困县，都有一个以上的厅局级机关或国有大中型企事业单位扶持。贫困县各机关、企事业单位包扶到乡、村，全国9399个贫困乡，70333个贫困村，都有机关和企事业单位包扶。河北省把全省没有解决温饱的2700多个特困村排列出来，逐一确定包扶单位。内蒙古把扶贫攻坚的主战场划定到乡镇一级，为每个贫困乡镇确定包扶单位。各级党政机关和企事业单位根据自身特点，充分发挥优势，宣传方针政策，开展调查研究，多方面支持当地发展经济。这项工作需要继续坚持下去。

广泛发动社会力量参与扶贫济困。近年来，社会各界开展科技扶贫、文化扶贫、教育扶贫、新闻扶贫、巾帼扶贫、康复扶贫，兴办温饱工程、希望工程、幸福工程、博爱工程、思源工程，各民主党派和全国工商联开展智力支边、光彩事业，人民解放军和武警部队开展驻地扶贫、民兵扶贫等，为农村扶贫济困做出了很大贡献。例如，中国青少年发展基金会实施的"希望工程"，到1996年底已接受捐赠款9.78亿元，救助失学儿童155万人，援建希望小学3634所，为乡村小学捐建了近一万套希望书库。中华民族有扶贫济困的优良传统，只要做好宣传工作，把贫困地区的实际困难和迫切需要如实告诉全国人民，全社会扶贫济困的力量会得到更大的发挥。

抓住几个关键问题打好扶贫攻坚战[*]

（1994 年 12 月）

今年国务院制定并公布实施了《国家八七扶贫攻坚计划》，从今年起到本世纪末的 7 年时间里，基本解决 8000 万农村贫困人口的温饱问题。这对加快贫困地区经济和社会发展，逐步缩小东西部地区差距，加强民族团结，促进社会稳定，实现共同富裕，为改革和发展创造更为有利的条件，都具有极其重要的意义。如何实现这一项具有重大经济和政治意义的战略计划，这里仅据我个人的扶贫实践和体会谈些看法。

一、充分认识和运用有利形势做好扶贫开发工作

我们国家从今年起到本世纪末的 7 年时间里，要解决 8000 万农村贫困人口的温饱问题，任务是十分艰巨的。能否如期解决，有些同志表示担心。我们国家大，情况千差万别，经济发展极不平衡，工作难度很大，这种担心并非没有道理。但话又说回来了，这个任务又是必须完成的。因为到 2000 年，人民共和国建立了半个多世纪，如果仍有几千万人没有解决温饱，怎么体现社会主义制度的优越性？所以必须下决心在本世纪末稳定地解决这部分群众的温饱问题。

但是，从另一方面来说，还要看到完成这一艰巨任务的有利因素，主要是全国经济社会发展的大环境、大政策对我们实现扶贫攻坚任务的有利条件。过去我们往往就扶贫看扶贫，对整个形势对扶贫有利的方面认识不够、利用不够，因而扶贫的视野、思路不够开阔。那么，目前有

---

* 本文原载《民族经济与社会发展》1995 年第 1 期，成文于 1994 年 12 月。

哪些值得我们注意的有利因素呢？

（一）党中央、国务院高度重视，社会各界大力支持，这是决定性的因素。今年党中央、国务院召开了全国扶贫工作会议，总书记、总理都到会作了重要讲话，国家在资金上加大了投入的强度。现在，中央用于扶贫的信贷资金、财政资金、以工代赈资金，加在一块近100亿元，国家重点扶持的592个贫困县，每县平均一千五六百万元。再加上地方各级政府的投入，数量还要大一些。就目前我们国家的财力情况，对扶贫攻坚能有这么大的投入强度，也是尽了最大的努力。我们只要按照扶贫攻坚计划的要求，集中使用，保证重点，不撒"胡椒面"，一定会取得较好的攻坚成果。

现在各部门也都行动起来了。农业部继续坚持实施温饱工程，水利部部署实施解决人畜饮水计划，电力部要搞"电力共富扶贫工程"，还有其他许多部委、地方的有关部门，都在纷纷行动起来，积极投入扶贫攻坚战。最近国务院还召开了中央、国家机关扶贫会议，要求凡是机关编制在100人以上的，具备条件的，要派出干部到贫困县蹲点扶贫，给予参谋和指导，这个力量是很大的。现在已有108个部委确定帮扶315个县。再加上各省的厅局包县、包乡、包村，基本上可以做到贫困县个个有帮手。

还有一个值得欣喜的情况，就是沿海发达地区有些乡镇企业家开始实施西进计划。有的筹资数千万元，有的筹资上亿元，到中西部地区办企业。沿海地区本来就是我国人口十分密集的地方，像江浙一带，现在又工厂密布。如果一味地无限制就地办厂，继续大量吸收外来工，土地越占越多，空间越来越小，会带来一系列社会问题。所以现在一批有远见的乡镇企业家，从外国人到我国来投资办企业中得到借鉴，他们想到自己为什么不能到中西部利用廉价劳动力和丰富的资源去就地办厂赚钱呢？所以就出现了东部一批乡镇企业家西进的势头。这是很值得大加鼓励、倡导的好事。它可以使东部的人才、技术、资金、管理优势与西部的廉价劳动力和资源优势合理配置，互惠互利，共同发展。

从党中央、国务院的高度重视，到社会各界的大力支持，我国扶贫攻坚的总体战正在形成。各省的扶贫基金会在这方面都在策划，都在行动。总的形势对我们扶贫攻坚十分有利。

（二）我们还应该看到，国家全方位的改革开放，对扶贫开发带来较深远的影响。我们国家的开放不仅局限于沿海，还有沿边开放，沿江开放，各个省会城市的开放。沿边开放，使东北和西部一些省、自治区一向偏远封闭的内陆边疆，一下子变成开放的前沿。这样，边贸的发展带动当地资源的开发和经济发展。还有以浦东为龙头的沿江开放，使长江两岸的很多穷地方经济将得到发展。还有随着新的欧亚大陆桥的开通，从我国连云港到荷兰的鹿特丹，必然会带动我国沿路两边的经济发展。前不久我接触一个乡镇企业家，他就讲过去东部到西部比较困难，现在有几大开放、欧亚大陆桥开通，去西部办厂、开店、发展边贸，方便多了。就拿边贸来说吧，对方需要什么，我方就地生产什么，生产出来就卖过去，这比在东部生产出来再千里迢迢运到西部去卖方便多了，成本降低了，效益提高了。现在，省会城市开放了，包括乌鲁木齐、兰州、西宁等地，外商的足迹都伸展到了。这一个大的局面，这一个大的环境变化，对中西部地区经济社会发展所带来的深远影响，要给予足够的重视，而且要充分加以利用。特别是要鼓励、倡导东部的乡镇企业家利用这样大的政策环境，大的有利条件，实施他们的西进计划。

（三）我国社会主义市场经济体制的建立，大市场、大流通格局的逐步形成，也为中西部的资源开发、经济和社会发展，带来重要的、深远的影响。最现实的，也是最近几年我们体会最深的是，东部经济的高速发展，所带来的巨大的劳务市场需求，为中西部过剩劳动力开辟了大批就业门路。现在四川、湖南、安徽等省每年外出打工的农民数百万。像广东的东莞市，容纳外地劳动力70万。这些都是过去所没有的。出去的人打工、就业、赚钱、养家，而且开眼界、长知识。现在很多人经过几年打工之后，回去办起了乡镇企业，人称"昔日打工妹，今日当厂长"。这是一个值得重视的新变化。当然，也要防止和避免劳务盲目过量外流造成社会问题，应强调要加强管理、给予疏导，使它有计划、适量、有秩序地流动。

（四）东部经济的发展现在发生了一个新的迹象，即某些地方经过若干年的发展以后，开始进入一个新的、更高层的阶段，它的那些大量的普通的加工业、劳动密集型的产业，开始由东部向中西部转移。像深圳、珠海一带现在那些"三来一补"，以及其他大量使用劳动力的产业，开始向外地转移。要看到这样一个经济结构的变化，看到经济发展由东向西阶梯形前进的趋势。把东部要转移的产业，主动地、有计划地接转到西部来，这就是运用东部的发展带动西部发展的重要途径。产业转移要与技术转移相结合。把技术人员、管理人员以应有的报酬从东部请过来当厂长、当经理。最近我看了一些穷地方，这一条运用得很好。请来一个能人，办好一个企业，带动一大片农民就业、脱贫致富。

（五）国家在农业和农村采取的一系列宏观经济政策，对扶贫开发是十分有利的。如农业综合开发，商品粮基地建设，现在要向中西部地区延伸，解决中西部缺粮地区的用粮问题。过去我国粮产区在东部的比较多，西部的比较少，现在国家有计划地把商品粮基地建设西移，利用当地宜农资源，在缺粮的地方抓粮食生产。生产的粮食就地供应，减少运输、节省成本，使农民能够吃到价格比较合理的粮食。再一个是国务院决定加快中西部乡镇企业的发展，并为此增加了专项信贷资金给予支持。像这样一些大的政策，对扶贫开发都是十分有利的。

列举以上几个方面的情况，就是说扶贫工作要关注整个形势，放宽我们的眼界。放宽眼界思路宽。眼界太窄了，就扶贫看扶贫，思路就不开阔。眼界放宽了，从大环境、大政策中看到对扶贫的有利条件，而且巧妙地加以利用，这个力量是很大的。我们扶贫的思路宽了，路子宽了，工作就容易取得更大的成绩，就能取得更好的效果。

二、扶贫开发的重点是创造稳定脱贫的条件

从过去单纯救济转向经济开发，这是扶贫工作的一个根本转变。而经济开发要着眼于建立农民稳定脱贫的条件。否则，温饱暂时解决了，但是稳定温饱的条件没有创造，遇到灾害，遇到一些特殊情况，又返贫了。这是我们当前扶贫工作面临的一个比较尖锐的问题。就是说，相当一部分已经解决温饱的群众稳不住。现在这个 8000 万扶贫对象，里边有一些就是没有完全稳定解决温饱的，今年收成好温饱了，明年收成坏

又没饭吃了。所以从救济式扶贫转向开发式扶贫以后，这个开发的着眼点必须放在为农民创造稳定脱贫的条件上。

大家看到，在《国家八七扶贫攻坚计划》的目标中，就有一个"四个一"的要求，就是一人要有半亩到一亩旱涝保收的基本农田，解决吃饭问题；一户要有一亩林果园，主要是山区，土地面积比较广阔的地方；一户要在非农业方面就业一个劳动力，在当地参加乡镇企业也好，外出去打工也好，一个月能挣回来几十块、上百块钱的收入，这一户的温饱问题就解决了；一户要有一个比较稳定的家庭副业，养猪、养羊、养牛、养鸡、养兔都可以，还有其他商业、服务业方面的家庭副业也可以。牧区要求一户要有一个草库伦。这些都是稳定地解决温饱的条件。这是根据多年扶贫实践经验提出的要求。像贵州有些穷地方，是石山区，过去我看后得出一个印象，就是"梯田加水窖，稳定解决温饱"。我看到好几个村，一口人一亩梯田。就是把过去那种漫坡地，一下雨便跑水、跑肥、跑土的"三跑"地，修成水平梯田，变成"三保"地，保水、保土、保肥，下了雨都渗到地里了，底墒足，再加上配方施肥，使用良种，地膜覆盖，一亩地五六百斤产量，就把吃饭问题解决了。再一看，一家搞一个小水窖，五六十方水的容量。南方雨水多，1000多毫米的降雨量，雨季把水蓄在水窖里，平时人畜饮用，有些户还用水窖的水育秧苗、育黄烟苗，旱天还可以抗旱保苗，用于农业生产。我看到的几户，都实现了"梯田加水窖，稳定解决温饱"。就是要下苦功夫，帮助农民修梯田，打小水窖，那些山区要想靠修大的水库、大的水利工程解决问题是不现实的。要搞梯田、水窖，打麻雀战，家家户户都可以干，又投资少，见效快。再加上发展林果、畜牧等，就可以逐步创造解决温饱的基本条件。

再一点就是办乡镇企业，这是不怕旱、不怕涝的铁杆庄稼。办乡镇企业要很好选择，重点是发展"种养加"和其他资源型、劳动密集型的项目。就是上那些有市场前景，又有可利用的当地资源，具有竞争优势的项目。同时，技术起点要高，不要凑合，现在的产品是商品，统统要拿到市场上去卖的，起点不高，生产出的产品粗制滥造，没有质量，有产品卖不出去，赚不回钱，必然赔本垮台。

扶贫开发需要高度重视教育。人是我们建设有中国特色社会主义伟大事业的决定因素。智力扶贫是扶贫的根本。中国青少年基金会的希望工程之所以在海内外打得这么响，引起这么大的震动、呼应和支持，就是抓住了要害，抓住了关系经济振兴，增加后劲，长远发展的一个最根本的东西。所以创造稳定解决温饱的条件应该包括教育。

三、以提高经济效益为中心深化扶贫开发的改革

这几年在扶贫开发的进程当中，始终强调把效益放在第一位。现在来看，扶贫资金使用的效益，总体上来讲比过去有进步，但是仍然不很理想。有一些用得不好的地方，你不要说一个钱顶一个钱用，他几个钱也顶不了一个钱用。这是不少地方痛感困扰的问题。有的贫困县，县财政很困难，公教人员工资也不能正常发放，县里领导同志总想上几个工业项目，把财政的困扰解决一下，这是可以理解的。但是又不从实际出发，上的项目有的是无米之炊，缺乏资源；有的是缺乏人才、技术，不会管理，很好的项目，也办不好。这就给我们提出一个问题，扶贫资金究竟用在什么地方，怎么样才能把钱花出效益来？这是我们当前扶贫工作面临的又一个重要课题。我们扶贫战线的所有同志，都应当重视这个问题，想办法解决好这个问题。根据多年的实践体会，我觉得有这么几点是需要注意的：

（一）在扶贫的目标上，即扶贫对象上，要真正抓住现在还没有解决温饱的贫困户。我们虽然一再强调扶贫资金不能"撒胡椒面"，要集中使用，要真正用在攻坚主战场上，要真正解决现在还没有解决温饱的贫困户问题，但是有的地方仍然存在着使用不集中，平均分配的问题，钱花了，最后呢，贫困人口问题还是没有得到有效地解决。所以，这一次《国家八七扶贫攻坚计划》里边有一条重要规定，即扶贫开发定到县，扶到乡、扶到村。就是说在全国 592 个重点扶持的贫困县里边，不是说所有的乡，所有的村，都是贫困的。因为，经济发展的不平衡性是到处存在的。我们应当很好分析研究一下，贫困县里边，哪一些是没有解决温饱的乡，哪一些是没有解决温饱的村，把这个对象抓住，作为攻坚目标，钱用在这些地方，你就可以取得真正的效益。最近我随同国务委员

陈俊生同志在内蒙古赤峰市考察工作，内蒙古自治区汇报扶贫开发，他们的做法是：定到县，扶到乡，管到项目。俊生同志给予充分肯定，说他们抓得对，抓得好。贫困县他们定到县，但是扶贫资金只用于没有解决温饱的贫困乡，不是所有的乡都给钱，这就叫定到县，扶到乡。用钱的乡你还得说一下钱花到什么项目上，要审查审查你开发的这个项目是不是有效益，能不能解决贫困户的问题。如果你盲目上项目，不讲效益，给你的这个钱也不许用，这就叫管到项目。内蒙古自治区把区直机关和各大企业组织起来，包乡扶贫，不是扶县。河北的做法是扶到村，就是把贫困县的村挑挑拣拣，哪些村是解决了温饱的，哪些村是没有解决温饱的，把没有解决温饱的找出来，集中扶持，这就把扶贫攻坚的范围缩小了，对象抓准了，钱就不会乱花了。内蒙古、河北的做法，体现了毛泽东同志所说的"集中力量打歼灭战"的思想。抓到了要点，抓住了牛鼻子。他们的做法是很可贵的。一定使那些已经解决温饱、已经迈向小康的地方，不要再与那些没有吃饱饭的贫困户争用这一点扶贫资金，要下决心解决这个问题。如果是你一听大家都叫困难，工作不过细，不把关，随便把扶贫资金撒出去，来个平均分配，其结果就是过去的教训，叫作"年年给钱年年穷，年年扶贫不脱贫"。所以，这一次扶贫攻坚战要取得效益，首先要抓住没有解决温饱的贫困乡、贫困村、贫困户，把钱用到他们身上，解决他们的问题。

（二）在项目开发上要抓住有助于尽快解决群众温饱的开发项目。重点是抓种植业、养殖业和以种养业为原料的加工业。如果你把扶贫对象抓住了，但你的开发项目抓得不准，钱花不出效益，问题依然解决不了。根据各地的经验，就是要抓"种、养、加"，不要盲目地办工厂。一个贫困县一年几百万、上千万元的扶贫资金，上两个工业项目资金就全占了，再办不好就砸锅了，而大多数贫困户在一边饿着肚子，用不上这个钱，救不了急，解决不了问题。所以我们要坚持把钱用在广大群众能够参与又有助于尽快解决温饱的"种、养、加"上面，发展种植业、养殖业和以种养业为原料的加工业、运销业，以及其他资源型、劳动密集型产业，如矿产、建材、编织等。我过去到山东沂蒙山区去调查，看到好多贫困户就是依靠这些脱贫的。有的地方用玉米皮、麦秸秆编成各种各样的手工艺品，出口创汇。还有织台布、桌布、窗帘和搞抽纱等。群众说，这种项目，"不用油，不用电，家家户户都能干，一天能赚一块半"。这是多好的经验呀！还有种林果、养牛、养羊，有水资源的地方搞水产，发展蚕丝、药材等。现在东部沿海一带不种桑养蚕了，他嫌这个效益比较低，向西部转移，要把它接过来。药材在山区是一大优势，还有种竹子、搞竹编，发展瓜果、蔬菜，都属于投资少、见效快、家家户户都能干的项目，又是城镇市场需要的东西。农村要抓住自己的资源优势，根据市场的需求，搞好"种、养、加"。还有矿产、建材，这些东西都是农村的优势，城市是不会有这个东西的，开发出来，就有竞争力。当然，工厂还是要办的，商业要发展，但一定要搞自己力所能及的，有竞争力的。从长远来说，一个县不搞工业是富不起来的，但是在现阶段，这点扶贫资金的重点应用于"种养加"，尽快解决贫困户的温饱问题。

（三）"种养加"怎么搞，如何提高效益？在经营上要实行贸工农一体化。这也是《八七扶贫攻坚计划》中提出来的。这就是说，我们发展种养加的办法，不能像过去把扶贫资金一家一户分给他们，要他们自己去买牛、买羊、买良种，自己去生产、去经营，这个路子不行。农民拿到钱以后到哪里去买良种啊？买了良种以后怎么样使用啊？技术指导谁负责，产品生产出来后谁来收购，谁来推销啊？一系列难题呀！所以扶贫攻坚计划中有一个重要改革，就是扶贫资金、项目开发要通过经济实体，也就是加工、流通的龙头企业。以它为龙头，要他来承包开发项目，承贷、承还扶贫资金，统一给农民提供良种，提供技术服务，收购农民的产品，然后加工和销售出去。这样农民就能静心生产，不管其他，各项服务社会化。不光是扶贫这样做，整个农业经济发展，都要提倡这种经营体制，就是贸工农一体化。我国农村实行家庭联产承包制，生产、经营都是分散在千家万户，搞商品生产，发展市场经济，面临着这样一个分散经营的汪洋大海怎么办？就是用这种加工、销售的龙头企业来带动，通过提供系列化生产服务来联结和带动千家万户，进行大批量、高质量的商品生产，由它来加工、运销到国内外。这是组织农民走向市场的一条重要路子。如果是把种植业、养殖业搞起来，再在种植业、养殖业的基础上搞加工、运销一体化经营，这样实际上也就把富民和富县结合起来了。加工、销售企业一办，地方就可以得到税收嘛，县、乡财政就有税源了。这在农业的经营体制上，是一个重要发展方向。我们的扶贫资金怎样用到贫困户身上？你是直接把开发资金分发给一家一户呢？还是通过一个龙头企业，要它去使用这个资金，去帮助农民发展生产，把经济效益落实到贫困户身上，解决到贫困户的温饱问题？这是一门学问，扶贫的一大学问，需要很好研究实践。

（四）在政策上，按照扶贫攻坚计划的要求，在以公有制为主体的情况下，放手发展个体、私营经济和股份合作经济。在贫困地区发展公有制经济的同时，让农村里边有专业技术又有经营才能的能人涌现出来，以个人、合股等方式发展生产。沿海地区经济发展有一条经验，叫"能人经济"。也就是说农村经济发展要以能人为带头力量。能人是农村经济发展的生长点，就是带动群众的火车头。看我们会不会善于利用能人的能量。有些能人，不仅是经济上有一套经营办法，政治素质也比较好。这种有带动群众脱贫致富的本领，政治素质又很好的人，就是发展商品经济时期农村依托的积极分子。我们农村的党员，必须要有带领群众脱贫致富的本领。有这个本领才有号召力，才能发挥模范带头作用。把农村的能人用起来，使他的才能得到施展，使素质比较低的农民也有了脱贫致富的条件，靠能人帮助和带动脱贫致富。有的地方，就是把扶贫资金通过有专业技术、有经营能力、已经取得脱贫致富成功经验的企业家去使用，作为集体股份，作为贫困农民的股份投进去，并安排贫困户劳力去就业，让扶贫资金滚雪球，去发展，使集体和贫困户得利。另外，有的地方，想发展集体经济，又没有钱，怎么办？他们就做土地的文章。能人、乡镇企业家要办厂，要用地，我给你划地皮，这个地皮是要钱的，要收土地占用费，就是有偿的使用土地。过去有些地方收的土地占用费，卖的钱，分给农民或者干别的用了，结果吃了、花了、完了。现在有些地方聪明了，我这个土地划给你办工厂，租用你多少年，我收你的租金不再分给群众，作为我这个村集体投入的股份，保值增利，永续利用。这是值得重视的新经验，是没有钱也可以发展集体经济的经验。一个村，一个乡没有一定的集体经济实力，老百姓有什么困难都解决不了，这个基层干部是很难当的。但是，又没有钱办集体经济，又没合适的人才去办集体经济，怎么办？以上的做法可以作为一个借鉴。

使用能人发展商品经济，就需要县乡干部深入到农村，走家串户，遍地考察，看看能够带动农民脱贫致富的能人有几个，都是谁，同他们座谈，与他们接触，跟他们交朋友，把这些人作为带动农民发展商品生产、脱贫致富的带动力量，给他必要的支持和帮助。他们是在商品经济时代，在新的历史时期，在农村发展经济要依托的积极分子。可是现在我们有的地方的同志，总认为这些人不是老实的农民，不愿意或不敢和这些人接触，不敢与这些人交往，不敢和这些人谈心，不敢去给这些人以应有的支持，所以他们那里农村经济活跃不起来，发展不快。

在善用能人的某些沿海地区，有这样一个发展趋势，就是在能人普遍涌现的基础上，发现有些能量的能人，想扩大经营规模，又受到资金不足的限制，当地干部就引导和鼓励有钱的农民，去给他参股，也有集体参股的，帮他办成股份制企业，这就脱离了原始的一家一户的个体经营。这样，舞台扩大了，企业办大了，能人的能量在更大的范围得到释放。几亿农民，不是所有的人都具有领办企业素质的，一定要善于发现和使用能人，去带动农村经济、社会发展。

（五）提高经济效益还要加强智力开发，科教扶贫。这些年各级扶贫办和扶贫基金会抓培训，抓干部交流，是很成功的，很有效的。江苏乡镇企业家吴仁宝，请西部一百个乡镇干部在他那里培训半年，不仅学知识，学经验，而且参与他那里商品经济发展的实际操作，包括项目选择，资金投放，产品推销，都跟班干，这种教学方式，半年下来就学到真本领了，他回去以后，自己就会干了。这方面已经创造了许多好经验。今后，为保证开发项目的成功，应当考虑一条重要改革，即扶贫开发项目的资金，应包括一定比例的为开发所必需的人员培训资金，让人们学了再干，对项目的建设和日后的管理都有好处。

走改革开放道路改变贫困地区面貌[*]

（1986 年 9 月）

尽快改变贫困地区的面貌，赶上全国经济发展水平，是贫困地区人民的强烈愿望，也是社会各界共同关心的问题。要认真贯彻落实党和政府关于解决贫困地区问题的方针和政策，我们必须坚持走改革、开放的道路。

一、改革传统的产业结构，变经济劣势为经济优势

我国农村地域辽阔，情况千差万别，不同的地区具有不同的特点，蕴藏着不同的优势。发挥区域优势，是农村开发建设的关键问题。就我国贫困地区的情况来看，多数是革命老区、少数民族地区和边远地区，那里山地多，面积大，适宜种草、种树、养畜，有发展肉、奶、皮、毛加工业的条件；那里矿藏丰富，可以建成重要的工业原料和能源基地；那里的经济作物具有一般地区难于竞争的优势，如有的地方产瓜果，由于日照时间长，有效积温高，病虫害少，又没有什么污染，色、香、味俱佳。充分发挥当地优势，是贫困地区的翻身之道，也是整个国民经济发展的需要。可是过去在"左"的思想影响下，忽略区域的特殊性，到处搞"以粮为纲"，结果抑止了经济发展，使生态遭到破坏，得不偿失。党的十一届三中全会以来，不少贫困地区，解放思想，实事求是地确定自己的生产方针，很快打开了局面。如鲁西靠种棉花翻了身，山西雁北靠挖煤富起来，西北许多地方种草种树，发展畜牧，走上了脱贫致富的道路。邓小平同志 1980 年 3 月 31 日谈到农村工作要解放思想，因地制

　＊ 本文原载《红旗》1986 年第 10 期。

宜发展生产的问题时，就明确指出："所谓因地制宜，就是说那里适宜发展什么就发展什么，不适宜发展的就不要去硬搞。"这是总结了几十年的经验教训以后提出来的正确方针。

要因地制宜，就要解放思想，不能再走三十多年走不通的老路子，也不能照搬照套别人的经验，而应根据自己的资源优势和条件，宜农则农，宜牧则牧，宜林则林，宜工则工，各找各的突破口，各走各的脱贫致富之路。领导机关对贫困地区应采取更加灵活、开放的政策，放手让他们选择适合自己情况的发展道路，把党和国家对贫困地区制定的许多优惠政策、照顾办法，因地制宜地配起套来，认真落实，同时从流通、信息、资金、技术等方面搞好服务，加强公路等基础设施的建设，才能有效地帮助贫困地区搞好开发。

这里的一个突出问题，是让不适宜种粮食的贫困地区放下勉强争取粮食自给的包袱，鼓励那里的人民利用现有的资源发展商品生产，增加货币收入。有钱就有粮，有钱就有穿的、盖的，不仅可以较快地解决温饱问题，还可以补农补牧，促进农牧业生产的发展。认为只有自己种粮才能解决温饱问题的观念，不适合专业化、商品化、现代化生产发展的要求。现在，我国粮棉生产有了相当发展，已经有条件从自给、半自给经济向大规模的商品经济过渡了。当然，也要看到，我们国家大，人口多，交通不发达，粮食远距离地调运暂时还有一定困难，有些贫困地区农民收入还很低，即使运来也不一定买得起。为此，当前对贫困地区吃粮问题，一方面，国家应当以适当优惠的价格供应，支持其调整产业结构，发展商品经济；另一方面，贫困地区适宜种粮的耕地要坚持种粮，国家要在良种、技术生产资料供应等方面提供优惠服务，帮助他们搞好必要的农田基本建设，改变广种薄收习惯，实行集约经营，提高单产。过去不少地方退耕还牧、还林政策之所以落实不下去，多种经营发展不起来，主要原因就是没有处理好这个问题。有些地方，实行种草种树与农田基本建设同步发展，结果"退耕粮不减，草、畜大发展"，效果很好。

贫困地区调整产业结构，还要正确处理眼前利益和长远利益的关系。这些地方底子薄，群众生活困难，资金、技术、管理条件都比较差，改变贫困面貌，要从群众迫切要求解决的问题入手，并要特别讲求经济效益。否则，想得很大，要求很高，尽干些投资多、周期长、见效慢的事情，远水不解近渴，必然脱离群众。就当前的工作重点来说，应该把解决温饱问题放在第一位，至于致富，是渐进的过程，需要依靠群众作长期的努力。就发展商品生产来说，应当本着先利用、后开发的原则，先把农民现有的待售产品推销出去，解决燃眉之急，然后量力而行，逐步扩大生产，提高质量，开发新产品。就山区种草种树来说，当前应该以种草养畜、种经济林为主，提倡林粮、林草、林油、林药间作，把生态效益和经济效益结合起来，使农民有利可得，种草种树的事业才能长期坚持下去。就办乡镇企业、发展工副业来说，应该从办投资少、见效快、好管理的家庭和联户企业及小型的集体企业入手，等到培养了人才，积累了资金，创造了经验，再办大一点的联合项目、骨干项目。这样，由小到大，由低到高，由近及远，循序渐进，才能收到好的效果。

二、改变就地谋生的老观念，寻求脱贫致富的新途径

近几年，沿海经济发达地区的大批能工巧匠向西部发展中地区和贫困地区流动，对促进经济发展起了积极作用。同时，发展中地区和贫困地区以干力气活为主的劳务队伍，正在向发达地区、大中城市和工矿区流动，他们到那里搞建筑、烧窑、修路、伐木、搬运、处理垃圾、埋地下管道，搞各种社会服务。这种流动，既满足了城市和发达地区经济和社会发展的一定需要，同时也为发展中地区和贫困地区劳动力开辟了新的就业机会和谋生门路。甘肃省定西地区出去一个建筑工人，一年可以拿回来纯收入千元左右，群众说："出去一人，富了一家。"陕西省山阳县安家门乡，出去几百人到西安市挖城壕里的淤泥，几个月的收入相当于全乡的工农业总产值。他们提出：跳出本地，走向全国，用自己的力气赚钱致富。其实，劳务输出不只是挣钱养家，同时也是劳务培训，出去的人开阔了眼界，学到了知识和技术，回家以后就成了当地的能手，增强了自谋生路的能力。更具有深远意义的是，出去的人见识了城市和大工业的文明，学习了新的思想观念，有利于克服小农经济的落后意识，对改变贫困地区的精神面貌，推动社会进步，具有重要作用。

贫困地区要向沿海先富起来的地方学习[*]

（1987 年 2 月）

"沿海发达地区是怎么富起来的，贫困地区应当从中学些什么？"这是广大西部地区普遍关心和常常问到的一个问题。二三月份，我随同国务院贫困地区经济开发领导小组顾问林乎加同志，农牧渔业部顾问刘锡庚同志，带着这个题目到浙江、上海、苏南看了十五六个县市，同各级干部进行了广泛座谈，一致的答案是兴办乡镇企业，发展商品经济。就这个答案本身来说并不算新奇，但重要的是看一看沿海是怎样发展起来的，同贫困地区的情况作了比较，差距就出来了，借鉴就找到了。

一、学习沿海下决心改变单一的农村产业结构

这次看到的一些富县,过去都是把全部劳力集中在有限的耕地上搞"绣花",粮食亩产虽然高达七八百公斤,而人均收入只有百把元,叫"高产穷县"。乡镇企业和商品生产一上,情况大变,特别是党的十一届三中全会以来改革、开放、搞活以后,发展很快,现在一个县一般都是二三十亿元的产值,苏南的"五只小老虎"（无锡、江阴、常熟、沙洲、武进)1986年工农业总产值都在50亿元左右(最高的无锡县57.7亿元),工业已经成为这些地方经济的主脉,农村人均纯收入都在800元左右。过去的"高产穷社",今天多数成了亿元产值的富乡。乡镇企业的发展不仅富了农民,还武装了农业,建设了农村。

现在看来,贫困地区单搞种植业,不发展多种经营,不办乡镇企业,是难以脱贫致富的,即使一时解决了温饱也是难以稳定的。目前,多数

---

　　* 本文原载《民政理论研究》1987 年第 3 期。

贫困地区同江浙当年的情况不同，还称不上"高产穷县"，而是"低产穷县"，种养业的潜力很大，加上土地广阔，是国家未来的农牧产品基地。学习沿海经验，要从实际出发，应以现代化的物质、技术投入和农民培训为手段，改造传统的种植业，养殖业，兴办以种、养业为原料的加工业，有条件地利用地上地下资源发展乡镇工业。"种养加"投资少，见效快，家家户户都能干，比一上去就开工厂要容易得多。很多地方把"远抓林果近抓牧、寻找机会出劳务"作为脱贫的启动项目，解决了温饱，积累了资金，培养了人才，再上工业项目。"农业是乡镇企业的生身父母，乡镇企业也是农业现代化的支柱"，这就是苏南的经验。根据江浙经验，办乡镇企业不能一上去就搞大的洋的，要由小到大，由低到高。我们看到的具有相当规模和技术水平的机械、电子、纺织厂，都是在过去那些敲敲打打的农具厂和群众土纺土织基础上发展起来的。对那些乡镇企业还是一张白纸的贫困地区来说，学沿海要从"头"学起，不能从"尾"学起。当然从头学起不是完全重复，而是在新的形势下走事物发展的必由之路。

二、学习沿海干部开拓进取、艰苦创业的精神

一个县一年二三十亿、四五十亿产值，七八百元的人均收入，是怎么创造出来的？除了党的方针政策和其他客观因素外，主要是有一支好的干部队伍，一个好的领导班子。这支队伍最令人钦佩的是他们开拓进取、艰苦创业的精神。兴办乡镇企业，项目自己定，资金要自己筹，人才要自己请，原料要自己找，销路要自己跑，困难很多。他们发扬"四个千"的精神（千方百计、千山万水、千言万语、千辛万苦），为企业充当"服务部、后勤部、参谋部"。遇到疑难项目、疑难问题，县长、县委书记亲自过问，直接到现场解决。遇到难请的大能人，县长、县委书记亲自出面，优惠启用。往往是用好一个人，办起一个厂，富了一大片。沙洲县西张镇启用一个有经营才能的下放演员，把一个破破烂烂的农具厂办成橡胶厂，生产胶鞋、自行车脚蹬胶块、贝贝小足球，带动2870人就业，年创产值5200万元，利税871万元。绍兴县纺织业开始

是一个村搞得好，把村长起用为乡长，又出现了一个纺织乡，又把乡长起用为区长，又出现了一个纺织区，现在扩散到全县，去年仅消耗涤纶长丝就达 5 万吨，织布 2.2 亿米，创造产值 20 多亿元。江阴县 1983 年工农业产值 9.8 亿元，到 1986 年增长到 51 亿元，全县 30 个乡镇有 29 个产值超过 1 亿，最多的 3 亿以上。所到的县市，每个县、乡干部谈起他们的创业史，都是一部战胜困难的英雄史。他们对自己的总结是"年年困难年年上，年年前进年年难"，横批是"团结奋斗"。

贫困地区所缺少的正是这种和困难作斗争的创业精神。由于他们长期处于"老少边山"的封闭状态，眼界比较窄，很少见识开发新产业、发展商品经济的世面，对脱贫致富缺乏应有的紧迫感。由于我们长期对贫困地区实行无偿恩赐的资金投入政策，使干部和群众养成一种"等、靠、要"的单纯依赖思想，缺少积极主动、自力更生的精神和干劲。还有不少地方工作中心没有转到经济建设上来，限于一般号召，忙于"文山会海"，什么项目开发、能人起用、商品流通一类的事，还没有真正摆上日程。因此，必须从多方面着手解决干部的精神状态和工作作风问题，提高干部的素质。正如不少贫困地区群众说的："给钱给物，不如帮助建立一个好支部。"国务院贫困地区经济开发领导小组决定建立贫困地区干部培训中心，到沿海发达地区开门办学，采取干什么，学什么，理论教学、典型经验介绍和到周围先进单位考察结合的办法，轮训全国重点贫困县的领导干部和项目管理干部，受到各方面的欢迎和支持。

三、学习沿海对乡镇企业实行有远见的发展政策

主要是两个方面：一个是在企业外部采取积极扶持的态度，在税收、信贷方面给予优惠，使企业积蓄自我发展的能力，不断扩大生产，滚雪球；另一个是在企业内部控制工资和其他福利增长过猛，以不断增加积累，增添后劲。无锡县近三年每年增加投入 2 亿元左右，每年增加 800—1000 个新企业。1978 年全县工农业总产值 9.9 亿元，财政收入 8300 万元，到 1986 年工农业总产值增加到 57.7 亿元，财政收入 3.07 亿元。如果是见钱就收，"一露头就割韭菜"，这个雪球是滚不起来的，今天也拿

不到 3 亿元的财政收入。

贫困地区，特别是那些温饱问题还没有解决的特殊地区，应当仿效"特区特办"的精神，在税收信贷等方面实行比一般地区更为优惠的休养生息政策，可以考虑在一定的时期内减免税收、不分配粮食合同定购任务，不分配购买国库券的任务，国家和地方专项增加化肥、柴油、塑膜的投入。但是，历史的经验表明，实行优惠政策必须与解决县财政的困难问题同时进行。贫困地区一般是民穷县也穷，县财政日子过不下去，很容易动刀"割韭菜"。这是既定的许多优惠政策不能落实的重要原因，解决这个问题除了提高思想认识以外，还要有解决县财政困难的切实措施。一方面是实行各种减免政策必须给县财政增加相应的补贴，不能只开口子，不拿票子，增加财政负担。另一方面是推广某些省对穷县提前三年或五年预拨财政补贴款的办法，扶持他们办企业，开财源，限期摘掉吃补贴的帽子。没有解决县财政问题的切实措施，有远见的优惠政策是难以落实的，"越穷越收，越收越穷"的恶性循环是难以改变的。

四、学习沿海要相对集中发展乡村工业的经验

上海的同志提出："农村办工业不等于村村开工厂。"工业是要求相对集中的，这样有利于解决交通、流通、用水、用电、经济协作、技术交流、信息传播、经营管理等等，太分散了就失去了这个优势，不利于降低成本，提高质量和增强竞争能力。他们的经验是，解决农民要求办工业，工业要求相对集中的结合点是农村集镇，使乡村工业与小城镇建设相辅相成，共同发展。这次看到一些发达的地方，集镇已成了企业的载体，形成了商品流通、文化教育、社会服务的中心，务工农民吃住在村，上班在镇，或工厂的总装、推销在镇，零部件加工在村在户，灵活方便。昆山县在沪昆结合部开辟了一个工业开发区，投资 700 万元，通了水、路、电，办起 17 个企业（多为沪昆联合项目，还有三个外资合营项目），去年产值 1.2 亿元，上缴税金 736 万元。这是集中开发的成功之举，比分散建厂省多了。

"村村办工厂"，不符合工业发展的规律。贫困地区交通能源等基础

设施差，很多村庄缺水、缺电，远离交通干线，乡村工业包括农副产品加工业，分散办是办不起来的，办不好的，必须适当集中在有水有电、交通沿线的集镇。贫困地区人才、技术缺乏，发展乡村工业要依靠横向联合，而横向联合要求有较好的投资环境和条件，否则是没有吸引力的。但是，这并不是说要贫困地区现在花很多钱去搞电、搞水、搞交通，而是先在有一定条件的村镇发展乡村工业，商品经济有了一定的发展了，资金有了一定积累了，再根据需要，量力而行地搞基础设施建设，逐步创造新的发展条件。

五、学习沿海加强城市横向联合的经验

从浙东到苏南，发展乡镇企业都是做上海的文章，吃上海的饭。这些地方历史上很多人在上海做工经商，有千丝万缕的联系。他们需要的技术人才，开始是上海下乡知识青年带下来的，后来是退休还乡工人带回来的，现在发展到横向联合。同名牌工厂联，同专家教授联，同科研单位联，同大专院校联，同国内外企业联，联资金、联技术、联生产、联销售，无所不联。苏州地区凡是办得好的乡镇企业都有这样那样的联合关系，许多县从外边引进的技术人员上千人，还有不少"星期日工程师""业余顾问"等等。昆山县和外地联合开发的项目300多个，产值占全县1/3。他们的口号是："不联不办"，联一个办一个，办一个成一个。

"不联不办"的经验，对贫困地区来说特别重要。贫困地区的经济开发需要发达地区在人才、技术、资金、设备、管理方面的支持，发达地区的经济发展也需要贫困地区在原料、能源、场地、劳务、市场方面的支持，这是双方经济发展的共同要求，应当因势利导，在提倡扶贫济困的精神和实行互惠互利的原则下，采取各种不同形式发展横向联合。现在有以下几件事可做：

（一）组织东西之间的经济互助合作。现在发达地区为了保障经济的稳定发展，主动到不发达地区投入资金、设备、技术，开发原料和燃料供应基地，或者给技术、给设备，帮助办厂，换取原料和燃料；随着

技术的发展和工资水平的提高，劳动密集、收益较低的行业和产品开始向不发达地区转移；同时，从长远来看沿海人多，工业密集，土地资源少，人民生活需要的果品、肉类及其他农副产品，也需要从外部输入。应当抓住这些机遇，广泛组织和发展东西之间的联合，横向联合包括同本省的城市、工矿企业联合。西部地区几十万、上百万人口的城市也不少，还有大批三线工厂，有些省的科技人员超过全国的平均数。只要政策对头，实行以工支农，城乡结合，将能发挥很大的作用。

（二）聘请发达地区退到二线的身体好、有经济工作经验，又愿为贫困地区脱贫致富作贡献的领导干部，为贫困地区当顾问，作咨询，帮助经济开发。主要任务是调查研究，出谋划策，牵线搭桥，发展横向联合。1984 年请浙江、江苏两省各组织一个咨询组，帮助"三西"地区开发建设，三年上了一百多个项目。

（三）向发达地区组织劳务输出。沿海能工巧匠向西流，西部以干力气活为主的劳务向东流，这种互为需要的双向流动是当前经济发展中十分明显的现象。杭州、上海和苏南工业发达的地方，纺织厂、麻袋厂、国营农场、环保系统在当地招工已经发生困难了。外地劳务乘虚而入，补充了发达地区的需要。我们看到的一个 2.6 万人的沙洲县塘桥乡，工农业产值 3.2 亿元，吸收外地劳务 3000 人。劳务输出不只是挣钱养家，更重要的是开了眼界，学了知识，干上三年五载，回去就是一个能人，是很好的劳务培训。现在的劳务输出，实际上是自由流入，如果贫困地区与发达地区的劳动部门根据需要有计划有组织地输入，当作一项社会产业去开发，加强必要的领导和管理，作用会更大，效果会更好。

（四）建议国家各部委，大家动手，发展东西之间的横向联合。最近，化工部、煤炭部、冶金部组织本系统先进企业帮助贫困落后企业的做法很好。如果各部委都把本系统发达地区的好东西有条件地往贫困地区搬，开展先进帮落后，先富帮后富，那么，推动横向联合的力量就大多了。这样不仅有利于贫困地区的经济开发，而且有利于各部门业务工作的平衡发展。

干旱贫困山区经济发展的路子*

（1987 年 3 月）

　　我国甘肃省中部以定西地区为主的 20 个县（区），毗连的宁夏回族自治区西海固地区 8 个县，共计 700 多万人口，是北方的干旱贫困山区之一。甘肃有"陇中苦甲天下"之称。定西、西海固，再加上"开发河西济定西"的甘肃河西走廊，叫"三西"地区，总共 1100 多万人。党中央、国务院对这里非常关心和重视。为了解决这个地区群众的温饱问题，进而从根本上改变其贫穷落后的面貌，1982 年 12 月国务院成立了"三西"地区农业建设领导小组，从 1983 年开始，拨出专项资金，作为一个跨省的农业区域性重点项目，进行开发建设。

　　四年来，在甘肃、宁夏两省自治区党委和政府的直接领导下，认真贯彻执行党的贫困地区的各项政策，经过各级干部和广大群众的努力，取得了令人鼓舞的成绩。过去因燃料、饲料、肥料"三料俱缺"引起的，连年不断地铲草地、挖草根、乱砍树木，严重破坏自然植被的现象基本上停止下来了；在近四年气候比较正常的情况下，农业连续丰收，1986年宁夏西海固地区和甘肃中部人均占有粮食分别由 1982 年的 93 公斤和152 公斤增加到 225.5 公斤和 259 公斤，人均纯收入分别由 47 元和72 元提高到 155 元和 201 元。过去依靠救济粮生活的大多数群众吃饱饭了。更重要的是以种草种树、发展畜牧为主的多种经营和工副业全面发展的商品性生产，有了可喜的起步，给群众脱贫致富带来了信心和希望。

　　四年的实践，初步感到要改变贫面地区的面貌，必须坚持改革，彻底改变过去单纯救济的方法，实行新的经济开发的方针。即在国家必要

---

　　* 本文原载《起步·信心·希望》，宁夏人民出版社 1987 年版。

的扶持下，充分利用自然资源，进行开发性的生产建设，启动内部的经济活力，走自力更生脱贫致富的道路。

一、改变生产方针，由单一种粮向种草种树，发展畜牧为主的多种经营转变

"三西"地区，历史上就是牧区或农牧结合区，但是后来遭到破坏，解放以后又搞"以粮为纲"，上山开荒，毁林毁草种粮，得不偿失，搞了几十年连温饱也没有解决，还弄得自然植被破坏，生态恶化。回顾历史的经验教训，使人们强烈地意识到过去的生产方针不对头，不符合客观规律，这是贫困面貌难以改变的一个重要原因。

邓小平同志 1980 年 5 月 31 日谈到农村工作要解放思想，因地制宜发展生产的问题时，曾明确指出："所谓因地制宜，就是说那里适宜发展什么就发展什么，不适宜发展的就不要去硬搞。像西北的不少地方，应该下决心以种牧草为主，发展畜牧业。"(《邓小平文选》第 2 卷 316 页) 中央其他领导同志近几年多次到甘肃、宁夏视察工作，都反复指出在干旱贫困山区要种草种树，发展畜牧。这是总结了几十年的经验教训以后提出来的适合干旱山区情况的方针，得到了干部群众的一致拥护。在这个战略方针指导下，调动了千家万户、千军万马，很快行动起来，四年时间种草种树取得了突破性发展。宁夏西海固地区和甘肃中部种草面积分别由 1982 年的 50 万亩和 199 万亩增加到 1986 年的 254 万亩和 579 万亩，分别增长 4 倍和 2 倍。许多地方新种草树的面积超过过去 30 多年保留面积的总和。过去多少年来都是养牲口没有草，近二年开始在不少地方出现了草多畜少的罕见现象。种草养畜结合得好，发展得快的宁夏盐池县，户均已达到 44 亩草、29 亩林、25 只羊，全县畜牧业产值已占到农业总产值的 48%，人均纯收入 220 元，大部分群众温饱问题基本解决。事实证明，改变单一的传统产业结构，干适合自己干的事情，就可以使自己由弱者变为强者，由劣势一跃为优势，从而较快地摆脱长期不得温饱的困境，步入脱贫致富的轨道。

历史的经验告诉我们，在干旱山区种草种树，必须因地制宜，讲求

实效，把生态效益和经济效益密切结合起来。从多年的实践看，干旱山区种草、种灌木，好种易活，既能保持水土，又能做饲料、燃料、肥料，有的还可以搞编织，特别是沙棘等灌木具有突出的治土、增收的效益。而在干旱的山坡上种树，则 10 年 20 年也长不成材，永远是"小老头"树。因此，种草种树要因地制宜，合理布局，山坡地主要种草、种灌木，乔木要下山，种到有水的地方，而且在有条件的地方多种果树和其他经济林木。在草灌有了一定发展的地方，养畜要跟上，把草转化为肉、奶、皮、毛，积极发展食品和皮毛加工业。这样，既可取得良好的生态效益，又可以收到可观的经济效益。只有把生态效益和经济效益结合起来，把眼前利益和长远利益结合起来，使农民有利可得，以短养长，种草种树才能长期坚持下去，建设生态农业才有希望。"三西"地区随着种草种树的发展，出现了草多于畜的现象后，已经把工作的侧重点从前几年强调先抓好种草种树，恢复和保护植被，转向草畜结合，用养畜的经济效益带动种草，使种草种树变成群众的自觉行为，成为群众脱贫致富的千秋大业。

二、发展乡镇企业，加快脱贫致富步伐

在干旱山区，同样要跳出单纯搞粮食、搞农业的小圈子，充分利用自己独特的资源优势，毫不例外地发展多种经营，发展乡镇企业。不能认为这些都是吃饱了饭的地方才能干的事，贫困地区谈不上。事实上把经济作物种起来，把工副业办起来，就能很快把现有的自然资源变为商品优势，变成货币收入。这样，不仅可以为贫困户创造更多的就业机会，加快摆脱贫困状态，而且还可以以工补牧、以工补农，有利于积蓄自我发展能量，走依靠自己脱贫致富的道路。不能把发展农牧业和发展乡镇企业对立起来，不能把解决温饱和脱贫致富截然分开，应当突破只搞农牧业的局限性，实行农牧业建设与发展乡镇企业同时并举，把解决温饱和致富结合起来。富字当头，温饱就在其中。甘肃中部和宁夏西海固1982 年乡镇企业产值只有几千万元，1986 年发展到 8.7 亿元，也出现了专业户、富裕户。

这里的关键在于，要从思想上改变一个旧观念，即认为自己种粮才能解决温饱问题，温饱了以后才能再干别的事。就拿"三西"地区来说，不少地方种粮有困难，但是适宜种瓜果、胡麻、药材、豆类等，尤其是种瓜果，由于日照长、昼夜温差大，病虫害少，是个很大的优势；而且矿产资源丰富，有煤、铜、大理石等，具有发展采矿业、建筑建材业、农畜产品加工业的优越条件。特别是把工副业、乡镇企业办起来，实际上是建立不受制于恶劣的自然条件的产业，是旱涝保收的"铁杆庄稼"，有了它，老天爷不下雨照样有货币收入。只要手里有钱，同样可以解决吃的、烧的、穿的、住的。因此，兴办乡镇企业对干旱山区来说，具有特殊重要的意义，可以从根本上解决单靠种养业扶贫所产生的"丰年见效、灾年失效"，脱贫不巩固的问题。甘肃中部干旱县中的景泰、皋兰、靖远3个县，人均发展1亩水浇地，同时积极发展乡镇企业，种瓜果，人均粮食200—300公斤，人均纯收入250—300元，基本上解决了温饱问题。甘肃中部和宁夏西海固地区，有些县就地取材，开矿挖煤，发动当地农民挖，组织外县贫困农民挖，既可以解决群众缺烧问题，又增加了收入，比单纯依靠农业脱贫致富要快得多。

三、抓基本农田建设，尽可能提高粮食自给率，支持多种经营发展

要改变长期形成的单一产业结构，发展种草养畜，兴办乡镇企业，关键是解决好农民的吃粮问题。否则，让群众饿着肚子去种草种树，去办乡镇企业是不可能的。在当地群众经济比较困难的情况下，花钱买粮也行不通。很多地方退耕还牧还林老是退不下来，主要原因就是群众吃粮不落实。为此，一方面，国家要对缺粮农民给予必要的粮食供应；另一方面，也是重要的方面，就是对于适合种粮的耕地要坚持种粮。特别是在当前交通不便，粮食调运困难，农民收入很低，运来又买不起的情况下，尤其如此。过去搞"以粮为纲"，上山开荒，广种薄收是脱离实际的，现在如果完全丢掉粮食生产，想发展什么就发展什么，也是难以行得通的。至于完全没有生产粮食条件的地方，则另作别论。在"三西"

461

地区，重点抓了基本农田建设，口号是"有水走水路，没水走旱路"。即凡是有水利资源的地方，积极兴修水利，发展灌溉农业，坚持走水路；没有水利资源，但降雨量在300毫米以上的地方，建设"三田"（沟坎地、梯田、压砂田），蓄水保墒，走旱路。实践证明，1口人有1亩水浇地，或者3亩梯、坎地，选用耐旱良种，增施肥料，普遍对农民进行技术培训，实行集约经营，提高单产，即使旱年也可以解决吃饭问题。宁夏海原县关桥乡，1万多人口，9000亩水浇地，亩产粮食400公斤，够吃有余。据甘肃省定西地区对260万亩沟坎地和梯田的调查，丰年粮食亩产125公斤左右，平年100公斤左右，歉年75公斤左右，每人3亩，吃饭没问题。如果"三田"建设加上地膜覆盖，产量更高，1口人2亩够吃有余。只有农民吃饭有保证了，才能解除后顾之忧，放手发展多种经营，放心大胆地把山坡地退耕还草还林，发展畜牧业。从这里得出一条经验，就是种草种树要与农田基本建设同步。这样就可以做到"退耕粮不减，草、畜大发展"。"三西"地区由于抓了基本农田建设，四年在甘肃中部和宁夏西海固增加水浇地32万亩，"三田"160万亩，加上前几年连续丰收，1983年到1985年三年退耕还草还林400多万亩。

四、建立社会化的生产服务体系，联结千家万户进入市场，发展商品经济

贫困地区利用地上地下资源进行开发建设的显著特点，是发展为了交换的商品而生产。千家万户商品生产的发展，包括种植业、养殖业、林果业、建材建筑，以及其他多种经营，都离不开社会化的服务。根据近几年的经验，要发展投资少、见效快、有市场、家家户户都能干都受益、能尽快解决群众温饱的"短平快"项目，必须在家庭或联户生产的基础上，辅之以为家庭生产提供良种、技术、物资、收购、加工、运销等系列化综合服务的服务中心，形成配套成龙的商品生产项目，生产体系。比如甘肃省庄浪县，建立了两个草编加工厂，带动全县6万妇女编草辫；建立一个低铅变蛋厂，为上万户的蛋鸡生产打开了销路。由此可见，发展畜牧业、多种经营、家庭工副业，都必须紧紧抓住社会化服务

这个中心环节，因地制宜地建立像庄浪县草编厂、变蛋厂这样的农村服务中心、服务点，联结千家万户，发展商品生产。建立农村服务中心要充分发挥现有各种服务体系的作用，依托农村已有的农技推广站、畜牧兽医站、农村供销社、外贸收购站、农机服务站、林业工作站、种子站、贸易货栈、乡镇企业和农民服务联合体、服务专业户、农民购销员等，自愿联合，为农民提供系列化的综合服务。国家要在信贷上给他们以支持，在税收上给他们以优惠，支持他们发展。

五、大力组织劳务输出，多方面寻求发展机会和门路

"三西"地区有这么一条经验："能走水路走水路，没有水路走旱路，水旱不通另找出路。"所谓另找出路，一方面是对极少数确实缺乏生产生活条件，没有办法生存下去的地方，下决心跳出就地谋生的圈子，在自愿的原则下，引导群众迁移到生产生活条件较好的地方去，办农业、办工业、办第三产业，搞小城镇建设。另一方面是，组织各种劳务输出，开辟新的脱贫致富途径。这么一搞，为"一方水土养活不了一方人"的地方找到了脱贫的办法。

异地谋生在"三西"地区叫"兴河西、河套之利，济定西、西海固之贫"。即在甘肃的河西地区和宁夏的河套地区开发新的灌区，安置甘肃定西和宁夏西海固地区的贫困户。凡搬到新灌区的农民，一般是一年安家，二年解决温饱，三年开始致富。甘肃省还试验了办工业移民，即在交通沿线、有水有电、贴近工业资源的地方，办乡镇企业，招收困难地区的人出来做工。比农业移民更有吸引力，还容易巩固。不论农业移民还是工业移民，国家都要给他们创造必要条件，比如选择适当地方开发新灌区，办乡镇企业，建设小城镇，为移民提供有吸引力的载体。为了吸取历史教训，移民要坚持自愿，开始先去劳动力干活，允许两头有家，待新的地方建设好了，他觉得美好可靠了，再自动地把老家全部搬过来。这在"三西"叫拉吊庄。同时提倡依靠亲友等自然流动，国家不用包，主要是创造机会，提供方便条件，通过各种渠道把最困难地区的大多数人吸引出来，留下少数人发展牧业，再遇上大旱，问题就不大了。

除了极少数地方移民以外，多数地方提倡搞劳务输出。甘肃省定西地区临洮县组建 3 个建筑公司，共 80 个建筑队，拉出去 1.7 万建筑工人，到外县外省承包工程。1985 年产值达 7000 万元左右，占全县乡镇企业总产值约 1 亿元的 70%。一个建筑工人，一年纯收入七八百元、上千元。群众说："出去一人，富了一家"。宁夏专门组织了宁南劳动服务公司，有计划有组织地为西海固地区搞劳务输出。同时，还组织贫困地区的劳力到有矿产资源的地方挖煤、烧石灰、打石料、淘金，鼓励国营和集体煤矿、水泥厂、建筑公司等需要大量劳务的单位到贫困地区招收合同工，多头多路地往外拉人，大量地组织劳务输出。劳务输出实际上是劳务培训，是不花学费的大学校。出去的人不只是挣钱养家，而且开阔了眼界，学到了知识和技术。许多人在外干几年，回来就成了当地的能人，有了自谋生路的能力。能人带众人，先富帮后富，大家都有办法了。

六、东西交流，城乡互助，把贫困地区的开发与发达地区的发展结合起来

贫困山区的一大弱点，是交通闭塞，信息不灵，缺乏技术，缺乏人才，放着资源不能很好地开发利用，这是经济发展比较慢的主要原因。从定西不少地方市场来看，有些很普通的日常生活用品也靠从外地进货，比如吃的粉丝是河南的，酒是四川的，服装是江浙的，糖果是上海的，连豆腐乳、辣椒酱、饼干、墨水等都是外来的。因此，要振兴经济，必须打破封闭状态，本着互利互惠的原则，同发达地区广泛开展经济合作和技术交流，使贫困地区的资源优势与发达地区的资金、技术、人才优势相结合，搞开放式的建设，加快改变贫困面貌的步伐。

这几年，"三西"地区解决这个问题的一条重要经验，就是根据中央关于内地向沿海学习，沿海支援内地的精神，邀请沿海和其他先进省份派出有领导干部和技术人员组成的咨询组，有组织地帮助"三西"建设。

1984 年以来，浙江、江苏、北京三省市，帮助甘、宁两省区上了100 多个建设项目，取得了显著效果。宁夏从浙江请来 100 多位养鱼师傅，帮助当地把每亩水面产量由一二十公斤提高到一二百公斤。宁夏的

玻璃厂原来生产平板玻璃，每平方米售价 6 元，浙江来了两个师傅，帮助制磨花玻璃，每平方米售价提高到 32 元。浙江帮助宁夏搞的小化肥技术改造，扭亏为盈，提高了经济效益。甘肃省皋兰县盛产籽瓜，过去取了籽，扔了瓤，北京去的技术人员帮助他们把瓜瓤制成罐头，瓜皮制成瓜脯，使籽瓜产值比原来增长 3 倍。陕西省帮助西海固推广旱作农业技术，山西帮定西搞小流域治理和培训小煤窑开发技术人员，都取得了很好的成绩。现在"三西"和江浙的横向联合发展到地、市、县互相结为友好对子，对口合作支援；"三西"派一批县长、厂长到沿海挂职工作，从实践中学习培训；沿海先进厂为"三西"包建新厂，改造老厂，为企业培训技术工人和管理人员；搞各种技术承包和经济合作。更可喜的是，这种外向型的引进、合作，开始自动地从沿海向全国其他省市和地区发展，横向联系越来越多，路子越走越宽。这样发展下去，必将大大加快改变贫困面貌的速度。根据几年来的实践，要巩固和发展横向的经济合作和技术支援，首先要有"两个积极性"，就是沿海要有帮助内地的积极性，内地要有学沿海的积极性，只要有这两个积极性，别的事情都好办。再就是，要坚持互利互惠，走共同富裕繁荣的道路。沿海以财力、技术、智力支援内地开发建设，内地为沿海提供发展工业的自然资源，双方的合作项目要共同受益，只有坚持互利互惠，横向联合才能稳定持久地发展下去。

开放式建设的另一方面，是欢迎城市科研、教育部门的科技人员，下来搞科学实验、技术承包、咨询、人员培训。甘肃省组织省、地、县科技人员搞的"四个一百万亩"科技承包服务（一百万亩种草技术，一百万亩梯田丰产技术，一百万亩冬小麦丰产技术，一百万亩绿肥和一年生牧草技术），宁夏请自治区内外的科研单位搞的 56 个试验点，都取得了显著成效。陕西省咨询组科技人员在西海固地区推广"两法种田"（即山地水平沟和平缓地沟垅种植法）的旱作农业技术，在同等土地和同样气候条件下，比当地老法种田一般增产 25%—30%，很受群众欢迎，两年推广到 21 万亩。

在向沿海学习和向科技人员的学习中，最有吸收和消化能力的是农村能人、专业户、初高中毕业生和复员军人，他们是贫困地区智力开发的宝贵资源，应该把他们作为开发的重点。本着干什么学什么的原则，采取"请进来，派出去"的办法，对他们进行专业技术培训，提高其文化、技术素质，逐渐培养一大批学以致用的初级技术人才。1983 年到1985 年三年，"三西"地区接受短期专业技术培训的农民近 60 万人次，输送到大中专院校定向培训学生近 2000 人。这是改变贫困面貌最根本的措施。

七、改革扶贫资金使用办法，提高经济效益

过去对贫困地区花了不少钱，没有根本改变贫困面貌，其教训并不在于该不该花这笔钱，而在于怎样把这笔钱花好，花出效果。有些地方之所以效果不理想，一是资金使用分散，撒了胡椒面；一是没有把钱主要用于扶持贫困地区开发性的生产建设，建立自立经济，基本上是用于单纯救济，多半是吃掉了。必须肯定，贫困地区，特别是过去为革命流血牺牲，有很大贡献的老区，或者是少数民族地区，那里之所以贫困和落后，是由于它的历史原因和各种特殊的自然条件、社会条件形成的，要改变贫困面貌，没有国家一定的资金输入是不可能的。但是"输"是为"扶"，扶持贫困地区自己走路，培植内在活力。

"三西"地区是如何试图把"输"变为"扶"呢？主要是改革用钱办法。首先是把过去用于单纯救济的资金，改为以工代赈。就是给你粮，给你钱，给你供煤，你要种草种树，搞农牧业建设，发展生产，从生产中间解决吃饭花钱问题。群众说是"把坐着吃变成吃着干"。这样就使资金发挥了济贫和建设的双重作用。济贫促进了建设，建设的发展可以从根本上解决贫困的问题。这同过去单纯发救济粮、发救济款、发寒衣相比，可以说是一大进步，是把"输"变为"扶"的过程开始。随着生产建设的发展，又开始把某些用于以工代赈的资金、无偿使用的资金，改为有偿投放，定期收回，留在当地，周转使用。群众叫"不发饭钱发本钱"，扶持发展生产。这样有利于彻底改变干部群众的依赖性，加强责任心，振奋自力更生的精神，在国家扶持下加快建设速度，进一步提高投资效益；有利于为贫困地区积累一笔建设周转基金，把"短效药"

变成"长效药"，为当地建设发挥更大作用。

用钱办法的另一项改革，是对资金实行按项目管理使用。就是说，一切投资都得先自下而上地根据需要申报项目，然后组成由主管部门、财政部门和有关专业人员参加的，把财力和智力结合起来的资金管理班子，按照严格的科学程序，择优选定项目，并监督项目的执行，负责项目的检查和验收。为了加强责任制，各个项目都要确定项目负责人，实行严格的奖惩制度。按项目管理的最大好处，是避免乱花挪用，铺张浪费，保证了投资的方向，提高了经济效益。

八、采取特殊的政策措施，加强领导

"三西"地区之所以有了可喜的变化，这同中央、国务院把它确定为跨省、区的区域性开发建设项目，拨出专项资金，自上而下建立专门班子，制定一套特殊的政策和办法，加强领导等，有决定性的关系。这样，就集中了人力、财力，统一规划，明确开发建设的目标和要求，而且抓住不放，一干到底。每年召开一次会议，总结检查，交流经验，提出新的部署。这就摆脱了过去一般号召，时抓时放，不能解决问题的老办法。这种做法对集中连片的贫困地区具有普遍意义，都可以对这种特殊地区仿照"特区特办"的精神，采取特殊的政策和措施，以尽快改变贫穷落后的面貌。

改变贫困面貌，关键在于加强县一级领导。根据"三西"地区的经验，一方面，对于贫困地区的县，不能按一般县的工作去要求他们，应允许从实际情况出发，采取更加灵活、开放的政策和措施。另一方面，要更加强调少说空话，多做扎扎实实的工作，把解决温饱脱贫致富的要求落实到村村户户。最基本的方法是，要自上而下地发动脱贫致富的大讨论，对每个贫困村中的贫困户要逐家研究落实门路和办法。动员党员干部、村里的能人，一户帮几户，互学互助，共同脱贫致富，把发挥党员的先锋模范作用在脱贫致富中具体化。动员县里各个科局，为群众脱贫致富提供服务，包乡包村，分配具体工作，落实责任制。这样，改变贫困面貌就有希望了。

东西联合开发贫困地区*

（1988 年 5 月）

为了解决长期以来贫困地区资金投入效益低、贷款回收难度大、脱贫效果不理想的问题，1987 年 10 月国务院《关于加强贫困地区经济开发工作的通知》中提出，要拿出一定的扶贫资金，直接交给发达地区和大中城市，到贫困地区进行项目开发，探索新的投资方式。为了实施这项改革，国务院贫困地区经济开发领导小组请中国人民银行和中国工商银行支持，从 1988 年起，增加 1 亿元扶持贫困县发展工业的专项优惠贷款，其中一部分用于东部发达地区、大中城市和中、西部贫困地区之间大跨度的联合开发项目，一部分用于省、自治区范围内的发达市县和贫困县之间小跨度的联合开发项目。这是贫困地区和发达地区之间横向联合的新发展，受到了各方面的欢迎和支持。

一、联合开发的必然趋势和历史机遇

贫困地区与发达地区搞联合开发，是双方经济发展的共同要求。就贫困地区来说，大多数地方有丰富的自然资源和充裕的廉价劳动力，又有相当数量的扶贫开发资金，就是缺人才，缺技术。因而出现了两个见怪不怪的现象：一是虽有丰富的自然资源但得不到合理的开发利用，人们叫"端着金碗讨饭"；二是虽有连年不断的资金、物资投入，但没有产生理想的效果，人们叫"年年给钱年年穷，年年扶贫年年贫"。就发达地区来说，有人才、有技术、会用钱、会管理，但原材料不足，能源

---

* 本文系 1988 年 5 月在全国东西联合开发贫困地区座谈会上的讲话，原载《求是》1989 年第 9 期。

紧张，资金短缺，劳动力不够用，经济发展受到一定限制。如果双方联合起来，就能扬长补短，使生产要素得到优化组合，经济共同得到发展。对金融部门来说，过去给贫困地区的贷款使用效益不高，资金回收困难。现在改由发达地区、先进企业承贷承还，承担风险，既有利于资金回收周转，又保证了贫困地区受益，因而也很乐意。这种做法，在国际上也有先例。

扶贫工作的这一改变，突破了过去孤立地在贫困地区和贫困户身上做文章的传统方式，调动了两个积极性，发挥了社会的整体功能，使发达地区和贫困地区在互利互惠的基础上，先富帮后富，实现共同富裕的目标。这对贫困地区经济开发具有重大意义。

贫困地区与发达地区的联合开发也是国民经济整体发展的需要。党的十一届三中全会以来，贫困地区经济有了较快发展，可是与发达地区的差距仍然很大，而且多数地区还在继续扩大。据有关方面调查，人均工农业总产值 1981 年东西部差额为 669 元，1985 年扩大到 1098 元，差距绝对额增大了 64.11%；农村人均收入差额由 72 元扩大到 171 元，差距绝对额增大了 136.81%。地区间发展不平衡状态是不可避免的，但差距无限度地扩大，造成区域间倾斜的经济发展结构，就难以保证国民经济长期协调、稳定地发展。贫困地区的许多自然资源是国家经济建设重要的、急需的，贫困地区的开发实际上就是我国中西部的开发。在全国经济发展的战略布局上，既要重点发挥经济比较发达的东部沿海地区的重要作用，又要逐步加快中部地区和西部地区的开发，使东西部在横向联合的基础上相互开放，各展所长，协调合作，共同发展。这样，贫困地区就把开发致富和对国家的贡献结合起来了。

去年，中央提出加快沿海经济发展的战略，不仅能够促进沿海发展，而且必将带动内地的发展，为东西部横向联合提供了良好机遇。我国沿海比较发达的地区，基本上完成了城市工业向农村扩散的第一阶段的任务，现在要"两头在外"，进入国际市场，发展出口创汇产品，必然要向外转移一部分劳动密集、技术简单、收益相对较低和能耗较高的产业，而转移的流向自然是劳务成本低的中西部地区。同时，"两头在外"也不是说所有出口创汇产品需要的原材料都来自国外，相当一部分还要依靠国内，不少来自中西部地区。这些，都是发展东西部横向联合的条件。

二、联合开发的广阔领域

贫困地区与发达地区大跨度的横向联合开发从哪里着手，搞哪些方面的联合？总的来看，一是要充分利用中西部贫困地区优势，重点发展资源开发型产业，成为沿海外向型经济的依托；二是要优先安排那些投资少，见效快，扶贫覆盖面大，能带动千家万户发展商品经济的原材料开发和初级产品加工项目；三是发达地区要推出拿手技术，创出有竞争力的产品，在贫困地区办出一批示范企业，带动当地工业发展。从以上总的要求出发，组织和发展多种内容、多种形式的横向联合。

（一）联合开发原材料生产基地。原材料紧缺是当前工业发展中普遍而突出的问题。据有关方面的统计，按我国现有毛纺能力，每年需消耗纯羊毛 60 万吨，而国产毛不到 6 万吨，加上进口的 17 万吨，还不足生产能力的 40%。全国现有缫丝生产能力需要蚕茧 800 万担，而实际蚕茧产量只能满足 70%。沿海许多老桑蚕基地因比较利益低农民不干了，中西部农民愿意干，但不会干，没有发展起来。还有铜、铝、镍等有色金属原料与加工能力之间的供需矛盾也十分尖锐。由于原材料紧缺而引发出的各种"大战"连年不绝，如"羊毛大战""棉花大战""蚕茧大战""茶叶大战"等等。加工工业能力不断增长，四面八方都来抢购这点有限的原料，是不可能给工业带来大发展的。根本出路在于开辟新的原材料生产基地。原材料基地和加工企业的结合，减少中间环节，有利于产销平衡，避免供求大起大落，符合社会主义商品经济发展的要求。现在沿海发达地区有远见的企业家已率先行动，利用贫困地区丰富的资源和廉价劳务，投资建设一些原材料基地。江苏省 1986 年和 1987年，同甘肃、宁夏、青海、新疆、广西五省（区）通过多种联合形式签订的协作项目 1000 多项。

（二）联合开发副食品生产基地。当前食品供应不足，特别是肉禽蛋奶菜等供应不足，以及由此导致的市场波动、价格上涨，这是全国经济生活中的一个尖锐问题。尤其是在发达地区、大中城市这个问题更为突出。我们国家人口多，耕地少，到本世纪末人均占有粮食也只能大体维持到 400 公斤水平，不可能依靠大量粮食的转化来解决副食品（主要是肉食品）紧张的问题。出路在于充分利用北方辽阔的草原，南方丰富的草山草坡，以及许多荒山、水面、海涂，大量发展牛、羊、兔、鹅等草食畜禽、水产品，以及茶叶、蔬菜和各种干鲜果品。这些资源大多分布在不发达的"老、少、边、山"地区，是我国未来的农牧业商品基地。现阶段宜首先选择临近水、陆交通干线，与大中城市运距不太远，开发条件比较好的贫困地区，发展副食品生产基地，与城市挂钩，建立农工商联合公司，产品就地分等包装或加工，直接供应城市批发市场。

（三）从沿海向贫困地区转移或扩散劳动密集型的加工项目。如地毯、绣花、抽纱、毛线衣和各种编织等出口创汇产品，以及中低档服装和其他小商品生产，外贸需要，内销需要，但沿海没人愿意干，应当因势利导组织贫困地区把它接过来。特别是其中某些"不用油、不用电、家家户户都能干"的手工产品可以大面积推广。加工出口产品的转移应当分步骤进行，开始一般先把加工部分转移到贫困地区，产品牌子、销售口岸不变，企业龙头仍保留在沿海发达地区，不然接过来又断了线不行。

（四）联合开发出口创汇产品。"老、少、边、山"地区有许多沿海、平原所没有的独特资源，如贵重药材，无污染山菜、山果、木、竹制品等等，有些是传统的出口产品。现在的主要问题是加工技术不高，市场信息不灵，出口渠道不通，形不成大批量的稳定的出口商品的生产基地。这就需要和沿海口岸城市发展横向联合，建立生产、加工、出口一条龙的联合经营实体。同时，随着内陆边疆口岸的开放，边境贸易的发展条件十分有利，但所需要的商品跟不上。这里并不需要什么高档商品，大量的是电筒、胶鞋、热水瓶和针织、轻纺等日用生活品。贫困地区可以请沿海乡镇企业家去开厂设店，联合生产经营边境口岸贸易所需要的商品。

（五）联合生产高能耗产品。中西部地区兼有资源和能源双重优势，不少地方煤炭、水电资源丰富，沿海地区能源紧张，像硅铁、电石、电解铝等高耗能产品的企业都办不下去，而工业生产又很需要这些东西。

怎么办？最好是把这些产品从东部转移到西部去干。

（六）向发达地区组织劳务输出。当前发达地区、大中城市的一些工种，如纺织、造纸、环卫、修路、挖河、建筑、装卸、烧砖瓦、种菜、养猪等累活、脏活、重活，不容易找到人干了。贫困地区的劳动力完全可以"乘虚而入"，填补空缺。关键是要打破"死守一方、死守一业"的旧观念。劳务输出是投资少、见效快的就业门路，一般是出去一人搞活一家，既能赚钱脱贫，又能开阔眼界，学习技术。从长远来看，可以使当地人均占有耕地扩大，有利农业规模经营，加快人均收入增长速度；输出人员汇回款项，拓宽当地市场，有利商品经济发展；输出人员补充了发达地区低工资劳动岗位，增强了企业竞争力。

（七）为贫困地区培训人才。重点是两个方面：一是围绕开发新项目和改造老企业的需要，从厂长到车间主任、班组长、技术骨干，成套地派到发达地区承包厂或对口厂，边工作、边进行系统培训；二是挑选一批脑子比较灵活的在乡知识青年，安排到发达地区家庭工业和小型企业中勤工俭学，在劳动中学习技术，学会以后自己干。去年已从甘肃、宁夏选派 1000 名青年到沿海学习、工作，摸索这方面的经验。

（八）招聘发达地区的科技人员、社会能人到贫困地区承包项目，领办企业。许多地方的经验证明，用对一个人，办好一个厂，富起一大片。在这个问题上，贫困地区要不惜重金招聘，敢于提供优厚的吸引人才的条件。

三、联合开发的条件和要解决的问题

发达地区与贫困地区的横向联合，要有互利互惠的政策，才能调动两个积极性，形成持久而有活力的合作开发机制。

当前发达地区到贫困地区参加开发，主要是怕承包的企业没有经营自主权，担心贫困地区搞地区封锁，开发的原材料拿不回来。因此贫困地区要为承包开发项目的企业或个人提供较好的投资环境和条件，按规定执行减免税收的政策。应保证承包者的经营自主权，包括招工、用人的自主权。要履行协议、合同，该让人家拿走的原材料要让人家拿走，保障人家应得的利益。

发达地区也要制定相应的优惠政策，吸引贫困地区和自己合作。发达地区到贫困地区主要是开发建设原材料基地，在这方面要放开眼光，从长计议，不要打小算盘，计较眼前小利，要做一个开明而有远见的开发者。发达地区同贫困地区合作，既要讲互利互惠，也要发扬扶贫济困的精神。因为"老、少、边、穷"地区历史上对共和国的成立，中华民族的团结发展，祖国边疆的安全巩固，都作出过重要的贡献，现在帮助他们改变贫困落后面貌是社会各界光荣的历史责任。

联合方式由双方协商，灵活多样，可以由发达地区承包开发，也可以同当地联合开发。发达地区到贫困地区承包开发的项目中，建设原材料基地占较大比重。在这个问题上，往往有这样的矛盾：发达地区希望开发起来后取得长期稳定的原材料供应，贫困地区则希望从原料开发到加工全由自己来干。有些地方因为这个矛盾解决不好，联合不欢而散。根据各地经验，解决这个问题的最好办法是，从原材料生产到加工、销售以及出口创汇，建立农工商一体化的联合企业，或参加沿海的企业集团，双方分工合作，利益均沾。比如沿海到西部开发桑蚕基地，开始帮助产地种桑、养蚕、缫丝，把织绸、印染、出口先放在沿海，并返还部分利润和外汇给产地。随着生产的发展，沿海可以逐步把织绸部分也转移到产地，自己主要搞印染、开发新产品等深加工，发展外向型经济。我国过去经济效益不高的原因之一就是缺乏地区分工。沿海有先进的深加工能力但原材料不足，内地有充足的原材料但缺乏深加工技术，两方面的优势都不能充分发挥。内地要发挥资源优势，用原材料与沿海建立合作关系，一种是上面讲的原材料到沿海深加工，双方利益均沾，还有一种是沿海到内地来搞加工，也是利益均沾。总之，只要合理分工，处理好利益分配，就可以避免出现经济合作的短期行为，建立长期的稳定的经济联合。

横向联合的项目不一定都上新的，应当重视现有企业的技术改造。贫困县多少不同地都办了一点企业，但较为普遍的问题是缺乏人才，不善管理，办得不太好，经济效益不高。有的企业连年亏损，成了沉重的包袱。在这些地方，应该从改造现有企业入手。改造现有企业投资少、见效快，有的甚至不要什么投资，帮助改善一下经营管理，转让一项技术，开发一个新产品，扩散一个零配件，产品挂牌代销，就能收到良好效果。更重要的是，把现有企业办好了，能增强干部群众信心。

办工业不能不讲条件。贫困地区很多地方交通不便，缺水、缺电、缺少办工业的条件，而且都不是短期内可以解决的。所以，不能提倡"乡乡村村办工业"。从工业本身来说，也要求相对集中，这样，可以统一建设基础设施，节省投资，少占耕地，而且有利于商品流通、技术交流、经济协作、信息传播、经营管理，太分散就失去了这个优势，不利于降低成本、提高产品质量和竞争能力。具有较好的投资环境和条件，对发达地区的人才、技术也更具有吸引力。因此，贫困地区要利用内部发展不平衡的规律，扶持资源和开发条件相对好一些的地方优先发展，迅速形成新的增长格局。国外就有这样的经验，如意大利战后开发落后的南部山区时，就是选择地处平原，交通方便，有一定的基础设施和银行等服务条件，有潜在的动力资源的地方，确定16个20万人口以上的地方为工业发展区，20个20万人口以下的小市镇为工业发展点，不平均使用力量。我们贫困地区发展工业，要从实际出发，统筹规划，选择有水、有电、交通沿线的集镇作为工业开发区、开发点，让周围没有办工业条件的乡村都到这里办，使务工农民吃住在村，上班在镇，或工厂总装、推销在镇，加工在村在户。这样，把发展乡村工业和小城镇建设结合起来，形成工业生产、商品集散、文化教育、社会服务的中心，形成振兴区域经济发展的中心。同时，工业区、工业点的兴起，还可以逐步吸引那些缺乏生存条件的山区农民到集镇上来谋生，使山区获得改造和发展的宽松环境，国家也可以减少造价很高的公路、供电和供水建设投资。

在引进人才和培训人才方面，不能只限于"请进来、派出去"，对于发达地区自然流入贫困地区的民间能人，要注意组织和发挥他们带动当地群众学习技术、发展生产的作用。近几年沿海乡镇企业的购销员和民间各种能人，大量涌入西部地区，在西北、西南的很多地方到处可见。不少有远见、开明的地方干部，对看准了的有技术、会经营的外地能人，给他们提供场地、房舍，让他们就地开店、办厂（场），帮助他们把生意做好做大，不仅使外地人发财致富，而且为当地人提供了学习、就业的机会，带动了商品生产的发展，同时也为地方财政开辟了税源。

贫困地区既要同沿海发达地区发展横向联合，也要同本省的城市、工厂企业、科研单位发展横向联合。这里特别值得我们注意的是，建国以来国家在三线地区先后投入了近 2000 亿元资金，建成全民所有制企业 29000 个，占全国的 1/3，有 1600 万职工，16 万工程技术人员。这些企业大多分布在"老、少、边、穷"地区。贫困地区应主动同他们联系，充分利用其人才、技术、设备的优势和边角废料等，开展横向联合。

东西部横向联合，由领导机关牵线搭桥是必要的，但主要依靠双方经济组织和企业家直接见面，对口谈判。这是近几年的一条经验。过去行政机关、领导干部出面考察，谈判合作，签订协议，而没有经济组织和企业参加，往往签了一大堆意向性项目，真正落实下去的寥寥无几。原因在于经济工作涉及双方经营者的利害关系，项目的可行性，以及其他复杂情况，不是由行政领导机关拍板可以代替的。同样，只有经济组织和企业之间的活动，没有行政领导机关提供政策、信贷、税收等方面的优惠支持，创造横向联合的条件和环境，横向联合会困难重重。因此，在经济活动中应强调政企分开，不能以政代企，在促进联合上又要加强领导，做好必要的组织工作。

解决贫困地区粮食问题的途径[*]

（1988 年 10 月）

当前我国贫困地区经济开发，是以解决温饱为目标的最低需求开发战略，而粮食是人民温饱的核心内容，解决得好坏是实现温饱问题的关键，是调整产业结构，合理配置资源，发展商品经济，逐步脱贫致富的基础。

一、粮食的物质属性决定其在贫困地区
经济开发中的战略地位

"物以农为本，民以食为天"，这是粮食的使用价值所决定的。大到国家的安定稳固，小到庶民百姓的每月生计，无不首先要考虑到粮食问题。尤其在还有一部分人食不果腹的贫困地区，解决粮食问题，更是整个经济开发过程中的一个重要任务。

目前，我国农村绝大多数人民生活水平还处在刚刚解决温饱阶段，解决吃"饱"问题的食物支出还占整个生活消费支出构成中的一半以上（表 1），而解决"温"的问题的衣着、燃料、住房三项的合计支出大约在 30%左右。在人均收入低于全国平均水平一半以下的贫困地区，在整个消费支出中，食物支出的比例就更高，占到 70%—80%。在食物消费中，粮食的消费占绝大部分。以 1987 年为例，全国农村居民平均每人的食物消费支出为 219.67 元，而用于粮食的消费就达 131.57 元（都以平价粮计），占 60%。如果缺粮农民以市场价购入粮食的话，这一比

---

* 本文原载《中国粮食发展战略对策》，中国农业出版社 1990 年版，成文于 1988 年 10 月。

476

例就会更高。因此，贫困地区当前经济开发要解决温饱问题，首先就是要解决粮食问题。

表1　全国农村居民家庭人均生活消费支出构成

	1980 年	1985 年	1986 年	1987 年	1980—1987 年平均年增长（%）
生活消费支出	162.21	317.42	356.95	398.24	13.69
其中：①食品%	61.8	57.7	56.3	55.2	
②衣着%	12.3	9.9	9.5	8.6	
③燃料%	6.0	5.7	5.2	4.8	
④住房%	7.9	12.4	14.4	14.5	
（②+③+④）%	26.2	28	29.1	27.9	
⑤文化生活%	12	14.3	14.6	16.9	

资料来源：《中国统计年鉴》1988 年

　　粮食的有效供给，是贫困地区一切产业结构调整与资源开发的先决条件。大部分贫困地区都具有比较丰富的自然资源，但其优势，大多不是在粮食生产上，有的甚至不在农业生产上。不少地区为了解决吃饭问题，不得不将那些不适宜种粮的土地用来种植粮食；同样由于粮食短缺，使得大量非农业资源得不到有效开发，造成"资源山中睡，人在家里穷"的状况。因此，贫困地区经济开发必须突破粮食这个制约因素，才能完成与粮食问题密切相关的两个层次的产业结构的调整，才能发挥潜在的资源优势，走上治穷致富之路。解决第一个层次的产业结构调整，即农业内部产业结构的调整，在于如何有效地解决本地区人民的吃饭问题，以及退出多少不适宜种粮的耕地，用以发展林业、牧业和其他非粮作物。解决第二个层次的产业结构的调整，即贫困地区的整个国民经济产业结构的调整，有赖于本地区或国家能提供多少农业剩余产品，主要是粮食，以便腾出力量开发资源型的非农产业，特别是国家需要的工业原料，促进整个国民经济协调稳定地发展，把脱贫致富与对国家的四化建设的贡献结合起来。从更大范围上说，贫困地区的粮食问题是社会安定的一个重要因素。我国的贫困地区主要集中在中、西部地区，这里又多是革命老区，少数民族聚居的地区，同时又是我国自然资源的宝库，是今后国民经济发展最有潜力的地区。只有很好地解决这些贫困地区人民的缺粮问题，才能对这些地区进行大面积的开发，逐步解决我国经济、社会、文化发展中的区域性不平衡问题，从而增进各民族之间的亲密团结和国家的长治久安。

二、30 多年来解决贫困地区粮食问题
所作的努力和经验与教训

中华人民共和国成立以来，党和国家对我国贫困地区的建设和解决粮食问题是十分关注的。各级政府和各有关部门都做了大量工作，取得了不少成就，积累了不少经验，也有不少教训。但总的看，粮食问题在贫困地区至今还没有完全解决好。这样讲，并不是说人们对粮食在人民生活中的重要性和粮食在经济发展中所处的地位认识不清，得不到重视，而是以往在粮食发展战略的认识上有片面性和具体决策上有失误。主要有两条：

（一）片面强调以粮为纲，试图通过扩大粮地面积来达到增加粮食总产，缓解缺粮矛盾。其结果是：导致区域性的自然生态的破坏，牺牲大量宝贵的林牧业资源，换取糊口的粮食。这种做法，首先在自然资源利用上得不偿失，为粮食付出的机会成本过高。其次，造成水土流失，最终使这些滥垦的粮田成为不毛之地。比如，在南方，有些地方的群众说："山高地皮薄，吃饭靠挖坡，一场大雨来，地皮冲下河"，不少山头逐渐石化了。在北方，据中国科学院黄土高原综合考察队对典型黄土高原县的典型调查表明，耕地面积大都占总土地面积的 40%—60%，并且其中有 40%—50%是大于 25°的山坡地。草场一般只有百分之几，加上零星林地也不过 10%。这就是说能长草、长树的土地都被开垦种粮了。使不少地方陷入"越穷越垦，越垦越穷"的恶性循环，不仅解决不了粮食问题，反而会造成境内自然环境的全面恶化。第三，在被开垦的耕地上搞广种薄收，不强调搞农田基本建设，建立合理的作物种植制度，不注意农家肥等有机肥的投入与秸秆还田，长期掠夺性种植，造成

土壤肥力衰退，土壤结构变坏，有的甚至导致病虫害增多，最终是粮食产量很低。

（二）不顾现实与可能，试图通过区域调剂解决粮食问题。由于多年来单纯依靠扩大耕地面积，扩大粮食播种面积解决粮食问题的路子越走越窄，于是有人提出：解决贫困地区粮食问题，要立足于全国粮食供求的大系统中，在本地区绕开粮食问题，把立足点放在开发本地具有较高经济价值的非粮资源上，像我国东部沿海某些地区，或其他某些工业化国家那样，用货币或产品来换取粮食。这一战略，在1984年后的一段粮食比较宽松的时期里，很时兴过一阵子，但实践证明，这条路子是走不通的。因为要实施上述战略，必须要有三个基本条件作保证。第一，贫困地区具有充裕的开发资金，并能取得立竿见影的高效益，使农民的人均收入，地方政府的财政收入在短期内有一个"质"的增长，使贫困地区有足够的钱来买回所需要的粮食；第二，国家要有充裕的粮食储备（包括向国外进口粮食）用于供应贫困地区；第三，要有便利的交通条件，保证粮食根据需要及时运到贫困地区的各个角落。这三个条件，根据我国的实际情况和贫困地区目前的处境，根本不具备。众所周知，我国贫困地区目前很难通过如当年开发北大荒那样的资源来增加经济收入，这是其一。其二，由于人口与耕地比例所决定，我国人均占有粮食水平很低。并且随着人口的增加，耕地的减少，全国性的粮食问题就会变得更加突出，国家非但没有可能向贫困地区输出粮食，而且还需要从国外进口粮食来解决非农业人口的粮食和工业用粮。其三，贫困地区财政负担不起。国内即使有粮可调，但由于交通不便，使得粮食运费昂贵，并且长距离、多转手的运输，使粮食损耗巨大，成本增高。据有关贫困县反映，一斤粮食从产粮区运到贫困县粮库，价格就增加1/3。这还不算经营中的成本和损失，本来就入不敷出的贫困地区财政，很难贴得起。粮票发到农民手中后，由于价格高，农民又买不起。特别是那些不得温饱的贫困户，既缺粮又缺钱，根本就没有现金用来购粮。有的地区的贫困农民只好把国家供应的平价粮指标高价卖掉一半，然后再用卖指标得来的钱去购买另一半粮食。

因此，共有1亿多人口的贫困地区，要绕开粮食这个障碍，靠吃供应粮过活，从现在看，至少是"国家调不起，地方贴不起，农民买不起"。因此这条路是走不通的。

三、解决贫困地区粮食问题的途径

解决贫困地区的粮食问题，只能靠建设基本农田，通过农业的技术改造，增加对农业的投入，提高贫困地区内部粮食生产能力为主，外部调剂为辅的小区域供求平衡。

贫困地区的粮食生产是有潜力的。全国 2000 多个农区县，人均耕地只有 1.54 亩，商品粮基地县人均耕地也只有 1.9 亩；而国家扶持的贫困县人均耕地为 1.58 亩，省区扶持的贫困县，人均耕地达 1.69 亩，均高于全国平均水平（表 2）。当然这里包含一部分不适宜耕种的陡坡地。但人均粮食占有量却很低，国家扶持的重点贫困县人均占有粮食只有全国平均水平的 66%，只有商品粮基地县的 46%，省区扶持的贫困县也分别只有 79.7% 和 55.7%。造成贫困地区粮食生产水平低的直接原因有三：一是单产低。1987 年全国农区县平均粮食单产（粮食总产/粮食作物播面）为 249.5 公斤，而国家扶持的重点贫困县只有 171.1 公斤，省区扶持的贫困县只有 192.9 公斤，分别低于全国农区县平均水平 78.4 公斤和 56.6 公斤。二是由于复种指数低，造成单位耕地粮食播种面积难以扩大。贫困县的耕地复种指数低于全国平均水平的 10% 左右，每亩耕地的粮食播种面积只有 1.115 亩，低于全国平均水平（1.22 亩）。当然，贫困地区中有相当一部分地方无霜期短，是无法增加复种指数的。这就使得贫困县从表面上看起来具有耕地多的优势，在实际生产中并无优势可言。三是促进粮食生产的各项因素增长慢，而制约粮食增长的因素却发展很快。贫困地区促进粮食生产的诸因素增长慢，可以从粮食单产增长速度上反映出来（表 3）。省区扶持的贫困县单产增长速度基本上与全国平均水平持平，每年大约在 4% 左右。但国家扶持的贫困县的单产增长速度大大低于全国平均水平，只有 2.71%。并且上述两类贫困县的耕地减少速度是各类型县中最快的。省区扶持的贫困县耕地减少速度是全国平均水平的 147%，国家扶持的贫困县则是全国平均水平的

171%。这种状况固然一部分与近几年贫困县的农业产业结构调整，把不适宜种粮的耕地退出来还林还草有关，但也决不能排除其中有一部分是贫困县的城镇周围经济比较好的地区处于经济快速发展前期的非农业用地和农民住房用地的消耗。上述三种因素共同作用的结果，使得贫困地区从 1980—1987 年，在全国粮食生产获得较大幅度增长的情况下，仍然处于徘徊状态，年均增长率只有 0.64%。

表 2　全国各类型县的粮食生产情况（1987 年）

类　型	县　数（个）	人均耕地（亩/人）	人均产量（公斤/人）	人均粮播面积	复种指数	粮食单产（公斤）
所有农区县	2106	1.54	468.5	1.22	1.59	249.5
长江中下游县	541	1.12	524.7	1.50	2.14	312.3
城市郊区县	337	1.50	469.6	1.13	1.51	275.6
商品粮基地县	170	1.90	669.8	1.23	1.59	286.9
省区扶持贫困县	363	1.69	373.3	1.15	—	192.9
国家扶持贫困县	300	1.58	309.5	1.15	1.44	171.1

资料来源：《中国分县农村经济统计概要》（1988 年）

表 3　1980—1987 年各类型县耕地、粮播面积与单产增长情况

类　型	人均耕地增减 %	人均粮播面积增减 %	单产增长 %	人均占有粮食增长 %
所有农区县	−1.24	−1.16	4.02	2.82
长江中下游县	−0.93	−0.90	3.93	2.99
城市郊区县	−0.47	−0.30	4.08	3.74
商品粮基地县	−0.77	−0.22	6.37	6.15
省区扶持贫困县	−1.82	−1.81	4.04	2.16
国家扶持贫困县	−2.12	−2.04	2.71	0.64

资料来源：同表 2

　　综合上述分析，我们认为要解决我国贫困地区的粮食问题，没有任何一蹴而就的捷径，只能立足贫困地区的实际，作长期艰苦的努力，逐步解决。根据现有经验，当前主要从以下几方面着手：

　　（一）在适宜种粮的耕地上进行农田基本建设，提高稳产高产田的

比例。贫困地区耕地面积虽然相对丰裕，但质量差，大多是坡地、山地，土层薄、土质差，既跑水、跑土又跑肥，并且有效灌溉面积少（表4），既经不起涝，又经不住旱。贫困地区耕地的有效灌溉面积占总耕地面积的30%左右，只有全国平均水平的63%左右。但坡地、山地面积的比重却非常之高（表5），这是我们最近对几个比较典型贫困县的调查结果。结果表明，只有不到一半的耕地是坡度在15°以下，而将近有1/3的耕地是坡度在25°以上的不宜农耕地。因此，贫困地区农田基本建设的方针应是：

1．在国家一定的资金、物资的扶持下，以贫困地区本身的劳动投入为主，从而在有水利条件的宜农耕地中搞好灌溉设施的建设，尽可能地提高有效灌溉面积水平；

2．将25°以下的坡地改成水平梯田，增加土壤的保土、保水、保肥能力，提高土地生产力。并将坡度大于25°的不宜农耕地逐步退耕，使整个土地资源的利用逐步合理化。

表4　全国各类型县有效灌溉面积占耕地的比重　　　（单位：%）

类　　　型	1980	1987	增长速度%
全国所有农区县	47.26	48.44	0.35
长江中下游县	73.43	75.83	0.40
商品粮基地县	48.98	48.35	−0.18
省区扶持贫困县	33.48	33.88	0.17
国家扶持贫困县	29.10	30.26	0.56

表5　几个典型贫困县耕地中山坡地的比重　　　（单位：亩）

县名	耕地总面积	<15°	15°—25°	>25°	<15°耕地比重%	>25°耕地比重%
青川	397997	151250	39715	207032	38.00	51.02
毕节	2379786	1039012	772130	568644	43.66	23.89
大通	801184	463667	173496	164021	57.87	20.48
合计	3578967	1653929	985341	939697	46.21	26.26

近几年，贫困地区农业开发的实践，已经证明上述两项措施是保证贫困地区粮食生产稳定增长的基础条件。根据北京农业大学在陕西省紫阳县（国家扶持的重点贫困县）的调查和估算，只要搞好小于25°的坡地的改造，在不减少粮食总产，而使粮食总产略有增加的前提下，退出大于25°的坡耕地用以发展林牧业是完全可能的。该县土地类型与产粮关系如表6。

表6　紫阳县土地等级与产粮关系

土 地 等 级	面 积 （万亩）	复种指数 （％）	单产 （公斤）	平均海拔 （米）	亩 产 （公斤）	生产粮食 （万公斤）
平地水田	1.2	140	350	＜600	490	588
梯田	1.8	120	185	600—1300	222	399.6
＜25°坡地	40	144	119	＜900	171	6840
＞25°坡地	51	111	41	900—1300	45.5	2320.5
其中：高海拔坡地	23	100	30	＞900	30	690
合计	94	125.6			108	10148.1

紫阳县共有耕地94万亩，其中有51万亩为大于25°的山坡地，占全县耕地面积的54%，但生产粮食只有2320.5万公斤，只占全县总产粮食的22.9%。而在51万亩山坡地中，海拔在900米以上的坡地共有23万亩，亩产只有30公斤，年产粮食只有690万公斤；此类耕地占总面积的24.5%，生产粮食仅占全部粮食的6.8%。如果将小于25°的40万亩坡地进行改造，将其一半即20万亩改成水平梯田，使亩产达到梯田的平均水平，即222公斤（这是完全可能的。因为小于25°的坡地海拔比原有梯田低，复种指数比原有梯田高，自然条件优于原有梯田），就可以增产粮食1020万公斤，退耕23万亩高海拔的大于25°的山坡地，对粮食总产的影响只有690万公斤，最终非但没有影响粮食总产，而且还使粮食总产增加330万公斤。当然，由于各类土地在县内分布不均衡，需要根据等价交换的原则搞好县内粮食的调剂。

（二）对传统农业进行技术改造，增加农业的科技投入和与之相配套的物质投入。贫困地区粮食生产中技术手段的落后，是造成贫困地区粮食短缺的又一重要因素。众所周知，1978年至1984年，我国粮食的超高速增长，主要是由于三个因素作用的结果。一是农业联产承包责任制和粮价的提高调动了农民种粮的积极性；二是多年来农田基本建设的积累，在新的、有效的农业生产体制下被充分地发挥了效用；三是农业生产的各项物质要素投入大大增加。如农村用电量增加83.4%，化肥使用量增加371.5%，并且良种面积不断扩大，特别是杂交水稻、杂交玉米以及地膜种植面积的扩大。但在贫困地区这三大促进农业发展、粮食大幅度增加的因素，却被大大地打了折扣。第一，贫困地区剩余农产品和商品粮输出很少，粮食生产自给而不能自足，粮价对生产的推动作用不大；第二，贫困地区粮食生产的基础条件差，大包干后产生的农民生产的积极性没有与之相应的物质生产要素的配合，起不到非贫困地区所产生的效应；第三，贫困地区用于粮食生产的物质投入大大低于非贫困地区（表7），并且良种等科技推广与应用上往往要比非贫困地区迟若干年，有的甚至是空白。如在全国大江南北普遍推广的杂交水稻，在处于大别山区的河南信阳地区各贫困县，直到1987年在国家科委科技扶贫开发团的帮助下，才得以大面积推广，这起码晚了四五年。

表7　各类型县在农业物质投入上的比较

类　型	农村人均用电量（千瓦/小时）			每亩化肥施用量（公斤/亩）			每亩农机动力占有量（瓦特/亩）		
	1980	1987	增长%	1980	1987	增长%	1980	1987	增长%
所有农区县	37.7	74.5	10.2	9.5	15.1	6.8	317.2	183.7	−7.5
长江中下游县	42.3	91.1	11.0	15.3	23.4	6.2	136.8	236.6	8.1
商品粮基地县	34.8	66.3	9.6	8.6	17.0	10.1	91.0	161.0	8.4
省区扶持贫困县	19.2	35.6	9.2	6.1	9.6	6.7	65.8	114.5	8.2
国家扶持贫困县	17.2	28.4	7.4	5.0	8.8	8.3	56.9	96.1	7.7

资料来源：同表2

　　贫困地区农业生产要素投入水平很低，要一下子达到全国目前的平均水平是不可能的，应该把重点放在费省效宏的技术以及与技术投入配套的物质投入上。这些主要是：

1. 加快贫困地区优良品种的推广速度。优良品种一般都具有抗病、高产的特色。一个良种的使用和推广，即使在总的物质投入不增加或增加很小的情况下，亦能获得较高的产量。如杂交水稻普遍可增产150公斤左右，杂交玉米亦是如此。

2. 推广先进的粮食种植技术和耕作制度。通过新的作物种植制度，如合理的轮作、连作、间作等，可以提高粮田的复种指数，增加粮食作物的播种面积。合理的耕作制度还可以做到用地养地结合，培肥土壤，提高土地生产力。

3. 在提高田间管理耕作技术的同时，增加高技术含量的农用物质的投入。这些农用物质主要是化肥、地膜和农药等等。根据农业部有关部门的测定，我国东部发达地区随着化肥投入量的增加，每公斤化肥的增产效益正在逐年下降，而贫困地区每亩化肥投入量仅占全国平均水平的一半多一点，每公斤化肥的产粮效益仍保持较高水平并成正比例增长。1972年至1978年，每公斤化肥增产6.1公斤粮食，1979年至1988年每公斤化肥的增产效果仍在6公斤以上。可见，对贫困地区增加化肥投入是一项经济而有效的增产措施。同样，地膜覆盖种植技术，对一些高寒山区，干旱地区的效果也十分显著，一亩地膜玉米，平均可增产100—150公斤。

4. 建立与新的农业联产承包责任制相适应的农业生产科技服务体系。农业科技服务在贫困地区本来就比较薄弱。因此，要提高贫困地区科学种田的水平，用科技投入来发展贫困地区的粮食生产，首先要建立和完善贫困地区的科技服务体系。在这方面已有了一些成功的经验：一是科技集团承包。国家科委在大别山的信阳地区搞科技集团承包推广杂交水稻十分成功；二是科技示范户、示范村、示范乡体系。中国科协在吕梁山区已试点成功，带动面十分广；三是科技扶贫经济服务组织。有些贫困县把原有农业技术推广站、畜牧兽医站等服务组织办成科技扶贫经济实体，承贷扶贫贷款，用以发展贫困户的农业商品性生产，并给予经营管理、操作技术、产品供销等方面的服务和指导，收取一定的服务费用，实行有偿服务。

（三）使用部分农业开发基金，开发贫困地区内部粮食生产基地，建立以贫困地区内部调剂为主，外部调入作补充的粮食供应调节体系。贫困地区有许多土地资源经过改造、改良还是适合于发展粮食生产的，并且当前已有了开发这些地区的技术条件，这些宜粮土地资源主要有三种类型：

1．南方丘陵红壤地区。红壤土是南方地区主要土地资源。这一类土地长年在雨水的淋溶作用下，富铝化作用强烈，土壤呈高度酸性，影响农业利用。但只要进行土壤改良、农田改造和引种耐酸粮食作物品种，粮食增产是大有希望的。如浙江金华地区，红壤旱地改成水田，通过排灌等作用，使土壤酸度大大降低，种植水稻后，粮食单产翻番增长。

2．北方干旱农业区。这些地区（主要是黄土高原地区）可以结合小流域治理，走旱作农业的路子提高粮食单产。如山西省河曲县通过小流域治理，全县的水坝、梯、滩、旱平地面积由 1978 年的 12 万亩增加到 1988 年的 22 万亩。这些治理后的粮田保肥、保水、保土，通常年景下产量是未治理前耕地的 2.4 倍。这些地区人均耕地面积多，只要有较高的单产，便能形成一定规模的商品粮输出。

3．发展灌溉农业区。主要分布在沿黄河两岸。这些地区光照条件好，土地平坦，只要搞好农田水利设施建设，引黄灌溉，就能获得不低于南方粮产区的高产产量。如甘肃祁连山下的河西灌区，沿黄的定西灌区和宁夏西海固灌区，一亩水浇地比一亩原有粮田中最好的沟坝地增产 1 倍到几倍。

通过贫困地区内部农田基本建设，小面积的粮食生产基地建设，尽可能提高粮食自给率，这样就有条件基本实现粮食的小区域范围的调剂和平衡。这是当前解决贫困地区粮食问题的第一步。经过长期努力，全国经济有了很大的发展，交通发达了，不同地区资源优势充分发挥出来了，才有条件实现区域经济的合理分工，进而实现粮食的全国范围的调剂和平衡。这是第二步，这是一个长远的发展目标。

千方百计提高扶贫资金使用效益[*]

（1989 年 1 月）

扶贫专项贴息贷款从 1987 年开始一年一检查，一总结，并形成制度，这对及时交流扶贫专项贴息贷款使用的经验，及时解决存在的问题，加强贷款的管理，提高贷款的使用效益将会发挥很重要的作用。这是中国农业银行总行倡导和坚持的一项好办法，好制度。特别是今年的检查有国家审计署参加，是对加强扶贫贴息贷款管理的有力保证，也是审计部门对扶贫工作的有力支持。

一、当前扶贫工作进展情况和面临的主要任务

全国贫困地区经济开发工作，由于党中央和国务院的关怀，各级党委、政府的重视和加强领导，各行各业、各部门以及整个社会的大力支持，再加上贫困地区广大干部群众的努力，进展比较顺利，而且取得了明显的效果。其突出标志就是：国务院确定的扶贫工作要从过去单纯分散的生活救济，转向新的经济开发的方针，在贫困地区得到了普遍认真的贯彻和落实，"七五"期间解决大多数贫困地区人民温饱问题的目标正在努力实现之中。只要工作抓得紧，做得好，实现这个目标是有希望的。

贫困地区由过去的救济扶贫转向开发扶贫，可以说是扶贫工作的一个根本性变化。国务院贫困地区经济开发领导小组成立时，总结了 30 多年扶贫工作的经验教训，其中有一条就是 30 多年扶贫工作虽然有很大成绩，但是效益不理想，主要是扶贫资金大半用于生活救济，没有搞

---

* 本文系 1989 年 1 月在部分省、区扶贫专项贴息贷款检查汇报会议上的讲话。

更多开发性的生产建设。领导小组根据这一经验教训，提出扶贫工作要从过去单纯生活救济转向经济开发，经国务院批准作为扶贫工作方针确定下来。从近几年执行的结果来看，效果很好，开创了扶贫工作的新局面。

这几年，在开发扶贫的方针指引下，广大贫困地区在国家必要的扶持下，充分地利用地上地下丰富的自然资源，以及充裕的剩余劳动力和其他社会资源，积极地搞开发性的生产建设，发展商品经济，启动了贫困地区内在的发展活力。各地在统一规划指导下，创建了许多以家庭生产为基础，连片发展，并形成一定规模，又各具特色的商品生产基地，办起了大批带动千家万户发展商品生产的龙头加工企业。最近在福州召开南方片经验交流会时，参观了罗源县的竹编、草席、养猪、水产、茶叶、羽绒、食用菌菜"九条龙"，网罗了 5.3 万多户，年创产值 1.2 亿元，占全县社会总产值的 62%。龙头加工企业带动千家万户发展商品生产，并以家庭生产为基础形成一定规模的商品生产基地，充分发挥了当地的资源优势。多少年来贫困地区自给性的自然经济和单一的农业经济结构开始被改变，在不发达地区开创了以家庭生产为基础的规模经营新格局。

在开发扶贫的方针指引下，扶贫工作进行了一系列改革，创造和积累了许多新经验。如扶贫开发资金按项目投放管理，按效益分配使用；调整和改革单一的生产结构，立足当地资源发展多种经营；制定优惠的开发政策，多方面吸引和聚集人才、技术、资金；依托能人、企业兴办扶贫经济实体，发展发达地区与贫困地区的横向联合；层层培训干部，加强基层领导班子的建设；大规模地向农民普及实用技术，组织科技进山，等等。这些不仅有利于促进当前贫困地区经济开发，而且对今后贫困地区整个经济、社会的长期发展都具有重要意义。

在开发扶贫的方针指导下，振奋了贫困地区自力更生的精神，不同程度地克服了"等、靠、要"思想，增强了干部群众脱贫致富的信心，开始改变着贫困地区的经济状况和人们的精神面貌。

总之，过去救济扶贫打的是消耗战，"填不满的穷坑"，开发扶贫打的是生产仗，发动群众种茶植果，饲养畜禽，兴办乡镇企业，为贫困户

"栽摇钱树，铸聚宝盆"，既解决了当前温饱，又增强了脱贫致富和经济发展的后劲。这就从根本上提高了扶贫资金投入效益，解决了过去不少地方"年年给钱年年穷，年年扶贫年年贫"的问题。

根据这些分析，可以得到这么一个印象，就是脱贫致富要走开发之路，开发扶贫是治穷致富之本。

由单纯生活救济转向经济开发的方针的实行，使国务院提出的"七五"期间解决大多数贫困地区人民温饱问题目标的实现有了希望，有了保证。从各省汇报的情况来看，预计到 1988 年底，各省扶持的贫困户有 60%左右可以解决温饱问题，国家重点扶持的 300 多个贫困县约有1/4 可以越过温饱线，福建、广东、浙江三省可能提前两年实现解决大多数贫困地区人民温饱的目标。

但前进过程中也出现了值得注意的新问题：一是贫困户总数虽然减少了，但难度更大了。因为未解决温饱的贫困村、贫困户大多分布在自然条件恶劣，社会发育程度较低的地区，以及水库移民区、人畜饮水困难地区和地方病高发地区，而且从现在到 1990 年只有两年，时间紧迫，任务艰巨，扶贫工作进入了攻坚阶段。另一个问题是，经过几年的工作，国家扶持的重点贫困县有 1/4 率先解决了温饱问题，但标准低，不稳定，社会生产力水平尚未发生根本变化，根据分类指导的原则，对这些县提出新的发展要求，在巩固温饱成果的基础上，进入逐步脱贫致富新阶段。

为此，大家认为"七五"后两年的主要任务应当是：认真贯彻党的十三届三中全会精神，全面深入落实国发〔1987〕95 号文件，进一步采取有力措施，努力实现"七五"期间解决大多数贫困地区人民温饱的目标。在此基础上，继续支持越过温饱线的县，发展区域经济，经过若干年的努力，争取到"八五"期间，使已解决温饱的大多数贫困户年人均收入水平接近或赶上本省、区的平均发展水平。

为了完成上述任务，大家建议，首先要调整部署，集中力量，打好解决温饱的攻坚战。主要措施是：一要调整和加强领导力量。对尚未解决温饱问题的县、乡、村分类排队，凡是没有能力打好攻坚战的领导班子要及早进行调整，以免贻误时机。二是适当调整扶贫专项贴息贷款使用范围。从解决温饱的整体任务出发，允许各省、区在扶贫贴息贷款总额不变的前提下，适当调整一点用于难以如期解决温饱的个别、少数省扶贫困县。三是由农业部组织推广地膜玉米，实施温饱工程。四是由水利部安排解决贫困地区人畜饮水困难。五是继续实行以工代赈计划。六是动员国家有经济和技术实力的部门，分别联系和帮助西南、西北贫困面大的省的扶贫开发。

对越过温饱线的县，要引进竞争机制，拉开发展档次。凡是在正常年景 90%以上贫困户解决温饱的贫困县，实行"两不变一优先"的政策，即扶贫资金不撤，优惠政策不变，县办企业贷款优先。继续支持他们利用资源优势，建设商品生产基地，发展乡镇企业，扩大非农产业就业比重，争取每个县建设两三个带动区域经济发展，形成财政收入支柱的产业。同时，加强水、电、路等基础建设。

二、集中管好用好现有扶贫资金，是实现"七五"期间解决大多数贫困地区人民温饱目标的关键

无论是打温饱攻坚战，还是发展贫困地区区域经济，一个共同的问题就是管好用好现有扶贫资金。最近国务院分管领导就这个问题连续作了两次重要指示。一次是 1988 年 10 月 6 日写给全国贫困地区经济开发经验交流会的信中指出：坚持把各项扶贫资金捆起来重点使用，按项目投放管理，充分发挥现有资金的使用效益。无论是来自哪个渠道的扶贫资金，都要按照"统一规划、统筹安排、渠道不乱、作用不变、相对集中、重点使用、各记其功"的原则，做好组织协调工作，不能分散地"撒胡椒面"，要把发挥各部门管理资金的积极性和集中解决贫困地区群众温饱、开发贫困地区经济统一起来。同时，要加强扶贫资金的管理和监督，对一切贪污、私分、挪用者从严惩处，绝不姑息。另一次是 1988 年11 月 2 日在全国农村工作会议上的讲话中，再次强调指出：一定要管理好、使用好来自各条渠道的扶贫资金，统筹安排，集中使用，努力提高经济效益。严禁贪污、私分和挪用扶贫资金，违者必须严惩，绝不姑息。我们要认真学习，一定把资金管好用好。

根据目前国家财政、信贷都比较紧张的状况，国家增加新的扶贫资金投入是有困难的，所以，要把功夫下在对现有资金的管理上。国家在大力压缩固定资产投资规模，紧缩信贷规模的情况下，明确指出扶贫资金不减少，这是对扶贫工作很大的照顾和支持，我们要珍惜这些来之不易的资金，把它管好用好，充分发挥经济效益。

管好用好扶贫资金，当前要从三个方面考虑：

（一）学习十三届三中全会精神，掌握好资金的投向。上什么项目，不上什么项目，要按照国发〔1988〕64号文件的要求，对现有项目库中的项目进行分类排队，适当调整，合理安排。今、明两年扶贫开发资金的投向结构要重点发展种、养业项目，原料开发项目，农、畜、林果、土特产品加工项目，人民生活和出口创汇需要的手工业工艺产品等，把解决温饱、脱贫致富与增加市场有效供给结合起来，为使今年的物价明显低于去年作出贡献。

（二）认真贯彻执行整顿、治理的方针，严格资金和物资的管理和监督，保证投入的有效性。总的来看，扶贫资金投放效益是比较好的，但也有极少数地方监督、管理不严，发生贪污、私分扶贫资金的问题。1988年8月22日国务院领导同志对《内蒙古托克托县侵占支农扶贫资金严重》一文批示中指出：类似内蒙古托克托县这种挤占挪用、贪污私分扶贫资金的情况，恐怕不是个别的。请开发办研究提出如何严格扶贫资金管理的措施，最好先搞一个管理办法，纳入法制轨道。对一切挤占挪用、贪污私分扶贫资金的行为，必须从严惩处，不能批评了事。根据批示，1988年11月11日国务院贫困地区经济开发领导小组和财政部、监察部、审计署、物资部、中国人民银行、中国农业银行等七个部门发出了《关于加强和整顿扶贫资金、物资管理工作的通知》。各地要认真贯彻执行。

（三）努力改进工作，完善专项贴息贷款管理办法，做到及时投放、按时回收、不断周转，充分发挥效益。当前大家反映比较多的一个问题是资金投放不及时。这里面原因很多，如环节多，下达慢，项目准备不出来，找不到担保，银行资金临时周转不开，被挤作他用，等等。有的地方年初下达的专项贴息贷款，到七八月甚至年底还没有用出去，滞留时间过长。要针对存在的问题，分析原因，认真解决。南北片会议讨论，今后要强调扶贫专项资金和物资应专项下达，专项使用，不得以任何借口截留、挤占、挪用和延缓下达时间。特别是在今年压缩信贷规模，资金很紧的情况下，强调扶贫资金及时下达，专项使用，尤其重要。

另一个问题是，扶贫资金使用平均、分散，或者搞一些与解决群众温饱没有直接关系，投资大、周期长、见效慢的大项目。这是个老问题，但还没有完全解决，要继续引起注意，真正做到把贴息贷款用到解决温饱的项目上，用到没有解决温饱的贫困户身上。

再一个问题是在发展扶贫经济实体时，一定要明确以扶贫为使命，具体承担扶贫任务，使用多少扶贫资金，要与解决多少户温饱问题直接挂钩。防止以扶贫为名，拿了钱又不扶贫的问题发生。同时要处理好扶贫经济实体内部分配关系。既要充分肯定能人办扶贫经济实体带动贫困户脱贫的作用，使他们得到应得的报酬，但也要防止分配过于悬殊，更不能垒大户。提倡贫困户带扶贫资金入股，除了按劳分配，还可以按股分红。扶贫经济实体利润应主要用于扩大再生产，发展扶贫事业，增强扶贫实力。各省、区试办县的扶贫开发公司要按照每省试办一二个的要求控制试点规模，不能一哄而起。试办的开发公司要按国务院整顿公司的精神加强领导。个别公司搞转贷吃利差的问题要纠正。没有条件试办的也不要急于试办。也可以先试办专业开发公司，积累经验。

三、各级开发办要大力支持各级农业银行
充分发挥对扶贫专项贴息贷款的管理作用

银行按照银行贷款办法管理贷款是银行应有的职责。这一职责的履行，同管好用好资金，充分发挥扶贫资金的扶贫作用是完全一致的。各级开发办要与农业银行密切配合，并大力支持他们做好资金的管理工作。

（一）充分论证选准项目，提高资金使用效益。各级开发办要向银行介绍贫困地区状况、经济开发规划，并同银行共同按照开发规划商定资金的具体投向，把扶贫专项贴息贷款和其他各项扶贫资金真正用到最需要的地方，用到效益最好的项目上，效益落实到贫困户身上。同时组

织业务部门和资金管理部门共同评估、论证、筛选项目，把资金用途和项目选准，提高资金使用效益，保证资金安全。

（二）尊重和支持银行自主审查项目，按项目发放贷款。在共同评估、筛选项目的基础上，由银行审批、放款，这是银行的职责，不是其他部门所能代替的。由于项目的评估、论证是在开发办统一组织下，包括银行等有关部门共同参加的，一般来说，银行的审批和大家的评估意见是一致的。即使对个别项目有不同意见，只要是有道理，再做工作，尽可能搞得准确些，慎重些，是有好处的。至于有的项目效益确实好而又不能正常通过审批的现象，也可能存在，看是什么原因，把工作做好。凡属于银行对市场情况不太了解，或者缺少某些专业知识，而不好下决心的项目，开发办要组织业务部门和专业技术人员进行技术、信息、市场等方面的咨询，使银行掌握更多的情况，提高银行项目管理人员鉴别、判断能力，提高审定项目的可靠性、准确性。总的说来，开发办的责任主要是搞好组织、协调，发挥各个部门的作用，不包揽部门的具体业务。要帮助和支持银行履行对扶贫资金的管理职能。银行管理加强了，职能发挥了，有利于提高资金使用效益。

（三）协助银行监督资金使用，组织资金回收。能否按时回收资金是检验经济开发工作和项目管理工作好坏的标准。如果资金不能按期回收，大批沉淀，说明项目工作没有做好，资金沉淀和损失的量很大，就是开发工作的失败。资金回收是银行的责任，各级开发办要支持和帮助银行履行这个责任。保证资金按期回收的关键，首先是把功夫下在项目的评估筛选上，把资金真正用在效益高的项目上，这是前提。同时，要及时抓好资金到期回收工作。为了促进资金的回收，加速资金周转，请人民银行考虑解决扶贫专项贴息贷款的周转使用问题，克服目前因为不许周转而故意延长期限，该收不收，或收回来转到别的科目使用的现象。哪里回收工作做得好，资金周转快，哪里得益就多。开发办要协助银行做好回收工作，银行回收回来的扶贫资金还要用于扶贫，不能挪作他用。国家资金有限，扶贫资金要及时发放，按期回收，加快周转，10 亿贴息贷款可以当作 20 亿、30 亿用，这样有利于贫困地区尽快解决温饱、脱贫致富。

走扶贫开发与生态建设相结合的新路子*

（1990 年 6 月）

人口增加，耕地减少，生态恶化，这是全世界面临的一大问题。人类为了求得生存与发展，许多国家政府以及许多研究机构都在探讨和寻求解决这个问题的办法。毕节地区开发扶贫、生态建设试验区的工作，从全国、全世界来看，虽然范围有限，但它是具有国际意义的方向性问题，可以说是小试验，大方向。

从全国贫困地区的经济开发来看，把扶贫开发与生态建设密切结合，近忧远虑，一体解决，取得社会的、经济的双重效益，这是贵州扶贫工作的一项创举，对我国贫困山区来说，这种做法具有普遍意义。

毕节扶贫开发实验区的工作，一开始就得到了中央统战部、国家民委、各民主党派中央、全国工商联智力支边协调小组的帮助，派出了大批的专家教授，到现场咨询指导，做试验区的技术后盾，把试验区的试验工作提到一个新的水平。这是试验区取得成功的一个重要保证。

当前，贵州省与全国的扶贫工作一样，整个形势是好的。但是，发展还不平衡、不稳定，贫困地区的落后面貌没有根本改变，与全国整个发展水平的差距还在拉大。所以，要全面、稳定地解决温饱，以至脱贫致富，任务还很艰巨。

有些地方虽然解决了温饱，但不敢报，怕摘了帽子，失去扶持。实际上，这里要澄清一个概念，即温饱不等于脱贫，扶贫不是扶到温饱为止。整个扶贫工作要两步走，第一步争取在较短的时间内解决温饱；第二步用较长的时间努力脱贫致富。去年江泽民同志在全国少数民族扶贫

---

　　* 本文系 1990 年 6 月在贵州省毕节地区开发扶贫、生态建设试验区第二次工作会上的讲话。

494

工作会议上讲，要在较短时间内，尽快解决群众温饱，然后，艰苦奋斗，扎扎实实再干几十年，改变贫穷落后面貌。李鹏同志今年向全国人大作的政府工作报告中指出：帮助贫困地区人民脱贫致富，是有深远意义的重要任务，一定要继续努力做好。根据全国贫困地区发展的形势及中央领导同志的指示，国务院贫困地区经济开发领导小组向国务院打了一个报告，扶贫工作要在"七五"的基础上，90 年代再干十年。国务院很快批准了这个报告，2 月 23 日以国发 15 号文件下达。这个文件明确了扶贫工作是一项长期艰巨的历史性任务，批准了新的十年开发计划，制定了一系列的方针、任务和重要政策。这个文件体现了党中央、国务院对贫困地区人民群众的关怀，显示了党中央、国务院帮助贫困地区脱贫致富的决心，也是在新时期党和政府密切联系群众的一个实际行动。当前，扶贫工作的主要任务，是学习、贯彻、落实国务院 15 号文件。

岩溶地区是全国贫困地区开发难度比较大的区域之一，如果在毕节地区有突破、有发展，对全国整个贫困地区的开发工作，将具有重要的促进和推动作用。为了总结这方面的工作经验，研究岩溶地区的扶贫开发究竟"难在哪里，路在何方"，我们准备召开滇、黔、桂、川四省岩溶地区扶贫开发座谈会。经过几天的考察、座谈，又听取了试验区的工作报告，对这个问题我初步有了一些想法，说出来和大家商议。

一、统一规划，综合开发

贫困地区、岩溶地区之所以贫困，不是一两个原因构成的，是一个综合征。因此，解决办法也不能单打一，不是一两样药可以解决问题的，要综合治理。

那么，综合征有哪些表现，也就是说难在哪里呢？是不是有这样一些问题：

一是降雨多，渗漏快，利用少，人畜饮水困难；

二是开荒种粮，砍山取柴，植被遭到破坏，水土流失严重；

三是耕地破碎瘠薄，挂在坡上，单产低而不稳；

四是交通、能源条件差，通路通电率低，制约经济发展和社会进步；

五是多为少数民族聚居区，文化、教育、卫生落后，人口多，素质低，接受新事物慢；

六是县财政靠补贴，集体经济多是空壳，没有为农民提供服务的经济手段。

那么如何综合治理，也就是说路在何方呢？是不是有这样一些方面：

（一）建设基本农田，解决吃饭问题。在贵州就是坡改梯，在广西叫砌墙保土，在北方叫修水平梯田。坡地不保水，不保肥，不保土，产量很低，又造成水土流失。群众说："山高地皮薄，吃饭靠挖坡，一场大雨来，全部冲下河"。建设基本农田就是把坡地改成水平梯地，再加上技术、物资配套投入，如地膜玉米，再配上小水窖群，三者结合起来，我认为是解决吃饭问题的可靠途径。现在说的温饱工程，是指推广地膜覆盖技术。这项新技术在贵州取得巨大成绩，整个贵州高原到处可以看到银装素裹，分外妖娆。如果把它建立在梯田上，基本农田上，作用就更大了。否则，只有地膜覆盖，没有梯田和水窖，一场大旱苗会干死，一场大雨土会冲跑。试验区应在地膜覆盖技术的基础上，加上坡改梯，配上小水窖，把温饱工程的内涵扩大，标准提高，建设高水平的温饱工程。

建设小水窖，积蓄雨天地面径流，人畜饮用，抗旱点种，投资不多，效益很好，是我这次来毕节的一个重要发现。小水窖由水利部门统一设计，提供服务，分户或联户建设。毕节县甘河乡白石岩村农民温玉成家8口人，养2头猪、1头牛，修了一个小水窖，人畜饮水解决了。还种了四亩烟，全部用小水窖的水育苗、浇种，年收入2000多元。烟的收入多了，又进一步增加了对农业的投入，去年粮食产量3750公斤，人均450多公斤。这户的小水窖投资600元（主要是买水泥水管），自筹200元，水利部门补助400元，投资不多却解决了很大的问题。我还看了一个6户用的集体水窖，造了一个600平方米的水泥集雨坪，贮水300平方米，供40口人和20头猪、5头大牲畜饮用，同时还用于烤烟的育苗、浇种。投资4000元，户均660多元，一个个笑逐颜开，说共产党给办了一件大好事。现在小水窖从浇种烤烟向浇种玉米发展。山区修大水库不容易，修小水窖到处可以干。一口人建设一亩梯田，一户修一个小水窖，岩溶贫困山区人民的吃饭就有了可靠的保证。

建设基本农田，不仅是解决吃饭问题，还具有生态效益。道理很简单，只有吃饭问题解决了，山上的"大字报"（即陡坡挂田）才能揭下来。一亩基本农田顶二三亩坡土，建设基本农田，坡土才有条件退耕还林还草，恢复生态。

总之，建设基本农田，主要是为了稳定的解决群众温饱问题，同时也是造福子孙的千秋大业，也是开发整治国土的基本建设。我们认准了，就要下定决心，坚持不懈，长期干下去。我们国家穷，资金稀缺，但是劳动力多，以少量资金和物资的投入，带动农民大量的劳务投入，建设基本农田，建设高标准的温饱工程，是符合我国国情的。

（二）解决农户的燃料问题，停止破坏植被，保护生态环境。岩溶地区的生态环境恶化是个大问题。破坏山区植被的是"两把刀"，一把是开荒种粮；一把是砍山取柴。毕节地区有煤，烧的问题不大，造成破坏的主要是第一把刀。没有煤的地方，群众上山刮草皮，砍树枝。因此，停止生态破坏要相应解决农民做饭取暖的燃料问题。在有煤的地区，建立农村供煤系统；缺煤的地区实行综合治理，推广节柴灶、沼气池，种植速生薪炭林。

（三）开发利用山区资源，发展多种经营。每一个贫困县都要利用自己的资源优势，建立几个能带动群众脱贫致富，形成县财政收入重要来源的支柱产业。贵州省人均9分地、15亩山，优势在山上，文章在山上。有些同志说，现在是"吃饭靠两杂（杂交玉米、杂交水稻），花钱靠两烟（烤烟、卷烟）"。我看，可以再加上一句——"真正脱贫致富要上山"。毕节试验区正在形成"一个基础、四个支柱"。"一个基础"是温饱工程，"四个支柱"即：一是100万亩烤烟。从种烟、烤烟到卷烟，生产、加工一条龙，4.3亿元的产值。二是煤。有600万吨的年产量，1.8亿产值。三是林果药茶。四是畜牧。四个支柱，前两个已经成形，后两个开始起步。这就是一个基础饱肚，四个支柱致富。山区可开发的资源很多，致富的门路很多，有林果、畜牧、蚕桑、茶叶、烤烟、药材、矿产等。要以市场为导向，抓住几个主要的，统一规划，成片开发，系列加工，产销成龙，形成适度规模的商品生产。既然是支柱产业，就不能太多，多了称不起柱，成不了气候。毕节地区发展畜牧业很有前景，北京有几个畜牧专家曾建议，南方草山草坡多，气候雨量条件好，应在南方发展养羊，建立中国的"新西兰"。如果专家建议符合实际的话，是不是可以在毕节试验区率先起步。重点是改良草场，人工种草，提高草的生产量、营养量，引进良种，先抓养羊，逐步把草食畜牧业搞起来。再就是发展林果业。林果业是山区致富的一大产业，是贫困山区人民的"绿色银行"。但开发周期长，这就要请资金部门按照国务院15号文件的精神，适当延长用款期限。发展支柱产业要注意三个问题：一是要立足本地具有广阔市场前景的优势资源；二是能带动千家万户脱贫致富；三是能形成地方财政的重要收入来源。这样就可以做到自给经济向商品经济过渡，由原料生产向加工工业延伸，把富民和富县结合起来。

（四）相应发展水、电、路。这是为开发区域经济，发展商品生产创造条件的基础工程。最近国务院又批准了一个15亿元的工业品以工代赈计划，用于修公路、人畜引水工程、基本农田建设、小型水利。我们要抓住这个机遇，把工作做好。

（五）提高人口素质，控制人口过快增长。我和各方面同志座谈，大家认为，这五剂药可以治理岩溶地区的贫困综合征。总起来说，就是这么几句话：

打好一个基础；

建设几个支柱；

民用燃料解决好；

相应发展水、电、路；

智力开发要抓紧；

控制人口不疏忽。

综合治理的任务，不是单靠扶贫开发部门和现有的扶贫资金所能完成的。按照国务院15号文件的要求，首先要依靠国务院各部门和有关省、自治区在"八五"和"九五"计划中，针对贫困地区的自然资源状况，采取倾斜政策，有计划、有重点安排一批能够开发和利用当地资源，带动区域经济发展的骨干项目。其次，在具体工作上，要在各级党委、政府的统一领导下,齐心协力,联合作战。同时各项扶贫资金、物资也可综合配套。如国家扶贫专项贴息贷款主要用于种养业;老少边穷地区开发贷款,贫困县县办工业贷款,主要用于农产品加工业和其他适合贫困地区干的工业项目;支援经济不发达地区发展资金主要用于改善农牧业生产条件,发展交通、文化、教育事业,以及防治地方病和技术培训等。还有地方的各项扶贫资金、物资也应当这样做。扶贫资金来自多方面,要按资金的不同性质和用途合理配套使用,并同地方各有关厅局用于贫困地区的资金匹配结合,以增加投放强度,发挥不同资金的综合效益。在同一个贫困地区,扶贫开发部门和各有关业务部门,不要你干你的,我干我的,要在党委、政府统一领导下,通力合作,下好一盘棋。

二、扶贫开发的重点是种养加

贫困地区的起步产业是种养加,已被这几年的开发实践所证明。但是现在不少地方办工业的热度超过种养加的倾向到处可见;同时,工业项目的效益低于种养业项目的情况也到处可见。贫困地区民穷县也穷,地、县领导同志为了解决地方财政的困难,总想多办点工业,是可以理解的。但是,在农民没有解决温饱的情况下,要把有限的资金主要用在"种养加"上,使资金的扶贫效益充分发挥出来。毕节地区这几年上了800个项目,据行署负责同志介绍,效益好的占30%;一般的占40%;效益差的占 30%。从总体看,种养业的项目要好于工业项目,除个别种养业项目失败外,搞砸了的大部分是工业项目。前天,中国农业银行贵州省分行的黄效旦行长介绍说,罗甸县的资金四年投放了1200万,基本用于种植业、养殖业,资金效益比较高,贷款到期回收率高,脱贫率也比较高,是贵州省第一批越过温饱线的贫困县之一。罗甸县和其他贫困县的经验说明,种养业投资少、见效快,家家户户都能干,有利于尽快解决温饱,是普遍适合于贫困地区的开发起步产业。如罗甸县,发展早熟蔬菜 3.8 万亩,带动了 1.2 万户农民种菜,5 万人脱贫。还有榕江县,种西瓜 1.5 万亩,7000 户脱贫,种瓜农户年均收入 4000 元。从江县种柑橘 2.1 万亩,抽查 271 户,仅这一项人均年收入 300 元,解决了温饱。发展具有当地独特资源的劳动密集型的加工业效益也很好。台江县花5万元投资，办民族刺绣厂，发挥苗家女青年的手艺，不仅安排了32个人就业，而且带动周围260户在家搞刺绣，出口创汇3万美元，贷款已还了一半。所以说，素质低是相对的，在刺绣上，苗家女的素质是高的。这些都是非常好的项目。

为什么不少地方工业项目效益低于种养加，主要是搞工业缺乏人才，缺乏技术和管理经验，跨度太大，很难搞好，不仅得不到利，反而背了包袱。据说，紫云县投资150万元，办了一个铁合金厂，建成后没有电，企业停产，钱也收不回来。如果要把这笔钱放到种养业上，能安排多少项目，解决多少贫困户的温饱啊！我们国家还很穷，扶贫资金有限，办工业占钱多、周期长、风险大，离解决当前群众温饱距离远。上工业项目多了，会影响到资金的经济效益和脱贫效益。所以，温饱在即，资金有限，人才缺乏，这几个因素决定了目前应重点发展种养加。

当然，不是说贫困县一点工业不能办。从长远讲，根本上脱贫致富，不发展工业是不行的。但在现阶段，主要是办那些能带动千家万户发展种养业的龙头加工企业，以及其他适合贫困地区发展的资源型、劳动密集型企业。小化肥厂的技术改造也可以搞，但要有技术保证，要有效益。总之，要降一降工业的温，加一加种养加的热。

三、扶贫一定要落实到户

扶贫资金主要是用来解决不得温饱的贫困户。资金不能平均分散使用，不能说扶贫资金只要用在贫困县就是扶贫。贫困县不是所有的乡、村、户都是一样穷。要把资金集中用在最贫困的地方，优先解决不得温饱的贫困户。现在有些村、有些户还很穷，但我们的工作还没有把他们抓到手里，排上号。水城县杨家寨，是彝族村，166户人家。村长说，70%的户粮食不够吃，其中40%的户生活难以为继，20%的户外出打工混饭吃。我问他，近几年得到扶贫贷款的支持没有，他说没得到。所以，扶贫工作一定要抓住这些难点村、困难村，尽快解决他们的温饱。现在每个县都要查一查，还有多少这样的穷村，他们是打温饱攻坚战的主要对象，一定要把工作做到他们身上。扶贫工作不到户，就像打仗没有目标，扶贫资金也很难发挥扶贫效益。这一点不仅我们重视，外国人也很重视。去年我接待了一位瑞典的国务秘书，了解中国的扶贫情况。他提了一个问题：中国农村那么大，那么多户，有的富、有的穷，你们是如何找到、扶持贫困户的。我跟他说，户分四类，区别对待。第一类是富裕户，主要靠自己的能力发展生产；第二类是已经解决了温饱的户，主要是靠正常的支农资金发展生产；第三类是没有解决温饱的户，靠扶贫资金帮助他们发展生产，解决温饱；第四类是盲聋哑、痴呆傻、孤鳏寡，这些主要靠社会保障解决。开发扶贫，重点扶持的是第三类人，有劳动能力，又没有解决温饱的农民。所以，我们的目标要找准，工作要做细，扶贫资金虽然有限，但是要把它集中起来用于没有解决温饱的贫困户，投放强度还是不小的，是可以解决问题的。如果你拿去撒胡椒面，再多的资金也不够用。扶贫工作要雪中送炭，不要锦上添花。扶贫资金是政策性投资，哪里穷，就往哪里投；哪里最穷，就重点扶持哪里。

如何扶贫到户，使资金进入温饱攻坚战的主战场，要解决两个问题。一是要动感情。中央和国务院领导同志经常讲，新中国成立40年了，仍然有部分群众不得温饱，心里是很不安的。像杨家寨那样的穷村，任何人到那里看一看都会心酸的、掉泪的。各级领导和各有关部门，都应当到贫困地方看一看，看了就会动感情，动了感情，才能动脑筋，动真格。这就是江西省创造的，提倡到全国的"三动"经验。二是要解决扶贫专项贴息贷款如何落实到户，落实到种养业。我这次在贵州所到之处，都提出这个问题，主要是贫困户没有经济担保，没有自有资金，得不到扶贫贴息贷款的支持。对此，国务院有文件，中国农业银行总行也有文件，贫困户承贷500元以下的贴息贷款不要自有资金和担保。这次，我与贵州省农业分行的黄行长交谈，黄行长完全理解这个问题。他说，贵州情况更困难，不要自有资金和担保的贷款额度还可以再适当放宽。我认为黄行长的考虑是从实际出发的，我和黄行长还共同商讨了几种资金到户的方式：

（一）有一定经营能力的贫困户，可以不要自有资金，不要担保，直接贷款。

（二）现有的各类经济实体，如供销社、外贸公司、粮油公司、食品公司、农场、林场、牧场等，只要承担扶贫到户的任务，可以承贷承还。

（三）各业务部门，农业局、林业局、畜牧局等，只要承担扶贫到户的任务，也可以承贷承还。但要把工作做好，保证效益。

（四）一些新成立的扶贫开发公司，如畜牧开发公司，林果药茶开发公司，只要有一定的自有资金，有经营能力，有严格的财务管理制度，也可以承贷承还，扶贫到户。

（五）农村有经营能力，又有专业知识的能人、专业大户，热心扶贫，愿意包带贫困户脱贫致富，只要有一定的自有资金，有经营能力，有严格的财务管理，也可以使用扶贫贷款。贷款方式，可以考虑贷给贫困户，由贫困户作为股金向能人、专业经营大户入股，归大户集中经营管理使用。贫困户参加劳动，按劳取酬，又可以按股分红。这样，既发挥了农村能人的能量，又保证了资金的使用效益和回收率。

这几种办法，建议省开发办和省农业分行再进一步研究推敲一下，联合起草一个文件，请省政府批发至县农行、县开发办，共同执行，从根本上解决贷款到不了真正需要扶持的贫困户，到不了种养业的问题。

总之，使用扶贫资金要保证效益，不管贷给谁，都要兢兢业业，把钱用好。现在没有解决温饱的贫困户，大部分素质差，直接贷给他，不一定能花好、能保证效益。因此，可以贷给有能力的贫困户，也可以通过经济组织和其他可行的方式承贷承还，使扶贫效益到户，解决温饱到户。特别是依托龙头企业的社会化生产服务，带动贫困户脱贫，是今后发展商品经济的趋向，是值得提倡的。

四、以智力开发为先导，带动经济开发

在这方面，统战部、国家民委、各民主党派中央、全国工商联智力支边协调小组做了大量的工作，给了毕节试验区和其他地区很大的帮助。贵州省对智力支边很重视，两次召开智力支边会，这对做好扶贫工作，至关重要。

我觉得，智力支边，智力扶贫是扶贫的根本。人是我们共产党领导的社会主义伟大事业的决定因素，人的素质高低，是决定事业成败和发展快慢的关键。贫困地区之所以贫困，一个重要原因是人的素质低。结果有资源得不到合理开发和利用，叫"资源山中睡，人在家里穷"。多年的扶贫实践表明，扶贫资金效益不理想，一个重要原因也就是人的素质低。不少地方是"年年给钱年年穷，年年扶贫年年贫"。原因也就是有钱不会花，花不出效益。最近，我看了一个材料，荷兰是仅次于美国的第二大农业出口国，201万公顷耕地，是我国的1/50，但它出口的农产品，价值达250亿美元，超过我们约两倍。奥秘何在？荷兰首相说，就是用科学技术培训农民，使他们不断获得最新的专业技术知识，能够采用最先进的技术，最经济的办法发展生产。还有一个美国经济学家舒尔茨，是诺贝尔奖的获得者，他的得奖论文主张用科学技术武装农民，改造传统产业，提高单产，寻求土地的替代品。我这次参观的毕节县金银山乡，推广地膜玉米，每亩单产达到400公斤，和原来的165公斤相比，一亩顶过去两亩半。这就是用科学技术投入寻求土地替代品的生动事实。科技扶贫方面，各地都有许多好经验，应继续坚持下去。毕节试验区的一些新做法，如初、高中加上一年的实用技术教育，县建立农业技术培训中心，中专定向招生，定向分配，发挥乡土人才作用，都是很好的。

对民主党派和工商联的智力支边，我是非常钦佩的，我建议，除了帮助搞开发规划外，还可以直接参与重要项目的论证、评估和执行，帮助救治亏损、停产企业，充分发挥各方面专家的作用。在这方面，我们扶贫开发部门应当给予热情配合，大力支持。

五、强化扶贫项目的管理

扶贫资金按项目投放管理是扶贫开发的一大进步。几年来，各地搞了一批扶贫开发项目。贵州全省有2400多个项目，毕节地区有800多个，每个县有100个左右。据省扶贫开发办对2400多个项目的调查分析，效益好的44%，一般的34.2%，效益差的16.8%，停产的4.8%。

后两类是搞得不好的，加起来是 21%，数量不算小。我听了省开发办四个调查组的汇报，主要原因是，失之于项目的前期工作做得不扎实，后期没有加强领导，严格管理。如望谟县投资 200 万元，建一个大理石厂，结果没有原料，得从外县运。三都县投资 110 万元，建设锑粉厂，结果合作单位的技术不成熟，出不了产品。德江县投资 700 万元，建设火电厂，由于技术、管理差，钱花完了，厂子也没建成。看来我们犯的还是老毛病，就是争资金争项目很积极，争来了又不认真做好工作，加强管理，讲求效益。这个问题，不只是贵州存在，全国有一定的普遍性。我赞成对扶贫项目进行一次全面的检查。搞得好的，总结交流经验；效益一般的项目要帮助改善经营管理，提高效益；对亏损的、砸锅的项目，要请专家、内行逐个会诊，找出症结，寻求解决办法，救治亏损企业，帮助它们起死回生。使扶贫资金的损失降到最低限度。

今年用于办工业企业的扶贫资金，一般不要铺新摊子，主要是添齐补平。对未完工的项目，只要市场前景好，效益预期好，就要给资金办起来。还有资金剩余，主要用于现有效益好的企业的扩建和技术改造。要做好善后工作，同时，对资金使用效益差，对亏损企业、砸锅项目又救治不力的县，要暂时停止投放新的扶贫资金，停止上新项目，进行整顿。

从明年起，扶贫资金的分配，要把使用效益作为一个重要条件。扶贫效益好，资金到期回收高的县可以多给，效益差，回收率低的县，要少给。目的在于促使大家兢兢业业做好工作，千方百计提高资金的扶贫效益。

六、关键在于加强领导

贵州省委、省政府对扶贫工作是重视的，主要领导人每人确定一个贫困县作为自己的联系点，取得扶贫工作的直接经验。到 1989 年底，贵州省已有 9 个贫困县越过温饱线，工作是有成绩的。

县一级领导是扶贫开发工作的关键，每个县每年都有几百甚至上千万的扶贫款，资金不算少。因此，各县的主要负责同志应当把扶贫开发工作抓在手上，摆上位置，组织力量，加强领导。保证把资金用好。同时，按照国务院 15 号文件的规定，把扶贫开发的办事机构充实加强，提高其组织协调的能力。

另一个问题是抓好基层建设。充分发挥党支部带领贫困户脱贫致富的作用。几年的经验证明，基层没人干，一切等于空谈。扶贫到户，主要依靠党支部。山东沂蒙山区的经验是："给钱给物，更要建设一个好支部"。这是具有普遍意义的。

东西部横向联合是实现共同富裕的重要途径[*]

（1991 年 6 月）

　　七届全国人大会议提出，经济比较发达的沿海省、市，帮助经济比较落后的省、区加快经济发展。这是有利于全体人民和各个地区逐步实现共同富裕的一项重要决策。

一、实现共同富裕是社会主义制度的本质要求

　　贫穷不是社会主义，少数人富，多数人穷，也不是社会主义。只有全体人民的共同富裕，才是社会主义制度的本质要求，也只有社会主义制度才能避免两极分化，真正实现共同富裕的目标。实现共同富裕与提倡一部分人和一部分地区通过诚实劳动和合法经营先富起来是一致的。事物的发展是不平衡的。允许和支持一部分有条件先富的人和地区率先致富，可以为大多数人和地区树立榜样，增强人们的希望和信心；可以为大多数人和地区开拓致富的门路，提供致富的经验、技术和人才；可以为社会创造物质财富，为国家增加财政收入，壮大国家经济实力。这不仅有利于整个国民经济和社会的发展，而且可以为支持不发达地区发展提供物质力量。因此，实现人民共同富裕与支持一部分人和一部分地区先富起来，是并行不悖的，而且在一定意义上后者为前者创造了条件。这里的关键在于，支持一部分人和一部分地区先富起来时，要自觉地以实现共同富裕为出发点和落脚点，要因势利导地组织先富帮未富、先进帮后进，推动经济的不平衡状态向平衡状态转化。当然，旧的平衡还会被新的不平衡所打破，再由不平衡到平衡，如此循环往复不断发展，推

　　* 本文原载《经济日报》1991 年 6 月 17 日第三版。

动整个经济和社会前进。

近些年，在改革开放方针的指导下，我国东部经济比较发达的省、市和企业，同西部地区发展以经济协作、技术转让、人才交流和组织企业集团为主要内容的横向联合，打破了历史上就不发达地区解决不发达地区问题的小圈子，从传统的封闭式发展走上开放式发展，创出了一条先富帮未富、加快不发达地区经济发展的新途径。由于我们国家大，到处存在着经济发展的不平衡性，决定了横向联合的普遍性和多层次。从全国来说，有比较发达的东部沿海地区和西部不发达地区的联合；在一个省的范围内，有发达市、县和贫困县的联合；在一个市、县范围内，有富乡富镇富村与穷乡穷村的联合；在一个村里，有先富起来的党员、干部、专业户帮助和带动贫困户脱贫致富。在这些方面已经有了许多成功的先例和经验。这种广泛的、多层次、多形式的横向联合，把不发达地区经济开发和发达地区经济发展结合起来，把能人开发致富和贫困户脱贫致富结合起来，调动了两个积极性，发挥了社会的整体功能，使发达地区和不发达地区、先富的和未富的相互帮助，共同发展，对全体人民和各个地区逐步实现共同富裕具有重大意义，充分体现了社会主义制度的优越性。

二、横向联合，资源互补，是双方经济发展的需要

沿海和其他经济比较发达地区同不发达地区的横向联合，不单是不发达地区的需要，实际上是双方经济发展的共同要求。

就不发达地区来说，大多数地方有丰富的自然资源，有充裕的廉价劳动力，有广阔的发展空间，就是缺人才、缺技术、缺资金，因而不少地方自然资源得不到合理的开发利用，"资源山中睡，人在家里穷"，归根到底，主要是人的素质低，缺乏自我开发能力，缺乏用钱本领。就比较发达的地区来说，有人才、有技术，会用钱、会管理，但原材料不足，能源紧张，劳动力不够用，活动空间狭窄，经济发展受到一定限制。如果双方联合起来，就能扬长补短，生产要素得到优化组合，经济得到共同发展。而且随着商品经济的发展，这种横向联合日益迫切。因为不发

达地区的经济发展，主要是用新的科学技术改造传统产业（重点是种养业），开辟新的产业（第二、第三产业），发展商品生产。而这些商品，特别是以种植业、养殖业为基础的食品生产，加工工业的原材料生产，以及部分劳务输出，市场主要在城市和比较发达地区。而沿海和其他比较发达的地区，随着经济的发展，必然要不断扩大对加工工业原料的需求，扩大工业品的销售市场，必然要逐步地向外转移一部分劳动密集、技术简单、收益相对较低和能耗较高的产业，其主要方向自然是不发达的中西部地区。以上这些，就是东西部发展横向联合的内在要求和条件。它说明经济发展中的发达地区和不发达地区这两个侧面之间是相互联系、相互作用的。先进帮后进也是相互的，不是单方面的。

还要看到，发达地区帮助不发达地区，还有更深层次的意义。不发达地区多在我国资源相对比较丰富的中、西部地区，少数民族地区，而且许多资源是国家经济建设重要的、急需的资源。在国家的组织和支持下，通过横向联合，请发达地区帮助不发达地区加快开发，有利于我国东、西部协调发展，逐步改变地区间发展的不平衡状态，实现全民族的共同繁荣与进步。这就是说在国民经济这个大系统中的东西部协调一致的运动，必然促进整个经济和社会的发展。这是一项全局性的具有战略意义的事情。

三、横向联合具有丰富的内容和广阔的天地

从近些年的实践来看，发达地区与不发达地区相互联系、相互作用、共同发展是多方面的，横向联合具有广阔的天地。按照"八五"计划纲要的要求，联合和协作的重点是，发展农业、能源、交通、通信、原材料、农用工业，以及改造加工工业和发展出口创汇产品。目前在以下几个方面已经起步，应当总结经验，继续发展，并不断扩大联合的领域。

——联合开发加工工业的原材料生产基地。解决原料紧缺问题的根本出路，在于开辟新的原材料生产基地。有计划地开发原材料生产基地，稳定地向企业供应适合加工需要的品种、质量的原材料，这比饥不择食地抢购来的不合要求的原料要好得多，更有利于提高产品质量、竞争能

力和企业的经营效益。原材料生产基地和加工基地、加工企业的结合，又有利于双方生产的稳步发展，便于产销平衡，避免供求大起大落，是社会主义商品经济发展的需要。现在沿海发达地区有远见的领导者和企业家已率先行动，利用不发达地区丰富的自然资源和廉价劳务，共同投资建设一些原材料生产基地。西部也热烈希望得到沿海人才、技术、资金、物资、设备的支持，使丰富的资源和原材料工业的优势得到发挥，建立东西部经济循环新格局。

——联合开发副食品生产基地。城市和其他发达地区的"菜篮子工程"建设，由于当地资源有限，为了品种调剂和市场均衡供应，必须在一定程度上要依靠外埠的支援，而我们国家大，地域辽阔，可以充分利用地区差、季节差，在全国范围内发展统一市场。现阶段首先应当选择临近水、陆交通干线，与大中城市运距不太远，开发条件比较好的地区，联合发展副食品生产基地，通过贸工农一体化的经营实体，产品就地分等包装或加工，直接供应城市批发市场。

——从沿海和其他发达地区向不发达地区转移或扩散劳动密集型的产业。劳动密集型产业向廉价劳务地区转移是商品经济发展的规律。一部分以手工劳动为主，技术容易掌握，收益相对较低的产品，比如地毯、绣花、抽纱、毛线衣和各种编织等出口创汇产品，以及中低档服装和其他小商品生产，外贸需要，内销需要，但沿海和其他发达地区不大愿意干了，应当因势利导组织不发达地区把它接过来。加工出口产品的转移应当分步骤进行，开始一般先把加工部分转移到不发达地区，产品牌子、销售口岸不变，企业龙头仍保留在发达地区，不然接过来又断了线不行。

——联合开发出口创汇产品。老、少、边、山地区有许多东西是沿海、平原所没有的独特资源，如贵重药材，无污染山菜、山果、木、竹制品等等，有些是传统的出口产品。现在的主要问题是，加工技术不高，市场信息不灵，出口渠道不通，形不成大批量的稳定的出口商品生产基地，这就需要和沿海口岸城市和开放地区发展横向联合，建立生产、加工、出口一条龙的联合经营体系。同时，随着内陆边境口岸的开放，边境贸易的发展，一向偏远闭塞的内陆边疆成了开放的前沿，为搞活经济、脱贫致富创造了极为有利的条件。但边境口岸贸易所需要的商品跟不上，也不能充分利用这种有利条件。这里并不需要什么高档商品，大量是电筒、胶鞋、热水瓶和针织、轻纺等日用生活品。不发达地区可以请沿海乡镇企业家到那里去开厂设店，联合生产经营边境口岸贸易所需要的商品。

——联合生产高能耗产品。中、西部许多地区兼有资源和能源双重优势，不少地方煤炭、水电资源丰富，沿海地区能源紧，高能耗产品的企业很难办下去，而工业生产又很需要这些东西。怎么办？最好是把这些产品从东部转移到西部去干。

——向发达地区有计划地组织必要的劳务输出。从长远来看，劳务输出可以使不发达地区人均占有耕地扩大，有利于农业规模经营，加快人均收入增长速度；输出人员汇回款项，拓宽当地市场，有利于商品经济发展；输出人员补充了发达地区低工资劳动岗位，增强了企业竞争力。现在不发达地区有些地、县建立了劳动服务公司，与发达地区签订协议，或请发达地区企业到不发达地区按条件招工，效果很好，值得提倡。

——为不发达地区培训人才。重点是三个方面：一个是围绕创办新企业和改造老企业的需要，从厂长到车间主任、班组长、技术骨干，成套地派到发达地区承包厂或对口厂，边工作，边进行系统培训；另一个是挑选一批脑子比较灵活的在乡知识青年，安排到发达地区乡镇企业中勤工俭学，以劳动所得解决吃饭问题和来往路费，在劳动中学习技术，学会以后回去自己干，培训脱贫致富的带头人；再一个是干部交流。不发达地区采取"请进来、派出去"的办法，请发达地区干部来定期挂职工作，"传经送宝"，派当地干部到发达地区定期挂职学习。

——招聘发达地区的科技人员、社会能人到不发达地区承包项目，领办企业。发达地区、大中城市不仅科技人员多，而且退下来的、身体还好的企业管理骨干、供销能手、老技工也不少，把他们招聘到不发达地区当厂长、当经理，抓技术、跑供销，是加快经济发展的成功之道。在这个问题上，不发达地区要有"千金买骨"的精神，不惜重金招聘，敢于提供优厚的吸引人才的条件。

在引进人才和培训人才方面，不能只限于"请进来、派出去"，对于发达地区自然流入贫困地区的民间能人，要注意组织和发挥他们带动当地群众学习技术，发展商品生产的作用。

不发达地区既要同沿海发达地区发展横向联合，也要同本省的城市、企业、科研单位发展横向联合。这里特别值得我们注意的是，新中国成立以来国家在西部三线地区投资建设了一大批全民所有制企业，拥有精良的设备和数千万职工及工程技术人员。这些企业大多分布在"老、少、边、山"地区，应当主动同他们联系，充分利用其人才、技术、设备的优势，开展横向联合。千万不要舍近求远，不要忘记家门口的这支联合力量。

四、横向联合，既要发扬扶贫济困的精神，又要提倡互惠互利的原则

沿海和其他发达地区与不发达地区发展横向联合，主要采取经验介绍、技术转让、人才交流、资金和物资支持等方式，帮助落后地区加快经济发展。这里的关键，在于制定有吸引力的互利互惠政策，调动两个积极性，才能形成持久而有活力的联合机制。

就不发达地区来说，要丢掉怕吃亏的思想，要敢于让利。有的地方担心"肥水流入外人田"，提出"不当殖民地"的口号，什么事情都想自己干，什么原料都想自己加工，出最终产品，独得附加值，结果缺人才、缺技术，不是搞不起来，就是搞起来效益不好，出的产品质次价高，没有竞争力，卖不出去，不仅没有得利，反而背上了包袱。实践证明，要想得利必先让利，不让利就不能得利。就发达地区来说，到不发达地区帮助经济开发，发展横向联合，要放开眼光，从长计议，不要打小算盘，不计较眼前小利，要做一个开明而有远见的开发者，既要讲互利互惠的原则，又要讲发扬扶贫济困的精神。

在发扬扶贫济困精神和提倡互惠互利原则下，还要处理好以下几方面的问题：

——联合的方式，因地制宜，灵活多样。发达地区到不发达地区联合建设原材料生产基地占较大比重。在这个问题上往往有这样的矛盾：

发达地区希望开发起来后取得长期稳定的原材料供应，某些地方由于多种原因难以保证。弄得联合不欢而散，或半途而废。这里主要是应合理解决地区分工问题。只要合理分工，处理好利益分配，就可以避免短期行为，建立稳定的经济联合。

——横向联合的项目不一定都上新的，应当重视现有企业和原材料生产基地的技术改造或扩建。否则，现有的办不好，又去大上新项目，狗熊掰棒子，掰一个扔一个，是永远发展不起来的。

——帮助不发达地区办工业，要选择适合办工业的地方设立开发区，相对集中地兴办工业。不发达地区很多地方交通不便，有的地方缺水、缺电，缺少办工业的条件，而且都不是短期内可以解决的，所以，不能重复东部某些地区发展乡镇企业早期"村村办工厂"的老路子。从工业本身来说，要求相对集中，这样，可以统一建设基础设施，节省投资，少占耕地，而且有利于商品流通、技术交流、经济协作、信息传播、经营管理。

东西部横向联合已经有了一定基础，现在的任务是，认真学习党的十三届七中全会和七届全国人大四次会议关于经济发达的沿海省、市对口帮助不发达的省、区加快经济发展的精神，在有关部门的组织和指导下，总结已有经验，按照新的要求制定发展规划，签订对口帮助的协议或合同，进一步有计划有组织地广泛开展起来，长期坚持下去，使它成为全体人民和不同地区逐步走上共同富裕的一条重要途径。

加强经济研究　改进研究方法[*]

（1991 年 11 月）

省会城市，具有不同于一般城市的特点和作用。因为它是一个省的政治、经济、文化的中心，在全省的经济和社会发展中，起着引人注目的示范作用和带头作用。处于这样一个重要地位的省会城市，通过联席会议的方式，相互交流，相互促进，共同发展，是一个很好的创举。过去纵向联系比较多，横向联系比较少，除了中央开会，大家见见面，交流一下，其它的横向见面交流的机会就比较少，实际上处于一种半封闭状态，不利于城市的发展。早年毛主席曾经提倡过打破故步自封，省际之间相互走一走、看一看。在他的倡导下，省际之间相互观摩、相互交流，曾经在历史上发挥了一些很好的作用。现在，在改革开放的形势下，省会城市自己组织起来，采取联席会议的方式，定期见面，交流经验，研究问题，这是历史经验的发展，也是在新的历史时期的一种改革和开放。

我在这里主要就政府的研究部门如何做好经济研究工作，谈一点意见，同大家交流、商讨。

第一，要从实际出发，坚持理论联系实际的原则。就是毛主席过去讲的，调查研究就是为了解决问题。政府研究单位的研究任务，所选的课题，应当主要立足于现实经济发展中所需要解决的问题，立足于在实践中迫切要求解决的问题。这样才能使我们的研究工作，能更好地反映领导的需要和群众的要求。也就是说，要想领导之所想，急群众之所急，使我们的研究课题具有强烈的针对性。同时，研究成果还要有实用性，

---

* 本文系在全国省会城市经济研究中心第六次联席会议上的发言，原载《学习·研究·参考》1991 年第 2 期。

513

可操作性。不要从理论到理论，从模式到模式。而要立足于实际，从实际到理论，再从理论回到实际，力求解决一点实际问题。这样做的好处是，研究成果出来了以后，容易进入决策层次，派上用场，发挥作用。当然，也不排斥对某些问题做一些深入的理论研究，出一点科研成果，写一些重要文章。处理这个矛盾，可以考虑采取这样的方法，即"花一道功夫，出两个产品"。就是通过对某个问题的系统调查研究以后，第一要向领导上提出一个决策性建议，文字简短，抓住要害，提出得力措施；第二，把系统的调查研究材料，进行全面深入的理性阐述，形成科研成果。这样，既可以充分利用调查研究的资料，又可以满足大家的要求，调动大家的积极性。

第二，要选准题目，抓住解决问题的突破口。现在，研究任何问题，大家都强调系统工程，这是有道理的。因为任何事物都不是孤立的，相互之间是有联系的。要研究它，必然涉及很多方面，的确是一个系统工程，需要系统地、全面地进行研究。但是，解决任何问题，都要选择突破口，即抓主要矛盾和矛盾的主要方面。因为它暴露得突出，人们有解决的共识，本身就具备了成熟的解决条件。根据多年的经验，如果把题目搞得过大，面面俱到，没有一个政策突破口，往往是事倍功半，什么问题都涉及，结果什么问题都不突出，什么问题都想解决，结果什么问题都解决不了，最后形成一个大而不当的调查结果。比如我国农业连续两年丰收，普遍产生"卖粮难"。解决卖粮难也是一个系统工程，涉及的问题很多，怎么样来解决呢？国务院决定建立专项粮食储备制度，按保护价把农民要求出售的余粮收购起来，作为国家储备，以丰补歉。如此一举，就从根本上扭转了卖粮难的局面。此举中，出台专项粮食储备制度，就是解决"卖粮难"的突破口。又如最近江西省解决农产品流通问题，把撤销公路上滥设的关卡、层层收取不合理的税费作为突破口，把全省1500多个卡子撤掉1200多个，群众非常高兴。乱设的关卡撤掉了，分割市场的行为取消了，就可以做到农产品购销两旺，货畅其流。这是为解决流通问题抓的一个突破口。如果不是这样，而是把研究题目定得很大，都是一些综合性的问题，很难分析进去，入木三分，也不容易打动领导。这样的研究成果，很难进入决策层次。因为你涉及的方面很多，但并不是说所有的方面都达到了解决的成熟的条件，结果哪个问题也解决不了。

第三，要注意时效，提高研究成果的有效性。这也是一个重要问题。有些事情只要看得准，抓得快，就可以起到重要作用。如果不讲时效，往往会时过境迁，放了马后炮，这个研究成果的作用也就不太大了，成了一个经验总结。这个时效，尤其对政府的研究单位来讲，是非常重要的。有些研究课题，不一定等全部工作做完后，才拿出一个总成果，可以在研究过程中就不断向领导反映情况，提出阶段性的成果。有时在关键时刻，拿出一个简单的报告，甚至一封短信，反映一个重要情况，提出一个重要建议，很可能解决一个重要问题。比如去年有一段时间，农民怕政策变，农村有思想动荡的苗头，这个情况及时向中央、国务院领导同志作了反映，引起领导的重视，反复强调稳定家庭联产承包责任制，稳定党的农村基本政策，这就解决了一个很大的问题。所以，政府研究单位的工作，要把讲求时效放在重要的地位。

第四，研究工作要定性分析和定量分析相结合，提高我们研究的水平。我们现在通常用的典型调查、分析研究，这是基础，是很重要的。但是，今后要把这种典型调查，定性分析，和运用现代化的手段进行运算、定量分析相结合，使我们的研究进入一个新水平。前面所列举的专项储备粮的例子，就是在定量分析的基础上提出来的。国务院确定的今年专项储备粮数量是有关部门分析了今年全国粮食增产量，加上农民手中要出售的陈粮，计算出来的。根据储备总量，又计算出需要的收购资金和财政贴息，形成一个各项措施相配套的完整决策。如果没有定量分析，你说收购多少粮食啊？准备多少资金啊？银行、财政、粮食部门如何配合啊？所以这个定量分析是非常重要的。

第五，要搞开放式的研究，多方面参与，形成研究的合力。我们研究的力量是很大的，但是分散在各个部门、各个方面。就一家来说，力量有限。如果各方面联合起来，力量就大了，就可以有力地、有效地解决问题。这次会上的五个联合研究课题，就是好多城市共同参加的，这就是开放式的研究。大家分工合作研究，把成果拿到会议上交流，这就比一个城市在那里研究所取得的成果好得多，价值要高得多，适用性也强得多。所以，上下左右联合起来，集思广益，这是我们研究工作中值得提倡的一个问题。国务院研究室的研究课题有不少是和有关部委共同研究的，有的还和地方合作研究。一个问题往往涉及几个部门，如果一个部门提出解决的建议，送到领导机关以后，还得征求其他有关部门的意见，进行大量的协调工作。如果我们有关的部门联合起来共同进行调查研究，最后形成研究成果，报到领导机关，就比较容易进入决策层次。联合调查研究，可以吸收不同意见，有利于消除偏见，产生共同语言，创造解决问题的条件。这种联合研究日益增多，部门之间的感情交流、观点交流也逐渐增多，事情就越做越好做，越办越好办，这对事业的发展，对未来的体制改革，都是有益的。同时，研究工作，不能样样都自己去研究，只运用自己的研究成果，还要重视运用来自各个方面的研究成果。所以我们欢迎同有关部门、科研单位和地方研究单位建立联系，相互交流，共同把研究工作搞得更好。